淮阴年鉴

淮安市淮阴区年鉴编纂委员会 编

HUAI YIN NIANJIAN 2017

图书在版编目（CIP）数据

淮阴年鉴．2017 / 淮安市淮阴区年鉴编纂委员会编．
-- 北京:方志出版社，2017.12
ISBN 978-7-5144-2817-9

Ⅰ．①淮… Ⅱ．①淮… Ⅲ．①淮阴区—2017—年鉴
Ⅳ．①Z525.34

中国版本图书馆CIP数据核字（2017）第308347号

淮阴年鉴（2017）

编　　者：淮安市淮阴区年鉴编纂委员会
责任编辑：陈　菁

出 版 人：冀祥德
出 版 者：方志出版社
地址　北京市朝阳区潘家园东里9号（国家方志馆4层）
邮编　100021
网址　http://www.fzph.org
发　　行：方志出版社图书经销中心
电话（010）67110500
经　　销：各地新华书店
印　　刷：南京凯德印刷有限公司

开　　本：889×1194　1/16
印　　张：19
字　　数：537千字
版　　次：2017年12月第1版　　2017年12月第1次印刷
印　　数：0001~500册

ISBN　978-7-5144-2817-9　　定价：200.00元

《淮阴年鉴》（2017）编纂委员会

淮阴区地图

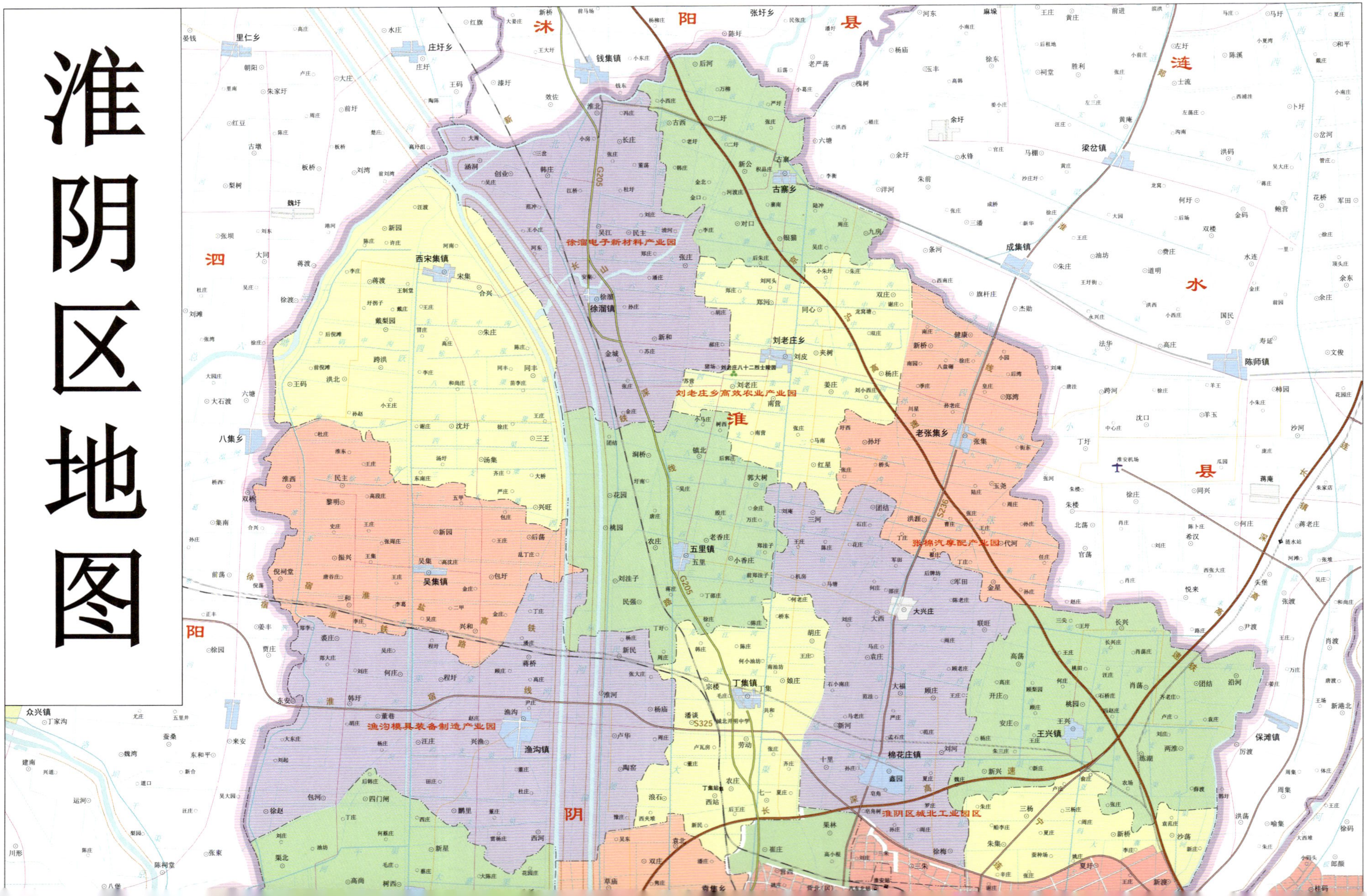

沭阳县
泗阳
涟水县
淮阴
徐溜电子新材料产业园
刘老庄乡高效农业产业园
张棉汽车配件产业园
渔沟模具装备制造产业园
淮阴区城北工业园区
西宋集镇
吴集镇
渔沟镇
五里镇
丁集镇
棉花庄镇
王兴镇
大兴庄
老张集乡
刘老庄乡
古寨乡
徐溜镇
钱集镇
庄圩乡
里仁乡
八集乡
张圩乡
梁岔镇
成集镇
陈师镇
保滩镇
众兴镇
G205
S236
S325

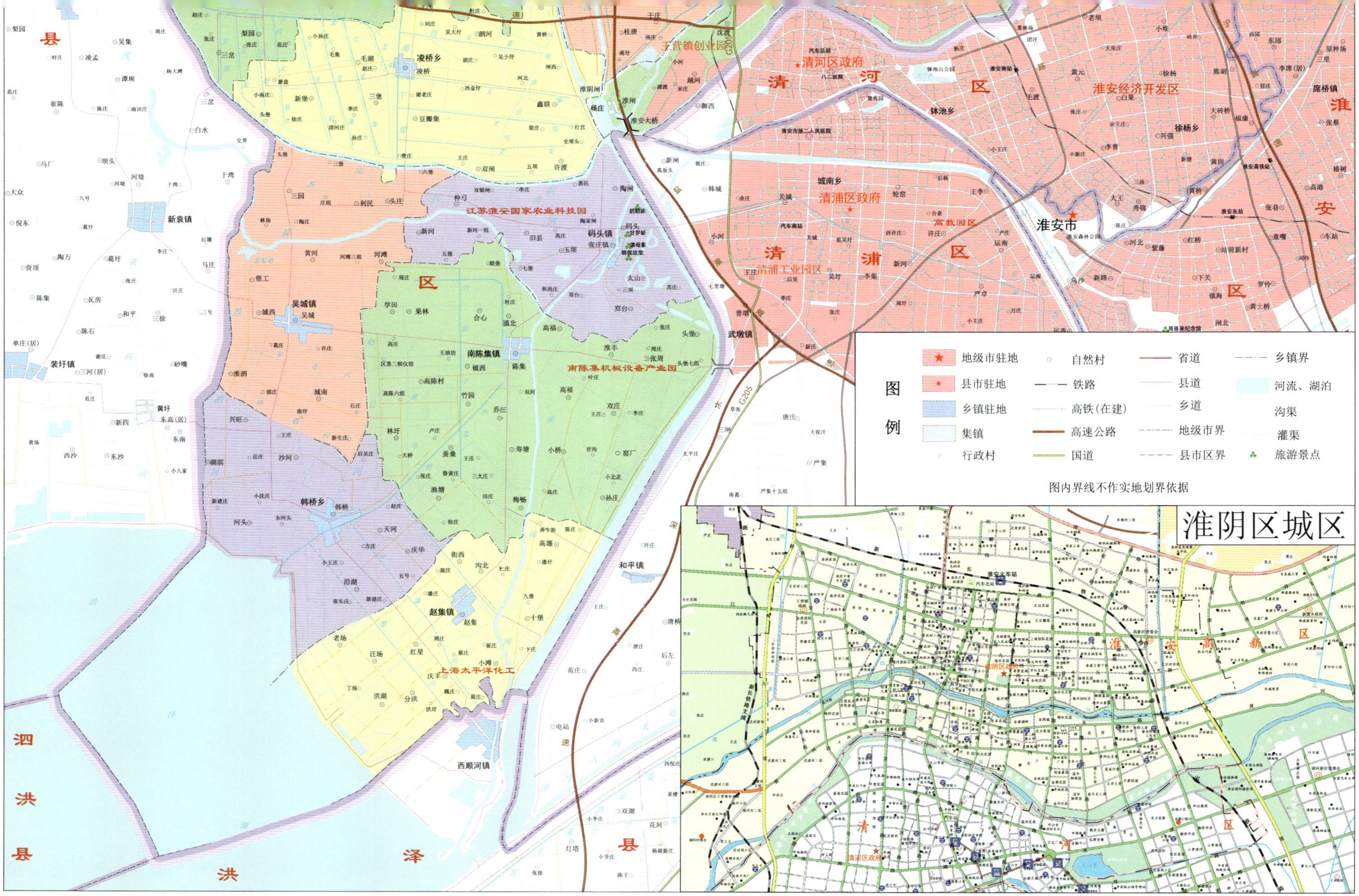

淮安市淮阴区测绘院　　编制　　　　审图号：苏S（2016）060号　　　　二〇一六年四月

古黄河——南北地理分界线

今日西坝

日新月异的淮阴东城

9月7日，国务院扶贫办主任刘永富一行到刘老庄乡刘老庄村调研扶贫开发工作。

8 月 25 日，江苏省政协副主席、党组副书记徐鸣一行到淮阴区调研扶贫开发工作。

8 月 16 日，江苏省水利厅党组书记、厅长李亚平一行到淮阴区调研扶贫项目。

8月15日，淮安市委书记姚晓东到淮阴区张纯如纪念馆进行现场指导。

7月14日，全市工业运行分析暨项目推进联席会在淮阴区召开。

10月10日，淮安市委常委、纪委书记李晓雷到淮阴区观摩调研重点企业及城建项目。

9月6日，淮安市副市长赵洪权率队调研刘老庄片区扶贫开发项目建设工作。

2月2日上午，淮阴区第十六届人民代表大会第五次会议在区会议中心开幕。

7月28日，中国共产党淮安市淮阴区第十二次代表大会开幕。

12月30日，中共淮阴区委十二届三次全体会议开幕。

6 月 30 日，淮阴区召开纪念建党 95 周年会议，表彰先进典型。

8 月 1 日建军节，淮阴区委书记刘泽宇率队慰问驻淮部队官兵。

11月8日，2016新西兰·中国淮阴“漂母杯”母爱·爱母主题散文诗歌大赛颁奖典礼在新西兰奥克兰皇庭会展中心举行。

12月8日，“向人民报告——淮阴最美警察”颁奖典礼暨事迹报告会在淮阴区会议中心报告厅举行。

12月14日，中央、省、市媒体走进幸福淮阴集中采访活动启动仪式举行。

8月23日，淮阴区举行2016年“幸福淮阴 圆梦大学”助学金发放仪式。

6月7日，全国高考第一天，区领导视察高考工作。

8月28日，北京大学、北京航空航天大学、北京邮电大学和北京交通大学的体育后备人才基地揭牌仪式在淮州中学举行。

9月8日，淮阴区庆祝第32个教师节暨教育工作会议召开。

2017年6月16日，淮阴区“善行淮阴眼健康公益行”项目在淮安爱尔医院启动。

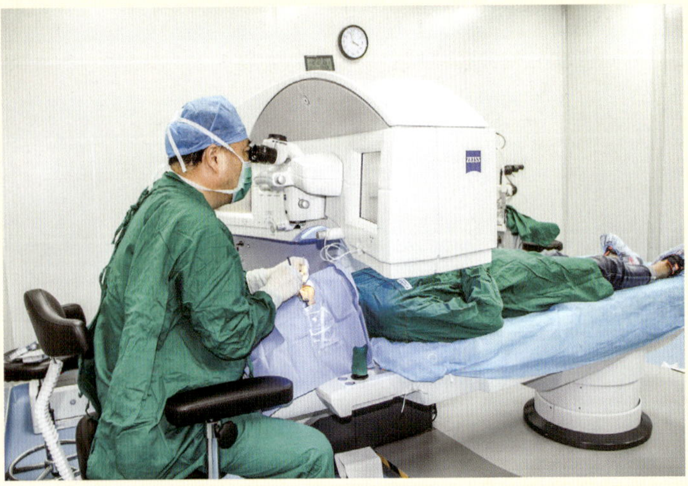

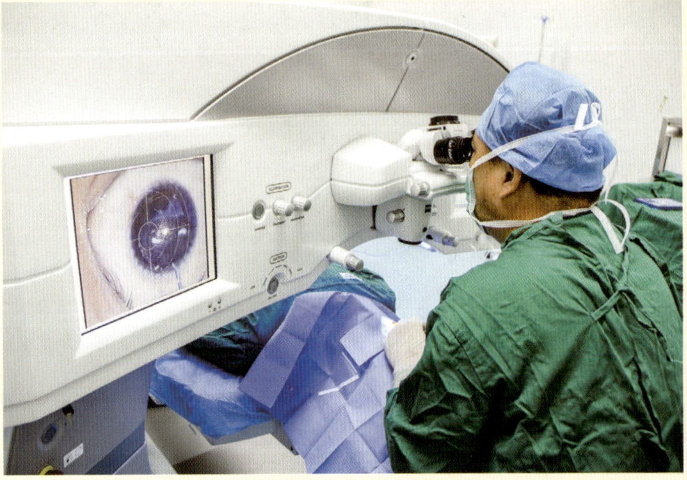

淮安爱尔医院专家为患者实施全飞秒激光手术

淮阴区 13 个工业重大项目集中开工

9月28日，淮阴区举行淮安时代芯存科技年产10万片相变存储器项目开工奠基仪式。

12月17日，2016淮阴（上海）招商推介会暨上海市淮安商会淮阴区分会成立大会在上海市举行。

10月18日，淮江科技有限公司十二万吨二氯苯项目主体竣工典礼在淮江科技厂区举行。

7月26日，“王国栋院士工作站”在淮安振达钢管制造有限公司揭牌。

9月19日，淮阴区与沪江畜业有限公司举行现代生猪产业项目签约仪式。

1月24日，淮安市淮阴区企业家联合会成立大会在区会议中心举行。

江苏省科技厅领导顾俊到淮安农科园调研

淮阴师范学院淮安农科园技术转移分中心揭牌

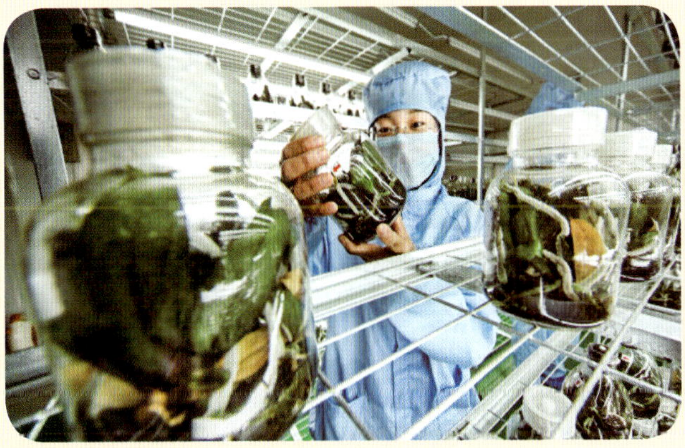

兰花组培中心

工人在淮安农科园“植物工厂”忙碌

菜趣园

10月9日，淮安市委常委、副市长赵洪权率队到丁集镇紫缘薰衣草庄园观摩休闲观光农业。

5月10日，淮安市人大常委会党组书记、常务副主任陈洪玉率队到淮阴区视察防汛工作。

淮阴区“2016旅游文化节”在吴城冬枣园开幕

古寨九房村开展适度规模农村土地综合整治试点

淮阴区在古寨九房村开展适度规模农村土地综合整治试点工作，改善农村居民生产和生活条件，推动美丽乡村建设。通过落实土地整治规划，对区域内农村田、水、路、林、村实施综合整治，推进区域内农村建设用地复垦、人口集中居住、农田集中连片，改善农村人居环境，提高农业生产能力。九房村土地综合整治项目拆旧区总规模1335.03亩，涉及农户818户，确认新增耕地1323.15亩，建成并交付使用安置房1145套。其中，高标准基本农田整治项目区位于九房、银猫、对口、新公、古寨5个行政村，项目区建设规模为1.79万亩，总投资为4147.40万元。淮阴区对九房村进行整体拆迁搬移，把原本零散、杂乱的村庄整体搬迁至配套的安置点，形成统一美观的集中居住区，改善群众的生活环境。搬迁出来的大量建设用地被复垦，形成沟、渠、路田块整齐划一的高标准农田。

项目区实施前照片

项目区实施中照片

拆旧复垦区实施后照片

项目区安置点照片

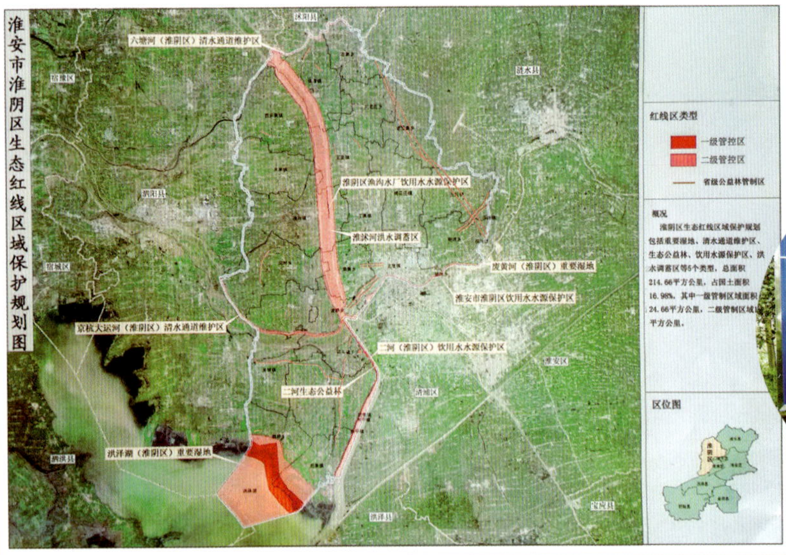

淮阴区生态红线图

生态红线标志牌

老张集乡慧峰聚能光伏发电项目

五里镇金鑫光伏

6月20日，区委书记刘泽宇率队调研淮阴区市政重点工程、安置小区建设、园林绿化等城建重点项目。

淮阴区银川路（长江东路-淮河东路段）建成通车

盐河风光带提升

政法委召开“基本解决执行难”工作推进会

110 指挥中心随时监控执法现场

中央电视台对淮阴城管局队伍建设进行宣传报道

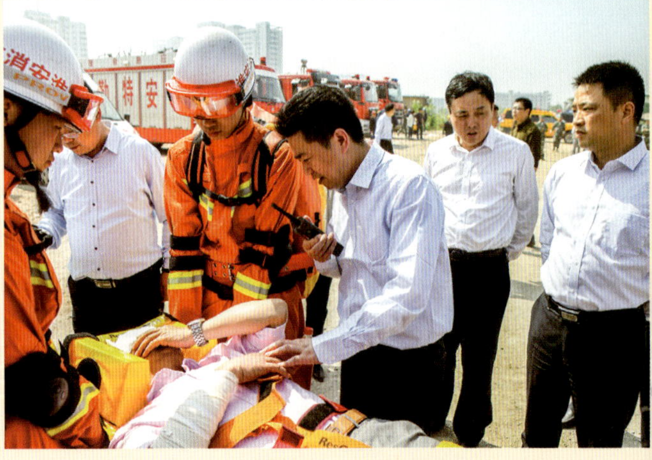

成立应急救援队和救援医疗队，开展防震减灾综合演练

全区二季度安全生产督查情况汇报会

淮阴区卫生监督所举行宪法日宣誓仪式

12月15日，淮阴区物价局召开农村自来水居民生活用水价格及居民阶梯水价听证会。

3·15公益活动暨诚信品牌企业颁奖仪式

区领导检查食品安全工作

编辑说明

一、《淮阴年鉴》是由淮阴区人民政府主办，淮阴区区志编纂委员会办公室编辑的综合性年鉴。它全面记载全区政治、经济、文化、社会事业、社会生活及自然等多方面的发展情况，充分反映淮阴的地方特色和时代特征，为淮阴区各级党政领导进行科学决策提供可靠依据，为国内外各界人士了解淮阴提供翔实资料，为企事业单位传播信息提供优质服务，在资政、育人、存史等方面起到十分重要的作用。

二、《淮阴年鉴》主要内容按区政府要求，由区直各部门、各单位和各乡镇明确专人撰写并经主管领导审核后提交，再由地方志办公室统一编辑加工，保证提供的事实、资料、数据的准确性、权威性。

三、《淮阴年鉴》（2017）主要记载2016年1月1日至12月31日，淮阴各行各业的新、特、大、要事。

四、《淮阴年鉴》（2017）结构为条目式，分为类目、分目（含部分二级分目）、条目，以条目为基本记述层次。

五、《淮阴年鉴》（2017）类目设：特载、区情概览、大事记、现代农业、工业、商贸服务业、外向型经济、经济综合管理、社会事务管理、基础设施、教育·体育·卫生、科技·文化、军事·法治、党政机关·人民团体、乡镇概览、人物、荣誉栏、附录等18个类目，力图全面完整、重点突出，翔实记载全区各行业2016年度的发展情况。

六、《淮阴年鉴》（2017）由于参与编撰人员多非专业，文中所用数字来源、口径、方式或截止时间可能存在差异，所用图片亦由单位提供，敬请读者引用时以淮阴区统计局提供的统计资料为准。

七、为便于检索，本年鉴卷首设有详细目录，目录编排至条目，全书所有资料可通过目录查阅。

八、《淮阴年鉴》（2017）的编纂工作得到区直各部门、各单位、各乡镇以及社会各界人士的大力支持，在此表示诚挚的谢意。由于编辑水平有限，疏漏之处，敬请批评指正。

编　者

2017年10月

目 录

商贸服务业

社会事务管理

基础设施

教育·体育·卫生

科技·文化

军事·法治

党政机关·人民团体

乡镇概览

人 物

荣誉栏

附 录

特　载

全市走前列　全面上台阶 抒写淮阴更高水平 小康社会新画卷

——在区委十二届三次全体会议上的讲话

区委书记　刘泽宇

（2016年12月30日）

这次区委十二届三次全体会议的主要任务是：深入贯彻落实党的十八届六中全会，省市区党代会，中央、省经济工作会议和市委七届三次全会精神，回顾总结近三年来的工作成绩，描绘今后三年工作蓝图，部署安排明年的工作任务，组织动员全区各级党组织和广大干群进一步坚定信心，振奋精神，埋头苦干，立足新的起点，实现新的跨越，抒写淮阴更高水平小康社会新画卷。下面，我根据区委常委（扩大）会议研究的精神，讲四个方面的意见。

一、开拓奋进的过去三年，淮阴发展实现了大的突破

2014年以来，面对各种挑战和困难叠加的复杂局面，区委紧紧团结全区干群，围绕“苦干三五年、面貌大改变，努力建设实力强城乡美群众富的幸福淮阴”的目标，始终保持工作思路的连贯性、延续性，一锤接着一锤敲，一茬接着一茬干，打下了坚实的项目基础、产业基础、创新基础和群众基础，全区各项工作思路明确、措施具体、推进有力，呈现出蓬勃向上的发展态势。今年预计实现地区生产总值436亿元，增长9%；完成一般公共预算收入40.8亿元；实现城乡居民人均可支配收入28430元、13447元，分别增长8.5%、9.5%；提前半年完成外资到账任务。可以说，通过三年探索、三年奋斗、三年苦干，区委提出的工作思路得到全面贯彻，取得的成效逐步显现，淮阴已经站在一个新的发展起点上。

*我们抓改革促创新，全区发展活力更强。*我们坚持解放思想，与时俱进，用改革的思路破解难题，以创新的举措赢得发展先机。进一步完善目标考核办法，积极探索谋划目标差别化考核、乡镇部门捆绑考核等新的考核体系，最大限度激发各个乡镇和部门的潜力。进一步加快载体建设，国家级高新区创建获科技部等6部委认可，待国务院批复；国家农业科技园区6大类19项验收指标全部达到标准，创新能力监测指标在全国同类园区中排名第三，待科技部验收通过；商贸服务中心主动策应“大众创业、万众创新”和“互联网+”要求，配套功能不断完善，电商创业孵化工程全面启动，成为全区就业创业的重要平台。进一步破解发展要素瓶颈，抓住我市作为全国新型城镇化土地使用制度改革试点契机，探索农村先安置后搬迁模式，新形成可用土地挂钩指标近万亩；尝试城市安置房建设新模式，将安置小区建设与商业开发相结合，努力向规划要效益；创新组建村级土地耕种服务社，解决农村“谁来种地、怎么种地”问题。

*我们抓项目打基础，全区发展后劲更足。*我们牢固树立“项目为王”理念，主动完善和调整招商引资考核办法。内资招引上，任务一下三年，给乡镇和部门更大的空间抓好项目、真项目、大项目，先后招引了总投资200亿元的富强新材料、总投资150亿元的德科码半导体、总投资130亿元的时代芯存相变存储器等3个超百亿元项目，开工建设了总投资12.5亿元的淮江科技、总投资10

亿元的中业慧谷软件创意园等一批超10亿元项目。三年来,经市重点办认定,全区新开工超亿元项目80个,其中超10亿元项目8个;新竣工超亿元项目60个,其中超10亿元项目3个。外资招引上,实行责任主要领导承担、任务五大平台为主、激励面向全区上下,树立真抓外资、抓真外资的鲜明导向,每年均提前超额完成全年任务。创新实施招商引资信息定期汇报制度,全年召开会议22次,收集超亿元项目信息239个,其中总投资100亿元的益威汽车电池、总投资22亿元的遨珀汽车等55个项目信息转化为签约项目。

我们抓城市带农村,全区发展空间更大。我们坚持把新型城镇化作为新一轮经济发展最大的潜力和优势,深入推进城乡统筹,城市建设呈现崭新面貌,建成区面积达41.6平方公里,人口达25.2万。确立了"一城五片""一区五园"的战略布局,提出了产城融合示范区、创业创新首选地、生态宜居新家园的目标定位,城乡统筹发展目标更明、方向更清。城市名人酒店收归国有并即将营业,农工商地块重新开发,淮阴核心商业圈加快推进。实施总投资80亿元的棚户区改造工程,搬迁安置群众3327户、面积62.7万平方米,新开工商品房面积200多万平方米、保障性住房面积160多万平方米。银川路、淮海路盐河桥等重要道路桥梁建成通车,西互通改造、淮海路拓宽工程圆满完成,503省道机场连接线加快推进,徐宿淮盐、连淮扬镇高铁淮阴段启动建设,盐河航道"五改三"全面完成,淮阴港城西作业区建成运营,交通网络更加健全。渔沟、徐溜两个国家重点镇规划建设有序推进,"十个一"基础设施项目基本完成。吴集、凌桥等12个乡镇开通镇村公交,惠及145个村居40多万群众。生态文明建设稳步推进,村庄环境全域整治以区为单位顺利通过省级正式验收,建成国家生态区。

我们抓民生做实事,全区发展导向更明。我们坚持把一般公共预算收入70%以上、新增财力80%以上用于保障改善民生,持续实施"为民30件实事","十二五"脱贫奔小康任务顺利完成。就业形势始终保持稳定,城镇登记失业率控制在2.25%。社会保障水平稳步提高,城乡低保、城乡居民基础养老金、企业养老保险待遇以及政策范围内基本医疗保险报销比例等全面提标。教育质量全面提升,教育布局全面优化,与民盟江苏省委、市教育局合作进一步深化,创成省教育现代化先进区、通过全国义务教育发展基本均衡区现场评估验收。医药卫生体制改革稳步推进,全省"家庭医生签约服务"现场会在淮召开,基层医改"淮阴模式"在全国交流推介,淮安一院、淮安口腔医院、淮安肿瘤医院、淮阴人民医院、区妇幼保健院协同发展的新格局初步形成,淮阴医疗中心地位进一步凸显。人口计生工作取得突破,被评为新一轮全国计划生育优质服务先进区。新闻外宣氛围浓烈,人民日报、新华日报、淮安日报等主流媒体用稿全市领先,新媒体宣传精彩纷呈,为全区发展提供了强有力的舆论支持。文化事业更加繁荣,"漂母杯""韩信杯"母爱系列文体活动先后走进欧洲、大洋洲,以"漂母杯"为主的文化交流获江苏省对外宣传工作创新奖。社会治理不断创新,网格化社会治理、综治信息化应用成效显著,一批信访积案得到有效处置,连续两轮被省委省政府表彰为"全省社会治安综合治理先进集体",被市政府表彰为"六五普法先进县区",法官参与党群议事会在全省、全国产生影响,被评为"2014—2015年度淮安市十大法治事件",公众安全感和法治满意度处于全市前列。新四军刘老庄连纪念园被命名为"国家级烈士陵园",区文化馆晋升为国家一级馆。

我们抓党建聚合力,全区发展风气更正。我们强化主业意识、落实管党责任,扎实开展党的群众路线教育实践活动、"三严三实"专题教育和"两学一做"学习教育,圆满完成区乡两级党委以及村级党组织换届工作。创新党建周例会制度,丰富"两学一做"学习教育专题系列党课内容,开展情境教学党课基层文艺巡演,实施"两为"整治、"小五长"整治等20多个专项整治项目,党员干部的党性意识和政治素养得到进一步加强,党群干群关系进一步密切。强化"一岗双责",将各项主体责任分解到每位班子成员,督促各自抓好分管条线、系统的党风廉政建设工作。实行主体责任季度工单机制,向各单位派发主体责任季度工单,促进领导干部知责尽责、主动作为。建立基层党建督导机制,在全区成立10个基层党建工作督导组,定期对各单位党建工作进行督导。开展全方位政治巡察"体检",成立区委巡察工作领导小组,设立专门巡察组,首轮4个巡察组全部进驻被巡察单位。加大反腐倡廉力度,三年立案查处案件

832起，涉及科级干部72人，进一步优化了党风政风，涵养了风清气正的政治生态。与此同时，人大、政协作用充分发挥，工会、共青团、妇联、红十字会等群团组织桥梁纽带作用不断增强，统战、人武、老干部、关心下一代、党校、机要、保密、对台、侨务、档案、党史等各项工作取得新进展，民主团结、和谐发展的氛围更加浓厚。

收获伴随着艰辛，成功凝聚着心血。淮阴能取得今天的成绩，是上级党委政府正确领导的结果，是全区各级党组织、广大党员和干部群众团结拼搏的结果，是驻淮帮扶工作队、离退休老同志、各民主党派、工商联和无党派人士等社会各界大力支持的结果。在此，我谨代表中共淮阴区委，向所有为淮阴发展作出贡献的同志们、朋友们表示崇高的敬意和衷心的感谢！

在肯定成绩的同时，我们也要看到存在的差距和不足，如城乡居民的收入水平相对还比较低，还存在一定数量低收入人口；城乡二元结构比较突出，城镇化水平还不是很高，重点中心镇建设现在速度比较快，但是历史欠账太多；少数干部能力素质与发展需要不相称，干部的工作作风和担当意识需要进一步加强，等等。对此，我们必须高度重视，采取有效措施，切实加以解决。

二、充满希望的未来三年，淮阴发展将再攀新的高峰

俗话说，五年看三年，贯彻落实好区第十二次党代会精神，未来三年至关重要。立足现有优势，着眼淮阴未来，我们应该有求突破、争上游的底气和信心，我们应该有发展更好一些、走得更快一些的决心和气魄，只要我们保持求真务实的工作作风、一着不让的工作激情，今后一段时期，淮阴将迎来一个快速腾飞、跨越崛起的黄金期，实力强、城乡美、群众富的幸福淮阴一定会展现出更加壮美的现实模样。为此，全区上下一定要有这份前景自信、目标自信、措施自信。

全市走前列，要求我们大力推动创新能力上台阶，做创新发展的引领区。淮阴要想在激烈的区域竞争中脱颖而出，必须坚持创新驱动这个核心战略不动摇，依靠创新激发活力、破解难题、闯出新路。我们要培育多元化的创新引擎。客观分析淮阴实际，我们有实施创新驱动的众多平台，只要我们因势利导、乘势而上，一定能够谱写属于淮阴的创新篇章。高新区要在确保创成国家级的基础上，紧紧牵住科技创新这个“牛鼻子”，加快集聚高端要素、发展高端产业，着力形成以创新为引领的经济体系和发展方式。今后三年，高新区每年要新开工1个超百亿元项目，新上高新技术项目5个，引进国内创新人才16人，高新技术企业数占比超40%，初步形成独具特色的创新体系。农科园要继续放大“国字号”招牌的带动效应，坚持走科技引领、城乡统筹推进的路子，培育支柱产业、打响对外品牌，使农科园成为全区乃至全市现代农业科技示范区、农村综合改革先行区、三产融合试验区和“四化同步”样板区。我们要构建科学化的创新机制。要推动全面创新，着力推进发展理念、体制机制等全方位、多层次、宽领域的大创新，让改革创新贯穿全区一切工作，成为推动发展的不竭动力源泉。今后三年，要在招商帮办方式、目标考核体系、党建工作优化、城乡统筹发展等方面持续加大创新力度，打破传统思维，克服路径依赖，让创新在淮阴蔚然成风。我们要打造优质化的创新环境。各级领导都要做创新的自觉践行者、创新生态的营造者和创新的坚定支持者，从政治、组织、制度、政策等各个层面给予全力支持，着力把淮阴打造成为最具吸引力、最富成功机会的创新热土，着力让一切创新资源充分汇聚、让一切创新要素有效激发、让一切创新力量全面整合，把创新鲜明写在淮阴发展的旗帜上。

全市走前列，要求我们大力推动产业层次上台阶，做新兴产业的集聚区。淮阴要想实现跨越崛起，必须从过度依赖传统产业向传统产业升级和新兴产业培育转变，依靠产业的转型，带动发展的升级。今后三年，我们要大力实施“十百千”工程，增创淮阴产业发展新优势。十，就是重点打造高端机械装备、电子信息、汽车制造及零部件、食品加工、盐化新材料五大工业产业和高端商贸、现代物流、特色文旅、养老养生、电子商务五大服务业产业，打造淮阴十大特色产业群。到2019年，五大工业产业占全区工业经济总量70%以上，成为淮阴工业的核心支柱；战略性新兴产业占规模工业产值比重达30%以上，净增规模以上工业企业50家、上市企业2家。百，就是主攻三大百亿项目、培育四大百亿产业。抓住目前在建的富强新材料、德科码半导体、时代芯存相变存储器三大超百亿元项目，做到力量聚焦、服务聚焦，确保每年开工一个百亿元项目，竣工一个百亿元项目，德科码半导体项目确保2017年竣工投产,时代芯存相变存储器项目力争2018年竣工投产,富强新材料一期项目力争2019年竣工投产。依靠现有和在建的骨干企业,确保到2019年盐化新材料产业、电子信息产业开票销售均超300亿元,高端机械装备产业开票销售超200亿元,食品加工产业开票销售超100亿元,着力在培育百亿产业上迈出坚实步伐。千,就是通过坚持不懈的努力和奋斗,通过百亿项目和百亿产业的打造,在扩大总量、提升质量、集聚能量中全面提高淮阴工业整体实力和综合竞争力,力争到2019年,全区规模工业开票销售突破1000亿元大关,开创淮阴工业经济更为广阔的发展新天地。

全市走前列,要求我们大力推动城乡统筹上台阶,做城乡一体的示范区。按照产城融合示范区、创业创新首选地、生态宜居新家园的目标定位,主动融入"三淮一体"大格局,建强淮安北部骨干功能区。通过努力,我们要把淮阴建设成为一个富有灵气、文气、商气、人气、正气的美丽城市。灵气,主要是依托水资源,做足水文章,发挥水优势,努力实现水清岸绿、水秀城美。对于"两河三岸"景观带和居住区的打造,必须高起点规划、大手笔推进,既要有错落有致的时代美感,也要有大气磅礴的视觉冲击,全面提升淮安北大门的"颜值"。文气,主要是大力挖掘和利用蕴藏的文化资源,用淮阴历史文化建设当代文化淮阴,全方位、多角度、深层次展示淮阴文化的厚重感和感染力,让城市有根有魂、有个性有品位、有魅力有活力。做足做好爱心文化、红色文化的传承与弘扬,新建一批具有鲜明淮阴印记的文化地标、文化游园和文化景观。商气,主要是立足中心城区发展定位,借鉴先进城区的成功经验,本着"缺什么补什么、什么弱抓什么"的原则,加快城市高端业态发展,进一步繁荣城市商气。围绕淮海路两侧,精心规划,强势推进,尽快形成淮阴的核心商务区。人气,主要是按照"一城五片""一区五园"的规划布局,坚持有所为、有所不为,把发展的重点向片区中心镇和片区产业园区聚焦,有序推动整村整乡城镇化,以更加优惠的政策和更加完备的服务吸引更多农民到片区中心镇生活和务工,提高中心镇的辐射力和带动力,建设各具特色的城市副中心。正气,主要是社会主义核心价值观深入践行,三级公共文化服务体系日益完善,产业发展、品牌创树、队伍建设齐头并进。群众性精神文明创建持续深化,文明城市建设常态推进,社会风气向上向善。人民民主更加健全,法治政府基本建成,法治建设满意度和公众安全感继续位居省市前列。

全市走前列,要求我们大力推动富民惠民上台阶,做民生改善的先行区。始终把人民群众对美好生活的向往作为我们的工作追求,千方百计让群众"口袋"更鼓、生活更好,中等收入人口比重上升,收入差距缩小,完成新一轮脱贫任务,提前实现城乡居民人均可支配收入比2010年翻一番,确保全区人民在小康路上一个不少、一户不落。富民路径更加多样。构建富民的广阔平台,让各类群体都有增收的机会。注重产业富民,乡镇和部门在招引项目时,要注重发展"草根"经济,把带动群众就业、增加群众收入作为重要检验标准,着力引进一批达效快、带动力强的富民项目,让更多老百姓有务工的机会、有增收的保障。大力发展高效设施农业,发展农村电子商务,发展乡村旅游和特色乡村经济,培育农民增收新的增长点。推进农村集体产权制度改革,增加农民财产性收入。注重创新富民,大力实施整村推进新型城镇化和高标准农田整治,鼓励土地集体流转,使更多农民离地不离田,既可以到中心镇居住和生活,又可以在田地里打工挣钱,实现改善居住条件和增加有效收入的"双赢"。加快发展土地耕种服务社,让更多农民从"一亩三分地"中解放出来,进城入镇打工致富,增加工资性收入。注重创业富民,搭建有效创业平台,制定优惠激励政策,引导大学生、返乡农民工等重点群体投身创业热潮,在全区营造"大众创业、万众创新"的浓厚氛围。加大创业培训力度,围绕群众需求,实施订单式培训,让各类群体有能力创业致富。富民保障更加有力。发展社会事业、健全社会保障、提升生态文明水平是富民的应有之义。要积极推进教育现代化、均衡化,高水平发展15年基础教育,健全城乡一体的义务教育发展机制,加快发展学前教育、职业教育、继续教育,努力办好人民满意的教育。健全现代医疗卫生体系,完善基本医疗卫生制度,努力为人民群众提供全方位、全周期的卫生和健康服务。抢抓"高铁时代"来临的重大机遇,构建立体化的交通网络,进一步彰显淮阴的区位优势。有序推进城乡医疗、养老、就业、社会救助等保障制度一体化,大力实施"就业创业信息化便民服务工程",

推动由基本保障型向福利普惠型转变，努力把淮阴建设成为幸福首善区。扎实推进“两减六治三提升”专项行动，推动城市空间、产业发展、生活方式绿色化。大力实施“建绿、扩绿、补绿、透绿”工程，建成一批生态公园、景观绿廊、城乡游园，力争到2019年城镇绿化覆盖率达41%，成为淮安北部的“绿色生态门户”。富民基础更加牢固。确保人均年收入6000元以下的农村低收入人口脱贫，是高水平全面建成小康社会的一场硬仗，也是推进富民工程的关键所在。要深入实施脱贫致富奔小康工程，努力减少相对贫困、促进共同富裕，确保包括低收入群体在内的全区人民一道迈入小康社会。坚持精准扶贫、精准脱贫，加大生活、就业、教育等扶持力度，着力解决好因病因残致贫返贫问题。对经济薄弱村、集中连片困难地区，实行重点帮扶，壮大集体经济，增强内生发展动力。健全完善扶贫开发体制机制，创新扶贫工作方式方法，动员全社会力量广泛参与扶贫开发事业。通过努力，力争到2019年所有低收入户实现脱贫，所有经济薄弱村达到“新八有”标准。

实现既定蓝图和奋斗目标，我们必须把目前的优势转化为胜势，把积攒的能量转化为争先的动力，勇攀高峰，力争上游。我们要在“四个全面”上协调发力。“四个全面”是以习近平同志为核心的党中央治国理政最新成果的集中体现，是指引我们各项工作的行动之纲、前进之灯。全区上下要对照全面建成小康社会、全面深化改革、全面依法治国、全面从严治党的要求，结合淮阴区情实际，坚定不移贯彻落实，力求规定动作高效推进，自选动作扎实有力，确保“四个全面”在淮阴落地生根，取得实实在在的成效。我们要在“两聚一高”上重点发力。“两聚一高”是省第十三次党代会确立的奋斗目标，是中央最新要求的江苏化，契合江苏发展阶段特征，明晰了江苏今后五年发展重点，我们必须始终紧扣、狠抓落实、务求实效。我们要把聚力创新、聚焦富民和高水平全面建成小康社会作为一个整体来推进，找准创新的突破口、富民的切入口和全面建成小康社会的薄弱点，让创新的激情充分迸发、富民的手段更加多样，为高水平全面建成小康社会提供强劲动力。全区上下要深刻领会高水平小康社会的内涵，既注重在数字指标上达标、发展进程上紧跟，又体现新的发展理念要求，确保与省市同步全面建成小康社会，实现高质均衡发展和领域、人口、区域全覆盖，让小康成果经得起实践、人民和历史的检验。我们要在“三淮一体”上集聚发力。“三淮一体”是市委重要的决策部署，是淮阴今后一段时期发展的重心所在。我们要围绕淮安苏北重要中心城市北部骨干功能区的定位，深度融入“三淮一体”发展格局，做到更多机遇为我所借，更多资源为我所用，努力在融合发展中增添跨越争先新动能。

三、意义特殊的2017年，淮阴发展仍需奋力前行

明年是党的十九大召开之年，也是全面贯彻落实省市区党代会精神的第一年，做好明年的工作，意义重大、影响深远。展望明年的发展，我们既面临着巨大的挑战和压力，又面临着难得的机遇和优势，必须进一步坚定信心，认清形势，深刻领悟省委李强书记强调的苏北发展“急不得也慢不得”要求所蕴含的政治智慧和辩证思维，既保持久久为功的政治定力，又保持奋发有为的精神状态，推动淮阴各项工作走在全市前列。结合上级要求和淮阴实际，区委考虑明年经济增长预期目标为8.8%左右，这个速度高于全省、全市，略低于往年，主要是考虑既要保持一定发展速度、持续提升淮阴在全市的贡献度，也不能为增速所纠结、为排名所焦虑，更多地给经济转型腾出空间、留下余地。

做好明年工作，我们要紧扣中央、省经济工作会议精神，按照市委七届三次全会要求，坚持稳中求进总基调，以践行新发展理念为引领，以提高发展质量和效益为中心，以推进供给侧结构性改革为主线，紧扣“两聚一高”，深入实施“六大战略”，统筹抓好稳增长、促改革、调结构、惠民生、优生态、防风险各项工作，促进经济平稳健康发展和社会和谐稳定，以优异成绩迎接党的十九大胜利召开。2017年，重点是通过“重大项目提质增效年、新兴产业提速突破年、城乡发展提档升级年、改革创新提神发力年和民生实事提标扩面年”等“五个年”的确立，在全区上下全面掀起新一轮比拼赶超的发展热潮。

*重大项目提质增效年，就是充分发挥投资这驾“马车”的牵引作用，厚植发展优势，保持经济平稳运行。*一要提升招商引资质效。坚持质效优先、重特大项目为先理念，组建一支“能吃苦、有盯劲，懂政策、善谈判，会操作、高效率”的专业化招

商队伍,持续掀起招商引资热潮,进一步扩大新兴产业基金规模,实施部门、乡镇捆绑招商,全力引进、集聚一批投资强度高、科技含量高、产出效益高的大企业、好项目。全年招引超亿元项目20个以上,其中超10亿元项目3个以上。将外资招商摆在更加突出的位置,充分发挥淮阴在外资招引方面的品牌优势和集聚效应,着力招引一批龙头型、基地型的重大产业项目和对产业转型具有重大牵引作用的高端项目,不断提升外资利用质态,全面拓展对外开放的深度和广度。全年注册外资实际到账确保2亿美元、力争3亿美元,力争明年一季度、确保上半年完成全年任务。二要加快重大项目建设。坚持滚动推进,按照续建一批、开工一批、竣工一批、储备一批、适时更新调整一批的思路,对照"合同履约、资金到位、项目开工、竣工投产"四个节点,继续落实"周督查、月通报、季考核"推进机制,全力解决制约项目推进的土地、环保、规划等要素瓶颈。重点服务好编排的25个、总投资200亿元的省市重大项目,尤其服务好富强新材料、德科码半导体、时代芯存相变存储器三大超百亿元项目,建立健全市、区两级领导挂钩服务项目机制,确保推进有序、建设有力。全年新竣工超亿元项目20个以上,其中超10亿元项目2个以上。三要拓展项目承载空间。高新区要以国家级高新区创建,特别是挂牌为契机,进一步强化产业招商,延伸拓展产业链条,全力服务好德科码半导体、时代芯存相变存储器两大百亿元项目建设,着力推进江淮科技产业园、中业慧谷软件创意园两个投资超10亿元的科技孵化器竣工,确保明年创建成功。五个新型工业园在28条园区道路等基础设施建成使用基础上,推动投资5.6亿元的维福来科技、投资5亿元的高端纺织等项目开工建设,确保高科种业、闽泉纺织等一批项目竣工投产。市盐化新材料淮阴园围绕富强新材料项目一期2019年全面建成目标,强化帮办服务,子项目全面实质性开工并有序推进。

*新兴产业提速突破年,就是促进三次产业协调发展,壮大产业规模,优化产业组合,提升产业层次,增强产业的整体竞争优势。*一要全力以赴做大做强新型工业。始终突出工业导向,围绕"建百亿项目、培百亿企业、育百亿产业、跨千亿台阶"总体目标,做到调整存量与做优增量并举,提升产业层次,拉长发展短板,着力减少无效低端供给,扩大有效和中高端供给,提高全要素生产率,推动工业经济驶入转型升级快车道。依托"百名博士帮百企"等活动,采用高新技术对食品加工、盐硝加工、机电科技等传统产业进行改造,实施一批投资规模大、产业关联性强、附加值高的重大项目,提升产业的稳定性和市场竞争力。紧密对接中国制造2025,坚持高端化、智能化、绿色化、服务化、品牌化的方向,大力发展先进制造业、电子信息产业,时代芯存相变存储器项目主体建成,德科码半导体项目生产车间全面竣工,设备进场调试,上下游项目加快汇聚;机械装备产业重点推进伊弗特精密零部件、普锐明汽车零部件等项目建成投产。二要千方百计提升发展现代服务业。加快高端商贸、现代物流、特色文旅、养老养生、电子商务等服务产业集聚,实现产业"由散变强"。充分发挥淮安商贸服务中心的带动功能,完善医疗、教育等配套设施,拓展信息服务领域与市场规模。电商孵化中心投入使用,积极培育美鲜加、宜蜂尚等电商平台,争创国家级商贸示范功能区、省级电子商务产业园。依托区位交通优势,加快淮安现代物流园建设,打造以网络化、信息化、规模化为主要特征的综合性、区域性物流中心和重要物流节点。深化文化体制改革,发挥淮阴润淮文化旅游开发有限公司平台优势,打造刘老庄、码头等乡村旅游品牌,有序开发利用全区优质文旅资源。三要坚持不懈培育壮大特色农业。始终把解决好"三农"问题作为重中之重,紧盯农业农村发展的重点关键,加大对农业农村投入力度,持续强农、惠农、富农,走出一条具有淮阴特色的农业发展之路。以国家农业科技园区为龙头,不断优化农业产业结构,构建现代农业生产经营体系,促进主导产业提升、特色产业扩面、多元复合经营、产业融合发展。以"4+1"现代农业产业为抓手,做优做强苏淮猪、凌桥大米、特种水产、设施果蔬等优势特色产业,力争明年上半年,投资4.5亿元的温氏现代生猪养殖项目竣工投产、投资5.2亿元的通阳光伏扶贫和现代农业项目一期竣工投产,投资10.5亿元的沪江畜业现代生猪养殖项目开工建设。持续推进三产融合发展,新增省市级农业龙头企业6户以上,新培育年销售超亿元企业2户以上,新培育休闲观光经营主体4个以上;新招引投资3000万元以上农业加工项目8个以上,投资超千万元农业一三产项目15个以上,新增农产品"三品"品牌

20 个以上。积极发展专业大户、家庭农场、合作社及土地耕种服务社等新型经营主体，引导农民合作组织联合发展，力争创成市级示范合作社 20 个以上、培育发展市级以上示范家庭农场 20 家以上。

城乡发展提档升级年，就是加快推进新型城镇化与城乡发展一体化，打造宜居宜业新北城。一要注重功能完善，加快推进城市建设。突出城市引领和辐射带动作用，加快推进银川路两侧、农工商周边、淮安一院周边等重点领域开发建设力度，打造淮阴的核心商圈；加快海绵城市建设，加大城市河道疏浚、城区泵站更新改造和低洼易涝片区整治力度，让水在城市中的迁移活动更加“自然”；建成 503 省道淮安机场连接线及南延段景观大道、新许渡大桥及连接线、江渡人行桥、宁连一级公路丁集联络线；开工建设 429 省道淮阴段，打通我区西部大通道；完成淮阴港城东作业区建设，一期港池投入试运营，建成盐河“第一”大港；完成盐河航道疏浚工程，打造盐河“黄金”水道；加快推进徐宿淮盐、连淮扬镇铁路建设；开工建设淮河西路、母爱路东延等工程，力争建成北京北路下穿铁路、淮海北路下穿铁路、承德路盐河桥、淮海路黄河桥，实现城市主次干道循环畅通；建设淮沭河水厂二期 5 万吨扩建和增压泵站工程，适时启动实施淮阴水厂深度处理改造，实现城乡统筹区域供水；全面加快总投资 80 亿元的棚户区改造项目推进步伐，计划启动实施淮阴师院东、香港路西等地块棚户区改造，让更多困难群众安居乐业；加强后街背巷整治，改善群众生活条件；积极推行老旧小区分类整治工作，年内完成 15 个老旧小区整治任务，努力为群众创造更加舒适的居住环境。二要注重建管结合，加快提升城市品位。坚持规划引领，统筹生产、生活、生态空间布局，推进城市总体规划和土地利用、环境保护等各类规划“多规融合”，编制完成城市总体设计。要充分彰显文化内涵，优化城市设计，留住城市特有的地域环境、文化特色、建筑风格等“基因”，建设有历史记忆、有时代特征的现代城市。弘扬城市“工匠精神”，深化城市治理体制改革，大力推广网格化管理，形成多方参与、良性互动的现代城市管理格局。围绕 2017 年创建全国文明城市决战决胜之年目标任务，组织开展城市功能完善、市容管理突破、市民素质提升三大专项行动，提高市民文明素养，提升城市文明程度。三要注重镇域发展，加快打造特色小镇。积极策应国家和省特色小镇战略规划，进一步理顺“五大融资平台带乡镇”工作机制，以产业、生态、文化、旅游为核心，以养老小镇、德科码小镇、雷尼奥小镇等为突破口，努力打造一批人文气息浓厚、生态环境优美、产业导向鲜明的美丽特色小镇。渔沟镇、徐溜镇作为国家级重点中心镇，要加快“十个一”基础设施项目的扫尾，不断完善集镇功能，集聚商气、人气，建成城市副中心，成为全市重点中心镇建设的样板镇。码头、刘老庄、赵集、丁集等乡镇要依托产业特点、人文底蕴、生态禀赋等现实情况，坚持宜工则工、宜商则商、宜农则农，着力打造具有淮阴鲜明印记的特色乡镇群。五个新型工业园所在乡镇，要在产镇融合上下功夫、想办法，通过产业的发展带动集镇的繁荣，通过人气的集聚支撑产业的壮大，打造产镇融合示范点。同时，要深入实施土地制度改革，全面推进农科园片区、渔沟片区、刘老庄片区三个 10 万亩高标准农田整治工程，为全区发展增加新的土地空间。四要注重生态保护，加快美化城乡环境。良好生态环境是最公平的公共产品、最普惠的民生福祉。要严格按照“两减六治三提升”专项行动的部署要求，进一步健全生态环境及水生态文明保护长效机制，严格落实河长制，凝聚共建共享生态文明的强大正能量。要利用好盐河、古黄河穿城而过的有利资源，整体提升改造和维护管理“两河三岸”绿化风光带，建设古黄河八期风光带，古淮河自行车文化运动公园投入使用，新增绿地面积 40 万平方米以上，塑造绿水绕城、满城拥翠的城市品质。要继续完善基础设施建设，实施东城污水处理厂一期和配套管网项目，协调推进青园污水处理厂配套管网建设，尽快投入正常运行，提高城区污水处理能力。要全面巩固村庄环境综合整治成果，深入推进“美丽乡村”“文明村镇”“水美乡村”建设行动，创成省级“美丽乡村”3 个、“文明村镇”12 个、“水美乡村”3 个。

改革创新提神发力年，就是以改革创新打破观念壁垒、冲破体制约束、破解发展难题，让一切有利于发展的动力充分释放。一方面要全面深化改革。深入贯彻落实习近平总书记提出的“四个有利于”要求，推动改革持续向前。要深化供给侧结构性改革，突出市场在资源配置中的决定性作用，进一步优化生产要素配置，完善政府性投入机制,强化社会资本参与,推动企业降本增效,不断提高经济发展的质量和效益。要深化政务管理体制改革,加快行政审批局组建工作,推动落实“三集中三到位”,建立健全并严格实行权力运行“五张清单”,持续推进简政放权、放管结合、优化服务,提高政府效能,激发市场活力和社会创造力。要深化财税金融体制改革,深刻研判“营改增”带来的深远影响,在对企业“放水养鱼”的基础上培植和拓展税源,增强地方财政“造血”功能;推进乡镇国库集中支付改革和涉省专项资金优化整合改革,创新金融产品和服务,分类施策帮助企业减轻还贷压力,积极发展产业链金融,为实体经济发展提供有力金融支撑。要深化社会民生领域改革,聚焦文化、教育、卫生及用水、用气等民生领域,解决好群众最关心的利益问题,推进基本公共服务均等化。要深化农村综合改革,扎实推进土地确权登记颁证工作,确保完成扫尾工作并通过省级验收;进一步健全区乡两级互联互通的农村产权流转交易和信息服务体系,规范乡镇、村级集体产权交易流程。同时,充分发挥土地耕种服务社、新型土地制度改革等成功经验,大胆探索,先行先试,创造更多可复制、可推广、可借鉴的经验。另一方面要加快科技创新。大力实施创新驱动战略,加大科技创新和人才引进工作力度,进一步健全“企业+平台+人才”创新格局。强化企业创新主体地位,充分发挥企业在技术研发、创新资源配置等方面的主体作用,支持振达钢管、双汇食品等骨干企业和德科码半导体、时代芯存相变存储器等重点项目建设企业科技研发平台、企业博士科研工作站等研发载体,全面提升企业研发能力。加快推进开放创新,积极引进一批研发中心、技术中心,建设一批产业共性技术研发机构,借助外力提高创新水平和效率。实施企业家素质提升工程,着力打造一批具有先进经营思想、较强创新精神和市场驾驭能力的企业家队伍。构建优质创新平台,加快国家级高新区、国家农业科技园区建设进度,加大淮安电商创业孵化中心、创达电商城、中业慧谷软件创意园等创新平台培育力度,全力打造一批具有淮阴特色的“众创空间”。探索实施“基石人才计划”,搭建各类技能人才成长平台,挖掘培养行业代表性强、技术技能水平高、社会影响力大的“淮阴工匠”。全年引进国家“千人计划”1人、省“双创人才”2人、市“淮上英才”领军人才5人。

民生实事提标扩面年,就是坚持以群众呼声为导向,大力推进民生共享行动,不断刷新淮阴的“幸福指数”“民生高度”。一要完善社会保障体系。全力推动就业创业工作,加大政策扶持力度,全年开展创业就业培训3200人次以上,新增就业6000人以上,登记失业率控制在3%以内,整合城乡居民基本医疗保险制度,深化机关事业单位养老保险制度改革。加大社会保障工作力度,确保“五险”覆盖面达95.5%以上。充分发挥爱心淮阴救助协会等社会力量的作用,统筹推进扶老、助残、救孤、济困、优抚等社会福利事业发展。加快推进住房保障和供应体系建设,改进和优化住房保障方式,多渠道满足住房困难群众的需求。坚持精准扶贫、精准脱贫,建立贫困群众稳定受益机制,力争每年脱贫率达到30%以上,经济薄弱村集体经济纯收入年增收3万元以上,10个经济薄弱村达到新“八有”目标。二要提高社会服务能力。围绕“立德树人”这一核心,持续优化教育布局,加快推进渔沟实验学校、东城中小学、天山外国语等学校建设;充分发挥民盟江苏省委助培效能,健全我区薄弱校和苏南名校共建共享机制;深化区政府和市教育局战略合作,大力实施集团办学、合作办学,鼓励民间资本投资办学,大力推进职业教育、继续教育,加快教育体制机制改革,不断提升我区教育发展水平。巩固区妇幼保健院和市妇幼保健院合作共建紧密型医联体成果,加快推进淮阴人民医院、宝岛母爱妇产医院、爱尔眼科医院、渔沟医养融合中心、东郊医院、淮安肿瘤医院等项目建设,倾力打造区域医疗服务中心。以提升文化软实力为核心,坚持文化事业、文化产业双轮驱动,不断健全文化设施,培育人才队伍,巩固文化阵地,推动文化惠民,加快实施文化建设工程和文化繁荣行动计划,推进“三馆一站一中心”标准化建设,力争区博物馆明年底前对外开放。继续举办“漂母杯”“韩信杯”品牌文体赛事,依托特色文化不断提升淮阴影响力和美誉度。全力推进区域供水工程和农村饮水安全巩固提升工程,明年底前全面完成,解决剩余30.89万人饮水安全问题。继续推进农村公路提档升级,加快推进全区镇村公交发展,进一步缓解群众出行难问题。三要增强社会治理水平。深入推进“平安淮阴”创建,突出科技强警,推进新一轮治安防控体系建设,35个具备视频联网的小区、55家重点企业与公安网实现联网，依法严厉打击各类违法犯罪活动；加快巡处一体化机制建设，提高见警率，提升群众安全感。深化信访制度改革，全面推广“两网融合”工作，探索建立以“三调联动”为核心的矛盾纠纷多元化解机制，开展信访积案攻坚专项行动，落实领导包案化解机制，有效解决各类社会矛盾和疑难信访问题。认真落实《中共中央国务院关于推进安全生产领域改革发展的意见》，以全面夯实生产经营单位安全生产主体责任为基础，深化“党政同责、一岗双责、齐抓共管、失职追责”监管责任体系建设，努力做到安全生产“责任化、信息化、全员化、专业化、法治化”，维护全区安全生产稳定态势。四要加强民主法治建设。全力支持人大加强工作监督和法律监督，提升基层人大工作水平；充分发挥政协履行政治协商、民主监督和参政议政职能，营造协商民主建设的良好氛围；进一步加强统战工作，认真落实民宗、侨台等政策，更好地团结党外各界人士；积极支持工青妇、工商联等群团组织围绕发展大局，发挥好桥梁纽带作用；统筹抓好党管武装、双拥共建、老干部、关心下一代、机要保密等工作。持续推进“法治淮阴”建设，坚持依法行政，督促引导党员干部强化法治观念、带头依法办事，健全依法决策、民主决策机制，全面推行政府权力清单制度，推动行政权力网上公开透明运行。深入推进“两法”衔接，守牢公正司法防线，支持法检两院独立公正行使职权，健全防止领导干部干预司法活动、插手具体案件的各项制度，探索建立群众参与、监督、评判司法新机制，不断提高司法公信力。

四、坚持全面从严治党，为淮阴发展提供坚强保障

全市走前列、全面上台阶，核心靠强化党的建设，关键靠各级领导干部。我们要以永远在路上的韧劲和不忘初心、继续前进的定力，深入贯彻落实好全面从严治党各项要求，不断凝聚“抓党建、促发展”的思想共识，持续推动党建优势转化为发展优势，组织活力转化为发展活力，真正做到管党有方、治党有力，为全区经济社会发展提供坚强保障。

（一）*坚持党委总揽全局，把主体责任压得实而又实*。一要强化核心作用，当好“指挥部”。充分发挥党委总揽全局、协调各方的领导核心作用，突出把方向、管大局、作决策、保落实，在严格抓好管党治党主体责任的同时，有效强化党对各个领域的领导。不断加强对新的发展理念、发展规律的学习研究，提高全区各级党组织领导经济社会发展的能力，确保各级党组织在思想认识、方法措施、能力水平上紧跟发展形势。二要强化担当意识，深耕“责任田”。认真贯彻《市委常委会深化落实党风廉政建设主体责任五项举措》文件精神，制定实施细则，强化各级党委（党组）专职副书记协抓主体责任职能，把推进全面从严治党的工作做扎实、做细致、做到位。实施党建工作“智慧众筹”工程，由区四套班子党员领导干部挂钩，各单位党委（党组）书记挂帅，以项目鞭策书记履行好第一责任，着力破解基层党建工作抓手不多、活力不足等突出问题。充分发挥党建督导组作用，在加大基层党建考核权重的同时，加强检查指导，切实解决好抓不准、抓不牢的问题，提升基层党建水平。三要强化监督问责，套上“紧箍咒”。认真执行《中国共产党问责条例》《中国共产党党内监督条例》，强化自上而下的组织监督，改进自下而上的民主监督，发挥同级纪委的专责监督，促使领导干部做到有权必有责、有责要担当，用权受监督、失责必追究。认真贯彻省委《关于加强市县党委巡察工作的意见（试行）》要求，发挥巡察利剑作用，针对权力集中、资金密集等重点领域开展专项巡察，增强震慑、遏制、治本功效。

（二）*严肃党内政治生活，把思想阀门拧得紧而又紧*。一要抓住理想信念这个“总开关”。把坚定理想信念作为开展党内政治生活的首要任务，推动党员干部深入学习党中央治国理政新理念新思想新战略，增强道路自信、理论自信、制度自信、文化自信。利用基层党员冬训，依托“淮阴爱心讲坛”载体，打造覆盖城乡的“一坛五堂”理论学习网络，确保党的理论创新成果在基层广泛传播、入脑入心。创新搭建“理论淮音”新媒体平台，推进网络微课堂建设，增强理论宣讲的互动和传播效果。围绕纪念全面抗战爆发 80 周年等重要节点，放大新四军刘老庄连纪念园、张纯如纪念馆等爱国主义教育场馆的辐射效应，将“一园一馆”打造成党员理想信念教育平台、青少年励志教育平台和群众爱国主义教育平台。全面落实意识形态工作责任制，牢牢把握意识形态工作主导权、话语权。二要用好党性教育这剂“良药方”。进一步深化“两学一做”学习教育，切实增强党员干部政治意识、大局意识、核心意识、看齐意识，坚定不移维护以习近平同志为核心的党中央权威。深入推进学习型党组织建设,加强和改进党委中心组学习,推动领导干部上讲台讲党课活动常态化、制度化,着力向基层延伸,凝聚广大基层党员干部思想共识。加强民主集中制教育,引导党员干部特别是领导干部按照党内政治生活准则和党的各项规定办事。三要烧旺组织生活这座“大熔炉”。认真执行《关于新形势下党内政治生活的若干准则》,突出用好组织生活这个经常性手段,创新和改进谈心谈话、民主生活会制度,建立“两谈一会”机制,针对不同的情形和事项,分类实施提醒谈话、警示约谈、召开民主生活会,让“咬耳扯袖、红脸出汗”成为常态,让党内生活真正成为党员干部加强党性锻炼、提高党性修养的“大熔炉”。完善党建周例会制度,进一步明确组织形式和内容功能,形成党内学习、研究、部署党建工作的长效机制。

(三)大力弘扬实干精神,把执行效率提得高而又高。一要加强督查,提升执行力。执行力是落实各项决策部署、破解各类发展难题的基本前提和重要保障,要切实增强全区党员干部的责任担当,完善相关领域督查、考核、奖惩机制,确保全区上下政令畅通、令行禁止。要重点完善和运用好“三类主体协同督查”机制,围绕重要决策部署、重大项目、重点工作,针对不作为、慢作为等庸政懒政问题,加强督查问责,切实做到事前有设计、事中能跟踪、事后有倒查,努力构建“事事督查、件件落实,环环相扣、步步紧逼”工作格局。二要强化担当,凝聚正能量。加大正面宣传力度,以发展的成果鼓舞人,通过传统媒体与新兴媒体全媒联动,聚焦幸福淮阴建设成效,提振党员干部精气神;以身边的典型激励人,让“会为、能为、善为、敢为”的干部受到褒奖和肯定,使敢担当、敢负责、敢作为在干部队伍中蔚然成风。深化“我和我的身边人”大家谈活动,在全区开展“十大行业百名标兵”评比表彰,对那些招商一线成效突出、改革创新走在前列、本职岗位勤勤恳恳等方面的先进典型,要精心选树培育,让全区干群学有榜样、干有目标,汇聚干事创业的广泛合力。三要巩固成果,坚决刹歪风。巩固党的群众路线教育实践活动、“三严三实”专题教育、“两学一做”学习教育成果,开展机关联系农村、党员联系群众,建强基层组织、建成全面小康的“双联双建”工程。实施作风建设“一体四查”机制,将违反中央八项规定精神、损害群众利益问题列入执纪审查重点,坚决防止“四风”反弹回潮。引进第三方调查机构,对重点领域、服务部门干部作风进行“背对背”评议。持续深化家风建设,培树一批家规严、家风正的优秀党员典型,打造家风主题公园,以优良家风带党风促政风正民风。

(四)严格选人用人标准,把干部队伍建得强而又强。一要坚持正确导向,选好干部育好人才。认真落实“20字”好干部标准,坚持德才兼备、以德为先,大力实施区乡换届后的届中考察工作,考实考准干部德才表现。大力实施“789·手拉手”百名青年干部阶梯培养计划,通过结对培养、多岗锻炼、专题培训等方式,将优秀的青年干部育出来、选上来、用起来。二要从严管理干部,激发活力增添动力。认真落实习近平总书记关于从严管理干部“五个要”的要求,着力完善制度体系,做到从一进入干部队伍的年轻同志到离退休干部全覆盖。探索建立干部监督管理信息平台,充分发挥“大数据”在监督预警、分析研判、风险评估等方面的支撑作用,让干部随管理成长、管理伴干部一生。坚持“三个区分开来”,建立容错免责机制,大力支持和保护那些作风正派又敢于担当、锐意进取的干部,进一步营造支持改革、鼓励创新、宽容失败、允许试错的良好干事创业环境。三要加强组织建设,聚焦基层夯实基础。以新农村五星创建、五星党员户评比、五星村部打造“三个五星”为抓手,促进农村基层党建全面进步,打造淮阴基层党建新品牌。注重带头人队伍建设,建立“1+4”教育培训机制,开出“小微权力”清单,从源头破解村干部本领不足、小官大贪等突出问题。提高区乡基层党建工作基金,着力加强基层基础保障。建立党建督导员考核激励机制,通过“专职+兼职、定期+随机、研判+督办”立体式督查,推动各级党组织书记精准落实党建责任。探索中心村联合党委建设,加强“两新”组织、合作社、流动党员等领域党组织建设,推动薄弱领域党建工作有形有效覆盖。

(五)加强反腐倡廉建设,把纪律底线守得严而又严。一要主动作为,把握“形态”。不断强化领导干部运用监督执纪“四种形态”的思想政治水准和政策把握能力,综合运用批评教育、诫勉谈话、轻处分、重处分、职务调整或执纪审查等多种方式,处理各类违纪违规行为。建立健全纪律处分和组织调整联动衔接机制,解决好不匹配、不协调问题，放大执纪效应，增强查处效果。加强受处理党员干部后续教育管理工作，深入开展受处理人员关爱监督活动，全面、客观、公正的评价和使用受处理干部，让受处理干部安心、安身、安业。二要严格自律，适应“常态”。大力弘扬廉政文化，加强反腐倡廉教育，筑牢党员干部清廉自守的思想防线。大力倡导清清爽爽的同志关系、规规矩矩的上下级关系，构建“亲”“清”新型政商关系，坚决隔断不健康的人情裙带，剔除利益互换的腐败毒瘤。推动党员领导干部带头躬身践行、模范执行各项党内法规制度，以令人信服的表率作用，形成无声的命令和强大的感召。三要持续发力，净化“生态”。加强对政治纪律执行情况检查，坚决查处上有政策、下有对策，有令不行、有禁不止的行为，确保政令畅通；严肃查处搞团团伙伙、结党营私，政治利益和经济利益相互勾连问题，坚决维护党的团结统一。始终保持惩治腐败的高压态势，突出重要领域、关键环节，重点关注“三类人”，做到有案必查、有腐必惩，力度不减、节奏不变、尺度不松，用最坚决的态度减少腐败存量，用最果断的措施遏制腐败增量。着力做好案件“后半篇”文章，强化典型案例通报的说理性，深刻剖析违纪背后的“有制度不执行”问题。

同志们，雄关漫道真如铁，而今迈步从头越。全市走前列、全面上台阶是我们向全区人民作出的庄严承诺，如何把这份答卷做实做好做出彩，是全区党员干部必须答好的时代命题。让我们携起手来，紧密团结在以习近平同志为核心的党中央周围，以更加宽阔的视野，更加务实的作风，更加昂扬的斗志，锐意进取、勇攀高峰，奋力抒写淮阴更高水平小康社会新画卷！（讲话名词解释详见附件 1）

政府工作报告

——在淮阴区第十七届

人民代表大会第一次会议上的报告

区长 朱晓波

（2017 年 1 月 10 日）

过去五年工作回顾

区十六届人大一次会议以来，在市委、市政府和区委的坚强领导下，区政府团结带领全区人民，紧紧围绕“建设实力强城乡美群众富的幸福淮阴”战略目标，同心协力、共克时艰，顺利完成了“十二五”规划和区十六届人大历次会议确定的各项任务，实现了“十三五”发展的良好开局，淮阴已经站在一个新的发展起点上。2016 年预计实现地区生产总值 436 亿元、人均 8028 美元，分别是 2011 年的 1.81 倍、1.82 倍；完成一般公共预算收入 40.58 亿元，是 2011 年的 1.7 倍，五年保持全市领先；三次产业比重调整为 16.57∶40.91∶42.52，实现了“二三一”到“三二一”的历史性转变。

过去五年，我们坚定不移优化产业结构，综合实力稳步增长。工业经济扩容转型。五年累计实现规上工业开票销售 1346 亿元、入库税金 39 亿元，始终位居全市前列。淮阴经济开发区成功转型为省级高新区，升格国家级即将获国务院批复；园区“九通一平”达到 33.4 平方公里，累计进驻企业 826 家，省级高新技术企业达到 23 家。五大新型工业园拉开框架，拓展“五通一平”7400 亩，新建高标准厂房 65 万平方米，落户 3000 万元以上项目 167 个，渔沟工业园获批市级经济园区。市盐化淮阴园“飞地”效应凸显，总投资 200 亿元富强新材料启动建设，总投资 12.5 亿元淮江科技竣工投产。传统产业转型升级，食品加工、钢铁和机械制造、盐硝加工等产业累计完成技改投入 220 亿元，单位 GDP 能耗累计下降 20%。新兴产业初步形成，电子产业完成投资 200 亿元，高端装备制造产业完成投资 65 亿元，遨珀、金唐新能源汽车成功签约。竣工亿元以上工业项目 90 个，规上工业企业达到 454 家，总投资 150 亿元德科码半导体、总投资 130 亿元时代芯存相变存储器等项目相继落地，重特大项目建设领跑全市。现代农业扩容增效。国家农业科技园区创建取得明显成效，等待科技部验收，创新能力检测体系在全国农业科技园区考评中排名第三。引进桂建芳、陈文新院士工作站等农业科研机构 8 个，推广应用新品种、新技术、新设施 160 余项，科技兴农成效初显。畜禽养殖、蔬菜种植、饲料加工三大产业蓬勃发展，产值超过 400 亿元，市级以上农业龙头企业总量位居全市第一。黄河故道开发、分淮入沂等水利工程顺利推进，农田水利现代化、农业综合机械化水平分别达到 83%、82.5%，创成国家级农业产业化示范基地。农业规模化效应显现，高标准农田达到 39 万亩、高效设施农业达到 23.2 万亩，比2011年分别增长12%、27%;家庭农场、土地耕作服务社等新型农业经营主体不断涌现,总数达到1993家,获得全省农业农村改革创新成果奖。农业品牌不断积聚,成功认定国家工商地理标志证明商标32件、"三品"品牌120个。现代服务业扩容提质。服务业增加值占GDP比重达到42.52%,年均提升1.9%;累计入库税收77.8亿元,年均增长11.5%。综合大市场顺势转型,建成电商创业大厦,成功承办中国(淮阴)跨境电子商务年会。抢抓养老产业发展机遇,启动建设"阳光新城"适老社区,新发展社会化养老机构23家。物流业加快集聚,新培育物流企业75家、农村淘宝服务站40家。整合文旅资源,组建淮阴润淮文化旅游公司;新四军刘老庄连纪念园被命名为"国家级烈士陵园",创成国家4A级景区;码头镇入选全国第三批特色景观旅游镇。金融业稳步发展,2户企业"新三板"挂牌获批,3户企业在"四板"挂牌;2016年存贷款余额达到317亿元、249亿元,年均分别增长19%、21%。

过去五年,我们坚定不移深化改革开放,发展后劲日益增强。重点改革全面推进。国家农业科技园区获批副处级行政单位,商贸服务中心和新四军刘老庄纪念园景区管委会获批副处级事业单位。顺利实施政府机构改革,完成工商、质监、食药监"三合一"和卫生计生委组建。全面启动不动产登记,颁发全国首本铁路不动产权证书。大力推进商事制度改革,实现"三证合一",市场活力加速释放。创新开展农村土地使用制度改革试点,探索先安置后搬迁模式,新增建设用地近万亩。基本完成农村土地确权登记颁证,产权流转交易市场实现乡镇全覆盖。抢抓省财政管理体制调整机遇,我区财政保障标准从三类调整为一类,累计争取资金近10亿元。积极推行目标差别化考核体系,乡镇、部门争先进位意识进一步增强。开放合作成效显著。主动融入"一带一路"、江苏沿海开发等重大战略,以五大平台为着力点,在德国、台湾等地设立招商办事处,新批信诺医疗、伊弗特等外资项目100个,累计到账外资7.3亿美元,实际利用外资总额全市第一。先后在德国、澳大利亚、港澳台等地开展"漂母杯"、"韩信杯"系列活动,荣获省对外宣传工作创新奖,"韩信杯"象棋名人赛被评为"江苏省十大品牌赛事",我区再次获得"全国象棋之乡"称号。创新发展能力增强。坚持创新驱动战略,扎实开展"百名博士帮百企"活动,充分发挥"科技镇长团"牵线搭桥作用,创成省市高新技术企业37家,高新技术产业产值达到290亿元,占规上工业总产值的20%;专利申请量、授权量分别达到2265件、1171件,创成省著名商标18件、市知名商标37件,被授予"省级知识产权战略示范区"称号。突出企业创新主体地位,新建"两站三中心"56个,其中院士工作站6个。高端人才加速集聚,累计引进"千人计划"12人、"双创人才"11人、"333工程"10人、"淮上英才"19人。

过去五年,我们坚定不移统筹城乡发展,功能品位显著提升。城乡规划不断完善。坚持规划引领,淮阴区空间发展战略规划与总体城市设计通过专家评审,棉丁、赵集等五大片区规划编制完成,镇村布局规划、重点村和特色村规划不断完善,"一城五片"空间布局基本确立。积极策应新型城镇化战略,渔沟、徐溜国家重点镇总规(2015—2030年)获市政府批复,"十个一"工程稳步推进。城乡建设全面提速。深入实施"双百"工程,每年投入100亿元以上,建设重点项目100个以上,建成区面积达到41.6平方公里,城市化率提高7.6个百分点。统筹利用政策性棚改贷款和社会资本,征收搬迁地块111个,整治老旧小区40个,新建续建住宅小区和安置小区91个,幸福城、大润发、乐天玛特成为淮阴城区新亮点。扎实开展"五城同创",顺利通过国家环保模范城市考核、国家卫生城市复审,全国文明城市创建取得重要进展,双拥模范城实现"四连冠"。加快实施区域供水和农村饮水安全工程,淮沭河水厂一期投入使用,24.79万农村居民用上优质安全的自来水。供水管网"村村通"、路灯"村村亮"、管道燃气"镇镇通"工程初见成效,城乡数字电视网络全覆盖。城乡交通更趋便捷。城市路网内引外联,形成了以淮海路、长江路等为主体的"八纵八横"格局。西互通改造、银川路北延、长江东路延伸工程圆满完成,淮海路、银川路盐河桥等5座重要桥梁投入使用,城区道路通畅率明显提升;实施城乡道路通达工程,237省道、325省道、运南第二通道等建成通车,503省道机场连接线加快推进,提档升级农村道路307公里;连淮扬镇、徐宿淮盐高铁淮阴段征地搬迁完成,推动淮阴迈入"高铁时代";盐河航道"五改三"全面完成,城东作业区、许渡作业区开工建设，城西作业区建成运营，综合交通体系基本形成。大力实施公交优先战略，建成区公共交通服务中心，增设、优化城区公交线路26条，开通镇村公交38条，城乡客运体系逐步完善。

过去五年，我们坚定不移贯彻绿色理念，生态环境明显改善。空气质量不断提升。持续实施蓝天工程，狠抓秸秆禁烧禁抛和综合利用，拆除燃煤锅炉215台，淘汰黄标车1280辆。积极推进“电能替代”，建成电动汽车充电站4座、港口岸电6部。扎实开展城乡环境综合整治，重点实施餐饮油烟、露天烧烤、渣土车、建筑工地扬尘等专项整治行动，村庄环境整治通过省级验收，创成省三星级康居乡村7个。加大污染行业监管力度，强化污染企业脱硫脱硝改造，建立挥发性有机物重点监管企业名录，扬尘和噪声污染整治成效明显，环境质量综合指数达到90%以上。水体环境持续好转。积极开展古淮河、二河、淮沭河饮用水源地专项整治行动，功能区水质达标率达到83%以上。全面取缔非法采砂行为，洪泽湖淮阴水域生态有效改善。青园污水处理厂投入运行，新建污水管网35.59公里；加大面源污染整治力度，疏浚河道528公里，整治村庄河塘974个，划定畜禽禁养区、限养区562平方公里。绿地绿量逐年增加。持续放大“两河三岸”生态特色，提升改造盐河、黄河绿化风光带，新建健身步道15.3公里，先后建成韩信文化广场、自行车文化运动公园，新增绿地417.6万平方米，城市绿化覆盖率达到40.36%。扎实推进生态修复，大力发展优质苗木、果品、花卉基地，绿化造林1.5万亩。生态文明建设成效显著，创成国家级生态乡镇19个，顺利建成国家生态区。

过去五年，我们坚定不移办好惠民实事，民生事业全面进步。社会保障更加坚实。150件惠民实事全部完成。深入实施精准扶贫、精准脱贫计划，15.35万农村低收入人口实现脱贫，60个经济薄弱村基本实现新“八有”目标，刘老庄片区整体脱贫。大力扶持高校毕业生和困难群体创业就业，发放创业担保贷款8999万元，新增城镇就业4.2万人，转移农村劳动力2.1万人。城乡低保、农村五保供养标准普遍提高，城乡居民基本养老保险、城镇居民医疗保险实现全覆盖，累计发放居民和企业养老保险金21.9亿元、基础养老金和尊老金7.4亿元，新农合住院补偿封顶线提高到22万元。建成居家养老服务中心(站)222个，城乡覆盖率分别达到100%、85%。城镇居民人均可支配收入、农村居民人均纯收入分别达到28430元、13447元，是2011年的1.59倍、1.67倍。社会事业更加繁荣。全面实施教育优先发展战略，淮阴教育品牌进一步彰显，创成全国义务教育发展基本均衡区、省教育现代化先进区、省青少年校园足球示范区。有序调整教育布局，农村高中全部进城办学，东城开明中学、银川路实验小学等12所学校建成使用。与民盟省委、市教育局建立合作关系，实施名校结对帮扶，城区薄弱校实现“清零”。不断提升医疗综合服务水平，市口腔医院、区妇幼保健院投入使用，建成全国满意乡镇卫生院10个，省级以上基层示范医疗机构21个，荣获“全国妇幼健康优质服务示范区”称号。全面破除“以药补医”机制，分级诊疗和家庭医生签约服务创新做法得到国务院医改领导小组推广。稳妥实施“全面二孩”政策，被评为“新一轮全国计划生育优质服务先进区”。深入实施文化惠民工程，提升改造乡镇文化站15个、社区文化活动中心29个，区文化馆被评为国家一级馆，张纯如纪念馆建成使用。创新开展“文明之约·荧光夜跑”等活动，体育健身中心定时免费开放，我区被授予“全国群众体育先进单位”称号，创成省公共体育服务体系示范区。社会秩序更加稳定。持续深化“平安淮阴”建设，启动“六位一体”社会治理体系建设，实行“一村一警”网格化管理模式，青奥会、省运会等重大活动期间社会保持总体稳定，连续两轮被表彰为“省社会治安综合治理先进集体”。基层示范创建扎实开展，王营镇营北社区被评为苏北首家“全国社会工作服务示范社区”，9个乡镇被命名为“省和谐社区建设示范乡镇”。顺利完成“六五”普法，区政府、公安分局、地税局被省政府评定为“省级依法行政示范点”。食品药品市场平稳有序，安全生产形势保持稳定。健全应急值守机制，开展各类应急演练近百场。顺利完成第六届居民委员会、第十一届村民委员会换届选举。认真执行人大及其常委会的决议和决定，积极支持人民政协履行职能，五年办理人大代表建议、政协委员提案1542件，满意和基本满意率达到99%以上。此外，统计、审计、外事侨务、新闻、民族宗教、社科研究、对台、物价、气象、档案、区志、地震、供销、人防工作获得新进展，老区开发、妇女儿童、工商联、青少年、工会、老龄、慈善、残疾人事业和关心下一代工作取得新成绩。

各位代表,回顾本届政府的工作,我们有着深刻的体会:一是必须坚持发展要务不动摇。五年来,我们紧紧围绕建设幸福淮阴目标,抢抓沿江沿海开发机遇,高点定位,自我加压,一心一意谋发展,凝心聚力促转型,巧借外力,奋力出击,挖潜提质,实现了淮阴经济社会健康发展。二是必须坚持城乡统筹不放松。五年来,我们始终坚持以新型城镇化和城乡一体化为引领,深化城乡互动融合,突出城乡发展规划、产业布局、公共服务和社会管理,使公共资源在城乡之间的配置更趋均衡、生产要素在城乡之间的融通更为顺畅,全面推进城乡协调发展、共同繁荣。三是必须坚持创新创优不停步。五年来,我们坚持改革与创新"双轮驱动",始终将创新创优作为推动发展的源动力,以政策创新化解土地瓶颈,以举措创新增加存量资产,以管理创新破解融资难题,切实保障了经济发展的基本要素。四是必须坚持执政为民不懈怠。五年来,我们把保障和改善民生作为一切工作的出发点和落脚点,不断加大公共财政投入,强化教育文化、体育卫生、道路交通、供电供水等基础设施建设,加快完善社会保险、社会救助、社会福利和慈善事业相衔接的社会保障体系,均衡发展各项社会事业,全面推进平安淮阴、法治淮阴建设,更多群众享受到了改革发展的成果。五是必须坚持作风建设不松劲。五年来,我们以党的群众路线教育实践活动、"三严三实"和"两学一做"学习教育为契机,大力弘扬"真抓实干、攻坚克难"的工作作风,立纪立规,立说立行,廉政建设、执政能力和服务意识不断增强,全区凝心聚力抓发展、奋力拼搏谋争先的干事氛围更加浓厚。这些经验弥足珍贵,我们将一以贯之,不断发扬光大。

回顾过去五年,我们欣喜地看到,淮阴的发展思路更加开阔,发展步伐更加坚实,人民群众有了更多的获得感。这些成绩的取得,是区委坚强领导的结果,是区人大、区政协监督支持的结果,是广大干部群众艰苦奋斗的结果,凝聚着各位代表、各位委员的智慧和心血。在此,我谨代表淮阴区人民政府,向在各条战线、各个岗位上辛勤耕耘的全区人民,向各民主党派、工商联、人民团体和各位老同志,向驻淮部队指战员、武警官兵和公安干警,向监督、支持政府工作的人大代表、政协委员,向帮助、关心淮阴发展的省市委驻淮帮扶工作队队员、省市属驻淮单位同志、科技镇长团成员,向所有参与淮阴建设的企业家和社会各界人士,表示衷心的感谢!

在充分肯定成绩的同时,我们也清醒地看到,当前淮阴经济社会发展中还存在诸多困难和问题:一是区域经济实力还不够强,经济总量不大,人均地区生产总值偏低,与发达地区相比、与人民群众的需求相比,还有差距;二是城镇化发展不够快,城乡基础设施和公共服务条件相对滞后,城乡二元结构依然突出,统筹发展的任务还十分艰巨;三是百姓还不富足,低收入人口比较多,对照新的帮扶标准,全面建成小康社会难度不小;四是社会治理压力不断加大,群众诉求多元化,不稳定因素依然存在;五是服务发展的效能还不高,部分干部的执政能力,尤其是创新发展能力还有待提高,作风建设还有待加强,等等。对于这些问题,我们将高度重视,采取有力措施,切实加以解决。

未来五年发展目标和主要任务

各位代表,新一届政府任期的五年,是建设更高水平小康社会的决胜期。展望今后五年,世界政治和地缘政治风云变幻,必然对中国经济产生深刻影响。世界经济仍将处于缓慢复苏的进程中,复杂性、不稳定性、不确定性将进一步凸显。新技术革命正在有力推动着全球经济结构调整,信息技术和其他技术深度融合,消费需求个性化、小众化势头明显,各类新型供给能力迅速形成。总体而言,这种态势既带来很大的压力,也蕴含着新的机遇。从宏观大局看,党的十八大以来,党中央作出经济发展进入新常态的重大判断,形成了以新发展理论为指导、以供给侧结构性改革为主线的政策框架,坚持和贯彻稳中求进工作总基调,为我们牢牢把握经济发展主动权、战胜各种困难和挑战、推动经济稳步前进提供了科学指导。从区域发展看,国家深入推进"一带一路"、长三角一体化和沿海开发等战略,淮安苏北重要中心城市建设进入关键阶段,长江经济带、淮河生态经济带将构建起"大开放"体系,多项战略政策聚集发力,势必催生新的发展动能,为我们借力发展、突破发展提供了难得机遇。从淮阴发展前景看,区委提出的"全市走前列,全面上台阶"两大奋斗目标,必将引领淮阴迈入提速发展、升级跨越的新阶段。

全区上下团结拼搏、干部群众干事创业激情迸发，汇聚成了加压奋进、追赶超越的强大力量。我们坚信，只要我们认清大势，坚定信心，积极作为，为长远发展打下坚实基础，淮阴的明天一定会更加美好！

根据区第十二次党代会和区委十二届三次全体会议精神，今后五年，政府工作的总体要求是：全面贯彻党的十八大以来各次会议以及省、市系列重要会议精神，以“四个全面”战略布局为引领，坚持稳中求进工作总基调，牢固树立和贯彻新发展理念，把握引领经济发展新常态，坚持以发展质量和效益为中心，以推进供给侧结构性改革为主线，紧扣“两聚一高”，瞄准“全市走前列，全面上台阶”两大目标，努力充实“三个口袋”，抒写淮阴更高水平小康社会新画卷。

今后五年，政府工作的奋斗目标是：到2021年，地区生产总值突破650亿元，一般公共预算收入达到66亿元，规上固定资产投资达到670亿元，城镇居民人均可支配收入、农民人均纯收入分别达到41780元和20690元。

围绕上述目标，未来五年，我们的主要工作任务是：

——建设更加稳固的工业支柱。建强园区，到2021年，淮安高新区确保进入全省前15名，力争十强；建成省级经济园区1个、市级经济园区1—2个。依托淮安高新区、市盐化淮阴园、新型工业园等平台，以“建百亿项目、培百亿企业、育百亿产业、跨千亿台阶”为目标，坚持存量培育和项目招引齐抓并举、传统产业和新兴产业同步推进，着力培育电子信息、高端装备制造、新能源汽车等新兴产业，力争2021年开票销售达到1200亿元，五年新增规上工业企业100户。

——建设更加繁荣的第三产业。以商贸服务中心为核心，推动电子商务扩能升级，形成“产品+平台+物流”为一体的营运模式。积极适应人口老龄化趋势，加快发展养老养生产业，着力打造苏北乃至全国有影响的养老养生中心。推动旅游与生态、农业、文化、新型城镇化深度融合，建设一批有产业、有文化、有影响的特色旅游项目。服务业增加值占GDP比重年均提升1个百分点以上。

——建设更加富足的新型农村。优化城乡发展资源配置，健全“五大融资平台带乡镇”机制，集中打造渔沟、徐溜两个国家重点镇，支持码头、刘老庄、赵集等发展特色小镇，建设全市一流、连通城乡、辐射周边的“现代卫星城镇”。以国家农业科技园区为载体，集中力量发展现代科技农业，不断提高农业综合机械化水平。深化农村领域改革创新，加大农业新型主体培育力度，提升富农惠民水平。

——建设更加舒适的生态城镇。以满足公共需求为导向，实施扩量增绿工程，城市绿化覆盖率达到40.6%；大力推进棚户区、危旧房、城市水系岸线改造，到2020年基本完成改造任务；强化便民公共服务设施配套，着力构建“15分钟社区服务圈”和“5分钟便民生活圈”。持续削减主要污染物排放总量，城乡综合环境质量有效提升，低碳绿色生产生活方式成为共识，生产空间更加集约高效、生活空间更加宜居适度、生态空间更加水清地绿。

——建设更加幸福的和谐淮阴。着力增进群众福祉，积极构建公路、铁路、航运互联互通网络，形成内部“毛细血管”畅通、外部“同城效应”明显的交通格局。深化体制机制改革，完善就业服务和社会保障体系，推进教育文化、卫生医疗、体育健身协调发展，让群众享有更多更完善的公共服务。实施精准扶贫战略，提前实现低收入人口全部脱贫，与全省同步达到2013版小康社会标准。深入推进依法治区，完成“七五”普法任务，深化平安淮阴、法治淮阴建设，不断提高群众的获得感和幸福感。

2017年工作安排

各位代表，2017年是新一届政府的开局之年，也是“全市走前列，全面上台阶”的起步之年，做好今年工作尤为重要。今年全区经济社会发展的主要预期目标是：地区生产总值增长8.5%左右，全面完成市下达的一般公共预算收入任务，规上固定资产投资增长15%左右，社会消费品零售总额增长11%左右，城乡居民收入分别增长8%、9%左右，主要污染物排放总量削减完成市下达任务。围绕上述目标，重点做好六个方面工作。

一、聚焦产业转型，加快提档升级，增创工业经济新优势

深入开展“重大项目提质增效年”活动，调整

存量、优化增量、提升质量,做强实体经济,确保规上工业开票销售、工业入库税金、工业用电量分别增长11%、6%、6%。

突出项目抓招商。围绕传统和新兴产业,突出欧美日韩、港澳台、珠三角、长三角地区,深化领导招商、平台招商、产业招商、以商引商,推进规划招商、环境招商、基地招商,突破一批领军企业和龙头项目。一季度开展“招商引资百日竞赛”,坚持部门、乡镇捆绑招商,全年新招引亿元以上项目20个,其中10亿元以上项目3个。着力培育创新型增长点,新招引超亿美元外资项目1—2个、3000万美元外资项目3—5个,确保外资实际到账2亿美元。探索建立主导产业专家资源库,深化招商信息每周会审制度,严格项目准入。注重专业招商队伍建设,着力提升高新区、各乡镇招商队伍共建水平,努力打造一支懂产业、通政策、擅谈判的“招商劲旅”。

强化责任建项目。继续实施重大项目区领导挂钩领办制度,同步攻坚四大百亿级项目,全面提高项目建设质效。总投资100亿元益威汽车电池启动建设,总投资200亿元富强新材料采输卤、烧碱等子项目全面开工,总投资130亿元时代芯存相变存储器主体建成,总投资150亿元德科码半导体项目竣工投产,掀起重特大项目建设热潮。硬化职能部门责任,加快立项、规划、环评等手续办理,新开工国和新能源等10亿元以上项目3个,维福莱科技、闽泉纺织等亿元以上项目20个。严格落实项目推进责任,逐一制定项目建设工作清单,健全任务分解、组织实施、协调会办、督查推进“四大机制”,确保新竣工10亿元以上项目2个,亿元以上项目20个。

统筹推进强产业。紧扣供给侧结构性改革方向,着力推动“三去一降一补”,为实体经济转型腾出更多空间。勇于做“减法”。全面彻底排查落后产能,坚决果断清理整顿。结合工业用地先租后让和弹性出让,对新上产能严把环保、能耗、安全等准入关,培育高质量的增长点。加快推进传统产业升级计划,推进节能降耗、技术改造,全年完成技改投入60亿元。食品加工产业向精深加工、终端食品、品牌食品发力,扩大市场占有率,开票销售突破百亿大关。盐硝加工产业重点实施5亿元淮江科技聚酯硫醚等技改项目,实现降本增效,提升行业竞争力。善于做“加法”。深入实施新兴产业扩张计划,持续做大产业引导基金规模,有序推动电子信息、高端装备制造、新能源汽车三大新兴产业加速扩张。电子信息产业强化上下游项目招引,延长产业链条,全力培育千亿级半导体产业集群。高端装备制造产业立足百亿级“智”造基地目标,紧盯高档数控机床、工业机器人等产业前沿,推动伊弗特、普锐明等项目投产达效。新能源汽车产业着眼于推广应用,发展培育锂电池、电机、电控等细分行业,推进遨珀、金唐新能源汽车等项目落地。

夯实基础育载体。围绕国家高新区挂牌目标,完善基础设施和产业配套,强化科技要素保障,提升R&D经费支出等重要创新指标,确保在全省高新区考核排名中前移2位以上;深化产城融合,加快中德低碳生态城、人才公寓等配套设施建设,推进江淮科技园、中业慧谷二期等科技孵化器年内竣工,着力打造宜业宜居都市工业园;突出存量挖潜,加大“僵尸企业”清理力度,置换闲置厂房22万平方米,节约用地指标830亩。五大新型工业园按照特色、联动发展原则,修编产业发展规划,积极引入社会资本参与道路、管网和高标准厂房建设。市盐化淮阴园与工业新区联动发展,建立招商服务中心与投融资平台,以富强新材料为主体,集聚更多的上下游企业,不断延伸化工产业链。

聚焦创新促转型。依托“科技镇长团”纽带作用,深化“百名博士帮百企”活动,不断提升自主创新能力,争创全省创新型试点区。鼓励企业与大院大所共建创新平台,新培育产学研科技创新示范企业30家,建立校企联盟50家,联合共建研发机构10家以上。细化落实产业科技创新中心和创新型省份建设“40条政策”,加大培育力度,省市高新技术企业达到47家。完善人才激励机制,增强柔性引才能力,引进“千人计划”、“双创人才”、“淮上英才”8人以上。推进知识产权强区建设,新增专利申请量、授权量2300件、1200件,万人发明专利拥有量达到2.4件以上。推进科技与金融紧密结合,开展科技成果转化风险补偿、“苏科贷”等科技型企业小额贷款业务,创业投资管理资金规模达到3亿元。

二、突出科技兴农,强化资源整合,谋求现代农业新突破

大力推进农业供给侧结构性改革,以国家农

业科技园区为核心，进一步优化农业产业体系、经营体系、生产体系，促进农村一二三产融合发展。

增强园区科技实力。充分发挥国家农业科技园区示范带动作用，加快科技创新与推广深度融合，着力打造农业现代化区域性发展平台。围绕成果引进和转化，建成现代农业科技创新创业孵化中心、淮安作物分子育种研究重点实验室，引进现代种业、观光休闲、农产品精深加工等重大农业项目10个以上。搭建政产学研合作平台，加强校地联盟共建，力争省高校新农村发展研究院创新联盟、扬州大学农学院淮安研究院在园区落地。

提升农业发展层次。实施现代农业发展计划，强化农业龙头企业培植，新招引3000万元以上农产品加工项目8个，超千万元农业一三产项目15个，新增市级以上农业龙头企业6家。推广生态循环农业，加快发展优质稻米、有机蔬菜等绿色农业，建成通阳农光互补一期。实施畜牧业升级计划，竣工投产温氏现代生猪养殖项目，开工建设沪江畜业现代生猪养殖项目，加快打造畜牧业养殖强区。大力发展特色水产、高效园艺等产业，确保新增设施渔业1000亩、设施农业1万亩，高效园艺产值达到42亿元。强化"互联网+农业"理念，加快"三品"认证和地理标志农产品申报步伐，新增"三品"品牌20个以上。

拓展农业经营方式。深化农村产权制度改革，探索土地承包经营权抵押、有偿退出、互换并地、入股、转让等多种成果应用方式，全面完成土地确权登记颁证工作。健全农村产权流转交易和信息服务体系，规范产权交易流程和规则，交易额突破5亿元。大力培育新型农业经营主体，创成市级以上示范合作社20个、家庭农场20家。加快培育农业服务市场，以土地耕作服务社为载体，建成使用古寨古西村、吴城河滩村等为农综合服务中心10个。实施新型农民塑造工程，开展农业实用技术培训6000人次以上，持证农业劳动力占比提高5个百分点。

改善农业生产条件。实施水利惠民工程，深入推进分淮入沂增补、黄河故道治理和淮涟灌区节水改造，健全小型水利工程长效管护体制，提升农业综合保障能力。开展高标准农田整村推进计划，逐步减少农村"空关房"，启动农科园、渔沟、刘老庄片区三个10万亩高标准农田整治工程，建成粮食绿色高产高效项目5个。建立健全农机服务保障体系，推广各类农业机械2000台套，农业综合机械化水平达到83.5%以上。延伸粮食全产业链，开工建设运南中心粮库，建成烘干房22个，提高粮食收储能力。加快气象灾害监测预警服务中心建设，增强防灾减灾能力。

三、加快产业集聚，重抓板块打造，开创三产发展新局面

顺应新兴服务消费增长迅速、需求旺盛的新趋势，按照"新兴产业提速突破年"要求，着力培育新增长点，推动服务业模式创新、跨界融合、多维拓展。

精心培育商贸核心商圈。以"两河三岸"商贸板块为重点，进一步完善商贸规划，加强临街商业规划控制和业态提升，加快商贸业集聚发展。以淮海路、黄河路、北京东西路为轴线，加快开源珑城、颐和花园等综合体建设，做优幸福街、金润城等精品街区，推进餐饮特色街和休闲娱乐行业向精品化、特色化方向转变。突出大润发、乐天玛特等商业节点，启动城市名人酒店周边地区CBD商圈、国华曼度广场建设，以品牌经营、连锁经营为重点，引进大型购物中心、高端娱乐消费项目，不断集聚人气商气。加大上市企业、股权投资类企业培育和政策扶持力度，力争在"新三板"挂牌上市企业2户以上。

做强做优电商物流平台。以综合大市场为主阵地，招引规模电商平台、大型电商、物流集团入驻，打造省级电子商务示范基地。加快电商新业态培育，引导传统市场转型升级，确保婚庆礼品电子商务创业园、大宁百货O2O商城年内投入运营。依托互联网、物联网等信息技术，投入使用电商孵化中心，培育一批淘宝村、淘宝镇，做大淮阴电商品牌。加强与每鲜加、优品惠等电商平台合作，打造"淮阴特产"统一品牌，将赵集粉丝、凌桥大米等特色产品推向全国。抢抓"高铁时代"机遇，主动融入"国际空港"，扎实推进苏宁物流自动化分拨中心、现代物流园、海仓云仓物流园等项目，打造现代物流业集群。大力发展航运物流，合理配套航运线网，强化港口物流服务功能，推动港产城一体发展。

积极打造文旅特色品牌。引导社会资本投资发展文旅产业，有序开发优质人文自然资源，深耕

“千年古县·乐游淮阴”品牌。继续举办“漂母杯”、“韩信杯”系列活动,开发母爱文化、象棋文化、红色文化等特色创意产品,以文化名片为媒介,努力实现文化、经贸共赢发展。拓展文化创意众创空间,招引服务外包、广告创意、动漫网游、信息网络等项目,加快文化创意产业集聚化、规模化。围绕“一核两带三区”定位,精心打造兼具红色文化的刘老庄休闲观光农业体验区、兼具水韵元素的赵集古堰度假区。加快推进雷尼奥等项目,因地制宜发展休闲餐饮、采摘垂钓生态休闲游,丁集薰衣草庄园、码头台湾柿子园争创省三星级乡村旅游区。

四、注重统筹协调,提升品质内涵,展现城乡建设新面貌

以“城乡发展提档升级年”为统领,加快推进新型城镇化和城乡一体化,更加注重内涵品质提升,加快建设生态宜居、富有活力、特色鲜明的新北城。

打造独具特色的品质之城。加强历史文化保护和城市有机更新改造,挖掘、彰显、整合、串联城市各类自然人文特色资源,建设有历史记忆、有时代特征的现代城市。优化城市形象,着力消除城区危旧房,实施淮阴师院东、香港路西等12个地块棚户区改造。提升城市绿化质量,新建古黄河八期绿化风光带、城市绿色小客厅等工程,新增绿化40万平方米,城市绿化覆盖率提高到40.4%。精心打造“夜淮阴”,重点做好沿河亮化、淮海北路和珠江路夜景,不断彰显现代城市气息。精细经营城市空间,促进城市地上地下空间复合利用,建设一批分布合理的停车场、充电桩等设施,提升城市综合承载能力。

构筑健康宜居的生态家园。重点打造医疗健康板块,以淮安一院为集聚点,推进淮阴人民医院、宝岛母爱妇产医院、爱尔眼科医院、东郊医院、肿瘤医院等项目建设,倾力打造全市医疗服务中心。加快养老养生产业小镇“阳光新城”、医养融合服务中心建设,推动医养融合发展。按照“两减六治三提升”专项行动计划,建立健全河长制,加大国考、省考断面检测治理力度,加快东城污水处理厂一期、青园污水处理厂配套管网建设,实现城区污水管网全覆盖;加大城区油烟管控力度,推进华能电厂超低排放,完成主要污染物减排任务。深入开展城区河道扩面成湖、乡村河道疏浚清淤等净化工程,努力实现水清岸绿、水秀城美。巩固村庄环境综合整治成果,创建省级美丽乡村3个、康居村庄3个、水美乡村3个。

塑造形象美好的文明城市。以决战决胜全国文明城市为引领,组织开展市容管理突破、城市功能完善、市民素质提升三大专项行动,促进城市形象和市民精神面貌同步提升。落实“条块结合、以块为主、合理分工”的城管机制,实施多部门协作联动,构建高效精准的城管综合执法体系。加快数字城管建设,成立数字城管监督指挥中心,整合城市管理资源,实现问题发现、交办、处置、监管等一体化和信息化,确保长效管理工作继续走在全市前列。全力打造城管精品工程,扎实开展城市管理示范路创建,加速淮海北路、银川路等路段的形象出新。扎实开展市容市貌专项整治,加大违法搭建、占道经营、乱停乱放等治理力度,全面整治后街背巷。统筹做好“市民文明”和“城市文明”,从遵守秩序、文明出行、垃圾分类、爱护环境着手,完善市民行为规范,促进形成良好道德素养和社会风尚。

开发人文风情的特色小镇。科学制定特色小镇发展规划,培育一批产业特色鲜明、人文气息浓厚、生态环境优美、示范效应明显的特色小镇。重抓国家重点镇、省级重点中心镇建设,积极探索PPP、“平台带乡镇”等融资模式,引进乡镇发展亟需的专业技术人才,建设渔沟文化活动中心、徐溜荣舜广场等重点项目8个,确保“十个一”工程全部达标。赵集水韵小镇,以水韵慢城、渔家文化为主题,嵌入滨水景观带、非遗文化展示带、渔家休闲体验带等板块,打造集休闲度假、生态观光、文化体验于一体的“水慢城”。刘老庄红色小镇,紧扣红色文化,依托当年农家、香园农庄等项目,重点开发生态农业观光、民宿风情体验等产品,讲好红色小镇新故事。码头运河小镇,以运河文化、汉韵文化为主题,依托韩信故里、枚乘故里等人文景区,充分融入观光农业、运动休闲、美食体验等元素,高起点建设农科园功能片区中心镇。

建设通联顺畅的交通路网。积极主动融入全市快速路网,力争打通北京北路、淮海北路等铁路道口,建成淮海路古淮河桥、承德路盐河桥,启动建设淮河路西延、母爱路东延等道路,提升改造南昌路、淮河路,全面畅通城区道路“主动脉”。构筑

区域交通走廊，开工建设429省道，改造完成宁连路丁集联络线，确保503省道机场连接线及南延段建成通车。做大内河枢纽港口，完成盐河航道疏浚工程，加快许渡作业区建设，确保城东作业区一期港池投入运营，着力打造盐河“黄金水道”。开通西宋集、韩桥等5个乡镇的镇村公交，推动区乡村三级公交无缝对接。

五、坚持富民优先，倾力改善民生，提升幸福淮阴新高度

以“民生实事提标扩面年”为指引，把广大群众对美好生活的向往作为工作追求，加强就业创业、公共服务、社会保障、社会治理等体系建设，千方百计让群众口袋更鼓、生活更好、幸福感更强。

拓宽富民之路。以落实省“33条富民政策”为抓手，集中力量、集中资源、集中政策打好“聚焦富民”主攻仗，力促群众口袋富起来。坚持以就业促增收，做好高校毕业生等重点群体就业工作，全年开展创业就业培训3200人次，新增就业6000人，登记失业率控制在3%以内。加快实施创业富民，建立市场化创业担保贷款机制，研究出台鼓励创业的扶持政策，推动“打工经济”向“创业经济”转变。探索农村土地经营权抵押贷款试点，完善经营权发证及抵押登记流程，让“沉睡”的土地变成“活资本”。加大政策扶持力度，建立贫困群众稳定受益机制，精准制定扶贫“菜单”，采取帮助就业务工、购买公益岗位等措施，确保脱贫率达到30%，经济薄弱村纯收入增加3万元以上，10个经济薄弱村达到新“八有”目标。

办好惠民之事。不断完善各项机制，回应好民生关切，把发展的关注点从GDP转到百姓生活上来。全面推进区域供水和农村饮水安全巩固提升工程，加快淮沭河水厂二期和供水管网建设，新建增压泵站4座，整体解决农村居民饮水安全问题。积极推进老旧小区分类整治，完成小区整治15个。全年新改建农桥100座、农路50公里。大力推进小区视频联网工程，确保具备条件小区全部实现与公安网互联互通，切实提升群众安全感。

守住保障之本。大力实施全民参保登记计划，完善居民医保、大病保险政策，确保“五险”覆盖率达到95.5%以上，新农合参保率稳定在99%左右。健全农村低保动态管理和精准识别长效机制，加强经济状况核查，确保符合条件的低收入农户应保尽保。充分发挥爱心淮阴救助协会等社会力量的作用，完善社会救助体系，统筹推进助残、济困等社会福利事业建设。扎实推进保障性安居工程建设，开工建设泰和家园B区、月桂苑东苑等安置房项目，年内交付50万平方米。

做强民生之核。突出教育布局调整，加快建设渔沟实验中学、东城中小学，推动优质教育资源扩容增量。补齐民办教育短板，建成碧桂园天山双语学校，促进公办民办优势互补。充分发挥省民盟助培效能，健全名校帮扶共建机制，着力培育一批人民更加满意的好学校、好校长、好教师。深化医药卫生体制改革，全面推进家庭医生签约服务和分级诊疗制度，不断提升基层医疗机构卫生服务能力。大力发展省市区乡四级医疗联合体，建设全省基层院长培训基地，创建国家级慢性病防控示范区。扎实推进“全面二孩”政策，综合治理出生人口性别比。大力推进体育强区建设，完善“城区10分钟体育健身圈”，新建乡镇多功能运动场7个，升级改造篮球场30个。加快图书馆、文化馆总分馆建设，力争博物馆二期年内开馆。

筑牢稳定之基。加快社会治理创新，进一步落实重大决策社会稳定风险评估机制，健全群众诉求的表达机制、解决机制、反馈机制，使群众问题能反映、矛盾能解决、权益有保障。完善“公安大巡防”体系，依法严厉打击各类违法犯罪活动，着力打造社会治安防控体系升级版。建成区综治中心，不断加大社会综合治理力度，及时就地化解社会矛盾。推动融资平台市场化转型，控制贷款总量，有效防范金融风险。高度重视安全生产，深化“党政同责、一岗双责”监管，确保全区安生生产形势持续稳定。积极创建食品安全城市，完善透明安全餐饮、放心菜市场等平台建设，提升食品安全保障水平。强化应急演练，完善突发事件应急社会动员和部门联动处置机制，全力打造更加和谐的幸福淮阴。

六、牢记为民宗旨，切实转变作风，塑造落实政府新形象

坚持把对人民负责、让人民满意作为政府工作的第一准则、第一追求，以办事提速、服务提质、效能提升为第一标准，重大局、讲奉献、强落实，全面加强自身建设。

尽职尽责,严于落实。坚持一切以发展为先、以群众为本、以事业为重,努力做到心中有责、敢于负责、尽职尽责。深入贯彻落实全面从严治党要求,切实严明政治纪律和政治规矩,严格落实党风廉政建设责任制,坚决反对"四风",坚决反对圈子文化和好人主义。加强廉政风险防控,严格遵守《区政府议事规则》、《区政府党组议事规则》,以规范执行推动工作落实;加大财政资金使用审计力度,加强政府采购、产权交易和国有资产监管,以内部监控推动工作落实;全面推进政务公开,自觉接受人大法律监督、政协民主监督、社会公众监督以及舆论监督,以外部监督推动工作落实。

自觉担当,勤于落实。只为成功想办法,不为失败找理由。坚决克服"碰到问题就躲、见到困难就推、遇到矛盾就绕"的不良倾向,自觉增强担当意识,主动推动工作落实。建立健全"三级落实"推进机制,以清醒坚韧的定力、锲而不舍的作为,将思路聚焦到转型上,将工作聚焦到发展上,精心组织、统筹协调、严格考核,做到推进实、成效实。注重从头抓起,一天接着一天干,一关接着一关闯,努力开好局,以节节取胜确保"全市走前列,全面上台阶"首战告捷。

开拓创新,善于落实。善作善成是抓落实的方法要求,体现的是工作技巧和艺术。坚持把解放思想、锐意创新贯穿于政府工作全过程,让发展思路、工作部署和政策措施更符合实际、顺应民意、富有创新。坚持超前谋划,深入调研重点难点问题,从政策中找机遇,从困难中找对策,从问题中找办法,善于用创新的思维、改革的思路、务实的办法推动工作、打开局面。加快建设以权责清单为核心的阳光高效审批体制,持续深化"放管服"改革,实现层级全链审批,努力做到网上办、集中批、联合审、代办制、不见面。以创新求突破,以创新上水平,努力在培育新增长点上想办法、想招数,在改造传统动能上出力度、出韧劲,在淘汰落后产能上显决心、显智慧,在推陈出新中加快淮阴经济"凤凰涅槃"。

各位代表,新常态孕育新希望,新希望开启新征程。让我们紧紧团结和依靠全区人民,在市委、市政府和区委的坚强领导下,永不懈怠,奋发进取,勇攀高峰,奋力抒写淮阴更高水平小康社会新画卷!(报告名词解释详见附件2)

附件1:讲话专用名词解释

1. 四个全面

全面建成小康社会、全面深化改革、全面依法治国、全面从严治党。

2. 两聚一高

聚力创新、聚焦富民,高水平全面建成小康社会。

3. 一城五片

"一城"即中心城区;"五片"即刘老庄—徐溜片区、渔沟片区、棉花庄—丁集片区、码头片区、赵集片区。

4. 一区五园

"一区"即高新区;"五园"即张棉产业园、三凌产业园、渔沟产业园、徐溜产业园、南陈集产业园。

5. "4+1"现代农业产业

"4"即优质稻米、高效园艺、规模畜禽、特色水产,"1"即休闲农业。

6. 两减六治三提升

减少煤炭消费总量、减少落后化工产能,治理太湖水环境、治理生活垃圾、治理黑臭水体、治理畜禽养殖污染、治理挥发性有机物污染、治理环境隐患,提升生态保护水平、提升环境经济政策调控水平、提升环境执法监管水平。

7. "十个一"基础项目

一个多规合一的建设规划、一个省级标准的产业园区、一条特色鲜明的商业街区、一个标准化的农贸市场、一所市区结对共建的优质学校和幼儿园、一所二级标准的综合性医院、一个功能配套的文体中心、一个富有品位的市民公园、一个规范实用的垃圾和污水处理系统、一个高效快捷的便民服务中心。

8. 三馆一站一中心

文化馆、图书馆、博物馆,文广站,社区综合文化活动中心。

9. 一坛五堂

淮阴爱心讲坛,党课会堂宣理论、实境课堂悟理论、文艺礼堂唱理论、企业讲堂讲理论、网络学堂学理论。

10. 三调联动

人民调解、司法调解、行政调解。

11. "20 字"好干部标准

信念坚定、为民服务、勤政务实、敢于担当、清正廉洁。

12. "789·手拉手"百名青年干部阶梯培养计划

组织1名70后区领导结对2名80后科级干部,安排1名80后科级干部结对3名90后青年干部,形成总数100名左右的青年干部互相结对。

13. "1+4"教育培训机制

"1"即常态化开设村干部发展服务大讲堂;"4"即全年办好初任村干部培训班、软弱后进基层党组织书记和第一书记培训班、优秀村干部培训班、社区党组织书记培训班四个班次。

14. 一体四查

以开展作风建设常态化检查为主体,重点监督检查违规公款吃喝和公务接待、违规发放奖金津补贴、违规大操大办、新提拔领导干部财产核查。

15. 三类人

十八大之后不收敛不收手,问题线索反映集中、群众反映强烈,现在重要岗位且可能还要提拔使用的领导干部。

16. 三个区分开来

把干部在推进改革中因缺乏经验、先行先试出现的失误和错误,同明知故犯的违纪违法行为区分开来;把上级尚无明确限制的探索性试验中的失误和错误,同上级明令禁止后依然我行我素的违纪违法行为区分开来;把为推动发展的无意过失,同为谋取私利的违纪违法行为区分开来。

17. 四种形态

经常开展批评和自我批评、约谈函询,让"红红脸、出出汗"成为常态;党纪轻处分、组织调整成为违纪处理的大多数;党纪重处分、重大职务调整的成为少数;严重违纪涉嫌违法立案审查的成为极少数。

附件2:报告专用名词解释

1. 三品

无公害农产品、绿色食品、有机农产品。

2. 两站三中心

两站,博士后工作站、院士工作站;三中心,工程技术研究中心、企业技术中心和工程中心。

3. 五通一平

通水、通电、通路、通讯、通气,平整土地。

4. 九通一平

通市政道路、雨水、污水、自来水、天然气、电力、电信、热力及有线电视管线,平整土地。

5. 三证合一

将工商营业执照、组织机构代码证、税务登记证合并为营业执照。

6. 一带一路

"丝绸之路经济带"和"21世纪海上丝绸之路"的简称。

7. 四个全面

全面建成小康社会、全面深化改革、全面依法治国、全面从严治党。

8. 三个口袋

居民收入、企业利润、财政收入,被称作是居民、企业、政府的"三个口袋"。

9. 2013版小康社会标准

江苏省2013年修订的《江苏全面建成小康社会指标体系(试行)》,由原来的四大类18项25个指标扩展到五大类22项36个指标。新标准体现了科学发展、以人为本和转型升级、注重质量的要求,兼顾平均数和大多数,突出了对民生幸福的高度重视。

10. R&D

Research and Development,译为"研究与开发"。

11. 一城五片

一城,中心城区;五片,刘老庄—徐溜片区、棉花庄—丁集片区、码头片区、赵集片区、渔沟片区。

12. "十个一"

一个多规合一的建设规划,一个省级标准的产业园区,一条特色鲜明的商业街区,一个标准化的农贸市场,一所市县结对共建的优质学校和幼儿园,一所二级标准的综合性医院,一个多功能的文体中心,一个富有品位的市民公园,一个规范化的垃圾和污水处理系统,一个高效快捷的便民服务中心。

13. 五城同创

全国文明城市创建、国家生态市创建、国家环保模范城市复核、国家卫生城市复审、全国双拥模范城创建。

14. 新“八有”

有群众拥护的“双强”班子、有科学合理的发展规划、有高产高效的农业设施、有特色鲜明的主导产业、有持续稳定的集体收入、有先进适用的信息网络、有健康向上的文明村风、有村容整洁的居住环境。

15. “40 条政策”

江苏省政府发布的《关于加快推进产业科技创新中心和创新型省份建设若干政策措施的通知》,简称江苏省创新“40 条政策”。

16. CBD

Central Business District,中央商务区,简称CBD,是城市经济、科技、文化的密集区,一般位于城市的黄金地带。

17. O2O

Online To Offline,既可涉及到线上,又可涉及到线下,将线下的商务机会与互联网结合,让互联网成为线下交易的平台。

18. 一核两带三区

一核,以主城区两河三岸、母爱文化产业园为核心;两带,码头历史文化文旅产业带、刘老庄红色文化文旅产业带;三区,近郊乡镇休闲采摘体验区、渔沟古镇特色街区、赵集古堰和盐浴休闲度假区。

19. 国考、省考断面

国家环保部对江苏省、省环保厅对淮安市考核的河流断面,在我区范围的分别是淮沭新河韩庄断面和盐河新渡断面。

20. 两减六治三提升

两减,减少煤炭消费总量,减少落后化工产能;六治,治理太湖水环境、治理生活垃圾、治理黑臭水体、治理畜禽养殖污染、治理挥发性有机物污染、治理环境隐患;三提升,提升生态保护水平、提升环境经济政策调控水平、提升环境执法监管水平。

21. 三级落实

第一级落实主体为各乡镇、各部门主要负责人,第二级落实主体为区政府分管负责人,第三级落实主体为区政府主要负责人。

22. 五大平台

高新区、综合大市场、农科园、城建交通平台、市盐化淮阴园。

23. “33 条富民政策”

江苏省委、省政府《关于聚焦富民持续提高城乡居民收入水平的若干意见》,包含 33 条“聚焦富民”意见。

区情概览

历史沿革

淮阴在西周时地跨徐、扬二州，春秋后期属吴，吴亡后属越。周贞定王二十四年（公元前445年）楚国屡侵泗水流域，淮阴归属时越时楚，终属楚。秦王嬴政二十四年（公元前223年），秦灭楚，在淮河（今废黄河）南岸置淮阴县，隶属东海郡（一说九江郡，也称郯郡）。

西汉初，析淮阴县西南地域置富陵县，高祖六年（公元前201年），贬楚王韩信为淮阴侯，淮阴为其封邑。十一年（公元前196年）杀韩信，淮阴侯国除，仍称淮阴县。武帝元狩六年（公元前117年）置临淮郡，淮阴、富陵属之。

王莽新政，改淮阴为嘉信，并改临淮郡为淮平郡。建武元年，恢复旧郡县名。

东汉初，临淮郡并入东海郡，淮阴县属之，且撤富陵县，其地入淮阴县。永平十五年（72年）改临淮郡为下邳国，淮阴、淮浦、盱眙、徐县属下邳国。建安十一年（206年）下邳国名废除，仍为下邳郡，淮阴属之。

三国时属魏，晋太康三年（282年），广陵郡治迁至淮阴。

南朝泰始三年（467年），淮北被北朝占领，刘宋于淮阴侨立兖州，亦称北兖州。永明七年（489年），割山阳、盱眙二郡地，将北兖州由侨置州改为实土州，辖东平、阳平两郡。

东魏时北兖州改为淮州，东平郡改为淮阴郡，寿张县改名怀恩县，淮州下辖淮阴、阳平、山阳、盱眙4郡，淮阴郡辖怀、富陵（东魏时复置，在今洪泽湖中）、鲁3县。

陈太建五年（573年），南陈伐北齐成功，占据江淮地区，淮州复名北兖州，淮阴郡复名东平郡，怀恩县复名寿张县。

隋初，复为淮阴郡，不久废郡为县。大业初年（605年），首次并淮阴县入山阳县。

唐武德初年，恢复淮阴县建置。武德七年（624年），淮阴再次并入山阳；乾封二年（667年），淮阴又从山阳划出恢复县建置。

北宋时，依旧称淮阴县。

熙宁十年（1077年）泗州临淮县的吴城一带划属楚州淮阴县。南宋建炎元年（1127年），吴城一带设吴城县。绍兴三年（1133年），废吴城县。绍兴五年（1135年）废淮阴县为镇，一年后又恢复县建置。嘉定七年（1214年）淮阴县治移至八里庄。绍定四年（金正大八年，1231年）地入于金，金改淮阴为镇淮府，次年，即为宋江淮制置使赵善湘收复。南宋咸淳九年（1273年）首次设置清河县，属清河军，治所在淮河北岸的清口（古泗口时称清口），咸淳年间（1265—1274年），淮阴县治从八里庄迁回淮阴故城，于八里庄置新县城。

元初，淮阴、新城、清河三县并置，撤消清河县，隶属于淮安路总管府。至元二十年（1283年），淮阴县复并入山阳县。

明至清乾隆二十七年（1762年），淮阴县体制与元时同。

民国初，废淮安府，县直属江苏省。民国3年（1914年），清河县恢复淮阴县原名（因与河北省清河县同名之故），并设淮扬道于此，淮阴为其属县之一。民国16年，国民革命军北伐占领江苏后废淮扬道。是年3月，撤消两淮市，清江浦复归淮阴县。民国21年，国民政府在淮阴设立第七行政督察区，辖淮阴、淮安、涟水、宝应、泗阳、宿迁6县。

民国26年12月，日军入侵江南，江苏省政府由镇江迁至清江浦,民国28年3月1日,日军侵占清江,国民党江苏省政府迁至淮东,淮阴县政府在县内农村至民国32年。

民国29年,中国共产党淮阴抗日民主政府在县境北乡花庄成立。民国34年8月,日本投降,9月新四军解放淮阴城,改清江浦为清江市,农村仍为淮阴县。不久,苏皖边区政府成立,驻清江,清江市、淮阴县都为其所属。民国35年9月,国民党军队占领清江,淮阴县政府、淮阴专员公署都设于此;中国共产党政府机关撤出清江市活动于北乡农村。民国37年12月,人民解放军解放淮阴城,城区与淮安合组为两淮市,市府驻清江浦;农村仍为淮阴县。

1951年1月,城区又从淮阴县析出,再度成立清江市。1958年9月,清江市与淮阴县合并,成立淮阴市。1964年11月,市县再次分置为淮阴县和清江市。1972年,淮阴县政府迁至王营镇。1948~1983年,淮阴县(市)均隶属于淮阴专员公署。1983年3月,江苏省实行市管县体制,撤销淮阴地区专员公署,设立淮阴市,淮阴县为其属县。是年4月,全县统一实行县、镇(乡)、村(居)建制。

2001年1月,淮阴市更名为淮安市,撤销淮阴县设立淮阴区,区政府驻王营镇北京西路73号,2005年迁至承德北路606号。

行政区划

淮阴区历史上曾经过很多次区划调整,至2016年底,淮阴区共设立7个乡14个镇共21个乡镇,即韩桥乡、凌桥乡、刘老庄乡、古寨乡、新渡乡、袁集乡、老张集乡、王营镇、赵集镇、吴城镇、南陈集镇、码头镇、三树镇、西宋集镇、吴集镇、渔沟镇、丁集镇、五里镇、徐溜镇、王兴镇、棉花庄镇。单设江苏省淮安高新技术产业开发区(原江苏淮阴经济开发区)、淮安国家农业科技园区、淮阴工业新区。

人口民族

【人口】 淮阴区总人口933603人,其中男484073人,女449530人;全年出生10916人,其中,男5681人,女5235人,人口出生率为11.69‰;死亡2777人,其中,男1772人,女1005人,死亡率为2.97‰;自然增长率为8.72‰。

【民族】 淮阴区有回、苗、壮等34个少数民族,3600人。少数民族居住相对集中的有一个民族村:码头镇张庄镇村;三个民族组:分别是码头镇郑台村4组,吴城镇淮泗村6组和城南村7组。居住在城区的回民有1100人,多住在东街和北桥两个社区,除回族以外的其他少数民族,主要是从云贵川地区婚嫁入的,人口较少,居住分散,基本都在农村。

自然地理

【位置面积】 淮阴区位于江苏省北部平原的中心,地处北纬33°22′~33°56′,东经118°56′~119°09′,南濒洪泽湖(赵集镇洪湖村挡浪堤向南延伸7千米),东到王兴镇盐西电站隔盐河与涟水保滩相邻,北至徐溜镇冯庄村隔六塘河与沭阳县钱集相望,西到竹络坝电站隔大运河与泗阳县毗邻。南北长62.5千米,东西宽38.5千米,面积1291.48平方千米。陆地面积1034.44平方千米,占总面积的81.83%。水域面积257.04平方千米,占总面积的18.17%。

【地形地貌】 淮阴区地貌形态为黄泛冲积平原。地形平坦,以废黄河为分水岭,向南北两侧逐渐倾斜低洼。运北地区,海拔10~12米,其地势西高东低,由西向东呈微波形斜面,而其中有部分洼地(夏家湖地区),海拔仅9~10米。运南地区,海拔在14~16米之间,称作西南高平原,其地势由北向洪泽湖边呈波状倾斜。地貌可划分为废黄河高漫滩、堤侧倾斜平原、决口冲积扇形平原三大类。

【土壤条件】 境内土壤主要为潮土类,耕层厚度一般为16厘米左右,有强石灰反应,耕层容重为1.29克/立方米左右,孔隙度为50.42%,非毛管孔隙度耕层稍低,而通体较高,故该土类一半土体内通气透水性良好。土壤有机质含量平均值很低,不同质地存在着差距,pH值介于7.9~8.3之间,呈碱性。

气候特征

淮阴区地处北亚热带和暖温带交界区,属暖温带半湿润季风气候,四季分明,季风显著。年平均气温14.1℃,年平均日照时数为2233.41小时。年均降水量934.8毫米,年雨雪日平均为106.6天,梅雨多雨季节,平均在6月25日进入雨季,7

月中旬雨季结束。区内冬季盛行东北偏北风，春季盛行东北、东南风，夏季盛行东南偏东到东南风，秋季盛行东北偏北到东风。年平均风速为3.1米/秒；4、5两月平均风速最大为3.9米/秒；风速在17米/秒的大风，累年平均出现8.9次。区内无霜期较长，按地区最低温度大于0℃统计，平均无霜期为216天，初霜期平均在11月8日，终霜期平均在4月1日。淮阴区气候主要受季风环流影响，自然灾害较为频繁，灾害性气候有涝、连阴雨、旱、寒潮、霜冻、大风、冰雹等，但主要是涝渍和干旱。涝渍是淮阴区的主要灾害。夏涝一般出现在每年的6月下旬至9月上旬，秋涝出现在9月中旬至11月下旬，连阴雨有春季、初夏和秋季三种情况。重大涝灾一般为四至五年一遇。干旱发生机率少于涝灾，平均为十年一至两遇。

资　源

【土地资源】　淮阴区土地总面积为13.07万公顷。其中，农用地9.50万公顷（耕地7.34万公顷、园地4139.82公顷、林地1169.44公顷、其他农用地1.63万公顷），建设用地2.46万公顷（居民点工矿2.25万公顷、交通运输1937.06公顷、水利设施用地176.67公顷），未利用地1.12万公顷。

【水资源】　淮阴区水资源条件较好，河网纵横，沟渠密布。地表水资源总量多年平均值约为6.45亿立方米，其中地表径流比较丰富，流量约1.58亿立方米。年降水量基本稳定在1000毫米左右。地下水按水文地质区可划分为鲁苏隆起水文地质区、洪泽盆地水文地质区、淮安中断陷盆地水文地质区，有利用价值的主要是松散岩类孔隙水。

【生物资源】　淮阴区野生动物有30种，其中兽纲7种、鸟纲17种、爬行纲4种、两栖纲2种。植物共有60个科、105个属、198个种，其中在全县范围内生长良好，能够用于造林绿化的树种有39种。

【矿产资源】　淮阴区发现的矿产资源主要有岩盐矿产、无水芒硝、天然碱、油气矿、黏土、矿泉水等。

2016年气候

【低温冻害】　受强冷空气影响，1月22日～24日气温出现较大降幅，24日最低气温－13.0℃，创1992年后新低，全区出现严重冰冻，道路结冰，湖面出现封冻，全区多处供水主管网和消火栓被冻坏。11月22日～24日北方强冷空气自北向南影响，气温出现较大降幅，24日最低气温－4.7℃。

【雾霾天气】　全年雾霾频繁出现，大雾日数达65天，霾日数达150天。雾霾期间，大气维持静稳状态，对污染物稀释、扩散不利，1月～6月、11月～12月雾霾交替出现，影响范围大，空气质量达到中、重度以上污染，持续的雾霾天气对人民生产生活和交通运输产生较大影响。

【暴雨强对流天气】　6月23日中午前后，自北向南出现雷雨大风、短时强降水等强对流天气，23日～24日降水总量达119.8毫米。据淮阴区防汛指挥部统计：淮阴区境内三树镇、渔沟镇、凌桥乡、棉花庄镇、王营镇等降雨较大的乡镇低洼农田积水受涝严重，农作物受淹面积近4万亩，其中渔沟镇农作物受淹面积2.5万亩。据区民政局统计：受灾人口达5160人，直接经济损失962万元。7月26日下午，淮阴区中北部发生强对流天气，出现雷雨大风，全区受灾人口1200人，直接经济损失84万，其中农业损失69万、房屋受损损失15万。

【连阴雨】　受台风和冷空气的持续影响，入秋后淮阴区阴雨天气不断，10月降水量达历史同期第一位，刷新有记录以后的10月历史极值，累计降水量和雨日数均为历史同期第一。长期的连阴雨天气，除了影响交通出行外，对农业的生产危害性极大。持续的降水，导致大部分地区农田土壤持续偏湿。连续阴雨造成田间积水，农机不能下地，部分水稻由于连日阴雨寡照，出现穗发芽现象，对秋收秋种造成较大影响，特别是成熟待收的杂交稻，有倒伏和发芽现象。

【高温】　受副高压影响，出现全区范围的持续高温天气，其中7月22日～26日、28日～30日、8月13日、19日出现10天35.0℃以上的高温天气。

【干旱】　由于8月中旬开始各地降水异常偏少，加之气温较高、日照时数多，蒸发大，田间水分消耗大，造成土壤失墒快。9月初全区大部地区出现不同程度的气象干旱，其中中北部地区达到重度气象干旱。从调查情况看，灌溉条件好的地区，因为光温条件得到充分的应用，作物长势好，而灌溉条件差的地区，作物受旱严重。

大事记

1月

4日,淮阴区领导分片调研村庄环境整治工作。区委书记、区人大常委会主任刘泽宇率队调研淮高片、淮沭片;区长朱晓波率队调研运南片、淮泗片村庄环境整治工作。

6日,淮阴区召开2015年市科学跨越发展目标迎检碰头会,对市科学跨越发展目标迎检工作进行研究和部署。刘泽宇、朱晓波、葛志胜、陆益民等区四套班子领导人出席会议。区委书记刘泽宇主持会议并就做好此项工作提出要求。

7日,市委常委、市纪委书记葛平率队到淮阴区检查考核2015年度落实党风廉政建设责任制情况。区委书记刘泽宇主持召开汇报会,朱晓波、葛志胜、陆益民等出席会议。

8日,区委书记刘泽宇主持召开第十一次党建周例会,朱晓波、葛志胜、陆益民及各乡镇、各部门负责人参加会议。

11日,区政协主席葛志胜带队到刘老庄、古寨、徐溜等乡镇实地检查安全生产工作。区委常委、区人武部部长刘军洲,副区长谢鹏等参加活动。

13日,市科学跨越发展目标考核组对淮阴区2015年度考核目标完成情况进行考核。刘泽宇、朱晓波、葛志胜、陆益民等参加汇报会。

14日,根据中央、省、市委部署和淮阴区"三严三实"专题教育总体安排,区委常委会召开2015年度"三严三实"专题民主生活会。市委常委、纪委书记葛平全程参会指导。区委书记刘泽宇主持会议。

17日,捷克南捷克州议员安东尼·科拉克率领企业家代表团到淮阴区考察。区领导刘泽宇、陈张、万旭东、吴国飞等陪同。

21日,副市长赵洪权率领市农委、水利局、农开局等相关部门负责人,到淮阴区调研农业农村工作。区长朱晓波、区委副书记杨维东、副区长殷俊及涉农部门主要负责人参加汇报会。

△ 区委书记刘泽宇到王营镇参加"三严三实"专题民主生活会,并就该镇做好民主生活会后续工作提出具体要求。区委常委吴国飞参加活动。

22日,省委第九巡视组副组长徐阳升、陈志伟向淮阴区委书记刘泽宇反馈巡视情况。在随后召开的巡视情况反馈会上,陈志伟代表巡视组向淮阴区领导班子进行反馈,淮安市委常委、纪委书记葛平对淮阴区做好巡视整改工作提出具体要求,刘泽宇主持会议并讲话。

23日,淮阴区召开确保首季"开门红"专题汇报会。刘泽宇、朱晓波、葛志胜、陆益民、杨维东、张在明、孙晓燕、陈张、张爱民、万旭东等出席会议。

25日,淮阴区十六届人民政府第二十三次常务会召开,朱晓波、陈张等区领导出席会议。区人大副主任韩国虎、区政协副主席朱靖军应邀出席会议。

26日,淮阴区召开会议专题部署2016年冬春水利建设工作,区长朱晓波、副区长殷俊及相关部门、乡镇分管负责人出席会议。

27日,区长朱晓波率领区政府办、环保局、安监局、消防大队、市场监管局、供电公司等相关单位负责人检查全区安全生产工作,区委常委、常务副区长陈张,副区长谢鹏等参加检查。

29日,淮阴区召开省委驻淮帮扶工作队工作总结座谈会，欢送圆满完成本届帮扶任务的省委驻淮阴区帮扶工作队。区委授予省委驻淮阴区帮扶工作队党委先进基层党组织称号，区政府给予符伟星等5人记三等功奖励，并授予省委驻淮阴区帮扶工作队队员“淮阴区荣誉市民”称号。刘泽宇、朱晓波、葛志胜、陆益民等出席会议。

31日，由淮安市政府组织的“淮安养老养生产业园总体发展规划”专家评审会在淮阴区会议中心召开。副市长王兴尧，市政协副主席孙晓阳，区委书记刘泽宇、副书记杨维东、常务副区长陈张、区委常委万旭东等市区领导出席会议；财政局、住建局、民政局等相关部门负责人，中国社会福利协会副会长兼秘书长冯晓丽等专家参与评审活动。

2月

1日，中国人民政治协商会议淮阴区第九届委员会第五次会议在区行政中心一楼报告厅开幕，区委书记刘泽宇，区长朱晓波，区政协主席葛志胜，区政协党组副书记张在明，区政协副主席赵欣、张植林、朱靖军、谢华山，区政协秘书长纪家龙等在主席台前排就座。刘泽宇首先代表中共淮阴区委对大会的召开表示热烈祝贺，向出席会议的各位同志和各位委员致以诚挚的问候。区政协主席葛志胜代表政协淮阴区第九届委员会常务委员会，向大会作工作报告。大会审议区政协常委会关于九届常务委员会提案工作情况的报告（书面），进行参政议政发言。朱晓波在大会发言结束时讲话。

2日，淮阴区第十六届人民代表大会第五次会议在区会议中心开幕。大会执行主席刘泽宇、陆益民、刘翠花、穆文清、韩国虎等在主席台前排就座。区委书记、区人大常委会主任刘泽宇主持大会。在主席台就座的还有朱晓波、葛志胜、杨维东、陈张、龚李萍、张爱民、万旭东、吴国飞、刘军洲、李尚武等区领导。刘泽宇宣布大会开幕。区长朱晓波代表区政府向大会作《政府工作报告》。大会以举手表决的方式一致通过《关于设立淮阴区第十六届人民代表大会财政经济委员会和法制委员会的决定》（草案）、《选举办法》（草案）和《淮阴区人民代表大会专门委员会组成人员人选通过办法》（草案）。

3日，中国人民政治协商会议淮阴区第九届委员会第五次会议完成各项议程，在国歌声中闭幕。区政协领导葛志胜、张在明、赵欣、张植林、朱靖军、郑静，秘书长纪家龙出席会议并在主席台前排就座。区委常委、组织部长李尚武，区人大副主任穆文清，副区长谢鹏应邀出席会议。大会由区政协副主席张植林主持。大会应到委员214人，实到162人，符合法定人数。大会选举张在明、郑静为政协淮阴区第九届委员会副主席。区政协副主席赵欣宣读表彰优秀提案的决定。大会审议并通过区政协九届五次会议决议。区政协主席葛志胜致闭幕词。

4日，淮阴区第十六届人民代表大会第五次会议完成各项议程，在区行政中心闭幕。上午9时，区十六届人大五次会议举行第三次全体会议。会议应到代表282名，实到250名，符合法定人数。刘泽宇、陆益民、刘翠花、穆文清、韩国虎等区领导在主席台前排就座，朱晓波、葛志胜、杨维东、孙晓燕、陈张、龚李萍、张爱民、万旭东、吴国飞、刘军洲、李尚武等区领导在主席台就座。会议通过关于接受刘泽宇辞去区第十六届人民代表大会常务委员会主任职务请求的决定；通过区人大财政经济委员会组成人员名单、区人大法制委员会组成人员名单；选举陆益民为区人大常务委员会主任。会议听取议案审查报告、“十三五”规划纲要及计划、财政审查委员会审查报告。会议以举手表决的方式通过关于《政府工作报告》的决议；通过关于区国民经济和社会发展第十三个五年规划纲要的决议；通过关于区2015年国民经济和社会发展计划执行情况及2016年国民经济和社会发展计划的决议；通过关于区2015年财政预算执行情况和2016年财政预算报告的决议；通过关于区人大常委会工作报告的决议；通过关于区人民法院工作报告的决议；通过关于区人民检察院工作报告的决议。大会结束前，刘泽宇作讲话。

5日，区委书记刘泽宇带领区安监局、商务局、市场监管局等相关单位负责人进行春节前检查。区委常委、常务副区长陈张，区委常委、组织部长李尚武参加检查。

△ 区委书记刘泽宇率领区委办、总工会、民政局等相关部门负责人开展春节慰问活动，区委常委、常务副区长陈张，区委常委、组织部长李尚武参加慰问。

△ 区长朱晓波率领相关部门负责人走访慰问工作在一线的环卫工人、公安干警、文艺工作者等,为他们送上慰问金、慰问品及新春的祝福。

7 日,区领导刘泽宇、陆益民、杨维东、张爱民、吴国飞、李尚武等到部分基层单位,看望和慰问坚守在一线的干部职工,对他们坚守一线、辛勤工作表示感谢,并向他们送去节日问候与新春祝福。

14 日,市长惠建林率队到淮阴区慰问一线干部职工,市、区领导张彤、戚寿余、陈涛、陆长苏、唐道伦、王红红、范更生、刘泽宇、朱晓波等陪同慰问。

16 日,区委书记刘泽宇主持召开全区乡镇确保开门红、大干保全年专题汇报会,集中听取 21 个乡镇工作情况汇报,并对下一步工作提出具体要求。区领导朱晓波、葛志胜、陆益民、龚李萍、吴国飞、李尚武、张在明及各乡镇党政主要负责人参加会议。

17 日,全区 2015 年度科学跨越发展目标总结表彰大会召开。刘泽宇、朱晓波、葛志胜、陆益民等出席会议,区长朱晓波主持会议。

△ 全区领导干部警示教育大会召开,深入贯彻落实全面从严治党要求,加强对领导干部的廉政教育,提振干事创业的精气神,为"发展走前列、全面达小康"提供有力政治和纪律保障。刘泽宇、朱晓波、葛志胜、陆益民等出席会议。

18 日,副市长唐道伦率队到淮阴区调研,区委书记刘泽宇,区委常委、常务副区长陈张,区委常委吴国飞,副区长、高新区党工委书记张健等陪同调研。

△ 副市长赵洪权到淮阴区视察重点水利工程项目,区长朱晓波、区委副书记杨维东、副区长殷俊陪同视察。

19 日,淮阴区召开春节后第一次招商引资信息汇报会,区领导刘泽宇、朱晓波、杨维东、陈张、龚李萍、万旭东、吴国飞、张在明等出席会议,各相关单位、各乡镇负责人参加会议。

20 日,市长惠建林,市委常委、常务副市长戚寿余率队到淮阴区调研经济社会发展情况。刘泽宇、朱晓波、葛志胜、陆益民等参加活动。

23 日,全国妇联副主席、书记处书记焦扬一行到淮阴开展家庭文明建设和最美家庭创建等工作调研。省妇联主席缪志红,市、区领导姚晓东、张彤、刘泽宇、杨维东、李尚武等陪同。

25 日,区人大常委会主任陆益民率队视察残疾人康复工作。刘翠花、穆文清、韩国虎、李娟等区人大领导参加视察。

26 日,区委书记刘泽宇主持召开区委常委(扩大)会,葛志胜、陆益民、杨维东、孙晓燕、陈张、龚李萍、万旭东、吴国飞、刘军洲、张健、殷俊、谢鹏、杨捷等参加会议。

27 日,区委书记刘泽宇主持召开第十二次党建周例会。朱晓波、陆益民及各乡镇、各部门负责人参加会议。

29 日,区委书记刘泽宇主持召开重大项目推进会,朱晓波、杨维东、陈张、龚李萍、吴国飞、李尚武、张健等出席会议,各相关乡镇、部门负责人参加会议。

△ 淮阴区与河南省荥阳市开展象棋文化产业合作与发展交流活动。区长朱晓波,区委常委、宣传部长孙晓燕等参加活动。

3 月

1 日,淮阴区召开全区党建工作会议,回顾总结 2015 年党建工作,安排部署年内工作任务。区委书记刘泽宇在会上讲话,区长朱晓波主持会议,葛志胜、陆益民等参加会议。

3 日,区委书记刘泽宇、区长朱晓波率领淮阴区党政代表团赴盐城大丰考察。区领导葛志胜、陆益民、杨维东、陈张、龚李萍、杨捷以及有关乡镇负责人参加活动。盐城市委常委、大丰区委书记倪峰,区长宋勇、区人大常委会主任吴家祥等领导陪同考察。

10 日,市长惠建林到淮安国家农业科技园区调研。市、区领导练月琴、赵洪权、朱晓波、杨维东、谢鹏及市、区相关部门负责人陪同调研。

11 日,中建八局副局长李国一行到淮阴考察,寻求合作共赢项目。区领导朱晓波、陈张、张春荣、杨捷等会见考察团成员。

15 日,刘泽宇、朱晓波、葛志胜、陆益民等到樱花园参加春季义务植树活动。

18 日,纪念新四军刘老庄八十二勇士殉国 73 周年大会举行。朱晓波、葛志胜、陆益民等参加纪念活动。区委常委、常务副区长陈张主持纪念活动。

19 日,区委书记刘泽宇主持召开第十四次党建周例会和区委、区政府两套班子务虚会。朱晓波、葛志胜、陆益民及各乡镇、相关部门负责人参加会议。

△ 省“法治县区”考核组到淮阴区检查考核“法治县区”创建工作，区委书记刘泽宇，区委常委、政法委书记张爱民等出席汇报会。

21 日，“蓝天 · 助跑关爱”捐赠活动启动仪式在淮州中学报告厅举行。区长朱晓波参加仪式并讲话，副区长张春荣主持仪式。

23 日，区委书记刘泽宇主持召开“抓党建、促发展”全区重大项目建设工作会。朱晓波、陆益民、杨维东、龚李萍、吴国飞、李尚武、张健及各乡镇、各部门负责人参加会议。

△ 区长朱晓波会见大银控股有限公司副总裁张凡、中核二四公司投资事业部总经理孙云华一行，就双方合作进行友好洽谈。张健、张春荣、杨捷等参加会见。

25 日，淮阴区文学艺术界联合会第一次代表大会开幕。区委书记刘泽宇出席会议并讲话，市文联主席、党组书记张益民在会上致辞，区长朱晓波主持大会。杨维东、孙晓燕、穆文清、赵欣等出席大会开幕式。

26 日，葛平、唐道伦、刘泽宇、朱晓波、杨维东、陈张、万旭东、张健等市、区领导会见淮安德科码半导体有限公司嘉宾：上海海湾投资公司董事长汪致重，淮安德科码半导体有限公司执行董事、总经理夏绍曾，上海海湾投资公司总经理张思华，德科码集团总裁李睿为，中铁二十五局集体有限公司董事长、党委书记张建国等进行友好洽谈。

△ 淮阴区半导体产业发展基金签约仪式举行，区领导刘泽宇、朱晓波、杨维东、陈张、万旭东、张健等出席，项目方代表——淮安德科码半导体有限公司执行董事、总经理夏绍曾，投资方代表——中铁二十五局集体有限公司董事长、党委书记张建国，基金方代表——香港德科码董事方时俊、无锡怡和国联基金合伙人黄鸣浩等出席签约仪式。

27 日，淮阴区 13 个工业重大项目集中开工，总投资超 400 亿元。市、区领导姚晓东、葛平、唐道伦、刘泽宇、朱晓波、葛志胜、陆益民等出席项目开工奠基仪式。

30 日，区委书记刘泽宇调研全区在建重点项目。区领导陈张、吴国飞、李尚武等陪同调研。

31 日，区委书记刘泽宇带队调研淮阴区“抓党建、促发展”农业农村工作，区领导杨维东、吴国飞、殷俊及相关单位负责人参加活动。

4 月

1 日，区委书记刘泽宇主持召开招商引资信息汇报会，葛志胜、陆益民及相关乡镇、部门负责人参加会议。

6 日，淮阴区召开全区签约拟开工重大项目推进会，刘泽宇、朱晓波、葛志胜、陆益民等出席会议。

△ 淮阴区召开全区在建重大项目推进会，会办项目建设过程中存在的问题。刘泽宇、朱晓波、葛志胜、陆益民等区四套班子领导参加会议。

7 日，全区“抓党建、促发展”“五星”创建提档升级推进会召开。区委书记刘泽宇作重要讲话。朱晓波、葛志胜、陆益民等出席会议。

△ 淮阴区召开专题会议对乡镇党委换届工作进行安排部署。区委书记刘泽宇出席会议并讲话，区委常委、组织部长李尚武主持会议并对工作进行具体部署。

13 日，全国政协副主席、民盟中央常务副主席陈晓光出席民盟江苏省委与淮阴区共同举办的“‘烛光行动’合作基地 · 淮阴”揭牌仪式。出席活动的还有全国人大常委、民盟中央副主席龙庄伟，国土资源部副部长、民盟江苏省委主委曹卫星，市长惠建林，市政协主席王维凯，市政协副主席、统战部长仲波，民盟省委副主委吴胜兴等。刘泽宇、朱晓波、葛志胜、陆益民及市、区相关单位负责人等参加活动。副市长、民盟淮安市委副主委王红红主持揭牌仪式。

14 日，区长朱晓波会见光大国际绿色环保副总裁王殿二一行，就双方合作进行洽谈。副区长谢鹏及环保局、发改委、城管局等相关单位负责人参加会见。

18 日，区委书记刘泽宇主持召开区委常委(扩大)会议，听取五大平台分管负责人关于 2015 年承担指标完成情况，分管指标一季度完成情况、冲刺“双过半”主要举措，以及挂钩重点项目等情况汇报。朱晓波、葛志胜、陆益民等出席会议。

20 日，省水利厅副厅长、省淮河下游联防指挥部指挥叶健到淮阴区检查指导淮沭河防汛工作。

区长朱晓波以及相关部门负责人陪同视察。

26日,淮阴区第四届“区长杯”校园足球联赛决赛开幕式举行,省教育厅副厅长朱卫国,市、区领导王红红、朱晓波、孙晓燕、穆文清等出席开幕式。

30日,区委书记刘泽宇主持召开全区一季度市科学跨越发展考核季度指标完成情况分析会,总结上阶段工作,部署下一阶段任务。朱晓波、葛志胜、陆益民及各乡镇、相关单位负责人参加会议。

5月

3日,区长朱晓波,区委常委、常务副区长陈张一行检查指导“营改增”试点工作推进情况,相关部门负责人陪同。

4日,全区区乡换届风气监督工作推进会召开。区领导刘泽宇、龚李萍、李尚武等出席会议。

5日,区政协主席葛志胜率队视察全区安全生产工作,区政协领导张在明、赵欣、张植林、朱靖军等参加活动。

6日,区委书记刘泽宇主持召开招商引资信息汇报会,进一步梳理招商信息,强化项目跟踪。区领导葛志胜、杨维东、龚李萍、李尚武、谢鹏、张在明等参加会议。

7日,淮阴区 “两学一做”学习教育工作部署会召开。陆益民、龚李萍、张爱民、吴国飞、刘军洲、桑绍淮、谢鹏等参加会议。区委副书记杨维东主持会议。区委常委、组织部长李尚武传达中央和省、市委“两学一做”学习教育工作相关会议精神。市委组织部“两学一做”学习教育协调小组综合组有关领导列席会议。

10日,市人大常委会党组书记、常务副主任陈洪玉率队到淮阴区视察防汛工作。市人大常委会副主任陆长苏、李冰、刘华等参加视察。市、区领导赵洪权、刘泽宇、谢鹏等陪同。

12日,由省住建厅牵头的2016年淮阴区“五方挂钩”帮扶协调工作会议在南京召开。省政府副秘书长、省扶贫办主任杨根平,省住建厅党组书记顾小平,省委农工办副主任王巨祥,省住建厅副厅长刘大威,市农工部部长、扶贫办主任严继林,区领导刘泽宇、杨维东、李爱国、殷俊等出席会议。淮阴区“五方挂钩”帮扶协调小组成员单位分管人和联络员,区有关乡镇主要负责人,以及省委驻淮阴区帮扶工作队全体队员参加会议。

17日,区委书记刘泽宇率领相关部门负责人赴高新区调研,区领导朱晓波、龚李萍、吴国飞等参加调研。副区长、高新区党工委书记张健汇报相关情况。

△ 淮阴区召开防汛防旱工作会议,贯彻落实省、市会议精神,研究部署全区防汛防旱工作任务。区长朱晓波,副区长殷俊参加会议。

19日,区政协主席葛志胜率队视察学校体育艺术教育工作,区政协领导张在明、赵欣、张植林、朱靖军、郑静等参加视察。

21日,淮阴区与琥珀新能源汽车有限公司签订协议,合作实施年产5万辆新能源汽车项目。区委书记刘泽宇,区委常委、组织部长李尚武,副区长、高新区党工委书记张健参加签约仪式。

30日,全区夏季秸秆禁烧禁抛和综合利用工作会议召开,区领导朱晓波、杨维东、龚李萍、吴国飞、李尚武等出席会议。

31日,区长朱晓波带领区经信委、国税局、财政局等相关部门负责人深入挂钩服务企业调研。副区长、高新区党工委书记张健参加调研。

6月

1日,区长朱晓波主持召开2016年市目标冲刺“双过半”汇报会。区领导吴国飞、张春荣、盛婧等出席会议。

△ 区政协主席葛志胜率队视察全区水利防汛工作,张在明、赵欣、张植林、朱靖军、郑静等参加视察活动。

3日,区委书记刘泽宇主持召开全区招商引资信息汇报会,朱晓波、杨维东、陈张、吴国飞、李尚武、谢鹏、张在明、张健及相关乡镇、部门负责人参加会议。

6日,区长朱晓波会见光大国际绿色环保副总裁邵启超一行,并就光大国际生物质及生活垃圾处理发电一体化项目相关问题进行会办,区人大常委会主任陆益民及相关部门负责人参加。

△ 淮安市澳华农牧有限公司李德发院士工作站揭牌仪式在淮阴区举行。中国工程院院士李德发,市、区领导赵洪权、朱晓波、殷俊及相关部门负责人参加仪式。

7 日,区委书记刘泽宇,区长朱晓波,区委常委、宣传部长桑绍淮视察高考工作,要求各相关部门务必精心组织、周密安排,确保高考顺利进行。

△ 淮阴区召开在建重点项目现场推进会。刘泽宇、朱晓波、陆益民、杨维东、陈张、龚李萍、吴国飞、李尚武、谢鹏、张健等参加活动。

12 日,区委书记刘泽宇率队调研全区交通工作。区领导杨维东、陈张、吴国飞、李尚武、张春荣等参加调研。

△ 区长朱晓波带领区政府办、规划局、国土局、财政局负责人赴高新区调研国家高新区创建、在建项目建设进展及科学发展综合考核评价等工作,协调解决存在的问题。副区长、高新区党工委书记张健参加调研。

14 日,市委常委、宣传部长陈涛到淮阴区调研张纯如纪念馆建设情况。区委书记刘泽宇,区委常委、宣传部长桑绍淮等参加活动。

16 日,区长朱晓波会见到访的韩国庶民民生对策委员会顾问金潼重,洽谈韩国现代重工相关投资事宜。

20 日,区委书记刘泽宇调研城建工作。区领导杨维东、陈张、龚李萍、桑绍淮、李尚武、谢鹏、张春荣参加调研。

21 日,淮阴区扶贫开发工作会议召开。刘泽宇、葛志胜、杨维东、李爱国、殷俊、王俊超等参加会议。

△ 省台办副主任张为到淮阴区调研母爱文化对台湾交流基地建设情况。区领导刘泽宇、吴国飞、桑绍淮等陪同调研。

22 日,目标差别化考核分组部门第二组述职会召开。区领导刘泽宇、陆益民、杨维东、陈张、龚李萍、张爱民、桑绍淮、谢鹏、乐翔、殷俊等出席会议。

24 日,签约项目推进会召开。刘泽宇、朱晓波、葛志胜、陆益民等参加会议。

28 日,开展“重温入党誓词,不忘入党初心,做合格党员”活动。刘泽宇、朱晓波、陆益民等党员领导干部参加活动。

△ 市委常委、纪委书记葛平到淮阴区棉花庄镇大福村开展“庆七一·联系点上过党日”活动,走访慰问老党员和结对帮扶的贫困学生,调研了解大福村集体经济发展情况,现场会办解决有关问题。区领导刘泽宇、龚李萍等参加活动。

29 日,区委书记刘泽宇率队观摩南陈集镇、韩桥乡、吴城镇、吴集镇、三树镇、棉花庄镇等目标差别化考核(丁组)6 个乡镇的项目及建设情况。朱晓波、葛志胜、陆益民等参加观摩。

30 日,淮阴区召开会议,纪念建党 95 周年。刘泽宇、朱晓波、葛志胜、陆益民等党员领导干部出席会议。

7 月

1 日,区长朱晓波主持召开招商引资信息汇报会,杨维东、陈张、龚李萍、张在明及相关单位、乡镇负责人参加会议。

6 日,区委书记刘泽宇主持召开目标差别化考核乡镇(乙组)汇报会。刘泽宇要求该组 6 个乡镇要坚定信心、创新实干、以民为本、以上率下,努力为全区发展多作贡献。朱晓波、葛志胜、陆益民等参加会议。

12 日,区政协主席葛志胜率队视察供电工作。区政协领导张在明、赵欣、张植林、朱靖军等参加活动。

20 日,淮安市公务员“两学一做”党课直通车走进淮阴区,特邀青岛市委党校教授、党史党建教研部副主任刘桂英讲解马克思主义经典文献《共产党宣言》。刘泽宇、朱晓波、葛志胜、陆益民及全区副科级以上党员干部共 700 多人参加党课学习。区委副书记杨维东主持党课学习。

△ 江苏淮阴温氏畜牧有限公司项目开工奠基仪式在南陈集镇举行。朱晓波、陆益民、杨维东、殷俊等出席活动并为项目开工培土奠基。

22 日,区长朱晓波率队视察全区校外辅导站工作。区政协主席、关工委主任葛志胜,区委常委、宣传部长桑绍淮及相关部门负责人参加视察。

26 日,“王国栋院士工作站”在淮安振达钢管制造有限公司揭牌。东北大学教授、博士生导师、中国工程院院士王国栋,国家人社部留学人员和专家服务中心处长陈平平,市、区领导唐道伦、刘泽宇、朱晓波、李尚武、张军,淮安振达钢管制造有限公司董事长曲振元等出席揭牌仪式。

27 日,全区征兵工作会议召开,总结上年工作,部署年内任务。区长朱晓波,区委常委、常务副区长陈张,区委常委、人武部部长刘军洲出席会议。

28日,中国共产党淮安市淮阴区第十二次代表大会在行政中心开幕。大会主要任务是总结淮阴区第十一次党代会以后的工作,研究部署下一阶段全区经济社会发展和党的建设目标任务,选举产生中国共产党淮安市淮阴区第十二届委员会、区纪律检查委员会和出席市第七次党代会的代表,团结带领全区广大党员干部和人民群众,进一步振奋精神,抢抓机遇,创新实干,为再上新台阶、全面达小康,建设人民更加满意的幸福淮阴而努力奋斗。大会应到代表295名,实到284名,符合法定人数。刘泽宇、朱晓波、杨维东、李爱国、陈张、龚李萍、张爱民、吴国飞、刘军洲、李尚武、马良君、谢鹏在主席台前排就座。刘泽宇代表中共淮阴区第十一届委员会向大会作题为《再上新台阶 全面达小康 为建设人民更加满意的幸福淮阴而努力奋斗》的工作报告。朱晓波主持会议。龚李萍代表中共淮阴区第十一届纪律检查委员会向大会作题为《严明党的纪律规矩 聚焦监督执纪问责 为建设人民更加满意的幸福淮阴提供坚强保障》的工作报告。

29日,中国共产党淮安市淮阴区第十二次代表大会在完成各项议程后闭幕。区委书记刘泽宇主持闭幕式并讲话。刘泽宇、朱晓波、杨维东、李爱国、陈张、龚李萍、张爱民、吴国飞、刘军洲、桑绍淮、李尚武、马良君、谢鹏在主席台前排就座。大会应到代表295名,实到290名,符合法定人数。大会以无记名投票的方式选举产生中共淮安市淮阴区第十二届委员会委员、候补委员,以无记名投票的方式产生中共淮安市淮阴区第十二届纪律检查委员会委员以及淮阴区出席中共淮安市第七次代表大会代表。大会以举手表决的方式通过中共淮安市淮阴区第十二次代表大会《关于中国共产党淮安市淮阴区第十一届委员会工作报告的决议(草案)》;通过中国共产党淮安市淮阴区第十二次代表大会《关于中国共产党淮安市淮阴区纪律检查委员会工作报告的决议(草案)》。

8月

1日,区委书记刘泽宇率队慰问驻淮阴区部队官兵,为他们送去节日的祝福,并送上慰问金、慰问品。区领导葛志胜、陆益民、刘军洲等参加慰问活动。

3日,刘泽宇、朱晓波、葛志胜、陆益民、杨维东、陈张、刘军洲等区领导前往征兵体检现场指导淮阴区征兵体检工作,要求严格把关,为部队和国防建设输送合格兵源。

5日,区委书记刘泽宇主持召开招商引资信息汇报会,区领导朱晓波、杨维东、陈张、吴国飞、谢鹏、张在明等出席会议。

10日,区长朱晓波率队到高新区调研。吴国飞、李尚武及高新区、政府办、经信委、商务局负责人参加活动。

11日,区长朱晓波率队调研淮安商贸服务中心工作,区委常委、常务副区长陈张,副区长盛婧等参加调研。

15日,市委书记姚晓东到张纯如纪念馆进行现场指导,详细了解场馆建设、展厅陈列、开馆准备等情况,对进一步建好纪念馆提出要求。市、区领导陈涛、刘泽宇、陈张、桑绍淮参加活动。

17日,区委书记刘泽宇主持召开竣工亿元项目质量考核工作推进会,对2013~2015年通过市竣工验收的项目进行逐一考核,进一步提升项目经济效益。区领导朱晓波、葛志胜、陆益民、杨维东、龚李萍、李尚武、谢鹏等出席会议。

20日,区委书记刘泽宇主持召开区委常委(扩大)会,研究市科学跨越发展季度考核等相关事宜。朱晓波、葛志胜、陆益民及各乡镇、相关单位负责人参加会议。

22日,创建全国文明城市工作点评会召开。会议回顾前一阶段创建工作情况,动员全区上下进一步认清形势,提高思想认识,明确目标任务,细化工作责任,助推全市以高分通过中央文明办年度测评。区领导刘泽宇、朱晓波、杨维东、陈张、龚李萍、桑绍淮、乐翔、于永芳及各乡镇、各部门相关负责人参加会议。

23日,淮阴区举行2016年"幸福淮阴·圆梦大学"助学金发放仪式,向全区284名贫困学子发放94.35万元助学金。区领导刘泽宇、朱晓波、葛志胜、陆益民、杨维东、吴国飞及"爱心淮阴"救助协会会长王祥生等出席发放仪式。

25日,省政协副主席、党组副书记徐鸣一行到淮阴调研扶贫开发工作。市、区领导练月琴、赵洪权、刘泽宇、葛志胜、杨维东、李爱国、谢鹏、殷俊及市、区相关部门负责人参加活动。

26日,江苏省第九批科技镇长团(淮阴团)下派工作会议召开。刘泽宇、朱晓波、陆益民、杨维东、陈张、李纬坤及相关乡镇、部门负责人参加会议。

28日，北京大学、北京航空航天大学、北京邮电大学和北京交通大学的体育后备人才基地揭牌仪式在淮州中学举行。清华大学教授、北京市大学生体育协会教学群体科研部主任张威及四所大学的专家、领导与王红红、刘泽宇、陆益民、桑绍淮、张在明、于永芳等市、区领导参加揭牌活动。

30日，市长惠建林率队到淮阴区督查会办重大项目。强调要牢固确立项目为王理念，凝聚合力，狠抓落实，进一步提升项目建设成效。市、区领导戚寿余、刘泽宇、朱晓波、杨维东、陈张、龚李萍、吴国飞、桑绍淮、李尚武等参加活动。

31日，市委书记姚晓东，市委副书记练月琴，市委常委、宣传部长陈涛一行到淮安火车站实地查看全国文明城市创建工作进展情况。区委书记刘泽宇，区委副书记杨维东，区委常委、宣传部长桑绍淮等陪同。

9月

1日，区长朱晓波会见南京江宁经济技术开发区管委会副主任祁明红一行。区委常委马良君参加座谈。

6日，副市长赵洪权率队调研刘老庄片区扶贫开发项目建设工作。刘泽宇、杨维东、李爱国、殷俊等区领导陪同视察。

8日，市委书记姚晓东到淮阴区淮阴中专学校看望慰问教学一线教师，并代表全市干部群众向教育战线上的全区广大教师、教育工作者致以节日的问候。市、区领导王维凯、陈洪玉、王红红、刘泽宇、桑绍淮等参加慰问活动。

△ 淮阴区庆祝第32个教师节暨教育工作会议召开。刘泽宇、葛志胜、陆益民、杨维东、陈张、桑绍淮、穆文清、于永芳等参加会议，市委教育工委副书记高荣应邀出席会议。

9日，区人大常委会主任陆益民率队慰问工作在教学一线的教师代表，副区长于永芳及相关部门负责人参加活动。

△ 区政协主席葛志胜率领相关部门负责人，到东城开明中学、淮州中学、三树中学，看望慰问在教育一线的教师代表。

13日，江苏省全国人大代表综合医改试点问题专题调研组到淮阴区视察基层卫生工作。惠建林、陈洪玉、陆长苏、朱晓波等市、区领导陪同。

19日，淮阴区与沪江畜业有限公司合作的现代生猪产业项目签约。区领导刘泽宇、朱晓波、杨维东等出席签约仪式。

△ 由省农村综合改革领导小组办公室调研员张淳率队的省督查组，到淮阴区开展扶持村集体经济发展试点工作情况督查，区长朱晓波及市、区相关部门负责人陪同。

22日，区委书记刘泽宇主持召开目标差别化考核乡镇(丙组)汇报会，朱晓波、陆益民等参加会议。

23日，区委书记刘泽宇主持召开全区招商引资信息汇报会，朱晓波、葛志胜、陆益民及相关乡镇、单位负责人参加会议。

24日，区乡两级人大换届选举工作会议召开，会议学习贯彻习总书记关于换届工作的指示精神，部署淮阴区区乡两级人大换届选举工作。刘泽宇、陆益民、杨维东、陈张、桑绍淮、李尚武、刘翠花、穆文清、韩国虎、李娟等参加会议。

28日，淮安时代芯存年产10万片相变存储器项目开工奠基仪式举行。姚晓东、惠建林、唐道伦、刘泽宇、朱晓波、葛志胜及相关部门、乡镇负责人参加仪式。

△ 淮安爱尔医院项目签约仪式举行，爱尔医院落户淮阴区。王红红、刘泽宇、朱晓波、陈张、吴国飞、李尚武等出席签约仪式。

30日，淮阴区召开重点项目会办会，区领导朱晓波、杨维东、陈张、李尚武及相关单位和企业负责人参加会议。

10月

1日，区委书记刘泽宇主持召开区委常委(扩大)会，传达市第七次党代会精神，听取高新区、农科园、商贸服务中心以及各乡镇和重点招商部门汇报国庆外出招商打算，并通报区委、区政府党代会任务分解情况等。朱晓波、葛志胜、陆益民及各乡镇、相关单位负责人出席会议。

9日，市委常委、副市长赵洪权率队到淮阴区丁集镇紫缘薰衣草庄园观摩休闲观光农业。区委书记刘泽宇、副区长殷俊等陪同。

△ 区委书记刘泽宇主持召开全区 2017 年目标考评体系和“平台带乡镇”座谈会,就相关工作征求大家意见。区领导杨维东、陈张、桑绍淮、李尚武、蔡昀等出席会议,各平台及各乡镇及有关部门负责人参加会议。

10 日,市委常委、纪委书记李晓雷到淮阴区观摩调研重点企业及城建项目。区领导刘泽宇、陈张、龚李萍、李尚武及相关部门负责人陪同。

△ 市委常委、副市长赵洪权到淮阴区开展扶贫慰问活动,实地看望和慰问省、市帮扶工作队和部分困难群众。区领导刘泽宇、李爱国、吴国飞及相关乡镇、部门负责人参加活动。

11 日,区政协主席葛志胜率队视察赵集镇经济社会发展情况。区政协领导张在明、赵欣、张植林、郑静等参加活动。

13 日,淮阴区在台北举办第五届海峡两岸“漂母杯”母爱·爱母主题散文诗歌大赛颁奖典礼。

14 日,区委书记刘泽宇主持召开淮阴区招商引资信息汇报会,区委常委、纪委书记龚李萍,区委常委谢鹏及相关乡镇、部门负责人参加会议。

18 日,淮江科技有限公司十二万吨二氯苯项目主体竣工典礼举行。市、区领导李晓雷、刘泽宇、葛志胜、陆益民、杨维东、陈张、龚李萍、吴国飞,淮江科技董事长沈正阳、安徽八一化工股份有限公司总经理蒋如坤及盐化新材料产业园、相关部门、各乡镇主要负责人出席典礼。

19 日,江苏德瑞加数控机床有限公司举行开业庆典。区领导朱晓波、杨维东、陈张、吴国飞、李尚武等参加活动。

20 日,全区第十一届村民委员会和第六届居民委员会换届选举工作会议召开。区委书记刘泽宇,区委常委、组织部长李尚武,副区长乐翔以及各乡镇、相关单位负责人参加会议。

21 日,全区农村饮用水安全工程和村庄环境整治工作推进会召开。区长朱晓波,区委常委、常务副区长陈张,副区长殷俊以及各乡镇和相关部门负责人等参加会议。

24 日,区政协主席葛志胜率队视察全区妇幼保健和计划生育技术服务工作。区政协领导张在明、张植林、朱靖军、郑静等参加视察活动。

27 日,区长朱晓波到渔沟镇开展扶贫慰问活动,为困难群众送去党委、政府的关怀。

21 日~28 日,区委书记刘泽宇赴新疆生产建设兵团第七师 126 团和克拉玛依市考察,并就对口支援工作与 126 团负责人深入交流对接,希望通过与 126 团的合作,进一步深化淮阴区援疆工作,促进团区融合发展。126 团党委书记、政委闫盛红,团长郭建国,区委常委、统战部长、区政府党组成员吴国飞,副区长蔡昀、黄克涛及有关单位负责人参加活动。

28 日,区人大主任、党组书记陆益民率队视察选民登记工作。区人大党组副书记、副主任刘翠花及相关人员参加活动。

11 月

1 日,市委书记姚晓东到淮阴区调研市第七次党代会精神贯彻落实和全年目标任务完成情况,实地查看淮安养老养生产业园、淮安半导体产业园、淮安医疗城等项目。市委常委、秘书长李森,区委书记刘泽宇,区长朱晓波,区政协主席葛志胜,区人大主任、党组书记陆益民等陪同调研。

△ 区长朱晓波会见南京世纪永峰投资公司董事长陆勇一行,就双方合作进行洽谈。区政府办、发改委、文广新局等相关单位负责人参加活动。

3 日,区委书记刘泽宇会见霍尼韦尔(中国)有限公司总裁兼首席执行官盛伟立,双方就未来合作进行洽谈。区委常委、组织部长李尚武,区委常委谢鹏及国家农科园负责人参加活动。

4 日,淮阴区举行“两学一做”学习教育系列党课第十一讲。刘泽宇、葛志胜、陆益民、陈张、张爱民、吴国飞、谢鹏及各乡镇、各部门负责人参加学习。

△ 区委书记刘泽宇主持召开全区招商引资信息汇报会,区领导朱晓波、陈张、吴国飞、谢鹏、张在明及相关乡镇、部门负责人参加会议。

5 日,中国淮安养老养生产业小镇阳光新城项目开工。市、区领导刘必权、刘泽宇、朱晓波、葛志胜、陆益民等出席开工奠基仪式。

8 日,2016 新西兰·中国淮阴“漂母杯”母爱·爱母主题散文诗歌大赛颁奖典礼于当地时间 19 时在新西兰奥克兰皇庭会展中心举行,活动由淮阴区人民政府、淮安市人民政府外事侨务办公室、新西兰太平洋文化艺术交流中心主办,淮阴区委宣传部承办。来自两地的官员、嘉宾,新西兰散文诗歌获奖者、爱好者,华人华侨和当地友人等出席活动。

△ 当地时间16时,在新西兰奥克兰皇庭会展中心,淮阴区举办2016新西兰·中国淮阴投资说明会。新淮两地领导、嘉宾,部分新西兰企业家出席该次活动。中共淮阴区委常委、宣传部长桑绍淮主持。中共淮阴区委书记刘泽宇致辞。

△ 区长朱晓波率领相关部门负责人,赴凌桥乡、三树镇检查秸秆禁烧禁抛和综合利用工作。

11日,区长朱晓波率队赴南京市玄武区开展"五方挂钩"工作交流活动。玄武区委副书记易兵,玄武区副区长戴航,淮阴区委副书记杨维东,淮阴区委副书记、省委驻淮阴区扶贫工作队队长李爱国,淮阴区相关部门及相关乡镇负责人参加活动。

14日,区委书记刘泽宇主持召开2016年市科学跨越发展目标推进会,听取相关情况汇报并就工作推进作部署。朱晓波、杨维东、陈张、龚李泮、张爱民、吴国飞、刘军洲、桑绍淮、李尚武、谢鹏及各乡镇、相关单位负责人参加会议。

17日,淮阴区与淮安信息职业技术学院洽谈校地合作事宜。淮安信息职业技术学院党委书记裔大陆,区领导朱晓波、陈张、吴国飞、李尚武、殷俊等参加座谈会。

18日,区长朱晓波率队督查文明城市创建工作,督促问题整改,为迎接检查考核做准备。区政府办、文明办主要负责人陪同。

21日,区长朱晓波主持召开竣工亿元项目质量考核工作推进会。区领导吴国飞、李尚武等出席会议。

22日,2016年为民办实事工作推进会召开,区领导朱晓波、陈张、吴国飞、乐翔、黄克涛等出席会议。

23日,区政协视察为民办实事项目进展情况。区政协领导葛志胜、张在明、赵欣、张植林、郑静、唐业勤等参加视察,区委常委、常务副区长陈张等陪同视察。

25日,区委书记刘泽宇主持召开全区招商引资信息汇报会,区领导朱晓波、张在明、杨维东、陈张、吴国飞及相关乡镇、部门负责人参加会议

26日,区委书记刘泽宇主持召开区委常委(扩大)会,专题传达学习省第十三次党代会精神,并就贯彻落实会议精神提出具体要求。朱晓波、葛志胜、陆益民及各乡镇及相关部门负责人出席会议。

30日,区人大常委会视察区政府为民办实事项目,区人大领导陆益民、刘翠花、穆文清、韩国虎、王胜贤等及相关部门负责人参加视察,区委常委、常务副区长陈张等陪同视察。

是月,王营镇营北社区被民政部确定为第二批全国社会工作服务示范社区,这是淮安市该年唯一获此荣誉的社区。

12月

2日,省委召开全省领导干部警示教育电视电话会议。刘泽宇、朱晓波、葛志胜、陆益民及各乡镇、各部门相关负责人在淮阴分会场参加会议。

5日,区委书记刘泽宇主持召开全区科学跨越发展目标考核推进会。朱晓波、葛志胜、陆益民等参加会议。

8日,"向人民报告——淮阴最美警察"颁奖典礼暨先进事迹报告会在区会议中心报告厅举行。刘泽宇、朱晓波、葛志胜、陆益民及市、区公安系统相关负责人出席颁奖典礼。

9日,全区创建全国文明城市迎测冲刺动员会召开。会议贯彻落实全市创建全国文明城市第三次点评推进会精神,组织动员全区上下全面做好创建全国文明城市各项迎检工作。区领导刘泽宇、朱晓波、杨维东、陈张、桑绍淮、乐翔参加会议。

12日,全国首本铁路不动产权证书(宿淮铁路"淮安段")颁发仪式在淮阴区举行。省国土资源厅副厅长魏红军,副市长王兴尧,市国土资源局局长韩文军,区委书记刘泽宇,区委常委、统战部长、区政府党组成员吴国飞及市、区相关部门负责人参加活动。

14日,中央、省市媒体走进幸福淮阴集中采访活动启动仪式举行。《人民日报》社新闻策划部副主任汪晓东,《中央电视台》江苏站站长王亚民,《新华日报》社副总编辑钱丽萍,《新华日报》社党委委员、《扬子晚报》总编辑王文坚,新华网江苏频道总编辑徐寿泉等中央、省级媒体嘉宾;市委宣传部副部长、市外宣办主任金厚勋,《淮安日报》社社长王维国,《淮安市电视

台》台长陆志群,《淮安日报》社总编辑薛涛等市有关部门负责人和嘉宾以及区领导刘泽宇、葛志胜、张在明、吴国飞、桑绍淮、于永芳、黄克涛等参加启动仪式。区委书记刘泽宇在仪式上致欢迎词。

17 日,2016 淮阴(上海)招商推介会暨上海市淮安商会淮阴区分会成立大会在上海举行。区领导刘泽宇、张在明、吴国飞、李尚武,部分上海市嘉宾,部分企业家及淮阴区相关部门负责人出席活动。区委书记刘泽宇在大会上致辞,向上海市淮安商会淮阴区分会的成立表示祝贺。

30 日上午,中共淮阴区委十二届三次全体会议开幕。区委书记刘泽宇代表区委常委会作题为《全市走前列,全面上台阶,抒写淮阴更高水平小康社会新画卷》的工作报告。区委副书记、区长朱晓波主持会议。杨维东、李爱国、陈张、龚李萍、吴国飞、刘军洲、桑绍淮、李尚武、马良君、谢鹏等在主席台就座。大会应到委员 27 人、实到 26 人,应到候补委员 6 人、实到 6 人,符合法定人数。下午,区委书记刘泽宇主持会议并就贯彻落实好本次会议精神提出要求,区长朱晓波对做好当前工作进行部署。

刘老庄“当年农家”

现代农业

综 述

淮阴区实施部省级粮食高产增效创建项目10个,新增优质稻米基地25万亩,全区国标三级以上优质水稻种植面积达90%。继2015年获评江苏省“亩产吨粮县”称号后,2016年克服播种期延迟、连续阴雨、低温灾害等多重不利因素影响,粮食总产64万吨,继续保持稳产高产水平。新增高效设施农业面积1.2万亩,总面积发展到23.5万亩,占耕地面积比重21.5%。其中,蔬菜种植面积46万亩,年产量130万吨,食用菌年产量1万吨。新增林果种植面积1500亩,全区山核桃、冬枣、石榴、柿子等经济林果面积1万亩。引导畜禽养殖业从粗放向集约、散养向规模的转型,从追求量的增加到注重质的转变。以养殖场适度规模经营为重点,压缩小规模养殖,逐步淘汰散养户,发展家庭农场畜禽养殖,鼓励小规模养殖户扩规模、上水平。全区生猪大中型规模养殖比重65.8%,年出栏生猪、家禽分别为84.5万头、1700万只。推进赵集和韩桥河蟹养殖基地、凌桥和韩桥异育银鲫“中科3号”养殖基地、南陈集和刘老庄泥鳅养殖基地等重点养殖区域精养鱼池标准化改造和基础设施建设,对科苑渔业发展有限公司、毛家湖养殖基地、凌家桥养殖基地、顺丰科技有限公司等养殖基地开展鱼池改造升级,全年新增设施渔业面积1400亩,全区标准化池塘养殖面积2.2万亩,水产品年养殖产量2万吨。全区农业综合机械化水平达82.5%,组织联合收割机跨区作业1100台次,实现作业收入1.2亿元。全区农业开发累计完成土地治理面积4.6万亩,财政投资5650万元。淮阴区实现2.83万人低收入农户脱贫,经济薄弱村壮村项目68个,投入各类帮扶资金近亿元,发放扶贫小额贷款1.78亿元。区委农工部获省农业农村政策创新奖,被表彰为省农村产权交易市场建设工作先进集体、全市农村产权交易市场建设先进单位。

种植业

【概况】 全年实施粮食绿色高产高效创建项目7个,其中水稻5个、秋播小麦2个。受国家小麦、玉米库存量巨大的压力影响,小麦、玉米价格下跌严重,开展种植结构调整,压缩种植效益较低的玉米面积,扩大种植效益高的鲜食作物、蔬菜等,推广稻田综合种养和稻—香(西)瓜、稻—辣椒(菇)轮作新模式。

【农作物种植】 粮食作物总面积140.22万亩、总产量63.08万吨,其中小麦69.75万亩,单产372.2公斤;水稻47.7万亩,单产612.9公斤;玉米13.35万亩,单产385公斤;大豆6.63万亩,单产209.6公斤;山芋2.14万亩,单产542公斤;油料作物总面积8.44万亩、总产量1.91吨,其中花生4.26万亩,单产275公斤;油菜4.18万亩,单产178公斤。

表1　　2016年淮阴区种植业情况

作物				2016年	2015年	增减值
粮食	总量	面积	万亩	140.22	139.48	0.74
		单产	公斤	449.90	462.00	-12.10
		总产	万吨	63.08	64.45	-1.37
	夏粮	面积	万亩	70.05	69.69	0.36
		单产	公斤	372.20	387.70	-15.50
		总产	万吨	26.07	27.02	-0.95
	小麦	面积	万亩	69.75	69.10	0.65
		单产	公斤	372.20	388.50	-16.30
		总产	万吨	25.96	26.84	-0.88
	秋粮	面积	万亩	69.82	69.79	0.03
		单产	公斤	528.90	536.33	-7.43
		总产	万吨	36.93	37.43	-0.50
	水稻	面积	万亩	47.70	47.56	0.14
		单产	公斤	612.90	618.80	-5.90
		总产	万吨	29.24	29.43	-0.19
	玉米	面积	万亩	13.35	13.63	-0.28
		单产	公斤	385.00	389.00	-4.00
		总产	万吨	5.14	5.30	-0.16
	豆类	面积	万亩	6.63	6.06	0.57
		单产	公斤	209.60	214.10	-4.50
		总产	万吨	1.39	1.29	0.10
	山芋	面积	万亩	2.14	2.53	-0.39
		单产	公斤	542.00	552.00	-10.00
		总产	万吨	1.16	1.40	-0.24
油料	总量	面积	万亩	8.44	8.68	-0.24
		单产	公斤	453.00	445.70	7.30
		总产	万吨	1.91	1.95	-0.04
	花生	面积	万亩	4.26	4.50	-0.24
		单产	公斤	275.00	270.00	5.00
		总产	万吨	1.17	1.21	-0.04
	油菜	面积	万亩	4.18	4.24	-0.06
		单产	公斤	178.00	175.70	2.30
		总产	万吨	0.74	0.74	—

【推广新品种】 水稻推广高产、优质、中大穗型的中熟中粳新品种，如连粳7号、9号、11号、苏秀867号、盐粳11号、华粳5号等，籼稻推广徽两优996号等。小麦主要推广高产、优质、综合抗性好的淮麦28号、淮麦33号两个品种，辅以搭配徐麦31号、32号、济麦22号等品种，示范应用淮麦32号、淮麦35号等淮麦系列。玉米主要推广苏玉20号，苏玉30号。

【栽培技术】 推广水稻塑盘旱育机插秧高产栽培技术和精确定量栽培技术，小麦机械条(匀)播高产栽培技术，玉米免耕直播增密高产栽培技术。

【蔬菜生产】 全年新增设施农业面积1.2万亩，主要分布在吴城、码头、丁集、袁集、王兴、三树等乡镇。设施类型有避雨棚、连栋大棚、钢架大棚、智能温室、滴灌等，主要种植品种有辣椒、西甜瓜、草莓、中药材、葡萄、冬枣等。全区蔬菜种植面积46万亩，年产量130万吨；食用菌年产量1万吨。新创成凌桥田蜜西瓜种植专业合作社、中虹现代农业科技发展有限公司、百园农业科技有限公司3个省级园艺作物标准园。

【农业生产管理】 *农业执法* 检查整顿各类市场20个、经营单位700个，查获假种子750公斤，抽取种子样品47个，农药样品50个，肥料样品37个。立案查处7起，按有关法律法规程序进行处罚，年内全部结案。处理农民投诉、农资纠纷8起。全年开展省、市、区级蔬菜样品例行检测500批次，开展农残速测近6000批次，新增“三品”(无公害农产品认证、绿色食品认证、有机食品认证)农产品品牌25个，种植业“三品”比重达36%。

病虫害防治 全区农作物病虫草害发生面积608万亩次，防治面积1199万亩次，挽回粮食损失11.2万吨。稻麦病虫害专业化统防统治覆盖率58%，高效低毒低残留农药使用占比78%。

测土配方施肥 实施测土配方施肥技术面积140万亩，推广应用配方肥料面积100万亩。推广应用配方肥3万吨、有机类肥料10万吨、液体肥料50万吨。完成10个土壤监测点监测工作，完成1个土壤墒情监测点建设，完成补充耕地质量评定面积300亩。

农产品质量安全监管 完成部、省、市、区农产品质量安全定量监测抽检任务658批次，完成农残速测8881批次。举办各类农产品质量安全培训11期，培训3750人次。推广应用农产品质量安全监管信息系统，全年录入监管对象202家，巡查覆盖率为95.54%。累计认证无公害产品产地面积130多万亩，其中种植业认证面积126万亩、水产认证面积7.36万亩。

【企业选介】 *江苏凯德亚食品有限公司* 位于淮阴区淮河东路198号，隶属于香港喜利达投资集团，总投资3亿元，是一家以食品加工和冷链仓储为主营业务的食品加工企业。公司占地260亩，拥有苏北最大的保鲜冷库和全国领先的烘焙产品生产车间。2016年，实现销售收入1.3亿元，利税500多万元。公司产品蛋糕、面包、中式糕点等各类食品主要销往沃尔玛、华润万家、乐天玛特、欧尚、大润发、华润苏果、乐购等大型国际性卖场。母公司香港喜利达投资集团于2015年全资收购80多年历史的中华老字号南京小苏州食品有限公司，为凯德亚食品的发展提供更好的平台。公司拥有喜利达、小叮当、小苏州三大品牌，产品涵盖西式糕点、休闲果冻、中式糕点三大类。

淮安市台生源农业科技有限公司 位于淮阴区码头镇，占地面积70亩，建筑面积2万平方米，拥有1.6万平方米厂房、4000平方米的公共设施，2011年11月11日投入使用。总投资约1000万美元，主要经营金针菇的生产、加工和销售，年产金针菇3500吨，年产值4000万元人民币。生产过程自动化控制，封闭式无菌化生产，金针菇品质优，口感好，全年生产，周年供应，常年用工近百人。

江苏宏金源蔬菜加工有限公司 位于淮阴区码头镇，一期投资约3000万元，建设办公区、3000平方米豆芽生产厂房及生产设施设备等。公司采用先进的豆芽生产线，控制豆芽生长所需温度、光照等环境条件，缩短豆芽生长周期，提高豆芽产量，日产豆芽120吨。公司注重宣传并开拓消费市场，产品经济实惠，安全优质。2016年2月，“淮芽”牌黄豆芽、绿豆芽通过中国绿色食品发展中心认证。

淮安市赵集粉丝厂有限公司 成立于2002年9月，占地面积1.4万平方米，总投资1000万元，拥有标准化厂房6000平方米，拥有自动化粉丝生产线三条及相关配套设施，年加工能力超过5000吨。公司生产的“天泉水晶粉丝”具有晶莹碧透、久煮不糊、口感细腻、柔爽等特点，被广大消费者誉为“人造鱼翅”。先后获得“中国国际农业

博览会名牌商品”“江苏省消费者协会推荐商品”“江苏名牌农产品”及“淮安市知名商标”等称号。2003年企业通过ISO 9001质量管理体系认证,并获批为淮安市市级农业龙头企业。

江苏正林食品有限公司 成立于2004年2月,位于淮阴区棉花庄镇工业园区。公司集生产车间、仓库、办公楼及其他用房为一体,厂房近2万平方米,总投资1.2亿元,年产值5亿元。主要研发、生产及销售“纤手”牌瓜子、花生为主导的坚果炒货食品。公司坚持以“蒸煮美味食品,营造品质生活”为原则,生产令顾客满意、顾客信赖及顾客放心的产品。企业及相关产品相继获评“江苏省著名商标”“市级龙头企业”“淮安市质量管理奖”等称号,并通过ISO 9001和HACCP体系认证。

林 业

【概况】 全区森林覆盖面积44.35万亩,活立木蓄积100万立方米,森林覆盖率为23.8%。完成四旁植树60万株,成片造林2008亩,完善林网1.5万亩,新建省级绿色示范村7个,累计达92个。“三品”(无公害、绿色、有机)种植面积占全部种植面积92%。全区育苗面积5000亩,其中杨树育苗面积1200亩。

【病虫害防治】 完成对越冬虫情的调查和复查工作,通过越冬虫情调查,确定淮阴区2016年主要病虫害种类为杨树舟蛾类、草履蚧、天牛、美国白蛾。共发生面积1.2万亩,防治1万亩,防治率85%。以乡镇为单位,开展美国白蛾防治,有效控制美国白蛾爆发流行趋势。开展植物检疫工作,调运检疫木材1.5万立方米、苗木20万株,调运检疫率100%;产地检疫5000亩,产地检疫率100%。

【果树】 全年新增果树面积705亩,其中桃树117亩、梨树210亩、其他果树378亩。

【林政资源管理】 开展林地保护利用规划编制复审、报批等工作。严格执法,保护森林资源。对不规范收购原料进行处理,严格控制采伐限额,年内批准采伐的单位及个人50家,批准采伐面积525亩、蓄积量5000立方米。审核办理木材运输证、植物检疫证、林木种子生产经营许可、野生动物驯养繁殖许可证等800件,办结率100%。

【蚕桑业】 全区有桑园面积2024亩,全年养蚕3115.5张,产茧量13.66万公斤,实现产值487.96万元。

畜禽业

【概况】 淮阴区有市级以上生猪规模养殖场203户,全年生猪饲养量120万头,累计出栏生猪84.57万头,比2015年分别增加12万头、7.57万头,生猪生产大中规模比重达65.33%;家禽饲养量2000万羽,出栏量1600.16万羽,与2015年基本持平。由广东温氏食品集团股份有限公司投资3.5亿元的温氏基地项目开工建设,项目规划年出栏40万头。由泰州沪江畜业有限公司总投资10.5亿元的沪江畜业现代生猪产业化项目签约,项目位于西宋集镇境内,占地1200亩,规划建设种猪繁育及育肥养殖基地,培育新三元(三个品种猪经过两次杂交,最后得到的杂交后代猪)能繁母猪1万头,年出栏优质瘦肉型商品猪20万头以上。新增省级畜牧生态健康养殖示范场4家,分别为:淮安市开泰农牧有限公司,饲养品种为湖羊,场地占地面积70亩,圈舍面积3600平方米,年出栏800头;淮安市淮阴区宏森养猪场,占地面积40亩,圈舍面积4000平方米,年出栏3500头;淮阴区自立生猪养殖场,占地面积26.5亩,圈舍面积4000平方米,年出栏4000头;淮阴区哒哒牧业,养殖品种为海蓝蛋鸡,占地面积25亩,圈舍面积3000平方米,存栏5万羽。

2012年挂牌的江苏省畜牧生态健康养殖示范场5家通过复检,分别为:淮安市快鹿七牧场,占地面积75亩,圈舍面积4000平方米,存栏奶牛680头;江苏百顺牧业有限公司,占地面积150亩,圈舍面积2万平方米,年出栏生猪1.8万头;淮阴区士杰养殖场,占地面积9.5亩,圈舍面积1760平方米,年出栏生猪3000头;江苏省同玉禽业有限公司,占地面积22亩,圈舍面积1.4万平方米,蛋鸡存栏10万羽;吴集镇振兴猪场,占地面积18亩,圈舍面积4000平方米,年出栏生猪2000头。开展生猪产地检疫12万头,屠宰检疫80万头,全年开展兽药、饲料、瘦肉精、生鲜乳等专项整治活动8次,依法打击添加“瘦肉精”违法行为,向区公安局移交连云港市灌云县、宿迁市沭阳县、徐州市新沂市等地出售添加“瘦肉精”生猪案3起,确保肉品质量安全。

【企业选介】 江苏华威猪业有限公司 位于淮阴区渔沟镇杨庙村，占地63亩，猪舍面积达1.16万平方米，年末存栏生猪7000头，其中能繁母猪800头，采用自繁自养、全封闭管理的生产方式，公司建有堆粪场60平方米，建有沼气发酵池200立方米，采用管道将污水、沼液送至蔬菜大棚的绿色无污染的粪污处理方式。

江苏百顺农牧有限公司 成立于2011年4月，位于淮阴区吴城镇城南村，占地150亩，总投资2000万元。该公司采用全封闭的饲养管理模式，圈舍面积2万平方米，存栏母猪1000头，年出栏生猪1.8万头。猪舍建设按现代化养猪要求设计，设备较为先进。湿帘降温，锅炉供暖，全场实行视频监控。全场实现雨水、污水分流和无害化排放。该公司是淮安市规模较大的集种猪繁育、苗猪饲养、商品猪生产为一体的现代化养猪企业。2012年度获得江苏省畜牧业“六项创建”达标单位，同时被认定为淮安市生猪产业化的龙头企业。2016年通过农业部畜禽养殖标准化验收。

江苏省同玉禽业有限公司 始建于2004年，2007年正式成立同玉禽业有限公司，注册资本603万元。占地面积22亩，建筑面积1.4万平方米，养殖规模位列省内前茅。主要经营商品鸡蛋的生产和销售，正常存栏母鸡12万羽，年产鲜蛋1600吨。生产的鲜蛋常年供应台湾旺旺集团(淮安)有限公司、淮安西园食品有限公司以及超市、农贸市场等。2016年通过农业部畜禽养殖标准化验收。

江苏大地公司无公害养殖基地 位于淮阴区老张集乡的新桥创业园，占地50亩，总投资626万元，建设标准化鸡舍6幢，共计1万平方米，带动周边200户农户加入肉鸡养殖行业，使淮阴区白羽肉鸡养殖年出栏量达1000万羽。

淮安市兴立乳业有限公司 成立于2005年，位于淮安市淮泗路88号，是淮安市重点龙头企业。占地面积110亩，有荷斯坦优质奶牛300头左右，是专业从事奶牛养殖、乳品加工、产品销售的一体化企业。公司拥有世界先进的进口自动化生产线和全面完善的检测系统，卫生符合国家A级标准。2006年通过ISO 9001－2000国际质量管理体系认证，并被市技术监督局评为“产品质量信得过”企业。

淮安市爱康生态牧业有限公司 成立于2014年，位于淮阴区五里镇老郑村。采取自繁自养模式，占地面积84亩，建有标准化猪舍24幢，总面积约2.23万平方米，办公和仓库等用房1000平方米以上，全场实行视频监控，实现年出栏育肥猪6万头以上，是集标准化、生态化、无害化养殖于一体的大型商品猪育肥基地之一。

淮安市康健奶业有限公司 位于淮阴区袁集乡草庙村，占地78亩，固定资产800余万元，建设牛舍6000平方米，养殖荷斯坦黑白花奶牛120头，其中成年牛95头。建有360平方米挤奶大厅，采用先进的挤奶设备，一次可完成36头奶牛挤奶工作。有合作社成员72家，年末存栏奶牛1200多头，每天产奶量近10吨。

江苏老侯珍禽食品有限公司 成立于1998年，依托“非物质文化遗产”——老侯野鸭手工制作技艺，运用侯氏家族传承67代千年野味配方，相继开发出五大系列66个品种：传世风味系列、美滋休闲系列、绝艺系列、三财四宝系列、奇珍赏玩系列等，并以品种多样、口味独特、品牌形象好深受广大消费者的青睐，被称为“珍禽食品的一朵奇葩”。公司相继通过ISO 9001质量管理体系、ISO 14001环境管理体系、ISO 22000食品安全管理体系等国际化标准认证，先后被评为“全国食品行业改革创新优秀单位”“江苏省农业产业化重点龙头企业”“江苏省放心消费先进单位”“农产品电子商务省级示范基地”等称号。“老侯野鸭”获“江苏名优产品”称号，老侯捆鸭肘和卷鸭肘的制作方法获国家发明专利，“老侯”商标被评为江苏省著名商标。

水产业

【概况】 全区水产养殖面积8.6万亩，其中特种水产养殖面积3.49万亩；水产品总产量1.93万吨，比上年增加0.09万吨；渔业总产值4.41亿元，比上年增加722万元；100亩以上渔业基地达120个，面积2.5万亩；水产养殖技术培训3002人次，其中区级培训602人次，乡镇培训2400人次，比上年增加640人次。全区有百亩以上连片水产养殖基地近120个，面积2.5万亩。有水产养殖专业合作组织36个，渔业家庭农场12个。开展产地环境检测5个点，水产品检测32个样品，总体合格率均达到100%。

【基地选介】 江苏润通食品有限公司 为省级龙头企业,年加工能力3500吨,加工的食品主要有龙虾、河蚬等,生产的产品多为出口。2016年,水产品加工产值为6805万元。其中,龙虾仁360吨,产值3240万元;整枝虾240吨,产值960万元;河蚬肉550吨,产值1045万元;活蚬1600吨,产值1560万元。

淮安市高科技渔业产业园 位于淮阴区码头镇,建设总面积1.92万平方米。拥有生态型循环水养鱼工厂7000平方米、养殖水体8000立方米、特种鱼类良种繁育车间1680平方米。不同模式的生态型池塘循环水养殖小区6块,其中半工厂化池塘养殖小区4块、其他类型池塘养殖小区2块。有休闲渔业示范基地,即环形垂钓场1个、渔文化广场及餐饮休闲设施1500平方米。2016年,苗种繁育4.8亿尾,其中"中科三号"3亿尾,泥鳅1亿尾,细鳞斜颌鲴0.1亿尾,花鱼骨0.2亿尾,其他0.5亿尾。商品鱼彩虹鲷1.5万公斤,鲟鱼1万公斤,加州鲈鱼1.5万公斤,梭鱼0.75万公斤,锦鲤0.5万公斤,其他品种1万公斤。渔业总产值280万元,总利润80万元。

淮安安顺科技有限公司 拥有标准化池塘1893亩,基地内电通、水通、路通,塘埂,塘坡全部硬质化,增氧机、投饵机等设施配套齐全。采用国内最先进的养殖模式,本着高密度、高投入、高产出的原则,规划精养高产鱼塘10个,每塘配备4台全自动饵料投喂机,12台3千瓦时的涡轮增氧机,平均水深在2米左右,进排水设计合理,水体利用率高,经济效益好。主要产品为鲫鱼、草鱼,搭配花鲢、白鲢,产品市场主要以江苏及周边区域为主,辐射周边省市。2016年,生产各种鱼类2200吨,总产值达2400万元,总利润200万元。

淮安市科苑渔业发展有限公司 有3个无公害养殖基地,分别是西安路生态型工厂化循环水养殖车间4000平方米及配套池塘200亩;淮阴区南陈集苗种繁育基地209亩(省级特种水产良种繁育场);淮阴区韩桥特种水产品高效生态养殖基地示范600亩,紧靠洪湖大堤,为江苏省省级现代渔业示范场。基地建立物联网系统,实现水质在线监控和远程视频监管。注册"川江海"牌水产品商标。公司自主研发的池塘工业化循环水生态养殖系统在全省推广。公司年产各类鱼苗6亿尾,其中中科三号(银鲫)3亿尾、翘嘴红鲌2000万尾、细鳞斜颌鲴1000万尾、花骨鱼1000万尾、乌苏里拟鲿2500万尾、黄颡鱼5000万尾、鲟鱼300万尾、四大家鱼2亿尾、经驯化后的大规格加州鲈苗200万尾;豆蟹2000万只、扣蟹400万只等;翘嘴红鲌、加州鲈、黄颡鱼、鳙鱼、草鱼等商品鱼30万斤,河蟹5万斤。年产值1000多万元,年利润200多万元。

场 圃

【区原种场】 成立于1976年,属国营场圃。拥有国有土地2100亩,其中可耕地面积1865亩。主要职能是为农业生产提供优良种子服务、稻麦良种繁育、农植物常规种子经营。2016年,区原种场繁育小麦良种50万公斤,稻麦试验示范1800亩,其中核心区300亩,试验示范新品种30个。

【区苗圃】 淮阴区苗圃成立于1976年,属国营场圃。是淮阴区唯一专业培育苗木的国有场圃,有育苗基地240亩,其中意杨苗育苗基地180亩,柳树及其他绿化苗木育苗基地60亩。2016年,区苗圃培育绿化苗木品种8个:紫薇、红叶李、垂丝海棠、棕榈、苏柳、朴树、栾树、榉树。重点培育新品种杨树雄性株(3804杨)20万株,逐步调整杨树品种结构,持续改善杨树开花问题。

【区农科所】 淮阴区农科所位于淮阴区渔沟镇桃园街,成立于1952年8月,占地23.3公顷,主要从事农业生产、试验、示范、新品种推广及自主创新项目的实施。2016年,自主创新项目完成水稻生物制剂试验及苏蜜2号西瓜药剂试验。

【区鱼种场】 鱼种场位于凌桥乡双闸村西,1957年筹建,1958年4月正式投产,总面积46.67公顷,其中养殖面积21.6公顷,护场河2.67公顷,饲料地6.67公顷。1978年开始,培育鲢鱼、鳙鱼、草鱼、青鱼(俗称"四大家鱼")以及鳊鱼、鲤鱼、银鲫等鱼苗。2016年,区鱼种场繁育"四大家鱼"达4亿尾,繁育黄颡鱼1亿尾,繁育泥鳅1.5亿尾。

农业机械

【概况】 2016年,全区农业综合机械化水平达82.5%,其中主要粮食作物综合机械化水平88%,高效设施农业主要环节机械化水平59.1%,实施水稻机插秧面积38.2万亩，机插率80.1%，均创历史新高。新增大中型拖拉机、秸秆粉碎还田机285台、487台，其中80马力以上拖拉机占90.8%。新增粮食烘干机械67台、智慧农机60台及各类高效特色农业机械816台套。全年新增工商注册登记农机合作社12个，总量76个；创成省级以上示范农机合作社4个，总量14个；参加合作社社员超过2200多人，拥有各类机具3.6万台套，服务农户18万户，跨区作业收入1.2亿元。年内，全区农机总动力78.5万千瓦，农业综合机械化水平达82.5%。其中，主要粮食作物综合机械化水平达88%，高效设施农业主要环节机械化水平59.1%；实施水稻机插秧面积38.2万亩，机插秧率80.1%。新增大中型拖拉机285台、秸秆粉碎还田机487台，其中80马力以上拖拉机占90.8%；新增粮食烘干机67台、智慧农机60台、各类高效特色农机机械816台套，农机装备智能化水平显著提高。组织联合收割机跨区作业1100台次，实现作业收入1.2亿元。组织农机实用技术培训2550人次，完成农机获证奖补鉴定279人。

市农机局送科技送服务

【完善农机补贴制度】 按照“品目管理、自主购机、乡镇受理、县级结算、打卡到户”及农机补贴操作流程，在规范操作程序、加强信息公开、规范经营行为、强化机具核查的基础上，为解决农机购置补贴政策实施过程中存在的人员少、车辆少、机具核查面广量大的突出矛盾，区农机局创新监管方式，从年内开始引入第三方核查机制，通过公开招标确定南京维施信会计师事务所为区级第三方核查机构，一招三年。根据合同约定，2016年第三方核查4批次，累计核查补贴机具452台，核查比例达36.6%，超过上级规定的不低于20%核查比例。核查围绕重点机具、重点区域、重点企业“三个重点”抽取核查对象，以保证核查质量和监管质量。具体做到“五见”，即“见人、见机、见票、见出厂编号、见喷印标识”，全程留有纸质材料和影像资料。同时区农机局、区财政局联合出台“抽查办法”，对第三方核查对象进行联合抽查，全年共分四批次对第三方核查质量进行实地抽查，抽查比例超过10%。抽查结束后形成“抽查报告”，并对第三方提出的问题逐条落实，及时反馈给相关单位和个人，确保问题整改到位。全年办理补贴机具1233台套，使用中央及省级财政补贴资金1650.923万元。其中，拖拉机192台，稻麦联合收割机355台，旋耕机389台，烘干机64台，秸秆还田机31台，田园管理机71台，植保机械11台，其他农机具50台。

【推广农机科技】 全区新增插秧机305台，其中高速机76台，落实育秧面积3815亩，5亩以上育秧基地85个。新建60吨及以上的区域性粮食烘干中心16个，年增烘干设备64台套，烘干量1300吨/批次；新增100吨以上烘干点2个。坚持“夏季主攻还田，秋季突出利用”总体思路，执行“低留茬、碎秸秆、匀抛洒、深还田”技术路径，严把政策告知、登记造册、公示审核等项目实施程序，争取省级秸秆还田项目资金1530万元，比上年增加18%，全年秸秆还田面积61万亩、还田率90%。主要推广适合设施蔬菜生产、特色水产养殖和规模畜禽养殖等五大重点领域特色农机，全区组织各类演示会、培训班3次，新增特色农机具816台套。年内，全区夏季秸秆还田省补计划61.56万亩，核查合格面积60.70万亩，补助资金1517.35万元；秋季秸秆还田计划1.09万亩，实际作业面积5500亩，资金13.75万元；全年使用省级资金共1531.1万元，比上年增长18%。

【发展农机服务组织】 全区新增农机合作社12个，总量76个，形成由农机企业、维修网点、合作社等共同组织的多元化维修服务体系，基本实现农机维修“小病”不离乡，“大病”不出区。全区建有农机维修服务点29个。发挥农机合作社、农机服务组织等平台的中介作用，有计划、有组织地外出作业。提高跨区作业的组织化、规模化程度，作业由单一机收向机耕、机播、机插、秸秆打捆等多种环节拓展，提高作业效率。开辟农机购置补贴专栏,推进农机补贴信息公开。利用“平安农机通”信息平台,宣传农机化政策、农机安全知识等。

【创新农机化技术培训】 全年累计完成奖补任务2356人,完成农机获证奖补鉴定279人。健全农机安全生产目标管理责任制,通过区、乡镇、机手层层签订农机安全目标管理责任书,层层抓落实,强化农机安全生产监管。在全区开展各类农机安全专项整治行动4次。2016年,在全市率先实行农机免费监理,打造农机免费监理服务品牌。增强农机驾驶人的法制观念,减轻农机手负担,联合收割机投保政策性保险达到1355台。巩固全国农机安全监理“为民服务创先争优”示范窗口成果,全区农机“三率”水平达90.5%。

【农机安全生产监管】 全区开展各类农机安全专项整治行动4次,出动农机安全宣传车32次,发放宣传材料4200份,张贴安全宣传标语720张,组织安全学习11次,发送宣传短信32条,受教育人数1.50万人次,利用“平安农机通”向农机手发送跨区作业信息、致富作息、灾害天气预防信息、安全警示以及农机监理信息等短信9次5万条。全年累计年检拖拉机779台,联合收割机1355台;新注册拖拉机205台,联合收割机391台,新申领驾驶证68本。参保拖拉机交强险779台、联合收割机三责险1355台,农机驾驶人意外伤害险1220人。

农业开发

【项目建设】 年内,全区实施高标准农田建设项目、黄河故道农业综合开发项目等2类土地治理项目。农业开发累计完成土地治理面积4.6万亩,财政投资5650万元,其中,高标准农田建设项目涉及渔沟、凌桥、王兴、南陈集、徐溜等5个乡镇;财政投资4550万元,治理土地面积3.5万亩,拆改建泵站8座,衬砌防渗渠道74.58公里,配套渠系建筑物2760座,新建田间干支路62.28公里,营造防护林0.06万亩,引进和推广新品种3个,完成各类培训508人次;黄河故道农业综合开发项目涉及凌桥、袁集等2个镇,财政投资1100万元,治理土地面积1.1万亩,衬砌防渗渠道25.76公里,配套渠系建筑物1452座,新建田间干支路18.86公里,营造防护林0.02万亩。

【产业化经营项目】 扶持农业开发产业化经营项目2个,投入财政资金408万元。其中产业化经营财政补助项目1个,即江苏百顺农牧有限公司申报的“淮安市淮阴区300亩葡萄高效设施农业基地新建项目”补助240万;贴息项目为江苏新丰面粉流动资金贷款贴息项目贴息168万。

【项目编报及资金争取】 围绕“黄河故道开发”和“刘老庄片区开发”两个建设重点,做好各类项目规划、选项、编制工作,向上级主管部门申报。通过整合资源要素,精心规划选项,科学编制项目,争取上级到位财政资金共6058万元。项目涉及国家农业综合开发土地治理项目、省级黄河故道农业综合开发项目和国家农业综合开发产业化经营项目。

农村扶贫

【概况】 年内,淮阴区实现2.83万人低收入农户脱贫;赵集镇高堰村、韩桥乡兴旺村、南陈集镇寿塘村、码头镇玉坝村、凌桥乡新堡村、渔沟镇西河村、西宋集镇三王村等7个省定经济薄弱村和三树镇张桥村、南陈集镇高福村、吴集镇新园村等3个市定经济薄弱村,达到新“八有”(有稳固住房,有饮用水,有电用,有路通自然村,有义务教育保障,有医疗保障,有电视看,有收入来源或最低生活保障)目标;经济薄弱村壮村项目68个,投入各类帮扶资金近亿元,发放扶贫小额贷款1.78亿元。

【夯实基础工作】 年初,根据省、市的统一布置,全面开展建档立卡工作。通过农户申请、民主评议、审核、公示等程序,确定最需帮扶的经济薄弱村和低收入农户。把有劳动力的低收入户作为重点帮扶对象,由乡镇政府会同省、市、区挂钩帮扶单位,逐户上门摸清情况,分析致贫原因,根据每户收入水平和劳动能力构成情况,研究制定脱贫计划及帮扶方案。对低保、“五保”低收入户由区民政、残联部门和所在乡镇政府负责,组织人员逐一上门了解情况,查漏补缺,确保做到应保尽保。对农村低保和扶贫对象中的残疾、病灾户提供重点帮扶,除落实相关社会保障优惠政策和补贴政策外,加大对其家庭生活、医疗、康复、教育、住房等方面的救助力度。

【严格落实责任】 6月21日,召开扶贫开发工作会议。区四套班子领导人、区各帮扶单位主要负责人和分管负责人,各乡镇党委书记、乡镇长、分管负责人,各经济薄弱村党组织书记,省、市、区驻村帮扶工作队员参加会议。区委副书记杨维东总结“十二五”脱贫奔小康工作,布置“十三五”脱贫致富奔小康工作,区委书记刘泽宇提工作要求,明确党政“一把手”负总责的扶贫开发工作责任制。要求全区上下把扶贫开发作为“十三五”时期头等大事和第一民生工程来抓。各乡镇党委书记向区委、区政府递交责任状。将扶贫开发目标任务逐年、逐级、逐项细化分解到各级组织,切实传导压力、强化责任。

【用好奖补资金】 根据省、市、区有关财政奖补资金管理的要求,利用省精准扶贫帮扶资金2513万元,在南陈集镇、吴城镇、渔沟镇等8个乡镇实施项目。其中,投入2200万元,新建55栋温氏标准养殖猪舍,整体出租给温氏淮阴公司经营,租金收入50%归经济薄弱村,50%用于帮扶低收入农户,投入113万元,新建现代农业和扶贫光伏道路;对吴城镇光伏现代农业项目进行路、涵等基础设施配套,促进产业发展,为周边农民提供更多就业岗位;投入200万元,建设1兆瓦光伏太阳能项目,产权归渔沟镇西河、新民、兴渔3个省定经济薄弱村,收益50%归经济薄弱村,50%用于帮扶低收入农户。

【关键性工程项目】 根据省政府会议精神和会议纪要要求,精准编排关键性工程项目,上报“农村饮用水安全巩固提升工程”项目实施方案。该项目的实施,使刘老庄片区5个乡镇50个村居,3.36万户、14.35万人饮用上与城里人一样清洁、卫生的自来水。

【扶贫小额贷款发放】 3月初,召开全区扶贫小额贷款工作会议,专题总结部署,下发年度扶贫小额贷款实施意见,并签订工作目标责任状。贷款支持的对象是具有劳动能力、遵纪守法、信用较好、有小型生产经营项目等扶贫开发低收入农户,尽最大可能满足其发展生产需求。贫困农户使用贷款,乡镇农商支行按人民银行同期同档次贷款基准利率,与贷款农户签订借款合同,对按期归还贷款的农户,全额给予农户贴息。到年末,已完成1.62亿元目标任务。

【编排扶贫专项资金项目】 淮阴区整合2016年国家级财政支持村级集体经济发展试点项目资金455万元(含区级配套35万元),省级财政奖补资金2200万元和市级扶贫专项资金240万元,利用温氏集团落户淮阴的契机,与之合作生猪养殖家庭农场项目。5月19日,淮阴区召开全区温氏集团生猪养殖家庭农场项目工作推进会,讨论通过合作方案及项目建设等问题。到年末,已完成项目选址、土地勘测、图纸设计工作等工作。

农村经济

【概况】 2016年,区委农工部获全省农业农村政策创新奖、全省农村产权交易市场建设工作先进集体、全市农村产权交易市场建设先进单位、全区科学跨越发展目标考评优秀单位、全区农业农村工作先进集体。

【村级集体经济稳步发展】 根据全区实际,结合市目标要求,制订全区壮村工程共性目标并及时分解到各乡镇、区直帮扶单位,村平集体经营性收入增幅达15%以上。创新村级集体经济发展模式,探索土地股份合作经营、土地耕作服务社项目为农服务中心建设及土地耕作服务社、标准厂房、生猪养殖等多种发展形式,积极争取财政部扶持村集体经济发展试点项目,获得国家财政资金3200万元无偿支持,是全市唯一一家。研究出台淮委农发〔2016〕6号《淮阴区扶持村级集体经济发展试点项目管理办法》等文件,制定项目实施方案,督促乡镇抓紧立项、图纸设计、图审、招投标,促进项目早实施、实施好。

【农村集体“三资”管理】 组织开展全区农村集体“三资”(资金、资产、资源)专项整治工作。制定印发《淮阴区农村集体“三资”处置专项整治活动暨“挂图作战”复查工作方案》,在组织村级自查的基础上,督促乡镇组织人员进行抽查、审计,对发现的问题限期纠正,并及时组织人员对26个村财务区级会审,以便找准问题。同时,围绕专项治理的内容和要求,加大指导推进和督查力度,实行问题线索、工作进度周报制,适时到乡督查和谈话提醒,及时搜集上报问题线索。在整治中共发现问题单位数165个,问题数406个,并积极督促整改。在此基础上,出台《关于加强乡镇农经站账户管理、规范村级财务资金、票据管理的通知》,规范财务行为,保护农村集体资产所有权经营权的合法权益,促进集体资金保值、增值。

【农地确权颁证工作】 按照“确实权、颁铁证”的要求,推进农村土地承包经营权确权登记颁证工作。围绕应确权农户颁证率达90%并完成区级验收的市定目标,督促各乡镇、各测绘单位上足人头、倒排工期、保证质量,定期组织督查,及时通报情况。同时严格执行政策,按规定流程操作,不跑偏、不走样,农地确权登记颁证既有进度又有质量,工作取得实质性进展,全面完成权属调查、审核公示、完善合同及登记簿工作,累计完成证书打印发放15.3万户。

【农村集体产权制度改革】 建立健全区乡两级、互联互通的农村产权流转交易和信息服务体系,实现农村产权流转交易市场乡镇全覆盖。在此基础上,组织业务及农村产权知识培训,配齐区、乡产权交易中心办公设施。同时,按照《淮阴区农村产权流转交易管理办法(试行)》要求,规范流转交易行为,有序扩大交易品种。全年累计成交项目621笔,成交总金额4.27亿元。在全面完成集体资产清查核实、权属界定,建立家底清楚、产权明晰、权责明确、监督民主、管理规范的农村集体资产管理体制和运行机制基础上,扩大农村集体资产股份制改革试点面,试点从2015年的3个村,扩大到2016年的9个村。

【新型农业经营主体培育】 发展壮大土地耕作服务社,完成2015年度市财政扶持服务社项目招投标及农机交接。着力提升耕作服务社发展水平,邀请省、市专家就现代农业技术对全区耕作服务社理事长进行全覆盖式培训。结合财政部扶持村级集体经济发展试点,启动建设10个集收割、烘干等土地耕作服务为一体的为农综合服务中心,全区经工商注册的土地耕作服务社173个。围绕“规范、创新、提升”的目标要求,不断提升农民合作社组织化程度和规范化运作水平。实行动态管理,合作社财务年报率60%,按流程公开遴选列入政府优先扶持名录共167家合作社;开展示范社动态监测,积极开展示范创建,新培育渔沟李胜枣业、刘老庄海明高效农业等省级示范社5个,累计达21个,新培育董巷葡萄、棉花军田村希望土地耕作服务社等市级示范社23个,累计达120个;安排省财政奖补资金164万元,组织7家农民合作社申报省级现代农业产业发展(新型农业经营主体培育——农民合作社)项目;开展综合社创建试点,全年新创建刘老庄春茂高效农业合作联社等综合社2个,新建以家庭农场为成员的合作社10个。全年新发展家庭农场231个,累计达493个,新培育淮阴区耀农家庭农场、淮阴区荣盛中药材种植家庭农场等省级示范家庭农场5个,累计达9个;新培育淮阴区甜甜草莓种植家庭农场、淮阴区三树果丰水果种植家庭农场等市级示范家庭农场17个,累计达40个。推广土地股份合作,新发展土地股份合作社23个。

【培育现代农业有生力量】 全年培训7650人,新增持证农民比重5%,全区持证农民比重达到30%;培育农业部农技推广体系示范户1600户,发放农业物化补助47.5万元,培训畜牧、园艺、蚕桑、稻麦等专业科技示范户1120户,发放物化补助45.92万元。全年新增凯德亚食品、天丰种业等年销售超亿元龙头企业5家,新增宝升源禽业有限公司、通阳农业科技有限公司等12家市级农业龙头企业,全区国家、省、市级农业龙头企业总数68家,总数位居全市第一。创成凌桥乡凌家桥、赵集镇大福养殖场2个部级水产生态健康养殖示范基地;创成凌桥田蜜西瓜种植专业合作社、中虹现代农业科技发展有限公司、百园农业科技有限公司3个省级园艺作物标准园;创成开泰牧业、自立猪场等4个省级畜禽生态健康养殖示范基地。在政策、资金、技术培训等方面加强扶持力度,会同区财政部门及时足额发放耕地地力保护资金9012万元,全区种植面积50亩以上的规模种粮大户发展到100户以上,植保专业化防治合作组织发展到120余个,生猪年出栏500头以上的规模养殖场发展到70个,年出栏2万只肉禽或年存栏2000只蛋禽的养殖场发展到120个。新培育景台农业、香园农庄、蓝莓湾、千亩荷塘、薰衣草庄园等6个休闲观光经营主体,全区建成采摘、垂钓、餐饮、农事体验等特色休闲观光农业规模点40余个,休闲观光农业成为市民日常休闲旅游新去处。

【继续改善农业生态环境】 以资源利用节约化、生产过程清洁化、农业废弃物资源化、生产和生活的无害化为目标,大力推进生态农业建设。通过秸秆收储以及能源化、肥料化、基料化、饲料化利用等方式,共利用秸秆51.1万吨,利用率达93.5%,连续多年稳定在93%以上。秸秆综合利用率达93.5%。化肥使用总量控制在28.5千克/亩以下,化学农药使用量减少1%以上,农业废弃物资源化利用率达94.47%。推广“猪—沼—粮”

生态养殖新模式，示范推广粪便发酵返田利用的循环生态新型种养结合模式。在渔沟镇打造自立生猪养殖场的“6000平方米标准化猪场+300亩蛋白桑基地”，在五里镇老郑村建成大型“猪场+污水处理系统”，在吴城镇城南村建成“万头猪场+400亩葡萄园”。全年新建规模畜禽场沼气治理工程2处，累计达62处，建成6个省级畜禽生态健康养殖示范基地。落实淮阴区生态红线保护区域规划，合理优化畜禽养殖场规划布局，制定出台《淮阴区畜禽养殖禁限养区划定方案》，确定不同区域的畜牧业可持续发展重点，促进淮阴区畜禽养殖业与生态环境保护可持续协调发展。农业面源污染得到有效防控，全年实施测土配方施肥技术140万亩，配方肥料推广应用面积80万亩，推广应用配方肥2.4万吨、有机类肥料3万吨；推进以村为单位的病虫害统防统治工作，小麦一喷三防实现全覆盖，稻麦统防统治率达到58%。全年共完成土壤及农产品重金属污染防治采样45个。下发秸秆利用量补贴资金106万元，年收贮能力达6万吨，秸秆综合利用率达93.5%。

【提升农产品质量】 抓好农产品从田头到市场的产品质量安全控制，加强农业投入品管理，开展农药安全药剂筛选和风险评估，以粮油绿色增产模式公关、园艺标准园创建、畜牧业标准化生态健康养殖等为抓手，进一步加强农产品质量安全监管能力建设，确保“舌尖上的安全”。推进农业园区物联网全覆盖与质量追溯平台建设工作，淮阴区国家农业科技园区和刘老庄省级农业园区基本实现物联网全覆盖，农产品质量追溯平台建设在建设中，有20余户企业加入省农委质量安全追溯平台。吸引社会资本投入农业产业，通过政府投资和社会投资的共同推动，调优农业产业结构，为传统农业向现代农业的转型升级注入新动力。

【开展农业招商引资】 7月20日，由区农委和南陈集镇共同招引的江苏淮阴温氏畜牧有限公司现代生猪产业化项目正式开工建设，项目占地1036.5亩，固定资产投资5.7亿元，设计规模年上市肉猪55万头，总部配备年产饲料20万吨饲料厂、服务中心、办公中心、研发中心等，建成后可带动配套家庭农场400余户，户均年养殖规模1000头以上，年收益17～25万元。9月19日，由区农委和西宋集镇共同招引的总投资10.5亿元的沪江畜业现代生猪产业化项目签约落户，项目占地1200余亩，规划建设种猪繁育及育肥养殖基地，培育新三元能繁母猪1万头，年出栏优质瘦肉型商品猪20万头以上，建成1000亩瓜蒌种植、2000亩设施蔬菜、5000亩优质稻米基地、30000亩饲料粮种植及粮食加工企业的项目综合体。区农招办积极牵头做好全区农业招商有关工作，项目招引和建设取得质的飞跃，全区共签约千万元以上农业项目57个，其中投资3000万元以上农产品加工项目21个，总投资13.3亿元，1000万元以上农业一、三产项目36个，总投资41.6亿元，农业招商项目无论是数量还是投资体量均居全市第一。

【农业农村保障服务】 完成全区12万份农民负担监督卡发放工作，规范一事一议筹资筹劳517万元，向上争取省级财政扶持资金2150万元，在区内114个村新建147条、长103公里的农村水泥路，受益群众近40万人。争取省级财政农村公共服务运行维护资金1566万元，招聘4935名困难家庭成员担任农村环境保洁员，维护好农民权益。做好美丽乡村建设工作，南陈集头堡村、码头镇张庄镇村获批全省美丽乡村建设项目。全年开办主要种植业险种3个、高效设施农业险种17个，农业保险保费总额4077.44万元。其中主要种植业险种承保109.4万亩，比上年增加13.26万亩，基本达到应保尽保；高效设施农业保险保费2300.42万元，占比56.42%，继续位居全市前列。敦促承办保险公司向上争取资金新建站点，全年新（在）建乡镇农险服务站3个，累计达12个。组织保险公司对农民有需求的产品及地方区域险种进行调研，适时开办新险种，新开办小麦产量、瓜蒌等保险，开展创新型仔猪保险条款调研，待省批复将在省内率先试点。

江苏淮安国家农业科技园区

【概况】 江苏淮安国家农业科技园区是2013年国家科技部批准创建的全国第五批46个国家农业科技园区之一。根据创建标准和淮安市委、市政府要求，园区总体发展定位是：现代农业科技示范区、“四化”（新型工业化、信息化、城镇化、农业现代化）同步先行区、农村改革创新试验区和城乡统筹样板区。园区按照“核心区、示范区、辐射区”层次布局，其中“核心区”主要位于码头镇，规划面积42平方公里，核心区以农业现代服务业为引领,精准发展二产,做强做长一产,深化土地制度和投融资体制改革,重点建设科技创新集聚区、农产品精深加工和生物农业区、农产品物流区、精致农业示范园、香瓜产业示范园、有机蔬菜产业示范园、林果花卉产业示范园、运南新城示范区、清口旅游度假区9个功能区;示范区位于淮阴区其他乡镇,发展稻麦、园艺、畜禽、水产以及休闲农业等"4+1"主导产业。辐射区直接辐射淮安市所属县(区),间接辐射整个淮河流域。2015年,园区科技创新能力监测水平跃居全国前三。2016年,从4类园区跃升至1类园区,成为科技引领园区,综合排名全国第三、江苏省第一;两个项目通过市重点项目验收,提前半年完成外资到账任务;"平台带乡镇"发展规划受到市委领导批示肯定。

【完善发展规划】　深入运河区域6乡镇调查研究,形成"十三五"期间"平台带乡镇"发展思路,进一步明晰园区产业发展、空间布局、发展动能和路径。修编完善农科园片区规划、码头镇总规划、吴城镇总规划,留足园区发展的新空间。深化土地制度改革和投融资体制改革,推进总投资7.5亿元的土地整理项目,吸收省内外知名会所、资管公司、评级公司和券商组建园区融资决策委员会,完成园区平台2016~2018年资产规范运营方案。

【推进项目建设】　树立"项目为王"理念,推进项目建设。新开工"菜趣园"、兰花精油萃取工厂等6个项目。新签约国能中电总投资1.6亿元的生物质燃气等4个项目。与中外园林达成投资30亿元的世界文化遗产清口枢纽旅游度假区PPP项目合作框架协议。天丰种业、园润农业科技果蔬研发加工项目通过市重点项目验收。实现外资到账1000万美元。

【科技创新工作】　引进江苏省生物农业与环境学科重点实验中心、江苏省食品质量安全与营养评价重点实验室;淮阴工学院卓越农林人才实训基地揭牌,学生公寓、重点实验室交付使用;淮阴师范学院现代农业技术与服务实践创新基地和江苏省区域现代农业与环境保护协同创新分中心项目获教育厅审核批准;星创天地获科技部批准;获得江苏省"科技创新券"企业4家;中央财政重大农技推广项目累计推广和展示设施蔬菜新品种、新技术、新设施、新模式160余项。园区被省质监局和省农委授予省级现代农业综合标准化示范区和省级园艺作物标准园。

生态农业

工 业

综 述

2016年,全区规模工业开票销售248.31亿元,增长29.31%;工业用电量8.33亿千瓦时,比上年增长3.01%;工业产值1461.47亿元,比上年增长13.6%;工业增加值290.49亿元,比上年增长10.6%;工业入库税金8.49亿元,比上年增长13.69%;固定资产进项税1.62亿元,比上年增长33.86%;新增工业列统企业34家,列统企业总数454家;民营经济实现税收40.36亿元,新增私营企业2618家,年末私营企业总户数1.06万家,新增个体工商户5490家,年末个体工商户总数3.22万家;全年为企业向上争取各类扶持资金累计1877万元,为全市各县区向上争取资金最多的区,其中淮安双汇食品公司获得市级奖励500万元、渔沟镇1000千瓦光伏发电项目获得省级奖励450万元。

淮阴区扶持机械装备制造、电子信息、盐化新材料,食品加工、电力及新能源、盐硝加工等主导产业。重点扶持双汇食品、翔宇电力、美嘉包装、民康食品、胜克机电、淮江科技、金岭化工、德瑞加数控机床、德科码半导体、时代芯存科技等公司发展。华能淮阴发电有限公司获得2016年度省依法管理诚信经营先进企业称号。江苏白玫糖业有限公司董事长周玉明获得2016年度履行社会责任优秀企业家称号。

一区五园

【概况】 进一步创新思路,整合资源,5个新型工业园累计完成投入2.93亿元。徐溜工业园科技路、勤政路、兴盛路、发展路、创业大道、一干渠路、财富路,渔沟工业园兴园路、富强路、北环路、金山路、临川路,三凌工业园胜利路、好运来内部道路等14条道路竣工。南陈集工业园金鑫路、荣生路、同源路,三凌工业园幸福路、创安路、创业路、三星路,张棉工业园成功路等8条道路正在施工建设。全区乡镇工业集中区共实施3000万元以上项目46个,其中新引进项目18个,引进超亿元项目2个,竣工3000万元以上项目39个,竣工超亿元项目1个,乡镇工业集中区企业实现开票销售增幅23.1%。

【节能降耗】 在全区重点用能企业中宣传开展清洁生产审核工作。帮助企业做好自愿性清洁生产审核申报工作,海螺水泥实施自愿性清洁生产项目。根据省经信委、财政局要求,海螺水泥、民康油脂申报省级工业节能与循环经济项目补助项目,省财政给予每户奖补资金5万元。加强对重点用能企业的节能管理指导工作,协调监督重点耗能大户,合理性控制能耗指标,完成全区年度单位GDP能耗下降3.6%任务。

【信息化】 全区成功申报省级"两化"(信息化、工业化)融合试点示范企业15家、市级"两化"融合试点示范企业35家。在城区生活小区和公共服务场所布置公共自行车站点70个。淮阴软件园晋升为国家级软件创意产业园,年末已入驻各类软件企业100户。形成"三网"融合,小区通讯共建共享在全市率先实现。

【融资担保】 组织开展全区融资性担保公司经营许可证年检和信用评级工作。全年开展市、区银企保对接活动7次,为中小微企业累计担保贷款7.12亿元,超额完成市里下达6亿元目标任务。区内担保公司(开源、恒通)为300家中小企业担保贷款5.37亿元。帮助企业提供贷款转贷"过桥"6600万元。区财政增资500万元参与淮安市中小微企业低息统贷平台,为淮阴区企业向省进出口银行和淮安农商行申请低息贷款授信额度5000万元。为华石建材、中立方实业、凯德亚食品、翔宇电力、港凌包装、新澎复合材料、沃因思建筑材料公司、中淮植物油、南风元明粉等9家企业争取统借统贷低息贷款1.09亿元。

【优化服务】 在54个区直机关、21个乡镇开展“百名公仆服务百户企业”活动,帮助企业协调用地、用工和融资等要素难题,帮助困难企业走出困境、扭亏转盈。支持有市场、有效益的企业开足马力生产,加快科技创新,加强市场开拓,促进企业做大做强。

淮安市淮阴区企业家联合会成立大会

【淮阴区企业家联合会成立】 淮阴区企业家联合会是由淮阴区中小企业服务中心发起成立,区内108位企业家自愿组成的联合性、非盈利性社会组织。联合会以团结设立在淮阴区的企业,充分履行沟通交流、促进发展、维护权益等职责,促进淮阴区企业之间以及同行之间的经济合作,加强会员与政府机关、社会法人之间的交流,为促进淮阴区经济发展和社会进步多做贡献为宗旨。联合会分设8个行业分会(新型建材产业、食品加工及包装产业、电子电器及信息化产业、高端机械装备制造及汽车零部件产业、盐化工新材料产业、电力及新能源产业、纺织服装鞋帽家居产业、金融业分会),为行业间的交流提供平台。第一届协会会长单位是江苏天山建设集团有限公司,秘书长单位是江苏中立方实业有限公司。

食品饲料

【概况】 全年累计实现开票销售911347.37万元,入库税金17579.01万元。

【江苏淮安双汇食品有限公司】 位于淮安市淮阴区嫩江路127号,是双汇发展的全资子公司,是一个集生猪屠宰及肉制品加工于一体的综合性食品加工企业。公司占地260亩,建筑面积10万平方米,于2007年11月在江苏省淮安市注册成立,2008年5月开始建设,2009年1月建成投产,并于2009年6月一次性通过ISO 9001、ISO 22000、HACCP等体系认证。公司产品共有三大类、300个品种,主要品种为生鲜猪肉产品、冷冻猪肉产品、高低温类肉制品,产品主要销售华东地区。年末有员工2700余人。年内,屠宰生猪77.24万头,生产肉制品6.37万吨,实现销售收入25.41亿元,实现利税3.5亿元,上缴税金1.18亿元,位居淮安市前列、淮阴区第一名。先后获淮阴区企业纳税十佳单位、企业开票销售十佳单位,淮安市农业产业化重点龙头企业,江苏省农业产业化重点龙头企业,淮安市信息化与工业化融合示范企业,淮安市政府“和谐劳动关系、履行社会责任”四星级企业等称号。

【江苏白玫糖业有限公司】 创建于1959年10月。拥有总资产47179.73万元,公司注册资产10140万元,占地5.19万平方米,仓储能力6万吨。日加工糖均在600吨以上。公司1998年与上海焦化有限公司、上海白猫有限公司合资建设上海太平洋淮安元明粉有限公司,公司占股39%,年产45万吨元明粉。到年末,公司形成发电、制糖、元明粉复合材料等多种产品于一体的国家中型企业,有职工220人,各类技术人员46人,职工中70%从事技术性岗位,生产经验丰富,产品质量稳定。产品获“江苏省优质产品”“市名牌产品”、长江三角洲名优产品等称号,“白玫”商标连续多年被江苏省工商行政管理局认定为“省著名商

江苏白玫糖业有限公司

标”。2016 年实现销售收入 6.12 亿元,加工糖 12.5 万吨。实现利润 3162.46 万元,上缴税金 3531.05 万元。

【淮安市淮阴区大北农饲料有限公司】 位于淮安高新产业园钱江路 278 号,前身为国营淮阴县饲料厂。公司是以饲料、动保、种业、植保为主体的科技产业,以中国农业大学、农博网为两翼的农业知识产业,是国家级高新技术企业、农业产业化国家重点龙头企业、国家认证企业技术中心、中国饲料工业协会副会长单位、中国畜牧业协会副会长单位、中国动物保健品协会副会长单位、中国种业协会副会长单位、中国农业技术推广协会副会长单位、中关村经济 20 强企业等。公司是一家集饲料研发、生产、销售为一体的私营企业,拥有大北农牌、新淮牌、农香牌等著名饲料品牌,主要生产猪用配合饲料、猪用预混合饲料和浓缩料,以及水产配合饲料,生产各种系列饲料 180 余种,年加工能力 30 万吨。

钢铁机械

【概况】 全年累计实现开票销售 144317.13 万元,入库税金 6911.02 万元。

【江苏纽泰格有限公司】 位于江苏省淮安高新区,始建于 2010 年 11 月,占地面积 2.67 万平方米,注册资金 2000 万元。主要生产汽车减震器零部件(轿车)、模具及其他各种机械加工产品。公司是外向型机械零部件加工企业,年加工各类精密配件 10 余万套,产品主要有汽车配件、汽车减震系统、悬挂系统、底盘系统、车灯系统、电气系统、传动装置。产品按照 ISO/TS 16949:2009 质量体系标准执行,产品销售主要面向国外市场,主要有韩国万都、日本昭和、泰国昭和及印度 BASF 等。

【江苏德瑞加数控机床有限公司】 成立于 2015 年 1 月,主要从事电火花机床、数控机床、精密零部件及金属制品的生产、制造、销售;多轴联动电火花机床数控系统、高智能化数控机床及自动化设备的计算机软硬件技术开发、转让、咨询、服务、培训以及数控机床及设备的进出口。公司是经国家认定的高新技术企业,淮安市首批通过审核认证的知识产权规范贯标单位,被淮安高新技术产业园区评为 2016 年度科技创新先进企业。2016 年,生产各型数控电火花机床 300 台,产值达到 6000 万,上缴税收 170 万,提供就业岗位 150 个。

电子电器及信息化

【概况】 全年累计实现开票销售 62965.66 万元,入库税金 2932.12 万元。

【江苏中立方实业有限公司】 创立于 2011 年 5 月。是一家主要从事耐高温超薄双向拉伸聚丙烯电容膜的生产的国家高新技术企业。公司主要设备是从德国布鲁克纳公司和康普公司进口,引进其时技术最先进和自动化程度最高的电容膜生产线、大型分切机,以及先进的试验检测仪器。主生产线全区域封闭,净化无尘,确保生产的产品质量稳定可靠。主要产品为 3~15 微米的电容薄膜,具备绝缘、耐高温、储电、放电等功能,广泛应用于电子、家电、通讯、电力、太阳能和风能、铁路、新能源汽车甚至国家特种装备等行业。拥有发明专利 4 项,实用新型专利 15 项,是国内唯一一家可以稳定量产 2.8 微米超薄型高温电容膜的企业。公司组织架构合理,管理高效,通过 ISO 9001 质量管理体系和 ISO 14001 环境管理体系认证。

【淮安德科码半导体有限公司】 成立于 2016 年。一期项目投资 140 亿元,占地面积 257 亩,年产 12 吋晶圆 24 万片。淮安德科码半导体是一家专注于影像传感器 CIS(CMOS Image Sensor)的半导体公司,产品定位于中高阶移动装置摄像头芯片,设计团队拥有高阶 13M、20M 和单反相机等特殊影像传感器成功经验,公司整合 CIS 产业链上的芯片设计、晶圆制造、测试封装及摄像头模组等公司,建立起自主设计研发和工艺制造结合的 IDM(整厂生产制造线)模式,填补中国影像传感器 IDM 模式的空白。

电力及新能源

【概况】 全年累计实现开票销售 33403.21 万元,入库税金 1278.45 万元。

【淮安中能环光伏电力有限公司】 成立于 2013 年 6 月,是深圳能源集团有限公司的全资子公司。深圳能源集团股份有限公司前身系深圳能源投资股份有限公司,成立于 1993 年 1 月,由深圳市能源集团有限公司(成立于 1991 年 6 月)作为发起人而募集设立。1993 年 9 月,公司股票在深圳证券交易所上市,股票简称:深圳能源,股票代码:000027,是全国电力行业第一家在深圳上市的大型股份制企业,也是深圳市第一家上市的公用事业股份公司。2016 年,全年纳税 83041.28 元,利润总额 6483840.83 元,净利润 6225973.11 元,开票销售 20592044.99 元。

纺织服装

【概况】　全年累计实现开票销售 430977.47 万元,入库税金 5010.79 万元。

【江苏卧尔康家居用品有限公司】　公司成立于 2009 年,是国内最早从事聚氨酯材料(记忆绵)产品研发、生产、出口业务的专业公司。到年末,有 4 万多平方米世界先进水平的厂房,建立起专业的研发、管理和生产队伍,拥有 3 项国际领先的发明专利和多项实用新型专利,通过 ISO 9000 质量体系认证和 ISO 14001 环境管理体系认证,通过 Walmart 和 BON-Ton 验厂;产品符合欧洲生态纺织品标准;产品遍及日本、美国、英国、德国、加拿大等几十个国家和地区。公司有员工 180 人,其中工程技术人员 68 人。2016 年开票销售 8670.09 万元,利税 1067 万元。公司主要产品为记忆绵床垫、慢回弹枕头、记忆绵地垫、慢回弹颈枕共 4 大类 100 个品种、400 种规格。卧尔康以科学、健康、简约、实用为设计思想,用高品质的太空记忆绵为核心材料,辅以棉质、抗螨抗菌面料和其它功能性材料,使产品具有舒缓压力、吸湿透气、抗菌养身、经久耐用的优质。公司获得江苏省高新技术企业、江苏省企业技术中心、江苏省工业设计中心、国家专利发明先进单位、江苏省著名商标、质量信得过产品等荣誉称号。

【淮安金六塘纺织有限公司】　位于淮阴区古寨乡工业集中区,项目占地面积 3.3 万平方米,厂房及其他用房建筑面积 2.8 万平方米,主要从事人棉布、高档人棉纱的生产与销售,拥有包括新型剑杆织布机、喷气织布机在内的各类布机 320 台、6 套浆纱设备、2 万纱锭的纺纱设备,是一个集纺纱、浆纱、织布为一体的企业,公司员工 160 多人,年产 2000 万米棉纺布、5000 吨人棉纱,年开票销售 3000 万元。2016 年企业投入 1000 万元,对设备进行技术升级改造,淘汰 1511 型布机 120 台,新上喷气织布机 100 台。2016 年全年实现开票 3500 万元,纳税 40 万元。

建　材

【概况】　全年累计实现开票销售 169671.27 万元,入库税金 5780.95 万元。

【淮安市华石建材(集团)有限公司】　位于淮阴区袁集乡李庄村,拥有混凝土行业最高企业资质。集团旗下有子公司 10 个,年产值 12 亿元左右,公司有 HZS180G 型混凝土生产线 16 套,各种混凝土输送泵 45 台,混凝土搅拌运输车 260 辆,年设计生产能力达 720 万立方。2016 年实现开票收入 2 亿元,入库税金 1500 万元。年末有员工 750 人,其中专业技术人员 120 人,研发中心配有专用混凝土试验室和外加剂实验室,设备精良、技术力量雄厚。

公司始终致力于管理创新,建立健全一整套现代化企业管理制度和质量管理体系,通过 ISO 9001—2008 质量体系认证,并在本行业率先采用远程自动化系统进行管理,生产经营系统引进了国内专业集团版混凝土企业 ERP 管理信息软件,对车辆应用 GPS 全球定位导航系统已合理调配,企业管理逐步规范化、标准化。获江苏省混凝土行业“最佳企业”称号。

木材加工

【概况】　全年累计实现开票销售 62964.73 万元,入库税金 3916.02 万元。

【淮安友文人造板制造有限公司】　位于淮阴区丁集镇潘谈村,于 2002 年 11 月成立,2003 年 5 月 1 日正式投产,占地面积 5.77 万平方米,建筑面积 1.1 万平方米,注册资金 1180 万元。主营业务:中密度纤维板、装饰板、胶水(限自用)制造、加工,苗木种植。2016 年销售收入 8568.27 万元,工业总产值 8839.74 万元,计税 24 万元。年末有中密度板生产线 1 条,年生产能力为 12 万立方米。2015 年该公司生产中纤板 9.27 万立方米(由于锅炉设备故障停产一个月),销售中纤板 9.10 万立方米,实现销售收入达 8808.91 万元,利润总额 903 万元。有员工 150 人,其中:管理人员 20 人,员工 130 人。其中 1 人具有本科学历,6 人具有大专学历。20% 以上人员具备中专(含高中)以上学历。

生物化工

【概况】 年内,累计实现开票销售10.20亿元,入库税金1.45亿元。

【江苏淮江科技有限公司】 位于淮安盐化工新材料产业园区张朱路以东,淮金线以西,实联大道以北,该项目是由区经信委和古寨乡联合招商引资的盐化工项目,是由省化工龙头企业江苏鹏宇化工有限公司总投资12.5亿元人民币,注册资金2.5亿元,总占地约300亩。公司一期用地200亩,总投资8亿元,主要建设1、2、4三氯苯、对二氯苯,邻二氯苯,间二氯苯项目,建设工期18个月,2016年10月18日一期竣工投产。项目总建筑面积达130000平方米,设计年生产混合二氯苯12万吨、混合三氯苯3万吨、氯化钙5万吨、2、5二氯硝基苯2000吨,项目能源种类主要为电、新鲜水、蒸汽和天然气,符合国家节能环保要求。

【申雅密封件(淮安)有限公司】 公司位于淮安市高新技术产业开发区松江路99号,是由申雅密封件有限公司(股份占70%)、淮安市工贸资产管理有限公司(股份占30%)组建而成,成立于2004年1月,是专业生产各类汽车密封条产品的合资公司。公司于2014年9月正式加入库博标准汽车配件集团,占地6.6万平方米,厂房面积2.44万平方米,年末有职工285人。公司拥有密封条挤出生产线5条,同时拥有胶料加工、成品加工的模压硫化(接角)、自动泡钉机及检验试验等配套设备。能生产包括纯胶密封条、纯胶二复合密封条、金属骨架三复合密封条、金属骨架四复合密封条、植绒(或喷涂或PE带)密封条等五大类产品,年产密封条3000万米。公司客户有奇瑞汽车、江淮汽车、上海汽车、大众汽车、马自达汽车、通用汽车、吉利和比亚迪汽车等国际品牌、国产品牌,2016年销售额达到1.79亿元。取得5个车型配套开发密封条产品。2013年12月,公司被认定为江苏省高新技术企业,并于2016年通过复审认定。2014年获得"淮安市汽车密封条工程技术研究中心"称号。2016年11月,通过上海通用汽车质量系统基础认证(QSB认证),并取得证书。公司拥有实用新型专利14项。2016年,成功由原来AQA认证公司转换TUV认证公司并取得认证证书。公司依托集团总部进行产品设计开发的输入,公司进行试制、改进、小批量交样、客户批产认可等工作,同时公司拥有产品口模、工装等设计能力。公司拥有胶料性能检测设备硫化仪、门尼粘度仪、硬度计、密度测量仪、硫化机,挤出工序产品性能检测设备断面检测投影仪、万能测试仪、涂层(绒毛)耐磨仪、涂层测厚仪、老化烘箱等。

江苏省淮安高新技术产业开发区

【概况】 开发区启动于2001年5月,2006年4月15日经省人民政府批准设立江苏淮阴经济开发区,2012年11月省人民政府批准更名为江苏省淮安高新技术产业开发区。高新区总规划面积75平方公里,区位优势明显,航空、航道、高铁、高速公路等综合交通汇集,总规划面积72平方公里,"九通一平"面积33.4平方公里,辖1个乡镇、4个村。年末,开发区已形成"六纵七横"16条主干道,与市开发区、清河新区无缝对接。基础设施配套齐全,供电、电信、供热、供水、排污、天然气、路灯、交通标志与道路同步到位。绿化面积158万平方米,绿化率达52%。2016年,实现地区生产总值300亿元,规模以上工业总产值802亿元,比上年增长8.07%,营业收入1194.9亿元,比上年增长8.53%;规模以上工业开票销售107.3亿元,比上年增长21.59%,规模以上固定资产投入75亿元,主要经济指标均实现稳定增长,跃升为全省省级工业园区二十强。

【产业建设】 高新区抓住历史机遇,结合既有产业基础,综合考量全省新兴产业发展态势,经过仔细的研判分析,精准定位电子信息、中高端机械装备制造、新能源汽车及零部件等"2+1"主导产业体系,按照"建百亿项目 培百亿企业 育百亿产业 跨千亿台阶"的目标,坚持把招引大项目、培植大产业,作为高新区跨越发展的第一引擎。

电子信息产业 抢抓国家大力度发展半导体产业的有利机遇,新开工投资150亿元的德科码半导体12吋晶圆厂、投资130亿元的时代芯存相变存储器项目。围绕扩大淮安高新区在半导体领域的影响力,开发区牵头举办淮安国际半导体产业论坛,进一步向外推介高新区半导体产业规划,取得较好成效。

中高端机械装备制造产业 围绕"中国制造2025"发展纲要,引进总投资5.4亿元的恩耐斯特钢筋连接件项目,新开工投资10.2亿元的华和智能叉车、投资10.5亿元的伊弗特精密零部件、投资2亿元绿友智能草坪机械、投入2亿元的德瑞加精密机床等项目。

新能源汽车产业　先后引进总投资100亿元的益威新能源汽车动力电池、22亿元的遨珀轻量化车身、50亿元的金唐新能源汽车等项目,开工建设投资3.5亿元的普锐明汽配等项目。规划7700亩的新能源汽车产业用地,做强新能源汽车产业。

【招商引资】　创新招商手段,全面提升干事创业激情。从3个方面抢抓发展机遇。①发展平台委托招商。2015年至2016年,先后与台湾电电工会、德国现金工业科技研究院(IAIT)、清华长三角研究院等高端平台合作,实现借力招商的渠道拓展,年内,每个平台提供项目信息30条以上。②以商引商。以产业龙头企业为载体,成立相关研究中心。其中,以投资130亿元的时代芯存相变存储器(PCM)项目为平台,启动时代芯存研究院的建设,以一期投资150亿元的德科码项目为平台,计划建设德科码技术研究中心,引进行业类相关的上下游产品,效果显著。通过服务于法国人创办的伊弗特精密零部件项目,利用其项目信息,年内引进专利技术认定5000万美元的钢筋连接件项目。达到1年时间内投产一个10亿元以上项目、引进一个10亿元以上项目的效果。③自身队伍的建设。高新区成立5个招商分队,在全区范围内成立15支招商队伍。对不同投资模式与招商策略进行系统化的培训,对项目的市场型、成本型、效率型、技术型进行科学分类,在招商组织的有效性、招商时的针对性、谈判中的专注度、项目管理的细节把握等方面进行提升,确保项目信息落地的成功率。

【科技创新】　借助清华校友创业园、江淮科技园、中业慧谷创意软件园等创业平台,加快引进各类专业化、领军型创新创业人才,为高新区转型升级提供人才保障。

人才引进　高新区成功引进院士4名、国家千人计划25名,高层次创新创业人才42名,申报江苏省“双创”人才38人,科技镇长团4期186人次。同时,围绕企业创新,开展“百名博士帮百企”活动,引导110多名博士深入企业提供服务,为企业加快技术革新和转型升级提供人才支撑。

政策激励　专门设立淮安高新区人才交流服务中心,出台创新人才激励机制,设立高新区创新创业人才引进专项基金、项目奖励、研发和创业扶持基金,以及鼓励企业开展股权、技术入股、分红等多种形式的人才激励机制,疏通人才后续发展通道。

平台搭建　高标准搭建创业孵化载体,强力推进江淮科技园建设,加快与新兴产业对接、科技企业孵化与创新服务、企业家培训和人才服务、科技金融与创头服务等平台建设。通过“共建+共管”模式,对入驻江淮科技园的高层次引进人才和企业双创人才项目给予专门扶持。同时积极开展“校企合作”专项对接活动。

【城市建设】　推进新型城镇化　在做好产业发展规划和新型城镇化规划的前提下,全面启动新渡乡整乡推进新型城镇化工作。用三年时间内将高新区辖区内的新渡乡8987户、3.2万人和徐梅村1000户、3000人全部搬迁进高新区核心区。其中,2016年完成5000户的搬迁安置工作。与中核华兴、中冶天工等5家央企合作,高标准建设安置小区,利用央企资金充裕、融资空间大、成本低的优势,用时间换空间解决征收拆迁和安置房建设费用。

实施高端配套　围绕群众的日常生活所需,新开工台湾宝岛母爱医院、清华东城中小学、高新区人才公寓、2个农贸市场、养老产业园等项目。全面推进宁连路景观改造工程、王兴出入口环境整治工程、宁连路以东全域绿化景观提升工程,打造功能完善、宜工宜商、宜业宜居的新型城镇。

实现可持续发展　坚持在规划的引领下,运用新理念、新技术、新的经营模式,走可持续的发展之路。通过整乡整村城镇化,集中安置,实现土地节约、集约利用,整理出10%左右建设用地和20%左右的发展空间。做好农民的拆迁安置工作,平均每户一套房变成三套房,实现一套居住、一套出租、一套出售,房产变资产。同时,高新区实现资产性收益,可产生15%左右的商业资产和10%左右的其他经营性资产,政府全部持有,为高新区的发展持续注入动力。

【社会文化事业】　致力于便民惠民,提高居民的幸福指数。道路、绿化、安置房建设等一批民生实事项目进展顺利,开工建设望舒苑等安置小区4个、50.71万平方米,交付884套、11.2万平方米,改造长江东路、飞耀路北延等道路6条,竣工康马路、古淮河桥等桥梁2座。

社会事业　宝岛母爱医院、清华东城中小学等一批优质卫生教育资源顺利落户,城乡居民基本养老保险、城镇居民医疗保险实现全覆盖,顺利完成第十一届村民委员会换届选举。

群众工作　通过“党群议事会”“三进三帮”等联系服务基层模式,实现党群干群良性互动,打通服务群众“最后一米”。全年累计接待各类群众来访62批560人次,开展扶贫慰问380人次。

工业新区

【概况】　工业新区围绕区委、区政府的工作部署,全面、扎实推进各项工作,主要经济指标稳中有进,全年实现工业开票14.8亿,比上年增长10%,完成目标的102.2%,入库税收17800万元,比上年增长9%,占目标101.5%。新培育规模工业企业4个,规模以上固定资产投资增幅15%。

【招引工作】　招引重点项目4个,其中2个(华尔润技改、瑞豪工贸)通过市重点项目竣工验收,2个(富源采卤、国和新能源)项目签约。

【其他工作】　启动赵集矿区远景地质调查工作,新增地质工作范围20平方公里,为盐化工产业的可持续发展提供资源保障。去产能、调结构的供给侧改革工作取得突破,率先发起并通过全国行业协会对元明粉行业的过剩落后产能作出统一部署,保障行业健康发展。节能减排、大气污染防治工作取得显著成效,各热电联产企业进一步“提标改造”。

淮阴王营工业集中区

【概况】　王营镇工业集中区成立于2002年9月,位于淮阴区城区西北部,东起西安路,西至华能电厂,南连宿淮高速西互通,北接长江西路,国家三级航道——盐河穿境而过,规划总面积约8平方公里,集中区于2010年经淮安市人民政府批准,2011年通过城市总体规划并制定详细控制性规划,2012年通过工业集中区总体大环评论证。集中区自2002年集中区启动以来,基础设施建设已累计投入1.9亿元,基本建成“五横一纵”的道路主体框架,“五通一平”面积4000亩。至2016年底,集中区有项目92个,其中投资1亿元以上企业24家,投资3000万元以上企业48家。累计建成标准化厂房面积33.5万平方米,使用率98.6%。列统企业45家。经过多年发展,形成以建材、食品、服装、机械加工为主导的产业集聚区。2016年,共实现工业开票销售31.7亿元。其中开票超亿元企业9家。

【江苏天参饲料有限公司】　位于淮阴区长安路118号盐河工业园,属王营镇2011年招商引资项目,是国家级农业产业化重点龙头企业,全国农产品加工创业基地,江苏省农业科技型企业,江苏省农业产业化龙头企业协会副会长单位,淮安市饲料行业协会会长单位。公司经营范围为饲料生产、水产养殖试验、粮食收储。水产饲料是江苏省名牌产品,天参商标是江苏省著名商标。该项目总投资1.5亿元人民币,占地80.4亩,总建筑面积3.2万平方米,建设项目包括主车间、进粮房、立筒库、辅料库、成品库、锅炉房、办公大楼、机修及备品库等建筑物,还包括副料接收系统、车间内玉米提升系统、粉碎系统、配料混合系统、二次粉碎系统、制粒系统、成品包装系统等设备系统。2016年,实现开票销售4.15亿元以上,年利税400万元以上。

【六和饲料(淮安)有限公司】　由山东新希望六和集团投资1.2亿元人民币,建设年产10万吨饲料生产线,占地55亩,建筑面积2.3万平米,包括主车间、进粮房、立筒库、辅料库、成品库、锅炉房、办公大楼、机修及备品库等建筑物,还包括副料接收系统、车间内玉米提升系统、粉碎系统、配料混合系统、二次粉碎系统、制粒系统、成品包装系统等设备系统。2016年,实现开票销售收入1.26亿元。入库税金300万元以上。

【江苏竣邺建设有限公司】　位于王营镇工业集中区西安路东侧,由江苏竣邺建设固定资产总投资5000万元建设科研楼3000平方米、生产厂房4000平方米、预制场地及道路2万平方米等,设备有龙门吊等墙体预制件生产装备、住宅工业化生产设备,主要产品及服务为新型墙体材料、高新科技绿色环保建材生产与施工等。2016年,实现销售10851万元,入库税金426万元,提供200个就业岗位。

【淮安市国宏工贸有限公司】　位于王营镇工业集中区横三路南侧,占地37亩。项目总投资1亿元。该公司拥有先进的设备叉车、抱车,全自动电脑高精密卷筒纸分切机。主要产品有:涂布白板纸、牛皮纸箱纸、灰板纸、高强瓦楞纸、茶板纸、开片白板等。2016 年,实现开票销售 8125 万元,入库税金 350 万元。

【淮安海螺水泥有限责任公司】 位于江苏省淮安市淮阴区王营镇越河村,是由安徽海螺水泥股份有限公司(简称"安徽海螺")于 2003 年 1 月设立的年产 165 万吨水泥粉磨站,项目总投资 1.7 亿元,整个项目工程于 2003 年 6 月开工建设,2004 年 6 月三台 Φ3.8×13 米磨机相继投产,公司同期配套建设年运输能力 135 万吨的码头卸料、装船、包装发运系统。公司采用海螺优质旋窑熟料,利用附近的华能淮阴电厂粉煤灰及盱眙廉价的混合材资源,严格按照海螺统一品牌、统一品质的生产要求,生产"海螺牌"P.C32.5 复合硅酸盐水泥、P.O42.5 普通硅酸盐水泥,满足淮安及周边地区对新型干法水泥的需求。淮安海螺进入苏北市场后,通过完备的码头运输系统和强大的保供优势,降低原材料运输成本,同时使水泥销售半径延伸到连云港、宿迁等地区。2016 年,实现开票销售 2.88 亿元,入库税金 450 万元。

江苏中立方车间一角

商贸服务业

综合大市场

【概况】 2016年，淮阴区市场管理工作按照区委、区政府的相关工作部署，主攻重大项目建设，以加快电子商务集聚发展为重心，以科学规划为引领，转变经营方式，强力推动市场载体建设和项目服务，加快传统市场转型升级，以电商资源、要素的集聚，促进市场加快繁荣。全年开工亿元以上项目3个，建成商业面积15万平方米，完成固定资产投资额10亿元，全面完成各项目标考核任务。

【项目建设】 围绕年初制定的各项目标任务，强化帮办服务，全力推动项目建设。全年实现在建亿元以上项目3个（淮安电商创业孵化中心、淮安龙凤喜万家婚庆生活广场、北京北路下穿铁路），建成商业区8.5万平方米，完成固定资产投资5.1亿元，各项工作任务均按目标有序推进。其中，淮安龙凤喜万家婚庆生活广场于12月竣工验收并对外营业；淮安创达电商城建成营业；淮安电商创业孵化中心主体通过验收，附属工程在建设实施中；淮安现代物流园完成土地挂牌，准备开工；北京北路铁路下穿工程完成箱涵制作和顶进施工、引道和挡墙基础施工；香江路建成通车。珠江嘉园安置小区年内交付使用；轻纺家园安置小区完成主体验收，进行内墙粉刷、窗框安装和屋面女儿墙砌筑，外墙保温施工；淮州花园安置小区协调场地清理、围墙建设和地质勘察设计，完成招标资格预审公告；归真园启动搬迁工作。北京北路延伸（过铁路）工程、轻纺家园、欧蓓莎广场、淮安电商创业孵化中心、淮安现代物流园、婚纱城等6个项目，完成序时进度。全年，中心储备用地192亩，挂牌出让珠江路北、北京北路东、韩侯大道东、纬一路南北等4个地块296亩土地，完成土地出让金7461.03万元；完成珠江路路灯工程接电和竣工验收；完成北京北路、钱江路方案专家评审；完成视频监控接入平台任务。

【资产管理】 *电商创业大厦日常维护服务* 在电商需求、市场竞争、基地孵化等多方力量的共同作用下，经过近一年的扶持发展，电商大厦新签入驻企业21家，常驻办公人员186人，有每鲜加、四季鲜、苏楚、新航网络科技等52家企业签约入驻，入驻率达95%以上，年销售额3.13亿元。此外，先后完成电商大厦空调检测维修、四层以上空调设备维修更换、水电改造、下水管修理、六楼（原餐厅）装修、东广场及南广场砖修缮及一楼配电间开门等日常维护工作。

安置房源管理工作 完成轻纺家园、珠江嘉园安置小区未安置房源登记工作，并对周围门面房经营和出租出售状况进行市场调研，接待珠江嘉园与轻纺家园门面房出租、出售洽谈。珠江嘉园、轻纺家园、淮洲花园三个小区共有安置房源1813套，安置1176套；轻纺家园和珠江嘉园两个小区门面房共有34套，安置13套。完成恒兴开发公司购置房产基本情况的摸底统计工作，并调查、了解周边房产出租出售情况。完成龙凤喜万家8～18层房产经营报告，义乌商贸城二期1～13层资产经营报告，大宁百货三、四层资产经营报告。确立珠江嘉园小区物业管理单位（王营镇城建物业公司），王营镇城建物业工作人员进场，筹备交房工作。

廉租房管理工作 为大市场范围内企业提供廉租房。中心申领80套北苑家园的公租房，有20套出租于电商创业大厦内电商企业员工。同时，

完成北苑家园20套廉租房租金收付工作。

营业市场环境卫生维护工作　中心对已建成的市场进行环境卫生巡查,并将发现的问题交其物管处理,确保市场的干净整洁,有序经营。

处理好区域内信访事宜　年初,为解决欧蓓莎业主和欧蓓莎置业公司之间的租金支付矛盾,多次接待信访业主,并多次赴南京、南通、镇江等地与信访业主沟通协谈,最终解决争议。

【招大引强】　完善招商服务制度　通过点对点招商和以商招商,提高招商引资工作实效。利用大市场的优势资源,把吸引大项目、好项目作为推进服务业产业结构升级、加快转变经济发展方式的重要手段。为推动招引工作,年初出台招商引资目标考核文件《关于印发2016年度招商引资、外资、电商招商目标考核的通知》,提升全员招商积极性。

培育电商产业　成立电商创业园领导小组,负责整个创业园的政策、规划制定以及具体工作;为入驻电商企业做好协调服务,落实创业园具体管理和招商工作;引介电商企业给乡镇电商负责人,共同帮扶电商企业。电商大厦电商企业经营范围涉及农产品物联网平台、网络技术开发、生活消费平台、在线文化平台等,网络销售商品包含各类家居家具、农副产品、生活用品、大健康产品等。对电商企业加大培育与孵化力度,实现电商集聚、服务集中、资源集约、功能集成,引导电商企业进行规范化管理,引导企业集聚集群发展,助力企业做大做强,在竞争中获得更多的成长空间。创建区、市级创业孵化基地。为落实省市发展众创空间推进大众创新创业要求,展现电商创业良好发展前景,突出示范性、导向性和代表性,电商创业大厦积极争创创业孵化基地。2月26日,淮安电商创业大厦被认定为淮阴区创业孵化基地;11月,申报市级创业孵化基地,通过市级相关部门初审。

争创市、省级电子商务示范基地　发挥电子商务示范工程的引领带动作用,促进电子商务健康持续发展,着力打造综合大市场电子商务企业集聚区载体,整合电商资源,吸引物流、电商配套服务等类型企业入驻电商大厦,完善覆盖电子商务各个环节的物流配送、餐饮娱乐等各类服务。

完成招商目标任务　淮安江淮电子商务产业园项目(总投资超10亿元)通过市级考核验收;欧蓓莎广场项目(总投资11亿元)开工;淮安现代物流园、海仑云仓物流园项目(总投资11亿元)签约;淮安电商创业孵化中心(总投资5.3亿元)开工;总投资5亿元的国华曼度广场项目启动建设;与王营镇合引的鑫泰木材建材市场办理前期用地手续;新增可用财力50万元以上总部经济项目1个(江苏沃因思能源管理科技有限公司);江苏镖客信息技术有限公司到账103.1万美元。

【资金保障】　①项目融资。依托恒兴公司、苏北大市场两个平台公司,积极融资。全年累计融资44.63亿元,其中直接融资6.78亿元;争取地方政府债券3.8亿元;配合棚户区改造项目融资34.05亿元。截至11月底,通过中长期贷款及地方政府债券置换或偿还所有的流动资金贷款及部分高息借款,贷款余额为43.05亿元。②保障项目建设资金支出。以国有资产保值增值为首要前提,确保市场项目建设资金及时足额支付。全年支出近2.5亿元,确保北京北路铁路下穿、珠江嘉园安置小区、电商创业孵化中心等项目工程款的支付进度。③税款征收。督促企业缴纳税,为市场内企业提供财税等政策方面的咨询服务,帮助企业协调财税、金融等。恒兴公司、苏北大市场依法缴纳税收,并督查市场内各企业能够及时依法纳税。④资本运作。3月,苏北大市场开发有限公司股权由恒兴公司划转至淮安现代商贸流通管理服务中心,并于9月29日完成增资2亿元的工作,全年注册资金达到2.5亿元。启用这一新平台,保障项目建设的后续资金及时到位,同时确保可用资金保值增值,采取购置保本理财产品的方式,提高结余资金的收益率。

【电子商务】　2016年,赵集镇街西居委会创成全区首个省级电子商务示范村,赵集镇创成首个省级电子商务示范镇。淮安电商创业大厦创成市级电子商务示范基地,吴集镇兴和村、渔沟镇杨庙村创成市级农村电子商务示范村。淮安甜蜜人生蜂产品有限公司、江苏老侯珍禽食品有限公司网络交易额分别达8000万元、2000万元,是全区电商领军企业,两家创成市级电子商务示范企业。年末,全区共有村淘服务站35个,为老百姓提供线上交易便捷服务。

【电商载体建设】　2016年,电商服务业营业收入4000万元人民币,淮安电商创业大厦获"淮安电子商务学院综合大市场实训基地""市级电子商务示范基地"等称号。淮安电商创业大厦作为珠江路电子商务一条街的龙头示范平台，重点招引一批电商企业、电商人才、电商支撑企业等，发挥电商集聚和带动效应，通过集聚一批优质电商企业，发展一批龙头电商企业，转型一批传统实体企业，培养一批高端电商人才，打造学习型、创新型、智慧型、生态型的电商孵化园区。利用现有企业资源，加快实体经济转型，加快市场繁荣。发挥电商集聚效应，积极进行产业链招商，吸引上下游配套企业落户；鼓励企业靠大联强，加快企业转型升级步伐。根据企业需求和特色，有效利用线下产品资源，兼容发展线上产业。通过带动传统企业向电商发展的方式，为实现转变经济增长方式、调整产业结构提供有利抓手。同时，项目作为淮安电子商务学院综合大市场实训基地，是淮阴区委、区政府重点打造的电商创业孵化基地，是加快淮安"4+3"服务业特色产业跨越发展的重要板块。淮阴区政府高度重视淮安电商创业大厦建设，科学制定淮安电商创业大厦的发展规划，健全管理体制机制，成立工作领导小组，出台《关于淮阴区加快淮安电商创业大厦发展的促进政策》专项扶持政策，每年安排专项资金支持淮安电商创业大厦基础设施和项目引进，重点招引电子商务、仓储物流等知名企业入驻。

商业银行

·中国银行股份有限公司淮安淮阴支行·

【概况】 2016年末，中国银行股份有限公司淮安淮阴支行本外币一般性存款余额为19.72亿元，比上年增加5.39亿元，增幅37.6%；本外币贷款余额20.0亿元，比上年增加3.2亿元，增幅19.0%；其中公司贷款余额7.0亿元，比上年增加0.5亿元，增幅7.7%；个人消费贷款余额13.0亿元，比上年增加2.7亿元，增幅23.9%。实现税后利润4001万元，比上年增加751万元，增幅23.1%。

【存款贷款】 2016年，中行淮阴支行抢抓时机，全员参与，提升支行存贷款业务总量。要求全员抓存款，除抢抓开门红旺季，增开服务窗口，每日点评通报，加强过程督办外，还将存款业务进行全年全过程推动，确保不松懈。紧跟项目储备，做实每一个业务环节，确保重大项目叙做的时效性。注意加强与政府招商引资等部门的联系，及时服务好招商引资企业，以增加该行的存贷款总量。2016年末，该行本外币一般性存款余额19.72亿元，较年初新增5.39亿元，各项贷款余额31.61亿元，较年初新增11.72亿元，累计投放17.15亿元（其中个人贷款新增3.73亿元、公司贷款新增7.99亿元），当年新增贷存比11.72/5.39=217%，余额贷存比31.61/19.72=160%。年度绩效考核系统排名第一，获得江苏省中行省行级中银优秀集体称号，是淮安分行唯一获此荣誉的单位。

【整章建制】 做好内控案防工作，保证各项经营活动的健康开展。细化员工岗位职责，在明确责任的同时调动员工工作积极性。除支行制订的岗位职责外，还要求员工结合自身岗位自已梳理岗位职责和风险控制环节，督促大家进行自我检查、自行整改和自我提高。树立榜样、量化执行，做实内控合规和案件防控工作。支行年初制订年度内控管理考核方案，明确各种违规或差错的处罚金额，设立内控合规基金，季度结束后合规基金按反比例分配，同时评选季度合规明星，支行另外给予激励。通过精神和物质两个方面的激励，促进员工做好内控合规和案件防控工作。增加内控案防与管理工作在员工绩效考核中的分值占比，8月起，各岗位内控与管理分值占比统一提升至40%，引导员工做好基础工作，确保安全稳健运营。

【严控质量】 严控质量，努力清收，贷款不良实现双降。面对年内出现风险的两户中小企业贷款，争取担保公司的代偿，化解新增风险。对于两户存量大公司不良贷款，在上级行的支持下，主动采取措施，多渠道化解风险，至年末公司贷款不良余额还有2465万元，较年初下降两千多万元，有力改善支行的资产质量，年末实现不良贷款余额、不良率双下降。

【提升服务】 注重细节，做优服务，提升支行服务客户能力。为做好春节期间的民生服务工作，想方设法缩短客户排队等候时间，主动增开服务窗口、动员员工加班、增设两台存取款一体机等，努力提升客户体验，增强客户在该行办理业务的愉悦感。同时，利用班后时间，组织员工学习、培训，提高员工办理业务的水平和速度，提升支行服务能力。

·中国工商银行股份有限公司淮安城北支行·

【概况】 2016年,中国工商银行股份有限公司淮安城北支行牢固把握全行改革创新发展大局,扎实开展各项工作,着力提高市场整合营销能力和业务发展创新能力。各项存款总计13.48亿元,比年初增加1.64亿元。其中,对公存款6.0亿元,比年初增加1.32亿元;储蓄存款7.48亿元,比年初新增0.32亿元。各项贷款余额15.06亿元,比年初增加0.57亿元。其中,公司类贷款4.98亿元,比年初增加0.13亿元;个人贷款10.08亿元,比年初增加0.44亿元。年末实现各项中间业务收入1163.4万元,比上年减少286.6万元,年度计划完成率70%。新开结算户139户,居全市第七;对公理财产品销售35000万元,居全市第六;贵金属销售递延类65392千克,居全市第四;中高端客户数量总数达到4660户,比年初增长66户。新增牡丹灵通卡17823张,完成率100.2%。标准理财金卡发卡670张,基金、理财产品、寿险销售规模迅速扩大,代理寿险销售1185万元,比上年增加265万元;代理基金销售1055万元;理财产品销售89500万元,完成计划121%。不良贷款3556万元,比年初减少791万元;不良率2.36%。营业利润4447.75万元,净利润3418.74万元,人均94.6万元。

【内部管理】 加强内控案防、安全保卫工作,优化窗口组合,减少客户排队等待时间,提升网点服务水平。强化员工行为动态管理。持续开展行内员工参与非法集资、经商办企业、套现、为民间借贷提供担保的专项排查和治理,规范理财销售,严禁员工与企业发生资金往来,防范人为不良因素引发的案件风险。加强对重要岗位人员的监督管理,抓好案防重要风险点的防控治理。

【批量业务】 该行以代发工资为龙头,新拓展代发工资户12户,代发人次3832人,月代发额665万元,对储蓄存款增长起到推动作用。

【市场营销】 该行对范围内的专业市场逐个进行调查摸底,清理出有效专业市场6户,有3户与该行签订协议。与专业市场管理机构签订单一机构准入协议,占领制高点。同时积极进行各部门联系,拟定服务条款,将银商通、理财产品等率先送入客户手中。

【分层营销】 该行充分发挥机构类客户营销团队的作用,落实团队进行机构客户维护,确保应有的存贷款份额。根据在该行的存款余额进行分层营销,客户存款500万元以上的由行长室维护,100万元~500万元的由公司金融业务部维护,100万元以下的由二级支行行长进行维护。

【"n+3"营销活动】 成立由行长为组长的"n+3"领导小组,牵头开展营销活动,定期召开推进会,及时了解产品营销进度,根据进度调整营销策略,在全行上下形成人人有任务、人人善营销的整体推进氛围。

【压降不良贷款】 加强贷款的排查力度,严防贷款劣变,发挥好催收和处置团队的作用,运用现金清收、重组转化、债权转让以及以物抵债等处置方式,提升清收和处置效果。对个人贷款潜在风险的真实状况进行梳理,对不同类型客户采取差异化的处置方式,抓好不良贷款压降工作。加大个人不良贷款诉讼力度,与公安、法院等部门加强沟通,寻求支持,有效提升该行贷款追索和胜诉案件的执行效果,提高胜诉案件的执行力度,加快个人不良贷款剥离核销客户的筛选和资料报送工作,尽快摆脱个人不良贷款的巨大包袱,快速提升资产质量。

·中国建设银行股份有限公司淮安城北支行·

【概况】 2016年末,建行城北支行一般性存款余额15.9亿元,其中个人存款余额5.2亿元,对公存款余额10.7亿元。全年实现中间业务收入684.3万元,实现利润4649.2万元,化解金帝亚2500万元不良贷款,年末不良率0.42%。全年对公存款日均新增5451万元,个人存款日均新增5224万元。

·中国农业发展银行淮安市淮阴区支行·

【概况】 2016年,淮阴区农发行贷款余额40.98亿元,存款余额13.87亿元,存款日均16.04亿元,账面利润6987.19万元,剔除挂账贷款,贷款无不良。经营绩效在全省67个县支行中排名第六,首次进入全省一类行,实现历史性突破。支行领导班子年度目标考核全省第一、县级支行行长目标考核全省排名第一、市行行长目标考核全市第一。获省分行先进集体、市分行优秀基层党支部、2016年度区政府目标考核优秀单位、区政府行风暨软环境建设先进单位。

【信贷业务】 淮阴区农发行主要办理粮食、棉花、油料收购、储备、调销贷款;办理粮食、棉花、油料加工企业和农、林、牧、副、渔的产业化龙头企业贷款;办理农村路网、电网、水网、信息网建设、农村能源和环境设施建设、棚户区改造建设贷款等。2016年,累计发放各类贷款30.9亿元,是上年的4.8倍。5月13日,获总行60亿元棚户区改造贷款批复,发放25亿元,该笔贷款为全市农发行单笔贷款获批金额最高。支持区域供水项目贷款5.5亿元。

【粮棉油收购】 做好政策性收储业务。2016年,淮阴区小麦普遍受灾,尤其是赤霉病严重超标,实际收购入库小麦1926万公斤,比上年下降近三分之二;收购入库稻谷551万公斤,比上年增加473万公斤。夏季获批粮食收购贷款1.5亿元,秋季获批收购贷款8500万元,累计投放1943万元。主动与粮食购销总公司负责人商谈,督促其按销售合同按期履约或提前履约,小麦和稻谷收购贷款顺利实现双结零。做好旺季粮食收购准备和管理工作。提前与粮食购销企业沟通,督促促销库存粮食,为粮食收购腾仓。配合粮食主管部门、中储粮淮安直属库开展托市库点确认、空仓验收等工作。按时开展粮食收购贷款调查与报备工作,贷款发放按照要求落实共同担保基金、签订销售合同、按比例到位合同定金等有效风险防控措施。全年没有发生一起因农发行问题而导致的打“白条”现象。

·中国农业银行股份有限公司淮安城北支行·

【概况】 2016年,中国农业银行股份有限公司淮安城北支行本外币各项存款余额38.37亿元,较年初增加5.87亿元,比上年增加3.32亿元,增速18.06%,超全市平均增速2个百分点,总量、增量市场份额均列4行第一位。其中个人存款比年初增加1.71亿元,列4行第一;对公存款比年初增加4.16亿元,列4行第二位。年末各项贷款余额36.09亿元,较年初增加5.82亿元,比上年增加3.87亿元,增速16.12%,高于全市农行平均水平3.24个百分点,总量、增量市场份额为36.89%、33.49%,分别居同业第一位、第二位。其中个人贷款余额25.93亿元,较年初增加5.35亿元,比上年增加1.97亿元,总量、增量市场份额均居当地同业第一。至年末,法人客户授信总额达16户、16.3亿元,累计发放贷款40笔、53386万元。个人住房贷款余额达9641户、24.38亿元,累计发放2053笔、7.17亿元。

【服务三农】 至年末,“三农”贷款余额达3509万元,较年初净增1087万元,完成市行增量计划的110.4%。全年累计发放金农贷、农户小额贷款、农村个人生产经营等“三农”贷款61笔、金额3711万元。“惠农通”服务点达231户,行政村覆盖率达100%。惠农通业务量户均达6.75万笔;代理收费达3.678万笔,业务量户均达292笔;惠农卡发卡量达4.36万张,较年初增加3179张。其典型经验在市分行交流、转发。

【价值创造】 至年末,实现拨备前利润10602万元,比上年增加1817万元,完成全年任务113.9%;拨备后利润9742万元,比上年增加942万元,完成全年任务108.1%;成本收入比24.79%,比上年下降3.54%;存款付息率1.17%,比上年下降0.51%;贷款收息率4.65%,比上年下降1.38%;存贷利差3.48%,比上年下降0.87%;中间业务收入2550万元,比上年增加712万元,完成全年计划107.6%。年末各项财务考核指标均超额完成市行计划。拨备前利润、拨备后利润、经济增加值、成本收入比4项效益管理指标考核排名,均位居全市农行第一。

【专项竞赛】 全年四个季度对公竞赛,均进入全市前两名;在全年对公板块考评中,综合排名第一。零售业务“春天行动”综合营销和“激情仲夏”竞赛活动排名靠前。在全市农行个人贷款专项竞赛中,一季度排名第二、“七、八双月PK赛”专项考评名列城区行第一,“金九银十”竞赛活动名列榜首。运营条线弱项指标竞赛活动,在前期大幅落后的不利局面下,奋起直追,最终在九家县(区)支行排名第四。年末,万元以上支付密码器推广率完成93%的目标。

【业务转型】 网点形成以“两微一拓”为重点的营销新模式和以资产配置为核心的贵宾维护新方式,对业务发展促进作用初步显现。与公积金中心合作有效推进,年末住房公积金缴存单位达8

家、267户,月缴存金额达11万元,在全市农行处于领先位次。上线试点运行全国首家“悦农贷”产品互联网操作平台。成功拓展市水利工程建设处、汉方医院、闽泉纺织、中建国际、老侯野鸭、温氏畜牧、公共资源交易分中心等一批具有影响力的账户。全年新开对公客户账户906户,其中500万元以上账户达30户,存款余额15.27亿元。获批黄河故道、节水灌溉、滨河新苑等项目贷款4个,获批金额9.37亿元,并发放项目贷款4.9亿元。有多条营销拓展信息被省行《每日情况》采用。

【风险防控】 加强重点领域、重点客户信贷风险管控。全年累计收回不良贷款本息339.72万元,现金收回已核销贷款本息28.41万元;年末不良贷款余额1410万元,贷款不良率0.04%。全面开展风险排查、案件治理、“两加强、两遏制”回头看工作,深入排查、揭示、处置各类风险,切实做好中央巡视组、总行审计等发现问题整改工作,发现苗头性问题及时处置。运营、安保工作扎实细致,全行堵截电信网络诈骗案件12起、涉案金额10.74万元。没有发生重大风险事件和责任性事故,实现平安运行。

【达标创建】 扎实开展运营“三化三铁”、安全保卫“三化三达标”、信贷“三化三无”、党建“三化三严”等多种内容的达标创建活动,强化重点业务、重点岗位、重点环节风险合规管理,细化落实挂钩督导、比学赶超、网点转型、人文关怀、信息宣传等措施,充分营造整体联动、团结奋进的发展氛围。在全市农行综合绩效考核中名列第四,支行班子分别被省、市分行评为2016年度“四好”班子、优秀班子。在区政府行风评比中,获评2016年度群众满意公共服务单位。办公室条线综合考核、内控与法律合规条线反洗钱工作分别名列全市农行第一名、第三名。经省分行验收,支行达信贷“三化一无”支行;王营支行、小营支行被省分行认定为运营工作“三铁”单位;支行被省分行认定为安全保卫“三化三达标”优秀一级支行;王营、营业部、承德路、长江路四个网点获评省行安全保卫“三化三达标”优秀营业网点。在全市农行举办的第二届农户金融业务、监管统计、对公产品知识竞赛中,分别获团体三等奖、优秀组织奖和团体一等奖。

·江苏银行淮安淮阴支行·

【概况】 2016年,江苏银行淮安淮阴支行各项存款达359840万元,较年初实现新增117026万元,其中对公存款达253727万元,较年初实现新增113311万元;储蓄存款达97583万元,较年初实现新增12270万元;各项贷款余额达198249万元,较年初实现新增48701万元,其中公司贷款150096万元,较年初实现新增28229万元,零售贷款48153万元,较年初实现新增20472万元,实现利润8460万元。全面完成各项序时目标任务数。全年整体态势发展良好,所有各项业绩均取得长足进步,核心指标全部完成序时任务,利润完成率128%,系统内排名第4。支持地方重大项目取得突破。上半年重大项目如资产经营有限公司10亿元理财直接融资、开源城乡(校安贷)6.5亿元项目贷款、淮阴区交投3亿元项目贷款、棚改基金9.05亿元等重大项目顺利落地。下半年全力进行大项目储备,发债过桥4.5亿元、融资租赁4.5亿、棚改基金9.8亿、银团等项目稳步推进。

【创新产品】 淮阴支行围绕总、分行创新思路,抢占先机,积极营销创新产品。全市首单10亿元理财直融落地;淮阴区城市资产稳赢B计划3亿元;城市发展基金2亿元;淮阴区城市资产债权融资计划5亿元等创新产品达成。在小企业“新产品”推动工作中,税e融、商e融网贷产品虽然通过率非常低,但是经过不断努力,全年共落地30笔税e融、商e融等新产品。

【营运基础管理】 在做好业务拓展的同时,淮阴支行始终努力加强营运基础管理工作,确保全年无任何安全责任事故。对照总行及分行相关规章制度,制定并细化支行内部会计核算考核办法,规范会计行为,推行量化考核,组织各项规章制度及相关法律的学习,做到学习有记录,学以致用。侧重于应知应会内容学习,规范操作程序,着力防范前台操作风险和信用风险,确保合规营运。渠道建设工作稳步推进。紧抓渠道建设不放松,经专人负责,多方协调,重点推进,北京西路社区支行于5月31日顺利开业;小营支行整体搬迁工作也于12月24日顺利完成。

【社区化经营】 淮阴支行针对社区化经营开展多方面的探索和实践:钵池山公益奔跑活动累计开展39期,品牌形象凸显;各支行党员进社区活动持续开展,以“党员进社区”活动为抓手,创新形式、讲求实效,除正常的主动“走出去”以外,还与包括区老年大学在内的周边社区中老年客户群体打成一片,主动请进来,创办社区活动室;针对年轻群体,该支行与医院、社区建立联系,连续开展4期“小小银行家,未来财富大管家”亲子活动,建立相关的亲子群;同时开展读书活动,不断扩大该行客户群体,提高该行客户群体质量。通过以奔跑钵池山、小小银行家、老年文化活动和读书会活动等4个系列活动,带动网点各自针对不同客群开展特色化经营的社区营销新模式。

【风险控制】 清降与防控同步,提高信贷资产质量。严把贷前调查、贷中审查、贷后检查关,全面加强授信风险控制和预警。强化到期贷款提前提示制度,每月梳理到期贷款情况,提示客户经理做好下月到期贷款还款的落实,并加强对执行情况的检查。梳理不良贷款和逾欠息贷款情况,严格落实存量不良、逾欠贷款的名单制管理,清防并举,标本兼治,卸下不良贷款的包袱。全年无公司类新增逾期欠息;逾期贷款压降1065万元;不良贷款余额110万元(对公不良贷款为零),不良率0.05%。

·昆山农商行淮阴支行·

【概况】 2016年,昆山农商行淮阴支行各项人民币存款余额50768.68万元,其中储蓄存款4275.45万元,占总存款的8.42%,保证金存款1761.36万元,占总存款的3.46%。对公存款46493.23万元,占总存款的91.57%。至年末,支行各项贷款余额(含贴现)142182.7万元,较年初增加69163.7万元。其中对公贷款122594.74万元,较年初增加69163.7万元;个人贷款19587.96万元,较年初下降4035.01万元。全年累计贴现80734.05万元,贴现余额63435.24万元。各项贷款按四级分类:正常119416.21万元,关注5714.66万元,次级类16973.7万元,可疑类78.13万,不良贷款合计17051.83万元。担保结构相对优化:抵质押类贷款47959.69万元,贴现63435.24万元,保证类贷款30787.77万元。营业利润及中间业务收入。营业收入4411.2万元,其中贷款利息收入4381.5万元,手续费收入24.1万元,净利润4510.2万元。

保　险

·中国人寿保险股份有限公司淮安市淮阴支公司·

【概况】 2016年,中国人寿保险股份有限公司淮安市淮阴支公司共计实现总保费收入2.1亿元。自1995年产寿险分离以来首次突破2亿元大关,比上年增长26.5%,是中国人寿淮阴支公司发展史上的一个里程碑。获淮安市消费者协会2015—2016年度诚信单位称号,淮安市民政局、淮安市老龄工作委员会办公室2016年安康关爱行动一等奖,淮阴区委区政府2016年部门差别化目标考核先进单位等荣誉称号。

【银保渠道】 实现标准保费684万元,位列全省系统第十六名;实现10年期保费820万元,位列全省系统第九名,在全市系统两项指标均排名第一。同年获中国人寿江苏省分公司颁发的2016年度银保渠道绩优县(区)支公司价值领航奖和至尊荣耀奖。

【政保业务】 公司一直以来承办全区学生险、教师险、计生险、老年险、女性安康保险、新农简等惠民工程险种,其中学生险承保面达90%以上,2016年学生险赔付达582.87万元。

【客户体验活动】 增加多种客户体验活动,陆续推出E保账保单绑定、红利微信查询、微信理赔报案等一系列服务举措,客户可以在家自行办理一些相关业务,使客户足不出户就可以享受中国人寿的优质服务。

【理赔与风控】 全年理赔案件6500件,月均541件,日均18件,理赔款支出1412.19万元。开展“3·15”国际消费者权益日进社区、进柜面、进职场诚信合规文化宣传“三进入”活动。6月16日,客户服务节前夕开展快乐迎奥运、冠军伴我行“牵手国寿·寻找天之蓝——万人公益健走活动”;同月开展“慧眼、守信、明责”防范打击非法集资宣传活动及有奖知识微信竞答活动;7月8日,开展保险公众宣传日活动;12月9日,举办“助力开门红、履职防风险”培训班。全年风控工作位列全市系统前茅。

·中国人民财产保险股份有限公司淮安市淮阴支公司·

【概况】 2016年,中国人民财产保险股份有限公司淮安市淮阴支公司(简称"人保财险淮阴支公司")围绕服务地方经济发展大局,坚持"以市场为导向,以客户为中心"的经营理念,充分发挥自身的资源和管理优势,加快业务发展速度,增强合规经营能力,努力解决热点问题,打造100%的服务品牌,取得经济效益和社会效益的双丰收。该公司为全区500家企业、40000辆机动车、10万户家庭及全县部分高效设施农业提供保险保障。全年实收保费突破亿元大关,位居辖内财产险公司首位。其中车辆保险费收入8856.95万元,增幅7.25%;非车险保费收入1050.25万元,增幅144.95%;农险保费收入92.89万元,增幅22.45%,向地方上缴税收925.31万元,代收各类车船税449.84万元。

【民生险种】 人保财险淮阴支公司积极配合政府职能部门,推进综合治安保险工作的深入开展,扎实推动平安建设,全省首创社会治安综合保险这一新型民生险种,该险种保险责任主要包括家庭财产综合保险、家庭财产盗抢险、人身意外伤害险、电动车第三者责任险等。另外,投保人因见义勇为导致伤亡的,还将再获得1万元资助。及时解决广大基层群众日常生活风险,以"保本微利、惠而不费"为原则,制定收费低廉、保障全面的保险方案,让村民每天平均花费不到两毛钱,保障全家安康一整年,充分展现这一民生险种的惠民政策效应。

【综合治安保险】 人保财险淮阴支公司以服务民生为己任,为全区21乡镇5万多户村民办理综合治安保险,全年理赔案件近1000起,其中意外伤亡15起,共赔款110多万元。综合治安保险真正做到惠民群众,彰显人保财险公司的实力。同时,公司积极参与农业保险工作,为广大农户分担自然灾害风险,解决其发展生产的后顾之忧。

·中华联合保险集团股份有限公司淮安市淮阴支公司·

【概况】 到年末,中华联合保险集团股份有限公司淮安市淮阴支公司完成车险423万元、非车财险13万元、意健险16万元、农险964万元(农险存量623万元),合计完成保费1416万元,完成目标任务的70.8%。

【政策性农险】 通过与区促展委沟通,该公司在农险存量基础上做出增量,在广度基础上拓展深度。小麦、水稻两大主要种植业保费收入,相较上年分别实现10%和20%的增长;蔬菜大棚承保会议前期召开完毕,区促展委通过文件下达全区任务,保费增速可达30%;主要养殖业承保会议后,深入乡镇摸底,保费收入有所增长。在推动保费增量的同时,开办淡水鱼、露地葡萄、瓜蒌、小麦产量等自营新险种,不断扩大险种范围,巩固农险阵地。

【开辟新渠道】 在总分公司和中支公司"渠道经营、渠道为王"的理念号召下,该公司在做好现有渠道维护工作的同时积极开辟新渠道。纵观任务完成情况,该公司提前完成车险的全年保费任务,这与银邮、外呼和车商渠道的贡献密不可分,三大渠道占据车险保费比例超过40%。

·中国太平洋财产保险股份有限公司淮安市淮阴支公司·

【概况】 2016年,太平洋保险淮阴支公司完成入账保费3866万元,其中车险保费2974万元,比上年减少131万,主要原因是市交运出租公司300万元,政府采购公车改革150万元,摩托车业务调整100万元;非车险保费896万元,上年同期755万元,增长141万;11月,行业报表显示淮阴区市场份额14.5%,比上年下降2.3个百分点,上年同期全险种保费3865万元,上升0.01个百分点,市场份额排名第二。

【直销队伍调整工作】 为响应市公司的渠道化改革号召,促进渠道业务发展,在市公司直销转型的推动下,进行全面渠道化改革,设立综合团队及车商团队,由两位副经理兼任团队长,强化渠道管理,充实业务一线,车商、电网销售渠道增速达到预期效果,渠道增员并顺签合同四人。

【突破新车业务】 2016年初,因出租车、摩托车等类亏损性业务赔付率高,对于品质不好的业务直接剔除,并大力发展车商业务,配备车商团队长及车商专员,加大对4S店的拜访力度,加强联动,并与市公司理赔部联手,加大对重点4S店的送修力度,提高售后产能,降低手续费并进一步提高在4S店的店内份额,截至年底,在4家4S店的店内份额基本达到30%以内,有的单店达到50%。

【提高续保率】 针对大型车队众多的特殊性,重点关注团单业务的续保,做好客户回访工作,切实为客户解决遇到的问题、难题,确保做好"颗粒归巷",通过持续优质便捷客户服务,赢得口碑。

【非车险条线】 抓续保,稳增长,拓展重大项目,加强续保考核,坚持万元以上业务专人跟踪制。2016年,非车险业务续保率保持较高水平,同时在重大项目拓展上,取得捷达公司的机场联接线工程的主承保,翔和翎的货运险保费比上年增加。

旅 游

【概况】 2016年,推进全区旅游产业发展,促进旅游项目上规模、上水平,深入挖掘区内重点项目中的旅游元素,积极扶植培育,推选上规模、高质量的旅游项目进入重点项目库,新增古淮河自行车运动公园、城市名人酒店、丁集薰衣草庄园等规模以上、高品质项目。至年底,全区旅游项目总数达13个,总投资22.98亿元。总投资35亿元的雷尼奥小镇及游乐园项目落户,投资水平和体量创历年旅游项目之最。

【乡村旅游】 2016年,重点围绕乡村旅游品质升级开展工作,整合重点乡镇旅游资源,进行包装打造。充分挖掘码头历史文化资源,大力发展码头乡村旅游,推动古运河畔最美乡村建设,大力促进民宿改造、坡岸花海、百香果园等项目建设;推进刘老庄旅游特色乡镇打造,规划建设南营民俗文化村,指导当年农家乡村旅游区进一步提升景观品质,对园内旅游资源进行整合,提升景观质量,完善基础设施,提高会务接待能力,并督促其加快旅游产品研发,推荐刘老庄当年农家申报政府采购项目;指导吴城冬枣采摘园进一步完善游客体验项目、餐饮服务,继续举办2016年吴城冬枣采摘节活动,不断增强品牌效应。通过开展乡村旅游品质升级,乡村旅游的知名度和影响力不断增强,码头乡村休闲游、刘老庄红色游、吴城生态体验游都吸引市内外游客的关注,游客量不断增加。

【公共服务设施】 持续推进"厕所革命",根据《旅游厕所建设管理指南》以及新出台的旅游厕所等级评定通用和分级标准,开展景区旅游厕所等级评定准备工作,督促AAAA景区新四军刘老庄连纪念园对园内厕所进行评分。指导刘老庄当年农家旅游厕所建设工程,从选址设计到具体建设全程参与,打造高标准旅游厕所,9月底该项目全面竣工,也是淮安首家AAA级乡村旅游区厕所。继续做好其他项目公共服务设施的提升工作。督促刘老庄当年农家、码头古运河畔最美乡村、新四军刘老庄连纪念园做好公共服务设施提档升级工作。新四军刘老庄连纪念园生态停车场竣工,缓解核心景区门前停车不便、管理混乱的难题;刘老庄农家生态停车场建成,进一步增加承载量;码头古运河滑雪场、婚纱摄影基地的停车场建成,码头镇开工建设最美乡村游客中心,并对镇域范围内的标识牌进行提升改造。

【品牌培育】 年初,把乡村游品牌创建作为全年工作重点,将培育1~2个乡村旅游优秀项目作为品牌创建储备项目。通过调研摸底和业务指导,精心培育3个旅游项目——刘老庄香园农庄、码头台湾柿子园和古道山庄并争创省三星级乡村旅游区。年末,3家项目单位完成申报工作,各项建设工作进展顺利。其中香园农庄打造的生态餐厅、停车场和旅游厕所全面竣工;台湾柿子园整体规划设计,不断完善园区服务功能;古道山庄打造成小清河口文化体验项目,为迎接市级验收做好充分准备。

【资金扶持】 加大对旅游重点项目的资金支持,做好2016年省旅游业发展专项引导资金申报工作筛选推荐,有2个项目获得省旅游产业发展专项引导资金。其中景区类1个,即新四军刘老庄连纪念园——五占路生态停车场工程;乡村类1个,其中淮安市刘老庄当年农家——旅游厕所、生态停车场改扩建工程2个项目,共计争取资金60万元。同时,做好市级旅游发展引导资金申报工作。香园农庄停车场项目获得市级引导资金20万元。为严格资金拨付手续,确保引导资金能够发挥实际效益,持续做好项目跟踪督查,邀请区财政局分别在项目建设中期和竣工后进行现场督查和验收,确保项目按序时进度完工。

【创新工作】 举办"我拍淮阴最美时"——景区、乡村旅游区摄影采风活动。5月中旬,通过调研以及组织招投标工作,正式启动"寻找淮阴最美景"摄影大赛。在《淮安日报》《淮海晚报》《淮阴报》及相关网站发布摄影大赛征集启事。搭建平台开展宣传推介,10月1日,在吴城冬枣园举办淮阴区文化旅游节,原有冬枣园采摘季活动进一步升级,增加文艺表演、游艺体验和特色农产品展示等内容。

【新四军刘老庄连纪念园】 新四军刘老庄连纪念园景区位于淮安市淮阴区刘老庄乡，占地480亩，绿化覆盖率达75%。园区内主要景点有：八十二烈士墓、八十二烈士纪念馆、八十二烈士纪念碑及碑廊、八十二棵青松林、壮志亭、红星广场、新四军刘老庄连纪念林、张芳久烈士纪念碑、刘皮街阻击战纪念亭、慰烈工程等纪念设施，是集凭吊、游览、宣传、教育等功能于一体的园林式纪念园，先后获得国家级国防教育示范基地、国家级红色旅游经典景区、国家级抗战纪念设施、省级爱国主义教育基地等荣誉称号。景区对外免费开放，是淮安市及周边地区爱国主义教育和红色旅游的重要基地，2015年获批国家AAAA级旅游景区。

【枚乘书院】 码头是枚乘的故里，枚乘作为汉赋大家，一身正气，两谏吴王，他的代表作《七发》倡导健康的生活方式，主题鲜明，发人深省。书院内的园林式建筑是在枚乘故里的遗址上复建而成，整个书院分上下两个院落。淮阴区纪委依托这一历史文化资源，将枚乘书院打造成为全区党风廉政教育基地。

【漂母祠】 漂母祠景区位于码头镇泰山村，2008年由淮阴区人民政府投资700万元，围绕漂母墓建设漂母祠墓景区，该景区当年建成对外开放。景区以漂母墓为核心，主要由漂母祠、报恩亭等建筑物组成，展示漂母与韩信的历史事迹，纪念漂母的伟大母爱。景区建设范围东西宽126米，南北长145米，占地面积1.83万平方米。漂母祠是景区的核心建筑，为恢复昔时旧貌而建。漂母祠始建年代无考，明初废圮。复建而成的漂母祠是一组由大殿、两侧厢房和门厅组成的院落，建筑总面积约621平方米。各建筑物之间有廊道相连，廊道内有历代诗人题咏漂母的诗词。为发扬淮阴母爱精神，展示码头深厚的文化底蕴，漂母祠景区自2008年建成以来一直免费对公众开放，年接待量7000多人次。

【韩信故里景区】 韩信故里景区由中国创达集团投资建设，计划投资5亿元，围绕“汉文化、水文化、宗教及美食文化”四大特色，发掘楚汉文化、寺庙文化、运河文化、名人文化、美食文化、生态文化，充分挖掘和利用码头地理、自然与历史文化的特色和优势，打造休闲、度假等功能于一体的综合型旅游度假景区。景区主要以韩信传奇的一生为故事主线，通过静止的景观小品、建筑和动态的舞台表演、戏剧演出等，为游客创造视觉、听觉、触觉、感知等全方位的体验，呈现一个看得到、摸得着、有景有形的“活”韩信。主要包括韩信文化体验展示区、宗教文化区、休闲度假区、民俗休闲区。自2012年起，中国创达集团加大对核心景区的保护与开发，重点建设原韩侯故里公园，主要是对原韩侯故里公园进行保护性开发，在保持淮阴侯庙、韩侯钓台、胯下桥等重要建筑风格不变的前提下，打通水系、改造园区道路等，并新增韩信兵营、点将台等建筑，增加众多体验性及表演性项目，将一代兵仙杰出的军事才能充分展现出来。同时丰富园内旅游项目，完善其现有建筑景观的功能性，完善旅游基础配套设施，提升整个韩信故里景区的品质，加大宣传力度，提高景区知名度和美誉度。

【刘老庄“当年农家”】 刘老庄“当年农家”位于淮阴区刘老庄乡红色大道北侧，毗邻国家AAAA级景区新四军刘老庄连纪念园，园区占地300亩，以红色文化、乡村自然风貌、人文遗迹、民俗风情、农业生产、农民生活、农村环境等为资源特色，以原有的刘老庄红色影视城为基础进行包装打造，建有“当年农家”主题庭院、迷宫、战壕、儿童乐园、种植养殖园、有机蔬果采摘园、钓鱼台、摸鱼池、当年农家书画院、老街、拓展训练基地等景点，园内花木密布，品种繁多，环境清幽，是集观光体验、餐饮住宿、休闲娱乐于一体的乡村旅游业态，能够为游客提供全方位的服务，2016年初被评为江苏省四星级乡村旅游区。

【淮安市古清口休闲旅游生态园】 古清口休闲旅游生态园位于淮安市主城区西杨庄附近(淮阴区袁集乡桂塘村)，为古泗水入淮口(又名大清口)，是著名的交通咽喉，水网密集，自然生态条件得天独厚，由江苏明珠园林建设有限公司(原淮安东方园林建设工程有限公司)投资兴建，2009年9月正式对外开放，园区紧邻G25国道，处宁连、徐淮盐高速公路“淮安西”入口处南侧，距市中心仅10公里，交通便利。整个园区占地300亩，其中水面180亩，陆地120亩，生态园以“生态休闲观光、垂钓餐饮住宿、乡野生活体验”为特色，园内绿树成荫，草木葱茏，鸟语花香，鱼肥水美，瓜果飘香，花团锦簇，景色优美，环境优雅，基础设施齐备，二期园区(北园区、东园区)占地共130亩；二期园区工程重点发展农业生态旅游项目，构建“都市农业＋乡村旅游”模式。打造旅游、休闲、观光、科普为一体的综合性产业文化；建设成为淮安地区一个集观光农业、休闲农业、健康农业一体化的优质特色乡村农业旅游基地。

【吴城冬枣园】 吴城冬枣采摘园作为淮安市淮阴区黄河故道农业综合开发项目，纳入淮安市2014年“一县一题”专项扶持计划。项目计划总投资401.99万元，通过几年奋斗，吴城冬枣园拥有千亩枣园，冬枣全部采用全新的设施化栽培，在无公害冬枣栽培的基础上创造绿色低碳、生态高效冬枣基地，打造一片纯天然旅游基地，2013年开放营业，并于同年被江苏省旅游局评为“三星级”乡村旅游点。为给游客提供更加便捷地服务，吴城冬枣采摘园不断提升硬件设施建设，建成集精品冬枣采摘、冬枣苗木领养、冬枣盆景欣赏、冬枣文化传承、冬枣科技培训与餐饮小憩为一体的精品主题冬枣示范园。2016年，吴城冬枣园获省旅游业发展专项引导资金扶持，为进一步完善示范园旅游功能配套提供条件。吴城冬枣采摘园自2013年营业后，连续4年开展冬枣采摘节，举办包括优质冬枣采摘、冬枣免费品尝、农家捕鱼竞赛、儿童游艺、农家乐、特色烧烤等活动。全年火热持续，接待游客近4万人次。

邮政通信

·中国邮政集团公司淮阴区分公司·

【概况】 2016年，淮阴邮政以“一体两翼，金融先行”为原则，推进指标完成进程，提升综合发展能力。全年累计实现收入8322.24万元，完成市公司下达计划的100.32%。截至年底，余额规模达22.5亿元，活期占比53.38%，当年净增余额2.6亿元，实现新保保费4.6亿元；报刊专业实现收入371.02万元，完成年度计划的100.01%；电子商务实现收入156.27万元，建成便民站116个；函件业务实现收入202.15万元，完成市公司年度计划的101.06%。

【基础管理】 淮阴邮政坚持以人为本，提倡“辛苦心不苦，心富才幸福”，注重员工的能力提高和身心健康。该公司在2016年建立完善有效的信息通报和沟通机制，为加强投递现场管理，建立邮政服务日平台，开展“每日一拍”和现场“三清”，并由400客服中心后台检查人员通过视频监控对网点人员的规范服务执行情况进行通报。改变以往开张靠节日的阶段化发展模式和等客户上门的被动化发展理念，抓客源，抓项目，抓潮流，变被动为主动，对南陈集、刘老庄等网点进行升级改造，完成袁集、蒋集的“三农”仓储建设，完成公司院内服务“三农”综合楼的基础工程。获省市级荣誉表彰15项，连续第7次获“江苏省文明单位”称号，并顺利通过ISO 9001质量管理体系再认证审核。

【经营发展】 在网点转型发展的基础上，开展管理转型，打造更为全面的增值服务体系和四大俱乐部建设，围绕网点重点客群开展多种形式的营销活动，提升网点批量获客、客户维护的能力。发行投递局借助淮安市委宣传部、市文广新局、市教育局联合下发的《关于协助举办第二届“光明书香节”的通知》，与区教育部门联合发文，为进校活动打下坚实的基础。全年举办书香节31场，实现图书销售31.68万元。包裹业务中心尝试发展两家仓储加寄递客户，以提供仓储的便利条件换取快递客户走件量的增长，全年共发展新客户20户，实现可持续发展。电子商务局通过平台、渠道双向建设，开展送科技下乡、加盟店路演活动，全年开展送科技下乡活动10场，参加群众200人，开展推介活动22场，现场集会员活动、酒水促销、网上代购、车险办理、金融宣传为一体。函件集邮业务局利用集邮协会的影响力，1月31日在淮阴区北郊宾馆召开集邮藏品品鉴会活动，提高集邮活动影响力，全年举办巡展22场，参加人数500余人，销售产品10万元。

【优质服务】 在2016年度行风暨软环境建设中，被区委、区政府表彰为“2016年度群众满意公共服务单位”。创新培训方式，发挥“400客服中心”后台监控检查的平台作用。每天将检查结果进行汇总通报，对在检查中存在服务不规范的柜员集中到“400”进行个性化培训，提高柜员的服务意识。

【文明创建】 5月，该公司被区委、区政府表彰为“2015年度创建全国文明城市工作先进单位”，1人被表彰为“创建工作先进个人”。9月，该公司连续第7次获得“江苏省文明单位”称号。开展志愿服务活动10次，参与人数超过50人次，在“志愿江苏”平台员工志愿者注册人数达100%。成立

“雷锋邮路”志愿服务队,所有投递员均为志愿服务队成员,引导和组织广大投递员帮助邮路上孤寡老人、留守儿童和残疾人。全年收到群众锦旗4面、表扬信4封,有9人成功拦截电信诈骗,避免群众损失10万元,并被区公安部门表彰。持续关爱留守儿童,连续4年开展给留守儿童一封信活动,为留守儿童免费寄递亲情信件2万封,赠送学习文具5000套;组织开展“主题邮局”“小小报童”等活动,为近500名学生提供社会实践场所。开展向先进典型学习活动,组织员工集中学习“大湖鸿雁”唐真亚和“中国好人”刘老庄投递员张金明的先进事迹,树立文明榜样,传递正能量。开展“文明交通”“文明餐桌”“无偿献血”等宣传学习教育,传播文明风尚,倡导健康文明的生活理念。开展精神文明结对共建,帮助共建结对村(渔沟镇鹏里村、老张集乡郑湾村)出谋划策,壮大集体经济,提升文明水平。

·中国电信股份有限公司淮安淮阴区分公司·

【概况】 2016年,该公司以“创新机制、精耕细作、规模发展”为核心,围绕4G发展,增量加强4G终端销售,存量开展3G升4G活动,4G用户占比到达59.2%,比上年提升31.9%。增量市场组织卡槽争夺战,抓住核心商圈、卖场店的异网客户接触点,以全网通终端拉动重点产品发展,天翼新增份额保持在25%以上。宽带主打差异化营销,在政策上坚持融单快并举、融合优先,开展光改、精扫、宽带提速、宽带回家等活动,直面友商的低价竞争;重点抓到期续约率,开展未到期欠停融合用户的“五日派单”,宽带月均离网率控制在1%。发挥电信电视的品牌与差异化优势,通过分享计划、C+V、视讯宽带等政策,扩大市场占有率,增强品牌影响力;iTV占宽带用户比62.3%。

【布局优化】 对全区的主厅、部门精品店形象进行提升。门头出新并纳入品牌元素,引导客户进店。优化门店合作商,一季度对各支局合作厅门店老板完成换包,并在年度中进行微调。优化、充实门店经理队伍,规范门店经理日常工作要求,增强对主控门店点检考核。在合作商优化过程中,对门店营业员配置、着装与规范进行约定,并定期对营业人员进行业务培训。重点抓住节假日与营销旺季,实体渠道、专营渠道、开放渠道、厂商渠道达标门店管控工作有所提升。在业务稽核中心设置甩单受理中心,接应各门店的业务受理需求,简化一线人员的受理工作。四季度重点做好他网门店牵手工作,2016年乡镇牵手门店19家,城区核心商圈牵手2家,有牵手门店的乡镇,网间新增份额提升明显。2016年,实体渠道门店到达160家,其中达标门店148家,达标率91.9%。县核心商圈达标门店8家;乡镇核心商圈达标56家。

【拓展政企市场】 各支局梳理出团单目标共计24个,天翼目标3055个,办理3020个。包括驻军某部天翼团购827个,邮政局团单132个,宗教局团单72个。商客支局签约并转化36个项目,涉及专线12条,天翼1595部,ETV726个。中小学市场破冰签约学校19所,其中新签约2所,升级云平台11所,翼校通账号净增8874户,新增天翼1126户,拉动教师团购约150户,宽带约90户。高校秋促营销活动累计完成2910户,指标完成率100.3%,完成市公司下达的天翼新增指标。新兴业务方面,共完成ICT业务收入293万元,完成整体项目签约804万,完成率155%。完成区气象局、教育局等重大项目的签约工作;累计完成标准云产品58个,完成96.33%,完成云业务收入70万元,大数据累计完成11.1万元,均完成全年收入目标。

【光网与4G建设】 基本完成光网与4G全覆盖建设工作。光网累计投资1510万元,新增覆盖7.9万户,新增末级分光器端口4.8万个,末级分光器端口达20.6万个;净增H宽带用户3.3万户,H宽带占比由年初70.85%提升到97.79%。4G建设方面,计划开通站点212个,实际已开通218个;优化站点37个,开通26个,基本实现城区、集镇、集中居住区、高等级公路4G信号覆盖。强化运维支撑基础工作。每月至少完成4个光交整治工作,现场与系统一致率均达到100%,全年完成路边光交整治60个,城区路边光交整治已经基本完成。资源准确性方面,新增光路杜绝体外循环,全部按单施工,每张工单全程拍照,从设备到ODF,再到光交、一级点全部严格遵照要求施工,不合格的施工点予以派单整治。统一网元对异常光路集中整治,其中派单整治120条,自行梳理整治132条,确保光路指向准确,业务开通不受阻。全力做好装维支撑工作,节假日正常值班,在重大节假日、随装随销大发展等特殊时期值班到晚9点。全年处理一线通障碍800多条，资源流程卡单的工单1.1万张、话务接入2.1万次，为业务发展提供较好保障。

【优化管理】 人力资源方面，为更好的促进公司发展，促进人才队伍的培养，组织开展支局长的公开选拔，将公司内积极投身公司一线工作、致力于公司经营发展的年轻同志充实到支局一线岗位。在上级公司安排下，在公司范围内开展民主推荐活动及公开选拔中层管理人员。优化创新各类经营责任制，公司根据2016年的经营形势，优化出台支局经营责任制、行商客责任制、新兴业务激励、以店包片制度等一系列创新经营管理制度，为企业的规模发展以及收入保障建立管理制度。加强财务风险防范工作。进一步防范金融风险，保障公司资安全，年初公司下发《关于加强对门店翼支付充值限额管理的通知》，规范翼支付充值额度，确保扎账规范，营业资金零风险。持续做好“小金库”管控工作，于4月、6月开展两次各部门“小仓库”盘点及自查自纠工作，建立健全长效治理机制。

·中国移动通信集团江苏有限公司淮阴区分公司·

【概况】 2016年，淮阴区移动公司围绕4G发展、流量经营、家庭提价、信息化深耕等工作的有效开展，实现收入稳步增长；深入开展品质宽带、LTE四期建设、城市攻坚战、驻地网建设等工作，实现网络能力的持续提升。全年较好地完成市公司下达的各项任务，实现持续、均衡、高效发展。

【专项营销】 市场部、集团部联合深入开展行业营销活动，组织营销小组进行点对点营销；响应江苏省“善行江苏”行动，借力江苏省“扶贫惠民”服务工程，不断提升公司对渠道终端销售的操盘能力，以提升渠道销售能力为核心，以精确营销为手段，以炒店、路演等营销形式为触点深化4G口碑式营销，促销量，提质态。

【集团市场业务】 加强家庭宽带、互联网电视等家庭业务在集团市场的宣传推广力度，提升集团业务厚度。除现场活动、电话营销、短信营销等方式外，还结合集团统付、工作手机项目统一洽谈，实现集团用户批量覆盖。传统集团产品持续增长，重点拓展校信通、集团彩铃、通讯助手等业务，促进信息技术与教育教学的深度融合。

【攻坚克难建网络】 在建设过程中，进一步加强与业主的沟通和关系协调，排除施工干扰；坚持推进4G连续覆盖，下半年基站建设中的城市攻坚战在全市率先全部开通，科学规划，提前做好网络预覆盖，满足基站、集团、驻地网建设需求，主动与规划建设部门沟通，提前做好管线预覆盖。

【提升客户满意度】 加强投诉管理，建立起客户投诉快速响应机制。明确“首问负责制”，优化投诉处理流程，加强后台管理人员对前台投诉处理的支撑，建立管理层直接介入处理的应急响应机制，缩短投诉处理时限。严格控制集团客户短信群发及不知情定制业务开通，重要和重复投诉直接汇报协请公司专业部门或公司有关领导介入，管理人员及时支撑，提供解决方案。完善客户跟进服务制度，提高服务水平，提升投诉处理满意度。

【企业文化】 持续开展节日慰问、帮困送暖工作。为公司全体员工送去生日礼物；坚持新春期间、高温期间、严寒期间慰问坚守岗位的员工；组织女员工妇检、全体员工体检，关爱员工身体健康；工会牵头组织员劳动竞赛，为公司发展出谋划策；开展荣誉创建工作，全年获得“重合同、守信用单位”，银川路营业厅获得工人先锋号、江苏省质量信得过班组等荣誉；组织志愿者参加政府组织的文明交通行、志愿服务进社区、无偿献血等活动，还自发组织捐款捐物，对困难户、贫困家庭等进行慰问，践行公司社会责任。

·中国联合网络通信有限公司淮阴分公司·

【概况】 2016年，中国联通淮阴区分公司完成4G精品网络建设，以4G业务引领，让更多用户享受到联通更好更快的4G网络，4G用户数实现快速增长。同时，淮阴联通还加快宽带网络建设与提速，落实“宽带中国”战略，百兆宽带进入寻常百姓家。淮阴联通被市公司评为2016年度先进集体。

【网络建设】 打造4G精品网络，新增4G基站，在上年的基础上翻3番，并对全区移动网络进行优化，联通网络实现质的飞跃，语音城乡全覆盖，4G手机上网连续覆盖。联通4G网络的速度更快、网络更稳定、全球漫游更广、资费更优惠的优势得到充分显现，用户认知度快速提升，4G用户高速增长;淮阴联通还对网上老用户免费更换4G卡,让新老用户都能体验到联通4G网络带来的精彩生活。

【百兆宽带进家庭】 响应国家的"宽带中国"战略,让通信更好地为地方经济发展与百姓生活服务。淮阴联通实施宽带提速,全年完成所有老旧小区的宽带改造,将以前的铜缆全部改造成光纤,宽带网络实现质的提升,淮阴联通在家庭宽带上执行提速不提价的政策,同样的价格让用户享受更快的网络,实现百兆冲浪。淮阴联通还推出"智慧沃家",让用户享受更大的优惠,用户全家手机消费只要达到86元(内含1000分通话,1G流量,全家共享),可免费使用联通50M家庭宽带与互联网电视,让用户真正享受到质优价廉的通信服务。加大乡镇宽带网络建设,在乡镇的宽带光改后,又加快乡镇宽带的建设进度,让联通质优价廉的质宽带网络惠及城乡。

【渠道建设与形象提升】 加强渠道建设,实现每个乡镇"1+2+N"的营业网点模式,即每个乡镇建成1个手机卖场型的标准营业厅+2个普通合作厅+N个服务代理点,全年新增营业厅18个、代理点36个。同时对原有老的营业网点进行形象改造,重点是进行营业厅出新与亮化,配齐服务设施,并对老旧柜台进行更换,淘汰落后设施,统一规范成新的4G标准厅形象,门头与背景全部实行铝塑板或更好的材料制作,全年完成23个老店改造,淮阴联通营业网点形象得到较大提升。

现代物流

海尔淮安日日顺物流项目,计划投资5亿元,面积10万平米,占地315亩(含预留用地151亩),是海尔集团与阿里巴巴战略合作后第一批示范性项目,项目定位于互联网时代,打造服务于中心城市智慧家庭的四网服务云平台,打造商城互联网线上与线下实体商务相结合的商业模式,是海尔集团四网合一的O2O模式基地,1、2号库已通过集团内部验收,并投入试运营。

供　销

【概况】 2016年,淮阴区供销总社按照市供销社和区委区政府的安排部署,深化供销合作社改革,按照"改造自我,服务农民"的总要求,推进服务组织、服务领域、经营创新,加快构建农业社会化服务体系,推动供销合作社由流通服务向农业社会化服务全过程延伸。全年改造新型基层社21个,规范各类专业合作社124个、县乡村农资配送中心650个,建设乡镇"三农"服务中心4个、村级综合服务站194个,初步构建基层组织服务、农村流通服务、现代综合服务网络,形成全区供销社新型农业社会化服务体系框架。

【深化改革】 学习《中共中央国务院关于深化供销合作社综合改革的决定》和省委、省政府《关于深化供销合作社综合改革的意见》,收听收看电视电话会议,组织召开区社机关人员会议和基层社主任会议,学习领会文件内涵和会议精神。开展调查研究,深入到基层供销社、为农服务社、专业合作社调研,了解社情民意,掌握基层对综合改革的思想动态和意见建议。

【创新发展】 以"12345"的总体思路,推进供销社综合改革。"1"即坚持为农服务这一宗旨,供销社要坚持为农、姓农、务农不动摇;"2"即抓住密切与农民利益联结,增强为农服务能力两个关键;"3"即进一步推进基层社、联合社、社有企业的三项改革;"4"即完善组织体系、流通体系、服务体系、监管体系4个体系;"5"即在拓展为农服务方式和手段、农产品流通服务、城乡社区综合服务、领办创办农民专业合作社、电子商务平台建设上取得新突破。

【项目建设】 由区供销总社引入的淮安市"每鲜加"电子商务发展有限公司,在棉花庄镇投资兴建3000平方米体验馆,在乡村建成56个电子商务双代店、6个"三农"综合服务中心。与淮安市润洁·优品惠电子商务发展有限公司联合打造的全区第二家大型农村电商平台(优品惠农村电商体验馆)在徐溜、五里正式运行;区供销总社与淮安市润洁优品电子商务股份有限公司签订项目协议,投资2亿元。徐溜供销社2365平方米、五里供销社2750平方米、五里十字街3200平方米、刘老庄农贸城6000平方米等项目在建。淮安市沃土农业发展有限公司注册资金2000万元,主要从事稻麦原种繁育、有机稻米、绿色无公害蔬菜生产、深加工及销售,拟在夏家湖原种场建设高效农业种植加工项目,项目占地1000亩,总投资额5000万元。协旺烘焙服务中心投资的农业项目

“淮阴区协旺食品销售中心”，项目投资3000万元，已竣工开业。

【全程服务】 ①服务现代农业。依托淮安市淮供欣隆现代农业全程服务公司，整合区内农技、植保、农机、农资、资金互助、土地耕作等专业合作社，为全区种田大户、家庭农场提供产前、产中、产后、资金等菜单式订制服务。加强与农业、气象部门合作，组织农业技术人员下田头，分类指导，服务百亩以上稻麦规模达到30%。②实施“基层社振兴工程”。通过自主筹资、职工集资、招商引资等多种形式，加快盘活基层社低效闲置资产，恢复基层社的经营与服务功能，全区21个基层社完成新型基层社建设任务，涌现出徐溜、赵集、棉花、五里、杨庄、丁集等一批服务功能完善、辐射带动能力强、民主管理水平高的新型基层社。③发展各类农民专业合作社。联合或吸引农村集体经济组织、农民经纪人等共同兴办各种类型的专业合作社，带动农民专业合作社围绕当地优势产业开展系列化服务。④提供综合服务。以基层社、街镇农业综合服务中心为基础，建立健全服务体系，提高服务能力，形成服务“三农”的强大合力。各基层社与当地农业综合服务中心协作，发挥合作经济组织职能，引导各类涉农专业合作社的合作与联合，建立相应的联合社或专业协会，强化规模化服务基础，增强市场竞争力。发展村级综合服务社，开展农村社区综合服务，是供销社在新形势下经营网络和服务功能的延伸和发展。区供销社按照“两超”、“一院”、“三站”、规范标识、规范内部管理、改善形象等提档升级标准，推进综合服务社创建提升。完善农资超市、日用品超市和庄稼医院服务功能，拓展服务领域，设置电商服务站、物流服务站、农产品购销服务站、金融服务站等项目，综合服务社以市场化、产业化、社会化、网络化为重点，突出社区性、综合性、便民性和服务性，着力对农民传播先进文化、科技、经济、市场信息；搞好生产、生活资料供应，抓好农副产品加工转化、收购销售。新建的6个村级综合服务社成为区供销社发展现代流通方式的终端载体。

【实事实办】 主动作为，解决历史遗留问题，兑现养老金1000万元。挂钩帮扶实效明显，多次深入三树镇四门闸村帮扶慰问，全年帮扶资金5万元。全国扶贫日期间到吴城镇三园村开展扶贫壮村工作，结合村农民专业合作社情况，成立党员为农服务社，以村党员为主体，以服务社为载体，统一组织村农民生产资料的供应，建500平米的农资仓库及场地，无偿支持复合肥50吨，确保村民农资产品的质量和及时供应。

【淮安市兴农农资有限公司】 该公司年末有员工120人，标准式仓库1.4万平方米，露天墩基1500平方米，运输专业合作社1个。在区内外设连锁经营网点580个，覆盖全区及周边市县，辐射32个乡镇、349个村。全年共经营各种化肥18万吨，实现销售收入2亿元。公司以关注“三农”、服务“三农”为经营理念，以诚信永恒、共创效益为企业精神，本着农民是衣食父母、信誉是企业根本，奉行以质量生存、以服务争市场，靠信誉求发展、靠管理出效益的经营方针，自我加压，不断创新。上靠大企业，下结连锁店，服务万户千村。与上海、安徽、山东等地大型生产企业建立长期稳固的业务关系，常年经销上海星花、江苏恒盛、张家港金字牌等国家级免检产品。在经营策略上，公司建立三大体系（可靠放心的质量保证体系、稳当可信的货源保证体系、灵活配套的服务体系），推动连锁经营。每年投入资金12万元为农民购买农业保险，凡因使用该公司肥料导致粮食减产的，由保险公司赔付。并采取以物易物、售后返利等惠民措施，年平均兑换农副产品300吨，返利5万元。在经营管理上，实施“六统一”（统一标识、统一采购配送、统一质量、统一价格、统一服务标准、统一监督管理），抓好规范运作。公司先后获“江苏省模范专业合作社”“市再就业示范基地”“省放心消费创建先进单位”“市十佳‘新网工程’龙头企业”“农资质量价格管理创优质优胜单位”等称号。

【淮阴区烟花爆竹专营有限公司】 该公司是2000年由区供销总社组织成立的股份制专营公司，是全区从事烟花爆竹批发销售的专营公司，担负着全区烟花爆竹批发供应任务。该公司积极参与“新网工程”建设，用现代连锁经营方式改造传统经营网络，走出一条发展壮大之路，实现跨越式发展。公司现有C级标准化仓库二幢，各式市场监管及运输车辆4辆，在全区建立连锁网点近300个。该公司树立“安全责任重于泰山”的意识，坚持把“安全第一、预防为主、综合治理”贯彻全部工作的始终，建立健全由上而下安全责任网络，实行安全责任全覆盖，做到安全无事故。向零售户和广大居民宣传烟花爆竹生产经营的有关法律法规及如何识别假冒伪劣产品,指导人民群众正确购买、燃放烟花爆竹,同时配合安监、公安部门整治辖内烟花爆竹市场。

【江苏物联三淮再生资源有限公司】 该公司成立于2012年9月11日,注册资金为1000万元,其中淮海再生资源650万元,供销社350万元。近年间企业大力优化经营结构,提升经营效益,资产与经营实力呈现快速增长势头。年末有职工36人,拥有20个再生资源经营点。主要经营废旧物资收购、分拣、销售。公司拥有一支专业而高效的管理团队,具备先进的管理经营理念。同时,利用引进现代连锁经营机制,与全市物回相关企业建立紧密而灵活高效的合作关系,采用科学规范的管理模式,在全区所有经营网点按照"七统一、一规范"的标准化要求开展新建或改造经营网点,建立再生资源分拣处理中心,以此规范整合再生资源回收加工及利用市场,建立现代再生资源回收网络体系,打造集回收——加工——利用为一体的循环经济产业链。

【淮安每鲜加电子商务科技发展有限公司】 该公司注册资金2000万元,协议投资1亿元,于2016年4月18日进驻淮安大市场的电商大厦11楼办公,并在棉花庄镇与棉花供销社共同投资建设3000平方米体验馆,于2016年1月18日正式开馆。该公司有工厂、冷冻仓库和分装车间和运输车队,是一个"互联网+"的三产服务企业,在淮高片建成10个电子商务双代店、4个"三农"服务中心。坚持为农、务农、兴农发展方向,同时乘着"互联网+"的东风,瞄准农民新需求,构建服务新平台,立足淮安、面向全国打造一个以电商人才培养、创业孵化、产品研发、净菜加工、检测检疫、平台运营、仓储分拨、展示交易、互动体验、物流配送、涉农服务等为一体的农村、农产品电商产业生态链,进而打造淮安自己的农村、农产品电商品牌,从而促进全市农产品适度规模的标准化、组织化生产,促进信息化、现代化流通以及市场化、人性化服务,引领淮安农村、农产品电子商务发展,构建农民得利、市民得惠、企业得益、农业发展的共赢格局。

【江苏采优电子商务有限公司】 该公司将市润洁贸易有限公司的经营商品搬到网上平台,使广大群众在网上就能买到各种体验馆所经营的商品。至年底,2400平方米的徐溜体验馆、1000平方米的北京如意体验馆、3200平方米的五里馆、800平方米的向阳小区电商体验馆均竣工开业,刘老庄农贸城6000平方米总部在建,为群众提供便捷的服务场所,为地方提供110个就业岗位,提高社会效益和企业的经济效益。

粮食购销

【概况】 2016年,淮阴区实现粮食购销总量54403吨,在库粮95711吨,市区储备及商品稻谷8337吨,均安全有效。实现区政府担保基金2100万元,收购共同担保基金到位率100%。完成刘老庄粮管所等地块国有购销企业土地性质转换。

【保供体系构建】 全年累计开展粮油保管、粮油检验人员以及"一卡通"等培训260人次,合格率95%以上。粮食出入库检查覆盖率和原粮及成品粮质量抽查合格率达100%。培育"市级示范粮食合作社",获批四星级1家、三星级3家。新增市、区级"放心粮油店"4个。军供保障有力。

【粮库建设】 打造"中心库+骨干库+收纳库"的粮食仓储新格局,完成年初扩容5.45万吨的建设任务。三树0.8万吨、渔沟1.2万吨粮库,投入使用;刘老庄3.45万吨粮库新建工程主体完工,配套设施基本到位。渔沟、刘老庄粮库被省、市列为粮库智能化升级建设试点单位,获省补资金1282万元。

【粮食安全】 落实粮食安全责任制,开展粮食储备管理、库存检查等专项活动。全年组织安全粮食生产检查12次,26个库点全覆盖。各库点账务管理较好,"一符四无"达标率100%,地方储备粮宜存率100%,无一例经济损失事故。市场监管有力,粮食流通秩序稳定,区域内粮食安全有效。

烟草专卖

【概况】 2016年,淮阴区烟草专卖工作以"践行行业楷模战略推进年"活动为抓手,聚焦七个关键词,确立全年各项工作保持全市系统领先地位、力争苏北有亮点的工作思路,通过创新创优,不断提高工作质量和效率,推进楷模战略体系落实落地。单位获得江苏省文明单位、档案管理三星级、书香企业建设示范点、江苏省优秀QC小组成果一等奖、省局QC成果发布三等奖,淮安市“行政执法规范化示范点”“安康杯竞赛组织工作优秀单位”“五一巾帼标兵岗”“六五普法先进集体”,淮阴区“目标考核先进单位”和“法治建设先进单位”等称号。

【卷烟营销】 以“消费者在哪里,我们就到哪里”营销活动为抓手,完善工商协同,共同培育品牌机制,全年布点推介新品24个。加强客户经营指导,引导消费需求,运用“户外助手”APP对客户经理拜访服务进行过程控制,营销服务更加科学精准。全年实现销量2.31万箱,税利1.69亿元,比上年增长9.5%,均排名全市第二;单箱结构2.81万元,比上年增长9.1%,增幅全市第一。重点骨干品牌销售1.82万箱,占总销量79%。省外烟销售1.21万箱,占总销量52.3%,排名全市前列;省内烟销售1.1万箱,占总销量47.7%;五类卷烟销售1714.4箱,占总销量7.44%。16个省外工业企业户销量得分排名均第二,所有布点品牌全部超额完成;网上订货率达97.9%;电子结算率与电子结算成功率均保持在100%;贷记卡及跨行结算覆盖率达58.4%;配送线路由7条整合为6条;百公里油耗全市排名第一,全年卷烟调优竞赛及物流创优评比活动均列全市第一。

【专卖管理】 区烟草专卖局查获卷烟39392条,立案131起,其中本地案件119起,罚没款22.1万元。拘留17人,逮捕11人,判刑29人,获省局嘉奖令6.5个、市局嘉奖令3个。办结国标案件2起、市标案件6起。“5·04”互联网涉烟案件被国家烟草局、公安部列为挂牌督办案件。专卖管理工作连续6年获全市第一。同时,联合公安、市管等部门查处违规经营、无证经营。开展抓烟机专项整治行动,抓获放置抓烟机当事人5名,查扣抓烟机40台,查扣违法卷烟1537包。辖区无证经营率控制在3%以内。发挥内部监管保障、纽带作用,定期牵头召开管销联席会议,互通有无,提前预防。全年“三员”信息互动反馈94条,对专卖部门下达工作建议书4份,对营销部门下达工作建议书5份,有效发挥内管三个影响的作用,全年无内部人员违法违规行为,并在全市系统内管工作会议上作经验交流。

淮阴卷烟厂厂长关军到淮阴调研

【目标管理】 强化目标引领,建立自上而下的目标管理体系,将发展目标细化落实到岗位和个人,形成一级抓一级、层层抓落实的工作局面。推行“清单式工作法”,定期对目标实施情况进行跟踪、了解,掌握执行情况,实行每月工作通报制度和办结销号制度,确保各项目标任务顺利推进。强化基础管理,认真梳理、分析各类经济指标,推进对标管理,对标指标2项排名全市第一,其他6项指标保持全市前列。推行“安全目录管理”,落实一岗双责,邀请区安监局、消防大队专家开展安全讲座,利用微信、短信、QQ办公群、视频等工具宣传安全知识,增强预警能力和应急处置能力。按照省局国有资产管理规定,进一步规范资产管理,对3处闲置、低质房产进行置换,对1处闲置资产进行公开招租,确保国有资产保值增值。强化创新创优,扎实开展新一轮基层创优工作,制订两创方案,打造“互联网+两创”平台,重点强化创优工作的组织领导,明确责任目标和工作计划,提升创优质量,创优工作在全省创优现场会作书面交流。同时,紧扣市局创新课题,认真谋划,稳步实施,互联网涉烟案件侦破机制创新课题初具成效。立足岗位,3项发明获得国家专利。开展QC小组活动,《提高农村零售客户明码实价率》课题,获江苏烟草商业系统QC小组成果三等奖。《提高农村零售客户卷烟出样率》获2016年度江苏省优秀QC小组成果一等奖。

【队伍建设】 ①打造“三型”(学习型、服务型、责任型)企业。突出学习型企业建设,把学习培训作为提升全员素质的“加速器”“敲门砖”,组织“书香淮阴”读书活动,让员工学有所得。突出服务型企业建设,开展“战略体系在基层”服务明星评比活动,为客户解难题、办实事,向零售客户、消费者提供快捷便利的服务,提升零售客户和消费者的满意度。突出责任型企业建设,以省级文明单位创建为抓手,支持地方经济建设和公益事业,及时与未成年人指导中心开展共建,捐资3万元;30余人参与志愿献血活动,共计献血8000多毫升;“社会妈妈”志愿者与刘老庄小学开展帮扶活动,帮扶金额近3万元。②强化素质提升,实施“四层次六鼓励”教育培训计划,邀请专家开展感恩、责任、敬业和职场心理调适专题讲座。积极参加学术论文研讨活动,上报论文20余篇,其中2篇论文获得省局奖项、2篇论文获得市局一等奖、2篇获得市二等奖。开展主题活动,撰写心得体会,开展主题演讲活动,进一步强化使命担当,凝心聚力,推进楷模战略发展体系落地落实。

食盐专营

【概况】 2016年,盐务管理专营工作围绕“全省食品安全城市创建”及“以食盐安全为中心,强化队伍建设,提高监管水平,坚持依法行政,全面推动食盐安全管理工作再上新台阶”工作目标,抓好盐业市场的监督管理,打击各种盐业违法行为,开展一系列专项治理和联合执法行动,保证全区人民食盐安全,保证小包装盐总量和结构调整,保证盐业市场秩序的稳定。全年出动执法车辆230台次,参与执法人员1030人次,检查学校食堂80家,其中托幼机构食堂30家、初等教育学校食堂11家、中等教育学校食堂32家、中等职业教育学校食堂4家,集中供餐企业4家,检查碘盐零售商店600个次,检查宾馆饭店及卤菜摊点1620个次,食品加工企业及小作坊260个次,走访行业用盐户30个次,走访农户灶台740户次,检查农贸市场131个次,发放各种宣传材料4.31万份,查处盐业违法案件40起,没收盐产品2.63吨,罚没款3.48万元。围绕消除碘缺乏危害工作目标,市盐务局对全市8个县(区)碘盐覆盖率、碘盐合格率和合格碘盐食用率进行抽检,淮阴区连续保持较高水平,合格率均达到百分之百。

【强化宣传】 结合自身盐业工作特点,创造性开展宣传活动。利用日常盐政执法检查,边检查边宣传,走到哪里宣传工作就做到哪里,通过坚持不懈的宣传,让群众知道假盐、劣质盐的危害,从而增强抵制假盐意识。开展“3·15消费者权益保护日”和“5·15防治碘缺乏病日”及全区食品安全宣传周活动,联合多部门广泛参与。防治碘缺乏病活动日,盐务局在大润发超市广场联合区食安委、市场监管局、卫计委、区疾控中心、城区各医院等相关部门,组织大型宣传点,现场有图片展、健康食盐宣传资料发放、真假碘盐的鉴别等。配合盐业公司客户经理不定期向终端客户宣传相关的盐业法律、法规,随时随地解答经营者、消费者的困惑,针对一些经营者对盐业改革政策的误解,该局及时对全区食盐市场进行走访,张贴市盐务局、工商局、食品药品监督局、公安局联合下发的《关于加强食盐市场经营管理的通告》,以稳定盐业市场秩序。和区食安委对全区帮办及学校食堂负责人进行食盐安全知识培训。为保证学校用盐放心安全,根据省盐务局、教育局的要求,从6月开始督促盐业公司将食盐直配直送到全区大中小学校。

【市场监管】 加强对盐业市场的监管,根据省局、市局、区委区政府《关于开展2016年度“元旦、春节”保障食盐市场安全专项执法行动工作的通知》《关于开展“五一”、“端午”两节期间保障食盐市场安全专项执法行动的通知》《关于开展“中秋、国庆”双节食盐安全专项行动》等一系列食品安全专项行动精神,制定周密的行动方案,成立专项执法行动领导小组,利用与区市场监管局、卫生、公安等部门的联合执法优势,对重点区域和重点行业加强监管,规范区域内制盐企业、用盐单位的自律行为,严防行业用盐流入食用盐市场,牢固树立食盐安全高于一切的责任意识。不断提高日常市场巡查工作的针对性和有效性。针对淮阴区餐饮业和卤菜摊点及小作坊多的特点,走街串巷利用节假日寻找卤菜加工及其他食品加工小作坊的加工地点,进行上门宣传、检查;同时对学校订餐的餐饮公司进行定期检查走访。联合食品安全委员会成员单位,开展多部门联合执法,进行较大规模的食品安全检查,对不规范的经营业主形成震慑。认真组织开展各类食盐市场专项执法行动。全年在区域内先后联合工商、卫生、公安等部门开展元旦、春节、五一、端午等节假日食盐市场专项行动,在行业内联合泗阳、沭阳两地对双方边界市场进行全面检查,并签订食盐安全监管机制共建合作协议,对边界食盐市场进行定期联合检查,确保边界食盐市场安全。主动开展服务企业,走访用户活动。对辖区内的重点企业进行走访,加强沟通、了解企业的生产经营情况,对全区食品加工企业、饭店、公共食堂、卤菜加工及其他食品加工小作坊送达行政指导书，签订食盐安全承诺书及食盐安全共保协议，确保行业用盐专盐专用，对区域内盐化工生产企业上门送达《进一步规范盐产品运输的通知》，防止非食用的盐产品跑、漏、滴、冒，影响居民的食盐安全。

餐饮超市

【概况】 2016 年底，淮阴区有餐饮单位 2202 户。全区共有商场、超市、食杂店 3643 户。

【餐饮服务】 元旦、春节期间出动执法人员 122 人次，车辆 23 台次对 131 个餐饮单位进行检查。出动人员 318 人次，车辆 75 台次，与区教育局联合开展 2016 年春、秋两季学校食堂专项检查，共检查 77 个学校食堂、4 个集体用餐配送单位，发放监督意见书 150 份。全年完成 6 次重大活动餐饮服务保障工作，均做到安全无事故。透明安全餐饮建设工作是 2016 年市委市政府和区委区政府的民生工程，截至年底，共完成 455 户学校及机关企事业单位食堂、社会餐馆、集体用餐配送企业透明安全餐饮账号分配、开放和信息录入工作，完成数量和质量均居全市前列。其中 2 月 23 日至 3 月 3 日在国信大酒店保障 2016 年国际智力联盟智力精英赛的餐饮服务，有 48 个国家的 212 名选手参赛；6 月 6 日 ~9 日，参与淮州中学、鑫源宾馆、开明中学、淮海中学、阳光中学 5 个就餐单位 2166 名考生的高考就餐点餐饮服务保障工作；6 月 14 日 ~17 日，参与开明中学、淮海中学、东方双语等 14 个就餐单位 4176 名考生的中考餐饮服务保障工作；7 月 1 日 ~9 日，保障省青少年拳击锦标赛餐饮服务工作，共有来自全省 11 个市的 222 名运动员、43 名教练员、40 名裁判员以及相关工作人员共计 380 人参加。

【商场超市】 全区有商场、超市、食杂店 3643 户。全年积极开展校园及周边食品安全、农村酒类流通市场、农村食品安全等多项整治，重点检查经营户主体资格、经营条件、食品外观、从业人员资格、食品来源、食品包装标识等事项；对校园及周边食品店销售的“五毛食品”进行重点检查；开展春节、清明、端午、中秋、国庆等多次食品流通领域专项检查。紧扣食品安全工作重心，通过“抓票证促规范、抓教育促自律、抓案件促监管”的工作手段，采取“零售倒逼批发、流通倒逼生产、执法倒逼规范、考核倒逼履职”的监管模式，建立食品安全网络监管系统，促使食品经营主体全面落实食品安全电子溯源、监管部门实施网上巡查监管。该系统全年拥有各类市场主体 2354 户，出具壹票通 1.26 万条。

大润发超市 2014 年开业，经营面积 2.5 万平方米，年销售 1.5 亿元，经营 3 万多种商品，是一家会员制的国际连锁平价购物广场，为顾客提供新鲜、便宜、舒适、便利且一次购足的优质购物环境。

乐天玛特超市 2014 年开业，经营面积 2 万平方米，年销售 1.3 亿元，地处淮阴区西马路核心商业圈，形成餐饮、娱乐、休闲一体化的商业购物中心，一次性满足居民多种需求。

外向型经济

招引外资及港澳台资金

【概况】 2016年,淮阴区有外商投资企业(指参与商务部年报企业)124家,累计投资总额26.2亿美元,累计协议利用外资及港澳台资金13.4亿美元,累计到账外资及港澳台资金7.5亿美元。投资总额千万美元以上企业64家,占全区项目数的51.6%。124家外商投资企业平均投资规模2112.9万美元,平均协议利用外资及港澳台资金1080.6万美元。其中投资超亿美元企业4家(英国信诺医疗、淮阴软件园、中交东港建设、伊弗特精密零部件),超3000万美元企业20家,其中有2个超亿美元企业和9个超3000万美元企业为2016年注册成立。一产类企业14个,占企业总数11.3%,主要为蔬菜、花卉种植业和农业相关服务业,企业主要集中在国家农业科技园区;二产类企业73个,占企业总数58.9%,以轻纺、化工、机械、食品等传统行业为主,一半以上企业注册在淮安高新区;三产类企业37个,占企业总数29.8%,主要为房地产业、商贸批发零售、商务和技术服务、咨询服务等。现存企业中,港资企业62家,占企业总数50%;台资企业37家,占企业总数29.8%;港台企业合计99家,占企业总数79.8%。除此之外,美国、英国、新加坡、意大利、泰国、日本、韩国、菲律宾、法国、印尼、几内亚比绍、巴基斯坦、委内瑞拉等国家、地区的投资商也在淮阴区投资设厂。

【各项外资指标全市领跑】 提前半年完成全年1.2亿美元注册外资实际到账任务,当年外资到账1.6亿美元,开工项目到账外资1亿美元,分别占市下达区任务的131.5%和132.8%,两项指标考核全市第一,外资总量连续三年位居全市县区第一。全年新批外资项目23个,其中新批伊弗特精密零部件、万恒科技产业园、中交建设等投资总额超亿美元项目3个,新批德科码半导体、光大城乡再生能源等投资总额超3000万美元项目9个,协议外资累计4.6亿美元,重大项目落户数和协议外资数全市县区第一。宝岛母爱医院获省卫计委和省商务厅批准。

【五大平台支撑效应明显】 优化外资任务分解模式,指标下给五大平台,全年高新区平台外资及港澳台资金到账7398.3万美元,城建交通平台外资及港澳台资金到账5513.1万美元,淮安盐化新材料淮阴园平台外资及港澳台资金到账1106万美元,淮安现代商贸流通服务中心平台外资及港澳台资金到账1004.2万美元,淮安国家农业科技园平台外资及港澳台资金到账884.8万美元,城建交通平台等三个平台超额完成任务下达数,两个平台基本完成任务数,五大平台共计到账1.59亿美元,占全区到账的98.7%。

【经济园区外资集聚显著】 国家级高新区获国务院批复,园区"九通一平"达到33.4平方公里,全年新批外资企业15家,占全市新批企业的65.2%,全区当年新批超亿美元项目全部落户高新区;园区内外资企业当年外资及港澳台资金到账1.4亿美元,占全区外资到账的88.8%,工业项目累计到账4120.8万美元。渔沟工业园获批市级经济园区,当年新落户外资项目1个。国家农业科技园区等待科技部验收,高标准农田达39万亩,当年外资到账936.4万美元,其中农业类外资项目到账284.8万美元,占全区农业项目外资到账的72.2%。

【外资推进机制更加完善】 坚持"外资任务主要领导担纲、外资任务五大平台支撑、外资奖励面向全区上下”，改变外资任务硬压给乡镇和部门做法，充分激发招引外资活力和动力，在冲刺开门红、双过半关键月份，实行“日会办”制度，区分管领导每天下午召集相关部门和项目帮办单位对正在推进的重点外资项目进行集中会办，将督查从纸上落实到行动上，把压力从口头汇报传递到项目帮办上，一着不让推进外资项目报批、到账。

对外及对港澳台贸易

【概况】 全区完成外贸进出口 2.2 亿美元，比上年下降 22.7%，其中出口 1.6 亿美元，增长 11.1%；进口 0.6 亿美元，下降 57.3%。全区对外投资和经济合作完成对外投资 1303.4 万美元。

【强化督查考核】 对乡镇、部门及高新区给出具体的外贸目标考核办法，具体为乡镇、部门每完成外贸进出口 100 万美元得一分，10 分封顶。高新区按完成 3.28 亿美元任务数的比例得分，10 分封顶。通过强化督查考核来推动全区各部门共同努力，完成目标任务。

【强化政策落地】 进一步增强区内外贸发展后劲，发挥进出口在推动贸易均衡发展、产业结构升级以及助推居民消费等方面的促进作用，制定出台《淮阴区外贸稳增长工作意见》。对企业 2016 年进出口额超 2015 年 10% 以上部分给予一定奖励。全年培育 7 家外贸新增载体，其中淮安通奥易进出口贸易有限公司、淮安高朗进出口贸易有限公司产生外贸实绩，淮安永圳新贸易有限公司和淮安市航通冠进出口贸易有限公司即将开展进出口业务。支持外贸企业通过阿里巴巴、中国制造网、全球贸易通等具有行业资质认证的 B2B 网站开展电子商务活动，对企业网站、电子信息管理系统及网络营销活动产生的建设开发费、服务年费，在省、市财政补助基础上再给予一定补助。全年为外贸企业争取奖补资金 299.59 万元。

【优化服务环境】 民康油脂因融资问题导致外贸进出口数字下滑，影响淮阴区乃至全市外贸进出口指标，区政府多次带领商务局到企业调研，区长朱晓波主持召开区长办公会议，专题研究民康油脂外贸问题，提出针对性意见。区商务局牵头组织对全区在建或已竣工重点外资项目进行全面排查，特别是外资重大项目的进出口意向（江苏伊弗特精密零部件有限公司、淮安德科码半导体有限公司），建立跟踪服务档案，促进外资重大项目早开工、早进口、早投产、早出口。对当年设备、原材料进口和产品出口的企业，给予相应奖补。为深入实施市场多元化战略，帮助企业开拓海外市场，根据市商务局参加国内外展会要求，梳理后及时通知相关企业参加，增加外贸企业的展会参与率。同时，为外贸企业申报参加境内外展会，加大对企业的财政扶持力度，减轻企业经济负担。积极推进企业“走出去”，进一步推进设备、原材料出口和境外资源回流。对当年实现自营进出口额的企业、对企业参加“一带一路”沿线国家及新兴市场国家境外展会的展位费、大型展品交通运输费进行适当补贴。全年组织外贸企业参加广交会、华交会、昆交会、国际通讯科技展等对外经贸促进活动 30 余次。

对外及对港澳台经济

【概况】 支持企业开展对外劳务技术合作，新设境外投资企业 3 家。淮阴区外派劳务服务中心作为政府平台，引导工人通过正规途径出国务工，全年到中心报名咨询达 500 人。

【新设境外投资】 2016 年，新设境外投资企业 3 个，分别是：淮安德科码半导体有限公司在香港并购投资 797.12 万美元；淮安德科码半导体有限公司在日本并购投资 500 万美元；江苏纽泰格有限公司在日本投资 13.35 万美元。

【依法处理外派劳务纠纷】 收集材料，对非法外派劳务引发的纠纷及时提请相关部门查处取缔，全年共发工作函 20 次。

【规范外派劳务服务中心运营】 完善和有权公司的合作协议，进一步规范中心的财务票据，在中心报名的工人全部在网上登记信息，2016 年共录入 516 人，完成收入 12 万元。

经济综合管理

财 政

【概况】 2016年，完成一般公共预算收入40.58亿元，财政收入总量保持全市县区第一，有力支持全区各项事业发展。按照进一步深化部门预算改革的要求，调整和优化支出结构，压缩非生产性和一般性支出，严控“三公”经费，加大民生支出的投入力度，严格控制追加预算，强化部门预算支出管理，组织收入的同时向上争取资金17亿元，保证在职、离退休人员工资的按时发放及各预算单位正常运转的开支，优先保证社会保障、教育、医疗卫生等民生支出需求。同时，做好资金监管、国有资产管理以及财源培植等项工作。

【财政收入】 *税源排查和建设* 加强与国税、地税部门沟通，研究征管工作，实现财税部门目标明确、信息共享、步调一致。部门联合做好细致的税源排查，发挥涉税信息平台的作用，确保税源不流失。同时，主动策应上级财税扶持政策，向上争取项目和资金，支持全区企业加快发展。出台《2016年全区税源培植考核办法》，鼓励税源培植，发展总部经济，支持培育新兴税源。

向上争取 ①争取部级村集体经济发展试点。成功争取到财政部试点县(区)资格，是全市唯一获部级试点的县区，争取到试点补助资金3200万元。②争取市级财政支持。与市局协调，争取城乡建设用地增减挂钩土地复垦项目补助资金1400万元；争取到市对区的往来资金17亿元。③争取“PPP”项目。“淮安养老养生产业园一期适老社区”项目列入省级示范PPP项目库，通过竞争磋商确定社会资本并成立项目公司，于11月底开工建设。同时，完成渔沟新型城镇化建设及养老养生产业园“阳光新城”项目的“物有所值”“财政承受能力论证”等工作。渔沟镇新型城镇化建设项目列入省财政厅项目库，于6月开工建设，获得2016年PPP项目前期工作中央预算内投资补助资金323万元。

【财政支出】 *社会保障、医疗卫生* 安排资金66672万元，支持完善全区医疗保险政策，建立多层次医疗保障体系；安排资金1503万元，实行大病救助二次报销；安排资金19497万元，用于农村居民基础养老金发放；安排资金14491万元，用于发放城乡困难人员生活补助、低保补贴、“五保”供养经费等；安排资金467万元，为城乡低保、“五保”、孤儿、重残人员等特困人员缴纳养老、医疗保险；安排资金1871万元，发放退役士兵安置费、义务兵优待金等；安排资金670万元，补助改制、破产企业下岗职工缴纳养老、医疗、生育等保险。

支农和环境整治 安排资金9778万元，支持农村公路提档升级改造；安排资金4964万元，支持全区土地整治；安排资金3152万元，支持农村饮水安全工程建设；安排资金2564万元，支持村级组织建设，改善工作环境，提高村干部报酬等；安排资金2702万元，支持一事一议道路建设；安排资金2144万元，支持农村公共服务建设；安排资金2080万元，支持26个行政村环境综合整治试点；安排资金1200万元，新建农桥120座；安排资金686万元，支持河道疏浚和村庄河塘整治；安排资金550万元，支持11个乡镇开通了镇村公共汽车；安排资金630万元，支持美丽乡村建设，全面推进新农村建设。

教育、科技、文化 安排资金15000万元，专项用于保障全区教育重点投入，其中安排资金7000万元，用于薄弱学校、校安工程、银川路小学、

东城开明中学、长征小学幼儿园等教育惠民工程建设，提升全区教育基础设施建设水平，改善办学条件；安排资金2549万元，支持全区群众文化体育事业发展；安排资金180万元，创建省级食品安全城市；安排资金100万元，支持区博物馆建设，支持图书馆、文化馆免费开放，丰富人民群众文化生活。

【资金监管】 完善专项资金监管机制 针对财政专项资金管理中暴露出来的问题，出台《淮阴区财政专项资金管理办法》和《关于进一步加强财政涉农项目和资金管理的意见（试行）》，明确项目主管部门、财政部门和审计部门在专项资金申报、审批、使用中的职责，强化对专项资金在拨付、使用和管理等过程的监管，不断提高专项资金管理水平。

完善日常监管机制 对各乡镇财政所岗位与人员管理、财政收付和会计核算等资金安全管理方面进行全面检查。发现问题，限期整改。开展专项资金整治，先后开展社保、扶贫等关系民生的专项资金检查。按季度组织开展财务会审，会审人员签订承诺书，不断提高日常监督成效。采取业务科室业务人员、单位财务人员交叉检查、集中审查和聘请中介机构进行审查等方式，开展预决算核查工作，为预决算公开奠定基础。对17家行政事业单位开展会计信息质量检查，规范财务管理。在全区城乡低保核查工作中，通过核查，最终确定实有低保户8634户1.76万人（城镇328户606人，农村8306户1.69万人），进一步摸清困难群众底数，既让家庭困难的人员纳入低保，同时把不符合低保标准的人员剔除出去，杜绝城乡低保工作中出现错保漏保，促进低保阳光运行。

严把财政资金支出关 严格执行经批准的预算，“有预算不超支，无预算不开支”，强化预算约束。加强预算单位账户管理，强化国库集中支付中心的监督职能。支付中心全年拒付不合理资金33.6万元，充分发挥支出“漏斗”的“过滤”作用。

【国有资产管理】 完善制度 出台《淮阴区区级公有房屋出租管理暂行办法》，规范房屋出租审批程序和处置程序，规定行政事业单位用于出租的公有房屋范围和审批程序，按招租底价明确公有房屋公开出租的招租程序，对区直行政事业单位已经出租的房屋合同进行收集和备案，共24个单位，99份合同，合同价款405.92万元。开展资产清查基本信息网上填报工作，全区共82个部门229个行政事业单位参加该次资产清查工作，其中行政单位62个，事业单位167个，清查工作基本覆盖全区所有行政事业单位。经过资产清查，全区所属229个行政事业单位资产账面数为570297.97万元，清查数为559375.41万元，负债账面数328923.47万元，清查数为328631.01万元。清查出的资产盘盈数为11809.64万元，资产损失为23247.38万元，资金挂账为79.36万元。

加强国有投资管理 完善投资企业台账，维护投资人权益，上门督促有关企业及时划缴投资分红款。截至11月，收缴国有投资分红200万元，确保国有投资不流失。配合做好公车改革，完成公车改革有关数据的测算，促进全区公车改革顺利开展；公车补助按规定范围、规定标准，按月及时发放到位。组织开展封存车辆拍卖，卖出196辆，329.76万元拍卖价款全部缴入区国库。

【财政风险点排查】 按照“预警在前、防范为先”的原则，对廉政风险防控工作开展情况进行全面自查整改。以科室为单位对全局的活动开展做出部署，各科室自身排查风险点，并制订详细的防范措施。看廉政风险查得准不准，看岗位和个人的廉政风险点排查得是否全面、是否彻底、是否准确，看防控措施管不管用，看制订的廉政风险防控措施是否具体、是否可行、是否管用，并由各分管人进行把关。重在防控制度的落实，看廉政风险的防控制度是否健全、是否完善、是否落实，按照四级督查、三级追责的要求，一层一级抓落实。对发现的问题，及时制订整改措施，严格明确整改时限，保证廉政风险防控工作落到实处。

【“小五长”整治和扶贫资金使用情况专项排查】 采取自查自纠与抽查、排查、督查相结合的方式，从区直委派会计中抽调专门人员分3个组，对9个乡镇财政所进行排查；针对乡镇自查和排查出来的问题，结合平时发现的问题，与扶贫办共同组织人员对11个乡镇的15扶贫项目开展重点排查；由局班子成员到各联系乡镇财政所进行督查。乡镇财政所发现问题221个，其中整改到位144个，待进一步整改77个；扶贫资金中发现问题52个，整改26个，整改中25个。整治过程中财政收到退缴各种款项计191.70万元，其中扶贫项目资金检查中有2个项目无法实施，退回到区财政专户项目资金79万元。

【财政监督管理】 2016年,区财政局建立健全财政监督长效机制,把财政监督作为财政管理的必要环节和组成部分,实现对财政资金运行全过程的动态监控。贯彻落实《中华人民共和国预算法》及财政财务相关管理制度规定,研究出台一系列制度及管理办法。加强预算执行管理的规定,按照全口径预算体系编制要求,全区81个单位依法公开部门预算。制定出台《关于进一步明确村级公益事业一事一议财政奖补相关部门工作职责的通知》《淮阴区财政局〈关于对财政资金进行再监督的实施意见〉的通知》《关于进一步规范和改进公务接待工作的意见》《淮阴区区直机关会议培训经费管理办法》等制度,规范工程项目建设管理,完善财政项目资金管理。根据区政府办公室《关于进一步加强涉农项目和资金管理的意见(试行)》、区纪委《关于印发〈淮阴区乡村"小五长"不正之风和腐败问题专项整治工作方案〉的通知》要求,动员部署"小五长"整治工作,通过自查自纠、抽查排查等共发现问题244个,退缴各种款项212万元。按照内部监督管理的规定,制订《淮阴区2016年度乡镇财政所账务会审及抽审方案》《2016年淮阴区委派单位财务会审工作方案》,对预算单位财务进行季度互查互审,发现问题面对面反馈,限时整改,促进会计基础工作规范化。规范行政事业单位的财务工作流程,提高会计信息质量。按季度监控乡镇和部门"三公"经费执行情况,对存在问题的2个乡镇和7个区直部门进行专项检查,督促及时整改。加强财政专项资金监管,开展中央财政支农项目、农业开发项目、社会保障等专项资金使用情况检查,核销城乡低保860户1826人,收回低保滞留资金19.28万元。

【财源培植】 *税源征缴* ①税源排查。配合国税、地税部门,加大对辖区内税源排查,尤其是企业单位的土地使用税、房产税等小税种,对辖区内企业、个体纳税人逐户进行走访调研,及时把握新增税源方向,建立健全税源动态预测机制。②工程项目排查。联合住建、交通和发改等部门,对全区所有重点工程项目进行摸底排查,明确进度,做好项目税源台账,确保项目建设产生的税源不流失。③加强征缴。利用全区涉税信息平台,加强沟通协调,减少税源漏征漏管户,确保实现地方税源"颗粒归仓"。

培植经济增长点 做好"百名公仆进百企"活动,深入企业,主动了解企业需求,加强政策引导,急企业所急,解企业所难,为企业做好服务工作。利用财政杠杆,帮助企业向上争取各类专项扶持资金,引导企业加大技改投入,推动一批有发展潜力的企业做大做强。加大招商引资力度,尤其是对支柱型等重点企业招引,促进经济体量大、税收贡献大的优质企业在淮阴落户生根,不断培植地方经济新增长点。

财力建设 大力发展总部经济,发动职工干部,利用在外成功人士的人脉资源,实现区总部经济招引工作新突破,进一步推进可用财力建设。国税、地税和财政部门发挥自身优势,向上争取,为地方引进丰厚财源。出台财政收入、非税收入、税源培植考核文件,在充分调研的基础上,下达科学可行的目标任务,细化考核奖惩办法,引导目标单位创新财力培植方法,以实现地方实际可用财力稳步提升。

国家税务

【概况】 区国税局完成"营改增"税制改革、"金税工程三期"上线等各项工作任务,先后获省文明单位、省税收管理改革综合示范点,市"五一"劳动奖状等荣誉,被评为区软环境和行风建设"十佳"。

【组织税收收入】 坚持组织收入原则,采取扎实有效措施,保持税收与经济协调稳定增长。关注宏观经济和微观经济发展态势,深入开展经济税源分析,加强税收收入预测,提高组织收入工作的预见性。坚持依法行政,加强对收入均衡性和退

民建会员企业家营改增政策培训

税及时性的密切监控，防止收过头税，做到应收尽收、应退尽退，确保各项税收优惠政策落实到位。2016年，全区国税系统共入库税收收入12.38亿元，比上年增长25.18%；一般预算收入5.36亿元，比上年增长52.79%；全年共办理各类减免退税6000万元，促进地方经济结构调整和企业的发展。

【提升纳税服务】 坚持提升服务质效，全面落实服务举措，不断提升纳税人满意度。落实国、地税合作规范2.0版、3.0版，制订下发《进一步推进国地税合作的实施方案》和《实施计划表》，确定28项合作任务，整合双方优势，联合为纳税人提供办税服务，以“纳税人学堂”为平台，联合开展多场次、多层次辅导培训。为应对“营改增”试点全面推开和金三上线以后办税量剧增的情况，投入资金改造办税场所，新设叫号系统，设立专用窗口，增加自助办税设备，公开热线电话，开设绿色通道，坚持领导班子成员带头到办税服务厅现场值班，组建咨询专家团队轮流到办税厅值班，保障纳税人的办税需求。推广电子税务局应用、ABC类纳税人勾选认证等便民办税举措，加大非接触服务推广力度，引导纳税人通过电子税务局开具外经证、发票或提交各类申请，让纳税人多走网路，少走马路。

【国税征管纳税人登记情况】 区内办理国税登记正常经营的企业有8163户，正常经营的个体工商户8275户，其中外资企业77户、内资企业8086户（不含个体）。内资企业中，私营性质的企业3214户，占内资企业总数的39.74%；增值税一般纳税人3945户，小规模纳税人1.34万户，企业所得税纳税人5267户；按月申报纳税人1.22万户，按季

区长朱晓波调研国税工作

申报纳税人4218户；高新技术企业37户，出口退税资格120户，其中自营出口生产企业88户，外贸型企业32户。

【主要税源入库情况】 华能淮阴电厂累计入库税收6148万元，较同期8811万元减收2663万元。高新区累计入库税收41502.59万元，较同期40639.81万元增收862.78万元。传统税源大户江苏淮安双汇食品有限公司入库10211.03万元，较同期8450.97万元增收1760.06万元，是主要的增收因素。另外，淮安市波司登贸易有限公司入库676.35万元，较同期增收676.35万元；申雅密封件（淮安）有限公司入库1810.39万元，较同期1153.34万元增收657.05万元。振达钢管入库1303.65万元，较同期4490.07万元减收3186.42万元；原税源大户杰然网络科技较同期减收565.95万元。

工业新区累计入库税收9975万元，较同期10162万元减收187万元。江苏新源矿业有限责任公司入库1548万元，较同期629万元增收919万元。中国石化集团淮安采输卤管理处入库386万元，较同期1140万元减收754万元。

全区房地产重点税源企业入库税收993万元，较同期644万元增收349万元。因原房地产企业基本完成全部销售，其余原房地产重点税源企业基本无税款入库，但经过前期税源排查工作发现，随着其他地块房地产开发的进行，4户新房地产企业对税收增长做出较大贡献，共计增收2633.75万元。其中淮安市金润达房地产开发有限公司入库931.25万元，较同期增收931.21万元；浙江金圆淮安置业有限公司入库795.49万元，较同期增收795.49万元；江苏环宇置业有限公司入库510.69万元，较同期增收511.79万元。

【国税稽查】 加大稽查打击威慑力度，避免发生重大恶性案件和大面积虚开发票案件。落实市委、市政府对市局虚开发票案件专报的批示精神，结合实名制办税、重大涉税案件曝光和税收违法“黑名单”等工作，继续保持打击虚开、空转等违法犯罪行为的高压态势。开展“黄金案”和虚开发票专项打击行动，按照上级部署，全区共接受双打案件下发案源5户，执行完毕4户，共有5户移送公安机关立案查处。全年共累计清理欠税576户次，税额3040万元。

地方税务

【概况】 2016年,区地税局围绕征管改革、“营改增”全面推开、“金三”上线、国地税合作等重点,统筹推进各项工作,确保税收征管质效双升。组织入库各项税收收入279447万元。

【提升征管质效】 ①综合施策,提高征收率。加强风险管控,重点对规模较大、疑点较多、风险预警值较高的纳税人进行应对。同时,加强应对质量监控,使应对更加规范。强化基础管理,在还权还责于纳税人基础上,把好基础信息审核、申报信息比对、违法行为处罚、税收政策宣传等关口,切实优化基础管理事项,强化征管质量监控;加强欠税清缴力度,制定《欠税清缴实施方案》。②抓重点,推进“营改增”顺利收官、“金三”如期上线。“营改增”期间,联合国税做好政策宣传、舆论引导、数据迁移以及征管衔接等工作,确保“营改增”平稳过渡。“金三”上线期间,作为市局试点单位,积极融入省、市局行动,有序制订实施方案、测试方案、应急预案等,扎实落实双轨运行、人海仿真压力测试等动作,细化省局操作手册,为全市推进“金三”系统平稳上线提供保障。③依法治税,规范税收执法行为。实施案件集中审理,统一规范和标准,有效降低执法风险;落实执法责任制,围绕税收执法、风险应对质量等开展督查,发现问题,及时整改,较好规范执法行为;抓牢关键少数,加大稽查力度,在千万元大要案上取得较大突破,查办两个实体千万元大案,其中一个案例在省局评比中获第4名;聘请法律顾问,参与税收疑难执法案件的分析及风险评估,与公安联合办案,依法追究其逃避追缴欠税法律责任。④合作共赢,积聚综合治税合力。积聚全区税收征管保障单位力量,加强涉税数据应用。国、地税合作过程中,积极落实上级要求,做好规定动作。在此基础上,打造国、地税合作“升级版”,探索“联合开展大企业税收管理”“互派人员合作征收”“交叉挂职锻炼”等新举措,推动国、地税合作。

“蓝水滴”爱心小组及成员获得“爱敬诚善”淮阴人先进集体和先进个人

“大手拉小手 与税收共同成长”税收宣传活动

【基金(费)征收】 全年入库教育费附加6239万元,同比减收207万元,下降3.21%;入库社会保险费68553万元,同比增收6479万元,增长10.44%;征收各项基(资)金、费5080万元,同比减收39万元,下降0.76%。

【地税征收】 全年共组织入库各项税收收入279447万元,同比减收74238万元,下降20.99%。其中,入库省级税收2799万元,同比减收2865万元,下降50.58%;入库市县级税收276648万元,同比减收71373万元,下降20.51%。市县级税收中,公共财政预算收入实现260856万元,同比减收71555万元,下降21.53%。

【税源建设】 探索“微创新”,率先研发“以地控税”系统,对全区应税土地和房产数据进行采集,并与征管系统税源数据进行比对,结合新一轮土地等级划分,准确定位应税单位应纳“两税”数额。落实“掌上办税手机APP”申报,加强股权转让所得个人所得税征管,严控低价、平价转让股权的评估核定。践行“互联网+税收”,加强互联网涉税信息的采集应用,建立“律师事务所行业风险模型”,相关做法在全市推广。利用互联网采集乡镇集体土地工业用途信息。

“新常态新税风”小蜜蜂骑行活动

【地税登记】 2016年,淮阴区地税登记户个体工商户1487户,企业4946家。

【减免税管理】 严格落实政策,助推税收结构调整。树立“不落实政策也是收过头税”意识,进一步释放改革红利,做好小微企业税收减免、二手房交易税收减免、困难企业税收减免、涉农企业税收减免等工作。为使纳税人充分享受优惠政策,对减免税事项严格实行分类管理,将减免税事项分为审批类、备案类和自行申报类,对不同类别采用不同的管理流程,简化自行申报类流程,规范备案类和审批类流程。对申请优惠认定或备案的纳税人提供专门的优惠政策辅导,帮助其规范制度,完善核算程序,确保优惠政策落到实处。

发展与改革

【概况】 全年纳入市重大项目考核的项目21个,完成投资123.14亿元,实现服务业入库税收18.8亿元。全区累计获批项目超300个,获批资金超18.5亿元。

【省市重大项目】 全年21个项目纳入市重大项目考核(富强盐业一体化项目为省重大项目),其中续建项目8个、新建项目13个。省市重大项目实施月度定期统计、不定期现场督查的推进机制,动态监测系统中项目信息、目标任务、进展情况,及时分析项目存在问题,提请区领导会办并上报市重大项目管理办公室。全年21个项目完成投资123.14亿元。

【服务业发展】 全区优化服务业内部结构,提升运行质量,生产性服务业稳中有升,新兴服务业增势强劲。定期开展竣工亿元经营性三产项目质量效益的督查,全年实现服务业入库税收18.8亿元。

【向上争取】 区发改委抓住政策机遇,与省、市发改委对接,会同各部门及时掌握向上争取的信息资源。编订争取渠道汇编,梳理争取路径1100余条;编制2016年向上争取项目库,入库项目130余个。健全考核机制,按月督查,不定期会办推进。2016年,全区累计获批项目超300个,获批资金超18.5亿元。

【目标管理】 分解落实考核指标,细化科学发展目标考核体系,涵盖市委、市政府2016年主要经济指标,各项工作指标分解落实到位。提请区主要领导召开乡镇、部门负责人座谈会,区委常委会议、区政府常务会议讨论,广泛征求意见,形成包括经济发展、科技创新、社会进步、生态文明和民生改善等五大类指标在内的目标考核体系。加强目标日常跟踪管理,建立经济目标运行分析例会和报表制度,一周一汇总,一月一通报,每月对市目标完成情况进行实时监控和综合分析,确保市目标考核进位争先。

【招商引资】 区发改委将招商引资作为立委之本,100兆瓦风力发电项目获批规划选址意向书,水土保持方案进入水利厅评审,启动国土预审和稳评手续;大唐国际燃气发电项目开发协议拟签约;协调中石油盐穴储气库项目管线穿河与水利局规划船闸施工范围冲突问题,完成项目洪评的修改完善。

物价管理

【概况】 实行价格改革,加强收费管理,完善价格调控,维护价格秩序,受理价格举报投诉120起。同时,做好价格服务工作。

【价格改革】 淮阴区全面实施居民阶梯水价,污水处理费调整到位。制订和调整城乡一体化自来水价格体系。全面推进医药价格综合改革,指导3家公立医院的收费标准按照医改标准执行。出台全区家庭医生签约服务管理办法。

【收费管理】 取消、减免、停收等收费项目67项,其中降低收费标准15项、免征23项、减半收取7项、取消收费项目13项目、暂停征收9项,为民为企减轻负担1000万元。出台区2016年行政事业性收费、经营服务性目录清单,出台《区行政事业

江苏省人力资源和社会保障厅和江苏省物价局联合授予淮阴区物价局"全省价格系统先进集体"荣誉称号

性收费目录管理办法》。制订规范涉企行政审批前置中介服务收费政策,清理公布供水供电供热等市政公用设施政府定价管理的经营服务收费。

【价格调控】　完善价格形势分析和监测预警机制,制订出台全区价格异动应急预案。强化价格监测预警,对生猪、鸡蛋等价格变动幅度较大的商品,及时开展专项价格调查;第一时间预警预报主副食品价格波动。建立少数波动频繁的民生商品价格跟踪分析机制。完善价格调控联席会议制度,研究决定价格重大事项,"大物价"格局形成并得到巩固。完善价格调节基金使用管理制度。创新平价店监管模式,开展争星夺旗竞赛活动,将日常巡查和月度考评分值星级化,以年终得旗数确定等次给予奖励,发放价格调节基金18万元。

【价格秩序】　开展民生重点领域价格监管,围绕民生重点领域开展教育、卫生、涉企、机动车检测、电信收费、商品房明码标价、物业收费、景区门票等专项检查。畅通群众价格维权渠道,12358价格举报热线保持畅通,共受理价格举报投诉120起,案件办结率为100%。推进价格诚信建设,创成西马路价格诚信商圈,获得省局表彰。

【价格服务】　开展成本监审和农本调查工作,在全省率先形成完善成本监审机制,提高成本监审工作规范化水平。推进价格认定工作,办理刑事案件价格认定177件,标的额112.3万元;民事案件价格认定3件,标的额24.57万,无一例复议和错案发生。完成全区涉改215辆公务用车拍卖底价的价格认定,总金额392万元;完成涉纪案件价格认定321件,认定金额11235万元。挂牌成立淮阴区价格争议调解办公室,全区21个乡镇259个村全覆盖,形成区乡联动机制。制定出台《淮阴区住宅小区物业服务收费规定》;开办"淮阴物价"微信公众号,向社会大众发布价格信息。

商务管理

【概况】　全年新批外资及港澳台资项目21个,增资项目2个,实际到账注册外资及港澳台资1.6亿美元。实现进出口总额22031.6万美元。其中出口总额16036.5万美元,比上年增长11.1%;进口总额5995.1万美元,比上年下降57.3%。完成对外投资1303.4万美元。

【助力经济发展】　全区商务工作着力打造"阳光商务直通车"优质服务品牌,优化项目帮办一站式的绿色通道服务,以101%服务理念助力全区开放型经济发展。2016年,新批超亿美元外资外资及港澳台资项目3个,超3000万美元项目9个,每个符合落地条件的项目在淮阴区服务帮办时限不超过一周。多次召开利用外资及港澳台资推进会,牵头对全区完成情况进行书面督查通报,推动外资项目报批和到账,营造"人人抓外资、谈项目必谈外资"的工作氛围。全年培育新增对外及对港澳台经贸企业7家,鼓励企业参加出口信用保险,提高抵御和抗风险的能力。宣传对外及对港澳台经贸政策,协助海关举办对外及对港澳台经贸相关政策宣讲会,引导企业转型升级。全年为外贸企业争取奖补资金414.87万元,组织企业参加广交会、华交会、昆交会、大阪展等境内外经贸促进活动50次。同时,支持企业开展对外劳务技术合作,新设境外投资企业3家。淮阴区外派劳务服务中心作为政府平台,引导工人通过正规途径出国务工,全年到中心报名咨询500人。

【对外及对港澳台招商引资】　在局机关树立"招商引资是真本事,新上项目是硬政绩"的观念,订立考核办法,将招商任务分解到人头,定期召开招商信息过堂会,捕捉项目线索,挖掘意向项目,形成一股强大招商热潮。着力开展对外及对港澳台招商活动,主要领导赴广州、深圳、上海、苏州、浙江等国内外资及港澳台资金集聚区拜访有意向扩展投资的企业家,开展"敲门"招商活动,同时还在台湾、韩国等地组织招商推介活动。同时选派两位副局长和4名青年成立专职招商小组,在上海对接产业转移,累计拜访接待客商98批次。全力跟踪服务,推进项目尽快签约落户,年内完成投资项目有江苏灵虎电子商务有限公司投资的电子商务;签约项目有江苏耀康新能源有限公司100兆瓦农光互补光伏发电项目;到淮考察项目有上海锐孜动力机械有限公司投资的发电机组生产项目、深圳普益电池有限公司汽车锂电池项目;跟踪推进、拟考察洽谈项目有广州贝莱尔电气有限公司投资的二期工厂、浙江途尔车业有限公司锂电动自行车等亿元项目。

【商务惠民】 加强对商贸流通领域的管理,规范成品油和再生资源市场等国内贸易市场的经营秩序。加大安全生产检查力度,重点对成品油市场、再生资源行业和商贸密集型企业进行巡回检查,督促其消除各类安全隐患。开展服务贸易、“老字号”摸底等工作,培育服务外包企业,助力企业发展,完成中国服务外包研究中心到淮阴调研工作任务,推进商业示范社区、商业特色街区建设。做好商贸领域全国文明城市和节水型城市创建工作,及时召开迎审推进会,传达市、区迎检精神,开展现场督查,抓好存在问题落实整改。推进全区创业暨电子商务培训活动,培育电子商务企业做大做强,7月创成区首家省级电子商务示范村1个(赵集镇街西居委会),11月创成区首家省级电子商务示范镇1个(赵集镇)。12月,淮安电商创业大厦创成市级电子商务示范基地,吴集镇、渔沟镇创成市级农村电子商务示范村,老侯珍禽、甜蜜人生创成市级电子商务示范企业。完善商务综合行政执法体系,加大商务执法力度,净化商贸流通市场环境,组织开展各类执法检查210次,办案15起,有效维护全区商贸流通领域市场运行秩序。

市场监督管理

【概况】 全区市场监管工作根据国务院商事制度改革要求,于10月和12月分别启动实施企业“多证合一、一照一码”和个体工商户“两证整合”改革。重点推动完成区行政服务中心国家级服务标准化试点和台创园省级农业综合标准化试点两个标准化项目的验收工作,两个项目分别通过国家和省级项目验收,正式建成运行。全区新增企业2426户,资金总额117.45亿元;新增个体工商户5331户,资金总额6.65亿元,超额完成区政府目标任务。新设立登记外商及港澳台商投资企业20户,新增投资总额8.84亿美元、注册资本4.45亿美元、外方认缴额3.78亿美元。区市场监督管理局创建为省级文明单位。

【名牌战略与商标服务】 瑞达包装等两家企业被推荐获得淮安市质量管理奖,淮阴水利建设有限公司被推荐获得淮安市质量管理先进单位称号。江苏凯乐汽车部件科技有限公司等12家企业申报通过淮安市名牌产品称号,江苏胜克机电科技有限公司等7家企业申报江苏省名牌产品。协助企业申报省著名商标6件,市知名商标复评5个,知名商标申报20件,地理标志商标申报4个。有20个商标品牌参加2016年“我最喜爱的商标”评选,淮阴黑猪、辉煌太阳能等5件商标获得“我最喜爱的商标”称号。

【计量服务】 对全区21家乡镇卫生院、196家卫生所1485台件的医用计量器具开展两轮免费检定工作,对18家集贸市场计量器具进行免费检定工作。

【食品安全专项整治】 ①开展“重点时段”食品安全专项整治活动。开展春节、清明、端午等节日期间检查五次,中高考、江苏省青少年拳击锦标赛期间等专项检查三次,共检查市场主体120家,出动检查人数260人次,发现违法违规问题情况15家,其中立案查处10起、问题整改5家。②开展农村食品安全“扫雷”行动。食品科协同各分局以食品批发市场、乡镇集贸市场、农村中小学校园及周边食品销售者等高风险业态为重点,开展“扫雷”行动,出动执法人员1500人次,督促办理证照200余份。全年先后开展食品抽检1300批次,对不合格食品进行调查处理,净化市场环境。

纪念建党95周年暨区党代会代表选举大会

【监管平台建设】 透明安全餐饮平台 完成455户学校及机关企事业单位食堂、社会餐馆、集体用餐配送企业透明安全餐饮账号分配、开放和信息录入工作,完成全年任务393户的115.8%。

透明放心菜市场平台 “透明放心菜市场”创建工作通过市政府考核验收,全区7个农贸市场和大润发淮阴店等4个连锁超市全部设立符合要求的快速检测室,有专人负责样品采购,检测结果实时上传。快速检测和检测结果公示,检测批次达300批/家/月,其中商联超市的检测批次达800批/月。

透明合格生产平台 双汇、白玫糖业、万邦香料、兴立乳业、民康油脂、凯德亚食品、天富食品等25家企业,完成透明生产平台安装,基础和生产数据录入正常,完成透明合格生产平台的考核指标。万邦香料和凯德亚食品为全市透明合格生产工程现场会观摩点。

透明预包装平台 采取“零售倒逼批发、流通倒逼生产”的“倒逼”监管模式,促使食品经营主体落实食品流通电子溯源,履行法定义务。该系统已拥有各类市场主体2354户,出具壹票通2613条记录。该项工作走在全市的前列,先后多次接待国家、省、市领导的考察观摩。

【电子追溯系统建设】 全区共有乳制品企业1家、白酒企业1家(获证白酒企业3家,停产两家,正常生产1家)、食品添加剂企业2家,全部完成电子追溯系统建设,覆盖率为100%。

【特种设备安全监管】 “96333”电梯应急救援平台覆盖全区所有垂直电梯1300台,共处置事件146起,其中困人求救130起、故障报修16起,解救被困人员220人,平均到场救援用时不足15分钟,电梯困人事件基本实现及时、专业、安全解救。开展小锅炉、气瓶、叉车等多项专项整治工作,检查特种设备使用单位73家,检查锅炉、压力容器、起重机械、电梯、游乐设施等各类特种设备230台次。共下达监察指令书35份,完成整改33项,隐患整改率达100%,移交执法机构立案查处案件2起。加强特种设备的安全使用、全面监管,对特设相关人员开展各种技术培训工作,年内,全区未发生特种设备安全事故。

青年志愿者活动

区领导检查餐饮安全工作

【药品、医疗器械、保化市场监管】 重点开展“两节两会药械检查”“注射用透明质酸钠专项检查”等药品流通领域违法违规行为专项整治,组织开展问题疫苗清查行动。同时,抓好药品经营企业GSP认证帮扶和检查工作,对淮阴区平民药房等31家药品零售企业开展新版GSP零售企业认证检查工作,继续推进药品、医疗器械生产经营企业及医疗机构的日常监督检查,进一步加大重点区域、重点环节、重点品种的监管,通过强化人员培训,加大科普宣传,严打违法行为,净化药械市场环境,保障辖区内公众的用药安全。

【消费者权益保护】 筹划完善消费者投诉举报体系。全年受理投诉举报525起,诉转案9起,罚没30余万元。进一步利用微信公众平台发布消费维权信息。全年受理消费者投诉218起,调解结案213件,建议消费者寻求其他途径解决5件,投诉办结率达98%,为消费者挽回经济损失20万元。开展形式多样的活动,营造安全放心的消费环境。联合多部门开展“共同见证”“3·15”大型公益活动暨诚信品牌电视展播活动及“3·15”宣传咨询服务活动;开展消费维权有奖知识竞赛活动;成立淮阴区残疾人消费维权联络站;对全区13家家用汽车4S店进行集体约谈等。

【动产抵押、融资助企】 办理股权出质登记新设11件，出质股权总额9115万元，担保标的总额6亿元；动产抵押登记52起，帮助企业、工体工商户、农业生产经营融资3.36亿元，其中为涉农企业融资3612万元。

【重点领域执法】 流通领域 为监测流通领域商品质量，对车用汽油、柴油、人造板、铝型材、小家电、移动电话、儿童服装、冰箱、电视机、珠宝等商品共145个批次进行抽样检测。

网监专项整治 对辖区内企业自办网站146个，淘宝、天猫等平台上能正常进入的网店62个进行网监专项整治工作。网上检查网站（网店）130户次，实地检查网站（网店）50户次。亮标审核通过的网站19户，落实亮标的网站8户，立案查处涉网案件4起。

农资监管 开展农资抽检，共抽检农资29个批次，对3户不合格农资经营户立案调查。

广告专项整治 以惩治虚假违法广告为重点，加大广告专项整治力度，坚持实行广告巡查制度，年初开展房地产广告专项整治活动，共检查房地产企业43户，房地产广告100条，立案查处5起，罚没款5.69万元，处理消费者投诉7件。同时加强对电视发布广告情况的监管力度，共监测广告400条次。

【依法行政】 加强案件集中管理，统一接受外单位案源移送，稽查科负责对办案机构实施立案、处罚决定报备，对案件进行扎口管理，并负责国家质监局直报系统、分局案件的两法平台、纪委案件管理平台录入工作。提高办案人员办案技巧、法规知识水平，开展集中学法活动，就行政执法中所涉及的法律法规进行培训，拓宽执法人员的办案思路，提升办案水平。

打假治劣 开展“质监利剑”行动、“双打”行动、“清风”行动等10个专项整治活动，共出动执法人员1500人次，检查各类企业、超市526家（次）。

食药安全 重点查处无证销售食药、销售过期变质食品、无证从事食品生产经营活动、发布食品违法广告、食品标签违规、销售假冒伪劣药品等行为。多方出击，小案不放过，大案求突破，拓宽案件查办种类。从源头保障食药质量安全，净化市场消费环境，保护人民群众的身心安全。全年立案257件，结案221件。

安全生产监督管理

【概况】 全区安全生产工作形势稳定，没有发生较大以上事故，区政府被市政府评为“安全生产工作先进集体”，区安监局被区政府评为“科学跨越发展优秀单位”。

【非煤矿山安全监管】 做好非煤矿山企业安全监管，以项目化管理和规范安全生产条件为切入点，督促指导企业落实安全生产主体责任，做细做实隐患排查及整改工作，全年下达隐患整改通知书20份，督导企业排查整改各类安全隐患232条。按照市区统一部署，对全区砖瓦企业全部拆除，年末全区仅剩非煤矿山企业8家，全部取得三级以上标准化证书，并完成应急预案编制工作。

【危化品安全监管】 依据省安委办《进一步明确危险化学品安全专项整治工作时间任务》，拟制下发《区政府办公室关于印发淮阴区危险化学品安全专项整治实施方案的通知》，采取危化品专项整治告知书、电视媒体、流动宣传车等多种形式进行宣传，抓好危化品企业专项整治工作，提高涉及危险化学品安全生产，使用储存运输等生产者、使用者、经营者安全意识，全区共排查涉及危险化学品生产经营使用单位219家，发现隐患问题315项。其中列入红表的生产经营单位1家，按正常程序进行关闭、搬迁；列入黄表的生产经营单位32家，排查隐患37条，整改37条；列入蓝表的生产经营单位116家，排查隐患276条，整改276条。

【烟花爆竹安全监管】 开展烟花爆竹经营安全专项治理、隐患排查治理、“打非治违”专项整治等活动，联合公安、市场监管等部门，按照30%监督检查比例列入执法计划，对不规范经营行为和存在的安全隐患作出立即整改决定。在打击非法经营行为上形成由属地乡镇负责常规“打非治违”、区安委办牵头联合执法重点打击的长效管理机制。对全区所有烟花爆竹经营户开展全面检查，全年共排查整改烟花爆竹批发企业隐患22条、零售点隐患1902条。在上年的基础上，再次缩减50户，共审批合格发放《烟花爆竹零售经营许可证》177户，进一步规范全区烟花爆竹经营秩序。

【职业卫生监管】 依据《中华人民共和国职业病防治法》，以建设安全生产责任体系为抓手，推进政府监管责任化、企业管理项目化、行业直管专业化建设,持续落实企业职业病防治主体责任、政府监管责任和属地管理责任。截至年底,全区累计完成系统职业危害申报993家,职业卫生现状评价45家,综合指标位于全市前列,事前立案处罚1家,率先在全市实现职业卫生监管经济处罚零的突破。

【行政执法】 全年完成96户次企业的执法检查,承办市局暗查暗访交办件15户,承办信访举报件10户。共排查整改隐患796条,下达责令整改指令书36份,累计完成行政处罚6.1万元,责令停产整顿企业2家,提请区政府实施关闭企业1家,完成年度执法任务。

【综合监管】 建立健全责任体系 年初,拟制下发《关于贯彻落实安全生产"党政同责、一岗双责、失职追责"的意见》,在全市率先出台《全区安全生产工作职责规定》和《全区生产经营单位自查清单》,并将安全生产目标纳入全区科学跨越发展目标考核。建立起区政府总负责,行业主管部门各司其职,辖区政府属地管理,分包人员分别挂钩,隐患排查治理责任落实到企业的监管责任体系。结合《江苏省安全生产条例》的宣传,全面强化企业安全生产主体责任的落实。

安全生产督查检查 全年以综合督查、专项督查形式,完成综合督查4次,专项督查10次。区级领导分别挂钩一个乡镇带头参加督查检查。各单位分包人员全部深入一线督促企业落实主体责任,抓好隐患整改。区安委办牵头组织对全区各乡镇、各部门安全监管工作进行全面督查4次,推进安全生产重点措施落实。先后下发"淮阴区安委会(办)工作交办简函"19次计79个问题和隐患,并限期抓好交办工作督导,督促相关单位问责履职不力的人员2名。

专项整治 4月,研究下发《关于在重点行业领域深入开展安全生产专项整治的通知》,在道路交通、水上交通、危险化学品、油气输送管道、建筑施工、非煤矿山、消防、冶金、烟花爆竹、特种设备等10个重点行业领域,持续开展安全生产专项整治工作。6~11月,在省、市安委办的统一部署指导下,开展危化品安全专项整治工作,按照"企业负责、专家指导、行业管理、政府服务、群众参与"的原则,层层落实安全责任,治理危险化学品领域非法违法生产经营行为,对全区所有涉及危险化学品的领域、企业进行全面排查,整改、关停一批不合格和违法的生产经营单位。

公共资源交易管理

【概况】 全年完成公共资源交易工程开评标项目222个,预算金额39.37亿元,中标金额37.31亿元,节约资金2.06亿元,节约率5.23%;办理直接发包项目458个,发包金额17.14亿元;明标明投项目85个,中标金额5349.32万元;政府采购预算金额为4.50亿元,实际采购金额为4.26亿元,节约财政资金2417万元,节约率为5.37%。

【公共资源交易平台市县一体化建设】 ①体制调整。5月,建立淮安市公共资源交易中心淮阴分中心。适应体制调整后的业务受理与办理,规范服务行为,强化风险防范,对科室设置与业务流程进行重新规划,实现科室之间既互相联系、互相配合,又互相制约、互相监督的工作机制。②重构工作流程。实现工程与采购业务受理分开,凡是工程和与工程相关的服务、货物等招标业务统一归工程科受理,其余归采购科受理;文件受理与开评标分开,工程科、采购科负责开标前相关业务的受理和登记,负责协助招标人等处理开标前的质疑、投诉、信访等工作;评审科(信息化科)负责开评标现场的管理与服务,负责协助招标人等处理开评标后的质疑、投诉、信访等工作。③防范廉政风险。所有交易文件必须经过业务科室流程化备案登记,分管领导签发等程序,任何人、任何科室不得"一杆子"操作到底。交易活动中的各类公告、公示信息,在依法通过其他媒介发布的同时,必须在市公共资源交易中心网站上统一进行发布。交易中心成立专门的投标保证金账户,实行统一管理、统一收退。交易活动中的各类评审专家的抽取,一律在交易中心专家抽取场所内进行。

【场所设施建设】 投资50万元,对交易场所进行规范化改造,实现功能划分更合理、设备提升更完备。对一楼大厅进行升级改造,开辟自助服务区,更新全自动显示大屏,添置开标、评标信息自动显示等设备。对办公区和评标区进行合理化分,将所有工作人员集中在二楼办公,并且在二楼增设1个开标室,以满足开标需要;将所有评标室集中在三楼,成为独立的评标区域,采用电子门禁系统,将办公区、开标区与评标区完全阻隔开,非招标采购相关人员不得随意进入，实现投标人与评标专家的隔离，满足招标采购过程中的严密监管。在三楼还设有变声答辩室、业主休息室、评委抽取室等。对原有开评标场所监控系统进行改造升级，在提高清晰度和覆盖面的同时，将纯视频监控提升为音频视频同步监控，使交易活动全程有迹可循，进一步优化交易环境，约束和规范交易行为。

【围标串标整治】 通过软件比对等手段，不断寻找、提供违法违规案件线索。全年发现涉嫌围标串标案件5起，涉及企业18家，全部移交区住建等部门处理。建立招标采购苗头性问题企业、招标采购主体单位先期约谈机制，最大限度防范于未然，降低违法违规案件发生率。加强开评标现场管理，重点突出对评委专家的监督与管理。对涉嫌违规的建设单位发出提醒函，要求他们严格依法行政。

【优化公共资源交易服务】 *建立乡镇招标采购联络员制度* 由各乡镇推荐1～2名原则性强、有一定组织协调能力、热爱招标采购工作的人担任单位的招标采购联络员，用1年时间完成对全区乡镇的工程招标、政府采购联络员进行轮训，不断提高乡镇联络员的操作技能。制订乡镇小型工程承发包办法，简化小型工程发包流程，实现乡镇小型工程交易、政府采购规范化操作。

创新设立专项治理领导机构 加大公共资源交易领域专项治理力度，政府创新成立区公共资源交易专项治理领导小组，由分管区委常委和副区长任组长，相关职能部门主要负责人为成员，并建立机制化工作方案。先后开展对19个乡镇与部门涉嫌违法违规的项目进行处理；配合区纪委等部门，组织开展对全区10个乡镇、10个区直部门的公共资源交易情况进行专项抽查；针对全区公共资源交易情况，及时出台相关政策文件。

加强新型交易项目研究 针对PPP项目的特点，组织专人参加全省各级各类培训。多次开展PPP项目专项调研，成功操作淮阴东港区等3个PPP项目交易，为PPP项目的规范化交易奠定基础。适应农村产权交易的新形势，联手区委农工部等单位赴盐城、常州等地调研，准备在全区21个乡镇成立乡镇农村产权交易中心，并开展试点工作。

强化提醒函制度 强制规范招标行为，重点对招标人涉嫌制订不合理条件排斥或限制投标人，涉嫌拆分项目以规避招标，涉嫌搞“先上车后买票”等行为进行书面提醒。年内对1家重点项目进行书面提醒，对3家项目单位进行口头提醒。

简化小型工程承发包程序 简化限额100万元以下小型工程项目发包程序，遏制围标串标行为。对明标明投的招标方式进行微调，即投标企业总数不超过6家。其中甲方不限于库内企业可指定不超过3家，另从库内已报名企业中随机抽取不少于3家，共同参与摇号，摇中者中标。

【农村产权交易市场建设】 建立上下贯通、各方协同、运作通畅的工作机制。研究出台《关于农村产权流转交易市场健康发展的实施意见》《农村产权交易管理办法（试行）》等系列文件，对农村产权交易市场机构设置、交易品种、交易方式等进行明确。在交易的具体运作上，做到严格审查交易主体、严格规范交易流程、严格交易机构管理，基本实现“程序统一、操作规范、信息公开、监督有力、应进必进”的产权交易要求。全区21个乡镇实现农村产权交易全覆盖，通过农村产权交易平台成交项目614个、成交总金额4.27亿元、交易总面积4.70万亩，抵押贷款470万元。2016年获全省农村产权交易市场建设工作先进集体。

表2　　淮阴区农村产权交易情况

名称	项目总数	成交总金额（元）	溢价总金额（元）	土地类交易总面积（亩）	其他类交易总面积（平方米）
王营镇	32	15625980.00	179294.00	—	21081.00
赵集镇	30	8320296.00	50524.00	1580.25	41300.00
吴城镇	34	31272400.00	92800.00	3084.00	1181.60
南陈集镇	31	36102537.50	—	1566.11	—

续表

名称	项目总数	成交总金额（元）	溢价总金额（元）	土地类交易总面积（亩）	其他类交易总面积（平方米）
码头镇	32	21430598.97	—	3266.36	—
王兴镇	35	9392964.40	26593.60	774.30	3330.00
棉花庄镇	36	7970710.00	4889.00	762.20	5090.00
丁集镇	30	6138297.30	—	1481.05	4110.00
五里镇	32	6398419.37	1165.63	476.50	135.00
徐溜镇	33	9309846.00	82990.40	744.96	—
渔沟镇	33	84938324.00	—	10571.43	1240.00
吴集镇	31	8256414.00	800.00	916.00	—
西宋集镇	30	31715995.00	—	5000.74	10000.00
三树镇	33	39583966.00	5160.00	3600.45	70.00
韩桥乡	38	6236477.00	2400.00	596.91	138.00
新渡乡	18	9041276.00	—	1330.00	16471.00
老张集乡	28	8306244.42	—	1048.43	—
凌桥乡	7	8759037.00	33300.00	801.30	—
袁集乡	30	15467396.00	—	1330.87	6700.00
刘老庄乡	5	1950000.00	20000.00	600.00	—
古寨乡	36	60936614.60	3500.00	7460.50	—
合计	614	427153793.56	503416.63	46992.40	110846.60

城市资产经营管理

【概况】 围绕城市建设与管理目标,以市场为载体、以土地资源经营为根本,挖掘潜力,着力引进优质项目,推动城区发展,加快城市建设步伐,助力淮阴区城市建设。

【融资】 完成年初制订的融资任务,保证区内各大工程款项的充裕和自身资金流动性的安全,同时为下年做好资金储备。全年融资总额超过百亿,总资产规模达230亿。在保存量、控增量的基础上,结合全年的金融形势,积极偿还以前的高息融资,累计偿还和置换10%以上高息融资达到20亿,严控新增项目的融资成本,新增项目融资成本逐级下降,至下半年平均7%以内,并结合财政厅的债券置换工作,全年债务置换总额7亿元。三管齐下使整个融资结构得到大幅改善。同时,拓宽融资渠道,进入资本市场。8.5亿的棚户区改造项目收益债报至江苏省发改委等待转报国家发改委;在交易商协会申报的20亿PPN完成准备工作,等待上报。此外,资产公司在棚改基金、产业基金私募债等品种上均有所尝试,丰富融资品种。另外,资产公司配合区里完成在农发行申请的60亿棚户区改造项目的授信额度,并获得首期25亿的放款,为区内加快棚户区改造提供资金保障。

【城建投入】 围绕全区新型城镇化和城乡一体化建设总体部署,做好资金保障工作,全力助推宜商、宜业、宜居的美丽家园建设。全年累计集中新交付安置房9个小区2617套(24.86万平方米),截至年底过渡费在发3535户,全年发放金额9246万元,推动拆迁群众尽早入住新房。全年挂牌2个地块,成交价共计1840万元。为加快退二进三步伐,资产公司将翔宇电力公司、建瑞科技地块、清阳机械、爱民置业、原二纺厂及农民合作基金会的股权变更到资产公司名下。促进融资工作的开展,先后完成淮河路南、杨井路西地块和嫩江路南、经六路东地块以及九江路南、渭河路东地块三块土地的摘牌与土地证办理工作。

【城市长效综合管理及国有资产管理】 城市长效综合管理工作做到及时赶到现场、调查落实、进行处理并整改到位，同时将办理情况和结果及时向区城管办回复，对整改情况进行跟踪巡查，以防反复。全年收到区城管办下发的交办单69份，对交办的问题全部整改到位，做到交办任务无积压、无拖拉。加强国有资产管理力度，提高资产管理水平，明确工作职责与工作要求，力求做到规范管理、科学统筹，不断提高资产使用效率。资产管理工作正常收缴房屋场地租金。完成区国有不动产清理工作，对资产进行归类整理。

【服务企业】 城市名人酒店 做好城市名人酒店装修工作，在土建改造工作和隐蔽工程方面，做好每一层楼的结构加固、管线安装、墙体龙骨、吊顶龙骨、室外管网等工程。截至年底，城市名人酒店的外立面幕墙完成；配电房工程设备正在进行安装；内装修工程隐蔽工程结束，一层大堂元旦前完成；机电安装工程安装管道和管道桥架铺设验收完成，空调设备进场安装；外立面铝板勾缝进场施工；室外景观招标结束，进场施工。

开源担保公司 全年新增担保业务56笔，担保总额37780万元，实现担保费收入223.53万元；在保业务47笔，担保余额37185万元，完成全年3.5亿元的目标任务。同时，通过市中小企业低息统贷平台为区内包括中立方、港凌、沃因思、中淮植物油、华石建材、新澎复合材料、翔宇电力、淮安元明粉和凯德亚食品等9家企业融资总额达到1.09亿元，实现担保费收入130.5万元。另外，经区经信委同意，新增委托贷款业务，累计为江苏富士达置业有限公司、江苏淳天建设工程有限公司、江苏辉煌太阳能股份有限公司、江苏华运置业有限公司等5家企业新增贷款9540万元，实现利息收入1315.81万元。开源担保公司合作银行包括淮安农商行、江苏银行、浦发银行淮安分行、苏州银行、中行淮阴支行和淮阴村镇银行、华夏银行等金融机构，授信额度达3.8亿元。

审　计

【概况】 全年完成审计项目128个，查出主要问题金额29365万元，通过审计促进整改落实有关问题资金4646万元，为政府节约财政性支出24719万元；提出审计意见和建议197条；向区纪委移送案件线索3件；审计信息宣传被采用70篇。

【财政资金审计】 围绕建立透明规范的公共财政框架总体要求，坚持以规范预算管理、提高财政资金使用绩效为目标，以预算执行为主线，以财政支出为重点，先后完成区卫计委、教育局、商务局等15个部门预算执行情况审计；2015年度区本级预算执行情况审计。在市纪委组织的“百村财务审计”中，抽调16名审计人员对金湖县黎城镇大兴等12个村(居)2013年至2015年度财务收支进行专项审计。审计发现伪造变造会计凭证变通处理费用、截留危房改造资金等七大类25个问题并上报市审计局，对审计发现的村干部截留挪用危房改造资金、挪用“居家养老”专项资金、违规发放危房改造补助等10个问题线索向市纪委进行移送。有36人次受到党内严重警告、警告、问责等处理。在区纪委组织的扶贫领域专项整治和农村“小五长”突出问题专项整治中，对韩桥乡卫生院等17个基层站所2013～2015年财务收支进行审计。审计发现的拆分工程规避招投标、截留专项资金、资金管理混乱等31个问题，在进一步核实的基础上上报区纪委。对棉花庄卫生院等5个院站存在的工程拆分规避招投标、个人借款长期未还、侵占村民利益等10个问题线索向区纪委进行移送。

【干部离任审计】 完成区委组织部委托的区经信委和赵集镇等16个部门和乡镇的领导干部离任审计。审计中将落实中央“八项规定”和省、市、区相关要求作为经济责任审计的重要内容，加强对会议、出访、接待活动等公共经费使用情况的监督审查。通过审计，在完善干部监督管理机制、客观公正评价干部业绩、促进领导干部依法行政和廉洁自律等方面发挥重要作用。

【政府投资审计】 截至10月底，共完成政府投资审计74个，送审金额为128443万元，审定金额为105007万元，节约财政资金支出23436万元；跟踪审计36项，审计投资总额428000万元。

创新项目管理 在区招投标中心建立社会化中介服务机构库，所聘用的社会中介服务机构(甲级资质10个、乙级资质10个)均由审计、监察、区公共资源交易中心、建设单位一起定期或不定期地随机摇号产生，打破不思进取、特权等思想的束缚,实现政府投资审计“三公开”(实施单位公开、审计过程公开、审计结果公开)。

项目审核　抓住工程建设招标投标、设计变更、质量管理、竣工结算等关键环节,对重点项目、投资额大且有影响的审计项目,通过审核概算的准确性和合理性,有效降低工程造价;通过审核招标文件,对招标投标情况进行监督,规范建设市场行为,从源头上防止腐败;通过审核隐蔽工程、设计变更、现场签证,实现对施工过程的全面监督;通过审核工程结算,对工程财务决算进行监督,保证竣工决算准确无误。对审计发现的问题,及时下达整改意见,督促被审计单位规范管理,实现“审计、整改、规范、提高”四同步,把问题解决在施工现场。对36个跟踪审计项目,提出整改建议22条,节约财政资金1000余万元。

成果运用　在关注政府投资真实性、合法性、效益性审计的同时,注意查处建设管理过程中存在的突出问题,共提出工程招投标、合同签订、工程质量、工程监理、工程结算等方面的整改建议31条,移送有关单位处理案件2起。针对政府投资审计中折射出的合同版本不一致、项目变更多、未按合同规定的条款执行等问题以审计要情的形式及时上报相关领导和单位。

【审计问题整改】　改变以往“重审计,轻整改”状况,教育和引导审计人员彻底转变观念,主动对接、主动跟进,与被审计单位一道共同推动问题整改落实。①明确审计整改第一责任。明确各个项目审计组长(主审)为审计项目整改督促检查工作的第一责任人,督促被审计单位对涉及的审计整改事项,限期督办解决,以确保整改工作落到实处。②明确内部监督机构。法规科建立审计整改信息动态管理,对审计整改情况实行“对账销号”,未落实和落实不完整均不能“消号”。③加强现场督查。经承办科室督促后仍然不能落实整改的,由法规科及时向相关业务科室分管领导通报情况。经请示局主要领导同意后,向相关单位发送“关于督促审计整改的函”,必要时,进行实地督促检查。④实行联动机制。对十八大后审计发现问题整改情况进行梳理、归类,及时向区政府主要领导汇报,8月10日上午,组织召开全区使用公共财政资金的副科级以上单位主要负责人(120人)参加的审计整改专题会议。会议印发《关于进一步做好审计整改工作的意见》,要求将审计整改纳入政府督查体系,由区政府督查部门进行重点督查,推动审计整改;区委组织部将审计成果运用纳入被审计单位主要负责人年度考核;区纪检监察部门将审计整改情况作为相关部门和单位主要负责人“三述”,督促被审计单位落实审计整改。开展“组审”合作与“纪审”合作,对督促检查发现有虚假整改、拒不执行、压案不查等行为的,由纪检监察、组织人事部门及其上级主管部门按规定进行责任追究。⑤加强绩效考核。将审计结果落实情况纳入各业务科室年度业务工作考核,实行内部通报,并将考核结果作为年度评先评优和表彰的重要依据。

统　计

【概况】　按照国家、省、市统计局和调查队的工作部署和统计报表制度规定,完成核算、农业、工业、住户调查、商贸、服务业、投资等各项常规统计调查。做好新增规模以上统计调查单位的培育工作,抓好新增单位申报入库,妥善处理56家企业的退规、关闭和注销等在库单位管理工作。成立以统计局长为组长的企业联网直报工作领导小组,健全相关工作制度,及时处理联网直报工作中发现的问题。同时,加大统计数据核查力度,组织业务人员对开发区和重点乡镇的943家“四上”企业进行核查。按要求完成2016年全国人口变动抽样调查工作。

【农业普查工作】　普查机构组建　按照省、市农普办的统一部署和要求,全区21个乡镇和开发区农业普查机构经全部组建完成,根据省“第三次全国农业普查综合试点方案”和市农普办会议要求,开展综合试点工作。

经费物资落实　按照国家和省、市农普办统一要求,及时沟通协调相关部门,落实普查经费预算编制、普查办公场所、普查物资配置。农普工作经费全部落实,抽调的区级普查人员集中办公,普查物资(PDA及无人机)采购到位。

两员培训　10月22日至11月1日,分三期组织召开全区农业普查业务培训班,全区22个乡镇和1个高新区农普办业务骨干普查员及普查指导员共320人参加全区农业普查业务培训。通过市级、区级、乡镇的三次业务培训,普查指导员和普查员对农业普查工作有一个总体的认识,同时也较好掌握业务知识，为第三次全国农业普查下阶段的工作打下基础。

农业普查宣传 专题研究宣传工作，安排专人，专司宣传工作。贯彻落实"淮安市第三次全国农业普查宣传工作方案"，及时召开全区第三次全国农业普查宣传工作会议。在主要路口悬挂农业普查宣传横幅，张贴宣传标语，发放一封信；12月中旬，在南陈集镇举办一次以宣传农普为主题的文艺演出活动；在《淮阴报》和淮阴电视等媒体进行农业普查系列宣传，提高农业普查在群众中的知晓率，切实提高群众对农业普查工作的支持，形成较浓厚的社会舆论氛围。

农业普查清查摸底 组织各乡镇普查指导员和普查员进行集中学习培训，对住户摸底表和单位摸底表的填写进行详细讲解，将摸底工作布置下去。区农业普查办公室分成3个督导组，每组负责7个乡镇，从业务知识复训、传达上级精神、解答协调疑难问题，到督促质量和进度，一包到底，确保上情下达、政令畅通。全区21个乡镇和1个高新区共18.52万户农业普查清查摸底数据如期按省、市农业普查办公室要求时点录入完毕，并全部上传到省农业普查平台。

【统计服务】 统计预警监测 围绕区委、区政府规划的经济发展目标，找准工作着力点，加强对重点行业、重点领域、重点指标的跟踪监测，继续加强统计分析调研工作，深入分析月度、季度数据，敏锐捕捉经济运行中的新苗头、新变化、新问题，增强对经济运行趋势性研判，深度研究挖掘数据背后的活情况，提出接地气、能落地的对策建议，为区委、区政府及相关部门提供可靠的统计依据，做到应统尽统。

加强统计服务 及时编印统计资料，发布《2015年淮阴统计公报》，编纂完成《2015年淮阴统计年鉴》，编印《淮阴区第三次经济普查年鉴》，更新政府信息公开网上的月度统计数据信息，方便各级各部门及社会公众对于统计信息资料的查询。及时为社会各界提供所需的统计法定数据证明，为企业申报提供统计服务。定期举办重点企业"数海沙龙"活动，围绕经济新常态深研判、围绕地方经济发展明思路、围绕统计调查业务重提升，推动全区统计工作深入开展。

统计队伍建设 组织开展统计业务培训工作，做好统计单位新任统计人员、"四上企业"统计员和有关普查、抽样调查指导员业务培训。全年共举办各类培训会议30场，参会1500人次。

统计法制建设 以"七五"普法工作实施方案为总揽，组织开展统计"七五"普法宣传工作，利用基层统计人员报表和专业统计会议，宣传《统计法》和相关统计法规，发放《统计法》宣传单1000张。加大统计执法力度。深入开展"数据造假、以数谋私"专项治理工作，遏制"数字上的腐败"；配合市局做好丁集镇统计执法检查和赵集镇统计行政指导工作；认真开展统计执法，全年对近50家联网企业进行统计监督检查。通过宣传教育和严格的执法工作，推动统计法制建设，改善统计外部环境。

社会事务管理

劳动就业

【概况】 2016年,城镇新增就业7813人,城镇登记失业率控制在2.25%,城镇登记失业人员再就业3610人,就业困难人员就业658人;支持成功自主创业943人,扶持农村劳动力自主创业504人,引领大学生创业73人,创业培训3610人;开发创业项目20个,培育创业典型20人,为210位创业者发放创业担保贷款2300万元,新增劳动力转移5124人。全年创建充分就业示范社区5个,劳动力充分转移乡镇17个,实现城乡就业创业一体化。建成省级创业孵化基地1个、市级创业孵化基地2个。全年举办招聘会71场,累计提供各类需求岗位2.09万个,当场初步达成用工协议1.15万人。

【人事人才】 人事工作　严格执行人事管理制度,健全公务员管理机制,依法有序开展公务员考核、奖惩、参公登记等各项工作。全面推行事业单位岗位管理、人员聘用、公开招聘三项制度。人事考试坚持阳光透明,实现安全零事故。机关规范津补贴和事业单位人员绩效工资工作稳妥开展。完成2016年军队转业干部安置工作。

人才工作　探索高技能人才培养有效途径,优化高技能人才培养政策,新增高技能人才868人,年末每万人劳动力中有高技能人才260人,位处全市前列。开展城乡劳动者职业技能培训4285人,职业技能鉴定3143人。加强对51名“三支一扶”、119名大学生村官的日常管理以及应届大学毕业生档案的接收与管理。落实省十大领域海内外引才行动计划,加强博士后创新平台建设。新增专业技术人才1320人。实施素质培优工程,专业技术人员知识更新5000人。引进外国专家2人;新增留学回国人员4人;留学人员创业园建设方面,已引进留学归国人员2名;组织申报留学回国人员创业项目1人次,创新项目3人次。

【劳动关系】 ①建立工作机制。建立信访、劳动保障监察、劳动人事仲裁三维联动机制和处置群体性突发事件应急机制,劳动关系总体和谐稳定。规模以上企业劳动合同签订率始终保持在98%。完成部、省两级部署的薪酬调查工作。②对用人单位进行分类监管。全年主动监察用人单位516户,督促支付职工工资149.64万元,督促缴纳社会保险费37.45万元。③劳动争议仲裁调处。发挥省级示范仲裁院的调处功能,加强劳动人事争议仲裁“五化”建设,深化争议仲裁“三进”工作法,该项目被评为“2016年度县区法治为民办实事十佳项目”,案件调解率为51.1%。④妥善处理信访问题。及时办理各类交办来信、来访,及时回复淮水安澜、12345平台交办的任务单合计340件。加大法治宣传力度,打造“法治人社”,人社局被评为全市普法工作先进集体。加强与法制、信访、法院等部门的沟通与联系,妥善防范和处置群体性事件。

社会保障

【概况】 2016年,城镇职工基本养老、城镇职工基本医疗、失业、工伤、生育保险基金征缴收入分别达4.01亿元、2.42亿元、0.16亿元、0.098亿元、0.099亿元。年内投入60万元,打造“智慧社保”自助服务终端。推行网上申报、征缴社会保险费,在全市率先实现就业、社保一体化。推进基层医疗首诊制度和分级诊疗制度落实,在全省首推、在全市率先实行“1 +4”医保支持政策，推进“医疗、医保、医药”三医联动。全区城镇登记失业率控制在2.25%，城乡居民养老保险、城镇居民医疗保险、企业职工养老保险、城镇职工医疗保险、失业保险参保率分别为99.72%、95.64%、95.62%、95.6%、95.61%。

【完善社会保障制度】　开展全民参保登记工作，导入系统28.63万人。实行养老、医疗、失业、工伤、生育“五险合一”征缴模式，加大社保费征缴工作力度和参保覆盖面。规范医保基金运行，通过全国首次医保基金审计。强化制度创新，完善医保政策，解决转诊难和居民首诊不便的难题。在全省率先推行“1 +4”家庭医生签约服务医保支持政策，促进基层首诊和分级诊疗的落实。在全市率先建立联席会议制度，开展工伤预防工作，全年认定工伤297起。在全市首次建立医药机构纳入医保管理第三方评估机制，新增医保“两定”医药机构28家。启动机关事业单位养老保险制度改革，出台机关事业养老保险规范性文件，245个单位在省参保登记系统中完成数据维护。有13.51万人领取城乡居民养老保险，待遇发放率100%。启动老农保调查确认工作，解决历史遗留问题，加强制度的衔接配套，共录入缴费记录24.06万人次。

【健全服务体系】　打造集城镇居民医疗保险自助缴费、退休人员生存认证、社保信息查询、社保卡办理等功能于一体的“智慧社保”自助服务终端，搭建社保费征缴网上申报及微信、QQ等自动化服务平台以及企事业一体化居家养老服务平台。优化4006－513420人工呼叫服务热线功能，为参保单位和人员提供社会保险政策咨询、网络申报等10项电话咨询智能引导服务，实现一个电话解释所有政策问题，服务对象评价满意率达98%。建立社会保障卡制度，制作社会保障卡3.96万张，累计制卡43.30万张，发卡5.39万张。在全市率先实现就业、社保一体化，一体化率达98%。打通服务“最后一公里”，推进城镇居民养老保险信息化建设，打造20个便民服务示范点和5个便民服务站，确保待遇按时、足额发放到位。

【提高保障待遇】　完成机关事业单位退休人员基本养老金调整工作，共审批7400人次。企业退休人员月人均养老金上调至1769元。开展特困群体养老保险助保工程。城乡居民养老保险制度惠及37.66万参保人员，基础养老金每人每月由105元提高至115元。对城区残疾精神病人开办门诊特殊病种，将城区低保人员纳入医保同步结算平台，对特殊贫困人群实现免费用药和享受“一站式”医疗救助。优化异地就医经办服务，省内异地就医人次同比增长27.3%，全部实现在异地即时结报。推行城镇职工住院费用二次补偿和居民大病保险。2016年，城镇职工医保住院结报1.13万人次，居民医保住院结报1.56万人次，工伤保险结报340人次，生育保险结报1030人次。职工医保住院次均费用比实行病种分值前实现零增长，城镇职工、居民医保政策范围内报销比例增长1%。

民　政

【民间组织管理】　2016年，在做好社会组织登记管理、年度检查、等级评估等各项常规工作的同时，推进社会组织孵化基地建设运营和公益创投工作，以政府购买服务的方式推进简政放权和政府职能转移，完成年度各项任务。

社会组织培育　按照省民政厅印发的《江苏省四类社会组织直接登记管理暂行办法》要求，对行业协会商会类、科技类、公益慈善类、城乡社区服务类社会组织，进行直接登记，严格按照《行政许可法》和社会组织管理相关法律法规的规定，在办理登记中严把受理关、审核关、核准关、发证关、公告关、时限关，不断规范登记审批程序，不断提升服务效能。

落实扶持政策　健全政府向社会组织购买服务制度，以“政府支撑、社会举办、专业管理”的创建模式，推进社会组织孵化基地建设，对新成立的社会组织予以资金、项目、人才、场所等多元化扶持，全年投入福彩公益金30余万元，通过政府采购的方式，对社会组织开展的老年人服务、青少年服务、救助帮困等公益服务项目予以资金扶持，有效调动社会组织参与社会治理的积极性。

社会组织年检和等级评估　根据《社会团体登记管理条例》《民办非企业单位登记管理暂行条例》和民政部《社会团体年度检查暂行办法》《民办非企业单位年度检查办法》等有关规定，采取发布年检公告、给业务主管单位和社会组织发函等方式，依法对经该局核准登记的社会团体和民办非企业单位进行年度检查,结合区社会组织建设及评估工作的实际,联合教育局、体育局、卫计委等单位成立评估小组,于10月下旬组织完成社会组织年度等级评估,共评出AAA级社会组织12家,AA级社会组织2家,A级社会组织33家。

严格事中事后监管 明晰业务主管单位与登记管理机关的权责,加强各部门之间的沟通协调,形成监管合力。结合登记变更、年度检查、等级评估等时机,加强对社会组织的教育和引导。结合示范性社会组织创建活动,发现和培养一批自治水平高、服务能力强、具有较高公信力和影响力的优秀社会组织。全年新登记注册社会组织92家,其中社团20家、民办非企业单位72家,全区社会组织共539家,其中社会团体233家、民办非企业单位305家、基金会1家。

【救灾救济】 2016年,淮阴区遭受自然灾害4次。分别是"2·5"低温冷冻灾害、"6·23"洪涝灾害、"7·26"风雹灾害和"10·31"洪涝灾害。4次灾害共造成全区5个乡镇0.46万人受灾,累计农作物受灾面积321公顷,其中农作物成灾面积270公顷,绝收面积26公顷,灾害共造成直接经济损失1005.25万元。下拨自然灾害生活救助资金100万元。全年共救助133人次,发放救助金34.09万元。王营镇同兴社区被评为"全国综合减灾示范社区"。

【优抚工作】 全区有享受国家定期抚恤补助的各类优抚对象4622人。其中伤残人员409人、老复员军人230人、"三属"85人、"两参人员"704人,带病回乡退伍军人144人,老年烈士子女369人,60周岁以上老兵2681人。

【安置工作】 组织328名秋、冬季退役士兵参加职业技能培训。通过采取积分选岗、相关单位无条件接收安置的行政推力方式,实现4名转业士官的一次性安置就业,分别安置在区住建局、水利局、卫计委、交通局4个系统。发放自主就业补助金1100万元,安置率为100%。

【地名管理】 与周边7个县区签订平安边界协议;完成与清浦区、清河区界线联检工作;设置城区道路、背街小巷指示牌100块。

【婚姻登记】 全年共办理结婚登记1.08万对,离婚登记2521对,补发结婚证1834对,补发离婚证176对。2月1日起,执行民政部新修订的《婚姻登记工作规范》。

表3　淮阴区2016年结婚登记分年龄段情况

性别	合计(人)	20—24岁		25—29岁		30—34岁		35—39岁		40—49岁		50—59岁		60岁以上	
		人数	%	人数	%	人数	%	人数	%	人数	%	人数	%	人数	%
男	10829	2481	22.9	3754	34.7	838	7.7	706	6.5	1669	15.4	957	8.8	424	3.9
女	10829	3284	30.3	3328	30.7	766	7.1	743	6.9	1577	14.6	866	8	265	2.4

表4　淮阴区2016年离婚登记分年龄段情况

性别	合计(人)	20—24岁		25—29岁		30—34岁		35—39岁		40—49岁		50—59岁		60岁以上	
		人数	%	人数	%	人数	%	人数	%	人数	%	人数	%	人数	%
男	2521	68	2.7	670	26.6	603	23.9	486	19.3	526	20.9	141	5.6	27	1.1
女	2521	195	7.7	806	32	561	22.3	432	17.1	407	16.1	104	4.1	16	0.6

【收养情况】 严格按照《中华人民共和国收养法》《中国公民收养子女登记办法》《收养登记工作规范》等文件规定,规范收养登记资格审查、家庭评估和证书发放,全年办理收养登记6例。

【殡葬改革】 全年火化遗体5700具,火化率达到100%,累计为各类丧户减免殡葬费用400万元。生态殡葬全面推进,至年底完成生态林地建设并投入使用,生态节地葬设施拥有率达到40%。

【社会福利】 出台《区政府办公室关于提高城乡低保和特困人员供养标准的通知》,及时提标并足额发放孤儿养育费用。规定社会散居孤儿每人每月1178元,福利机构集中养育孤儿每人每月1930

元,监护人监护缺失儿童每人每月940元。监护人无力履行监护职责儿童每人每月589元、重残重病及流浪儿童每人每月354元。执行新标准从2016年7月1日起执行。全年发放103个孤儿养育费149.01万元、59个困境儿童养育费34.75万元。

老龄工作

【概况】 2016年,全区老龄工作坚持“创新、协调、绿色、开放、共享”发展理念,以创新发展老龄事业为主线,以落实老年政策法规、发展养老服务业、提高老年保障优待水平、维护老年人合法权益、加强基层老年组织建设为重点,较好助推全区老龄工作上台阶、上水平。全区60周岁以上老年人口17.31万人,比上年增加1.16万人,占户籍人口的18.5%,其中80周岁及以上高龄老人有2.01万人,占老年人口的11.61%。加快养老服务体系建设,全区建成各类养老服务机构40家,每千名老年人拥有床位数近37.74张,其中各类养老机构床位数3600张、护理型床位1360张,占比43%。社会力量或者是民办养老机构床位数为1399张,占比46.2%。

【居家养老建设】 全区12个城市社区均建成居家养老服务中心(站),完成率100%;农村社区居家养老服务中心(站)建成210个,占农村247个村(居)的85%。新建18个村(社区)标准化居家养老服务中心,关爱驿站4个,日间照料中心1个,社区老年人助餐点12个,均通过市、区验收并运营。

【政府购买养老服务】 出台《区政府购买养老服务实施办法》,为困难高龄、低保失能等631名老年人购买服务,采取亲友、邻里照顾方式,上门提供助餐、助浴、助洁、助急、助医、护理、家政等服务。

【农村养老服务】 在农村形成以镇区域性养老服务中心为重点,以敬老院为骨干,村居家养老中心为基础,老年关爱之家、关爱驿站等服务设施为补充的农村养老服务体系。全年投入1400余万元完成21所农村五保供养服务机构的消防改造,确保供养机构每个房间或套房内都有卫生间、保暖降温设备和电视机,老人不出院能洗澡,能看病,能康复娱乐,所有敬老院安装报警、喷淋系统。建成乡镇区域性养老服务中心8个。建设50张床位以下小型农村“老年关爱之家”9个,建成1所养老护理院,建成为农村留守儿童上学的空巢老年人提供休息娱乐服务的关爱驿站8个。

【养老产业园和医养融合养老中心建设】 阳光新城养老产业项目开工建设,项目用地面积16.69公顷,计划投资12.68亿元。新建渔沟镇医养融合养老中心,建设占地面积3.23万平方米,全区累计调剂各类养老服务用房3000平方米。各敬老院全部建成医务室或者护理站,并与乡镇卫生院签订服务协议。区卫计委、乡镇卫生院支持养老服务业的开展,为全区60周岁以上老人建立健康档案。城乡社区医务室定期进入养老机构为老年人开展免费检查,宣传老年慢性病防治,进行康复护理。老年人在卫生院和医院就诊,均享受优先服务。

表5　　2016年淮阴区百岁老人名单

姓名	性别	身份证号码	地址
万潘氏	女	320821191307241306	赵集镇十堡村4组
陈黄氏	女	320821191306110507	吴城镇利民村6组
力许氏	女	320821191512100502	吴城镇头庄村4组
张孝龙	男	320821191711100513	吴城镇利民村4组
陈伏柳	男	320821190901170710	南陈集镇高成村4组
张朱氏	女	320821191508100729	南陈集镇乔庄村3组
朱延昌	男	320821191607020716	南陈集镇镇西村4组

续表

姓名	性别	身份证号码	地址
陈克标	男	320821191709201315	南陈集镇双庄村5组
王素珍	女	320821191306131109	码头泰山村5组
刘玉英	女	320821190610230904	韩桥乡朱庄村
施冯氏	女	320821191403020909	韩桥乡庆华村9组
万美珍	女	32082119151222090X	韩桥乡湖滨村9组
孙赵氏	女	320804190907200021	王营镇越河村
秦丁氏	女	320821191711031503	王营镇越河2组
陈良玉	女	320821191711170108	王营镇同兴社区
程道华	女	320804191709123103	王营镇机关社区
李丁氏	女	320821191607041904	棉花庄镇刘河村1组
开桂芳	女	320821191705202505	棉花庄镇三河村12组
李张氏	女	320821191702071909	棉花庄镇袁庄村8组
仇作杨	男	320821191404122317	王兴镇开庄村9组
刘王氏	女	320821191408292700	老张集乡张集村8组
丁凤英	女	320821191603032920	丁集镇宗楼村5组
蒋玉兰	女	320821191708103123	五里镇大树村2组
郑　林	女	320821191703163100	五里镇老郑村3组
刘考英	女	320821191509113302	刘老庄乡姜庄村4组
祁秀兰	男	320821191609073504	徐溜镇徐溜村12组
周　华	男	320804191609153516	徐溜镇张庄村3组
胡兰英	女	320821191711153500	徐溜镇新和村2组
李徐氏	女	320821191306243705	古寨乡古西村4组
贾秀英	女	320821191106164308	西宋集镇洪北村
戴桂香	女	320821191602104304	西宋集镇汤集村2组
马同英	女	320821191707193921	西宋集镇蒋渡村1组
蒋宗氏	女	320821191710033902	西宋集镇蒋渡村6组
倪王氏	女	320804191704266105	吴集镇淮西村二组
王述华	女	320821191308034501	渔沟镇裘庄村8组
王秀珍	女	320821191502144704	渔沟镇西河村2组
邵明计	男	32082119150817471X	渔沟镇淮河村6组
王秀英	女	320821191405204509	渔沟镇徐赵村
汤玉珍	女	320821160715450	渔沟镇何庄村1组
夏能英	女	32081191612184728	渔沟镇镇渔沟村5组
孙广厚	男	320821191709174716	渔沟镇新民村6组
韩贺氏	女	320821191210024903	袁集乡袁北村尹庄组

续表

姓名	性别	身份证号码	地址
赵淑兰	女	320821150331510	三树镇张桥村6组
戈锦华	女	320821191510115305	三树镇三坝村3组
万丁氏	女	320821191712175103	三树镇汪洼村4组
张爱权	男	32082119170421511X	三树镇张桥村3组
戚正兰	女	320821191703275305	三树镇渠北村2组

残疾人事业

【概况】 淮阴区共有各类残疾人5.6万人，占全区总人口的6.2%，其中各类持证残疾人共计1.4万人，重残(1、2级)8.48万人。

【常规工作】 教育就业 开展劳动技能培训，共计培训残疾人200名，促进180名残疾人就业，扶持170名残疾人脱贫和20名残疾人个体从业、灵活就业或自主创业。

救助补贴金发放 1～3季度为全区6075人无固定收入重残人员发放救助金2115.82万元。按照农村每人每月60元、城镇每人每月80元的标准，共向737名二级以上(含二级)肢体残疾、智力残疾、精神残疾、视力残疾的重度残疾人发放重残补贴金40.55万元。按照农村每人每月110元、城镇每人每月160元的标准，共向648名16～60周岁生活不能自理的一级肢体残疾、一级视力残疾和一、二级精神、智力残疾的重度残疾人发放重残护理补贴金65.58万元。根据省政府文件要求，残疾人“两项补贴”将移交民政部门发放。

财政性资金自查自纠 在全区残联系统进行财政性资金自查自纠工作，共查实39人次违规领取重残救助金、补贴金、护理补贴，追回资金137940万元，全部缴入财政专户。

康复服务 争取康复专项资金412万元，以每人每年3000元标准，共完成贫困精神病患者免费服药375例；以每例1000元标准，为72例贫困白内障患者免费手术；超任务完成0～14周岁残疾儿童免费康复393例，康复训练期免费限延长2个月；完成假肢矫形器安装21人；给予13名听力言语儿有障碍的儿童验配助听器，验配率达100%；投入47万元对780余户残疾人家庭进行辅具适配及无障碍改造。

组联维权 全年办理残疾人证1268本，全区共清理“假、错、空”残疾人证1306本。以助残日、爱耳日等节日为契机，积极开展残疾人文体活动，宣传残疾人保障法和惠残助残政策，为听力残疾人选配助听器。推荐12名残疾人运动员参加省残疾人游泳锦标赛，共获得4项第一名、3项第二名、4项第三名。按时足额为402名残疾人发放燃油补贴10.452万元。年初成立残疾人消费维权工作站，为残疾人消费者提供法律咨询和法律援助。积极受理残疾人的信访，维护残疾人合法权益，

【残疾人证复核工作】 残疾人证复核工作由省残联统一安排，淮安市残联专门部署。3月，区残联启动开展“假、错、空”残疾人证清理工作。在区、乡残联系统自查自纠中清理出假证11本、错证459本、空证836本；在全区重残复核工作中，全区9261名重度残疾人有5839人残疾类别与等级相符，发生变动1807人，其中95人升级、1205人降级、507人类别变动。

【残疾儿童延期康复】 0～14周岁残疾儿童康复由原来9个月延长至11个月。市、区两级政府把“0～14岁残疾儿童康复延期2个月的康复救助工作”项目纳入为民办实事范畴。区残联争取资金110万元，为“延期康复”提供保障。全区有393名0～6周岁，63名7～14周岁残疾儿童在机构接受康复治疗。

【残疾人意外伤害保险】 继续为所有持证残疾人购买人身意外伤害保险，为1.46万名残疾人投保支付保险金20.54万元；6月底，残疾人的保险单以乡镇单位全部发放到残疾人手中。截至11月底，全区共理赔24起，理赔金额61.31万元。

省残疾人福利基金会公益助残创新奖

【残疾人托养工作】 全年托养任务是乡镇托养160人、区级托养80人。区残疾人托养中心依托三旺电子的元器件加工、邦德玩具厂的玩具加工项目，日间照料残疾人62名，全托残疾人31名。各乡镇依托敬老院筛选符合条件的智力、重度肢体残疾人进行托养，完成目标任务。

【残疾人之家建设】 "残疾人之家"创建工作是省政府2016年为民办实事项目。区残联根据淮阴区残疾人工作实际，制订《淮阴区"残疾人之家"试点工作实施方案》，贯彻以人为本，以"家"为阵地的创建思想，在王营镇、丁集镇、渔沟镇、吴集镇、袁集乡、古寨乡6个乡镇选址创建"残疾人之家"。11月底，丁集镇、渔沟镇、吴集镇、袁集乡、古寨乡5个乡镇完成残疾人之家建设任务，足额完成省民生实事项目任务数。

【创新创优】 "爱心亭"项目 继续做好"爱心亭"项目的推广，3月，省残疾人福利基金会授予区残联"助残创新奖"。用"爱心亭"为残疾人搭建就业平台，全年共举办"爱心餐饮"培训班2期，培训残疾人59人。

"雷锋邮路"助残志愿者服务队建设 与邮政部门共同打造助残志愿者服务队——"雷锋邮路"。全区残联系统工作人员和邮政工作者分别和残疾人家庭结对帮扶，切实做到"四个一"(每月看望一次残疾人，和残疾人谈一次心、听残疾人一个建议，为残疾人做一件事)，让残疾人感受到社会帮扶的温暖。

残疾儿童筛查工作进乡村 残疾的早筛查、早发现、早康复是有效预防残疾的重要手段。以往残疾儿童的发现主要靠医疗机构上报，基本上是儿童已经发生问题家长才带去就医，医院发现一例上报一例。2016年，区残联携医疗机构走进乡村筛查残疾儿童，免费为2~6岁儿童进行视力检测，共检测儿童1700名，共筛查出弱视、斜视、散光、近视儿童89名。

民族宗教事务

【概况】 淮阴区是江苏省民族宗教工作重点县区，有基督教、伊斯兰教、佛教三种宗教，经批准登记宗教活动场所174处，信教群众4万人，其中基督教170处、伊斯兰教清真寺2处、佛教2处。有回、苗、彝、壮等34个少数民族共3600人，有1个民族村、3个民族组。

【宗教工作】 创新用人育人机制 以德才兼备、有较高声望为标准，有计划培养人才，全区有牧师6名、长老9名、神学院校毕业生21名、阿訇6名。分层次组织基督教长老、传道员及神学生等宗教教职人员赴省、市培训。9月6日，区基督教"三自"爱国会组织开展中青年传道员讲道比赛。

开展爱国主题教育 春节后组织170名宗教教职人员全脱产业务培训，为期半个月，内容涉及爱国主义及党史讲座、宗教会议精神及年度工作、档案管理、财务管理等各个方面。5月，组织19名教职人员参加市民宗局爱国主义教育培训班。10月，组织宗教团体和部分宗教教职人员22人到井冈山革命老区开展爱国主义实境教育。

星级宗教场所、和谐平安寺观教堂创建 配

码头镇张庄镇村民族村建设

合公安部门做好“打邪制非”集中整治，印发反邪教宣传资料1万份，分发到各宗教场所。6月，在宗教系统组织开展宗教政策法规学习月活动，受教育信徒2万人次。开展星级宗教活动场所创建活动，创成星级宗教活动场所四星级3个、三星级3个、二星级5个、一星级2个。

开展慈善公益活动 开展“爱心奉献日”“宗教慈善周”等活动，共筹集善款20万元，全部用于助学、助困、助医等。5月28日，江苏基督教儿童关怀项目在淮阴区“三自”爱国会启动，38名学生获资助，总受助金额7万元。6月23日，引导组织宗教界对阜宁龙卷风灾害事件捐助善款5万元。8月22日，淮阴区举办统一战线光彩事业暨宗教慈善资助百名优秀大学生资金集中发放仪式，宗教界一次性资助58名大学生，每人2000元，计11.6万元。

【民族工作】 *争取资金* 组织申报中央和省少数民族发展扶持资金项目4个，争取资金165万元，用于实施民族村组道路、文化广场、山羊养殖等。

食品补贴 落实有清真饮食习俗少数民族食品补贴，为全区符合条件人员按时足额发放，发放标准每人132元/年。

维护民族团结进步 7月13日，江苏省淮洲中学文化艺术中心主题教育馆被江苏省民委命名为首批“江苏省民族团结进步主题教育馆”。

培训观摩 码头镇张庄镇民族村被省民委选为少数民族特色村镇建设培训班观摩点。全省少数民族特色村镇建设培训班7月份在淮安市举办，期间，观摩淮阴区码头镇张庄镇村特色村镇建设先进经验。

优生优育

【计生奖扶】 2016年，淮阴区对参加合作医疗并持有《计划生育家庭特别扶助制度扶助证》的对象及其子女，住院可报医疗费减去起付线后，按100%的比例进行报销。建立计划生育特殊家庭联系人制度，为每户计划生育特殊家庭明确一名乡镇领导干部和一名村（居）委会干部作为帮扶“双岗”联系人，并明确联系人的责任，围绕联系对象的需求开展精准服务。对全区107户计划生育特殊家庭每户发放2000元的帮扶金。

【计生指导】 1月1日起，全区正式实施全面二孩政策。2016年度，全区共出生1.06万人，出生率为12.07‰，出生女性为5169人，出生婴儿性别比为105.24。其中政策内出生1.04万人，政策外出生174人，出生政策符合率为98.36%。全区全面实施二孩政策衔接有序。通过市卫生计生委对各县（区）“新国优”创建资料的规范度、完整度进行的集中评审和重点核查，并作为市拟推荐的新一轮全国计划生育优质服务先进单位上报省卫生计生委。淮阴区成功创成新一轮全国计划生育优质服务先进单位。

【流动人口管理】 淮阴区在江苏省流动人口卫生计生服务管理信息系统中共入库5.58万人，育龄妇女2.64万人，已婚育龄妇女2.04万人，上传提交省外信息1.10万条，提交省内流动信息2.20万条，回复协查信息1.14万条，回复率100%。处理各地来电来函4367次。流动人口服务管理率达96.12%。2016年，淮阴区的全省流动人口综合管理平台进入全面改革更新状态，能够在网上及时、快捷地为广大育龄人群办理相关证件。特别是电子婚育证明的上传打印以及承诺书的下载等重点工作。达到“信息化建设年”的相关标准。

【信息化建设】 淮阴区域健康人口健康信息平台日益完善，数据对接工作持续推进，完成与省平台数据对接工作，实现区域卫生信息平台与医疗卫生机构之间的互联互通和信息共享，逐步实施跨行业数据共享、部门协同的区域信息体系。年内向省卫计委提出区域人口健康信息平台三级评审申请，受到省评价组领导的一致认可。网络基础设施建设、网络信息安全工作得到进一步加强和完善。

基础设施

交　通

【概况】　至2016年底，淮阴区公路总里程达2138.381公里，公路密度达1.692公里/平方公里。其中高速公路90公里，一级公路82.815公里，二级公路232.05公里，三级公路106.334公里，四级公路1427.726公里，等外公路199.456公里。航道总里程达158.37公里。其中三级航道23.29公里，六级航道70.04公里，等外航道34.69公里，专用航道3.17公里。港口25个，码头泊位75个，码头总延长3583米。铁路里程达69.53公里，车站2个。年内实施总投资近110亿元的公路、铁路、水运、城镇公交四大类17项工程，部分工程已提前竣工交付使用。503省道淮安机场连接线、新许渡大桥续建工程达到序时进度。撤渡建桥江渡人行桥开工建设。完成新改建农路95公里，占年计划190%(任务数50公里)、农桥改造完成35座，占计划350%(任务数10座)。淮阴港区城东作业区1号港池主体结构基本完成，2号港池已进场施工。淮阴港城西作业区完成试运营。连淮扬镇、徐宿淮盐铁路淮阴段全面开工建设并完成省定年度目标任务。

【运输生产】　全年完成农村客运量550万人次，旅客周转量6750万人公里；货运量299.95万吨，货物周转量19.497亿吨公里。完成水路货运量226.4万吨，货物周转量10.0278亿吨公里。

【行业管理】　集中对擅自拆卸护栏、马路市场、边坡种植、广告横幅、乱堆乱放等行为开展专项整治；加强科技管理手段运用，建立全市首个公路指挥分中心，实时监控路网运行状态，实现公路管理与服务智能化、可视化和信息化；加强施工路段管理，做好区域供水工程、高铁建设工程的服务工作，加强325省道丁集联络线道路改造工程、农路提档升级、农桥改造工程的监管。做好233国道“畅安舒美”示范路创建前期路域环境整治工作，加强对未经许可涉路施工、道口搭接等违法行为的查处，全年共处理路损案件61起，办理行政许可6件，清理非公路标志1100块、占道摊点1500处、堆积物7100平方米。建成刘老庄、码头等11个农村客运站及120个站亭；全年新开通5个乡镇镇村公交。至年底，共开通凌桥、丁集等12个乡镇的镇村公共汽车，镇村公交覆盖率达57.14%，惠及136个行政村、9个居委会、44万群众。区公共交通服务中心具备公交车进场使用的条件并有部分公交车辆进场使用。协调市公交公司制订出台公交线路优化方案，开通5条、优化3条线路。培育泽宇、安吉2家国家AAA级物流企业。全区有维修企业173家、驾校19所。完成内河船型标准化工作。坚持巡航制度，实行动态管理，发现违法行为及时制止，杜绝新的违章产生，营造安全畅通的通航环境，辖区航道干、支线通航保证率分别达95%和90%以上。利用航政车、艇巡航282天4100公里，对违规行为及时制止，发出相关法律文书，共发出违章行为通知书10份，制止擅自建设临河设施行为10起，办理行政许可8起，实施行政处罚8起。

【节能减排】　新增LNG车辆6辆；万邦汽车修理厂采取废油回收、油水分离等节能减排技术获得省交通厅奖励25万元；驾驶员培训中心新增驾驶模拟仪30台。推进全区485辆2005年底前注册的营运黄标车完成淘汰。辖区11家港口企业设置岸电箱19套，LED节能光源328盏。全年辖区共有21家港口企业设置岸电装置39套、节能灯具658盏，岸电系统覆盖率达84%，港口节能照明覆盖率达96%。

【文明建设】　及时更新“江苏文明单位在线”信息；区交通运输局及公路站、运管所、航道站均通过省级文明单位复审；完成创建全国文明城市布置的各项任务；先进典型华红梅被评为淮阴好人；开展文明交通志愿者、无偿献血、火车站志愿者等活动，注册志愿者达比例要求。全年开展“道德讲堂”活动5次；加强先进典型的培树，发挥典型示范引领作用。获“2013—2015”年度江苏省群众性精神文明建设先进单位称号。

【法制建设】　向社会公开公示行政“权力清单”和“办事指南”；落实“双公示”制度，推进权力网上公开透明运行；强化执法监督，规范执法程序，落实执法责任，推进廉洁公正执法；创新交通行政执法方式，推广使用不停车超限检测系统、视频登记和手机缴费系统、无纸化文书制作等非现场执法方式；作出行政许可决定1002项，实施行政处罚案件673例，无行政复议和行政诉讼。

水　利

【水利基建工程】　2016年，淮阴区完成水利基建工程总投资0.91亿元，主要实施分淮入沂综合整治、黄河故道综合整治、淮泗河治理增补等工程。完成分淮入沂年度建设任务5000万元；完成黄河故道综合整治工程年度建设任务4000万元；完成淮泗河治理增补工程年度建设任务100万元；完成民便河、孙大泓治理工程竣工验收。

【农田水利工程】　完成农田水利建设总投资1.72亿元，主要实施农村河道疏浚和河塘整治、淮涟灌区节水改造、小型农田水利重点县、中央统筹资金项目、千亿斤粮食项目、农桥项目、农村饮水安全（4603.73万元）等工程，所有目标任务全部完成。通过实施农田水利工程建设，新增有效灌溉面积2.4万亩，新增旱涝保收田6.1万亩，新增节水灌溉面积6.47万亩，农田灌溉水利用系数达0.602。通过实施区域供水，解决9.14万人饮水不安全问题，小型农田水利管理达标率达到90%。2016年，全区农田水利现代化指标为85分，完成省市跨越发展目标，为服务“三农”、服务民生和全区建设小康社会奠定坚实基础。管护的一系列制度全部建立并出台，全面完成小型水利管理体制改革任务。建立和完善农村河道长效管护机制，保证管理队伍和经费落实到位；创建水美村庄1个，成立农民用水合作组织8个。

【防汛抗旱】　开展汛前、汛后大检查，清除所有影响防洪安全的违章设施，保证全区水利设施运行正常，消除安全隐患，并将检查结果上报市防指。严格执行市防指调度指令，做好24小时防汛值班工作，区水利局领导班子成员亲自上岗带班，密切关注雨情和天气变化，及时报送灾情、险情等各类防汛防旱信息。严格落实各项防汛防旱责任制；修订完善各类防汛防旱工作预案，并印刷成汇报资料，发放到相关单位。对照防汛责任状要求完成防汛物资的储备任务。落实水利工程管理责任制，确保安全运行，无重大责任事故。开展18条省级骨干河道管理考核工作；深入开展达标创建工作，六塘河船闸管理所创省三级水管单位；涉河建设项目依法办理行政许可，并对其进行监管。完成2016年度省、市级防汛应急工程、2016年度省、市级水利工程维修养护项目等工程。

【水资源管理】　全面落实最严格水资源管理制度，全区用水总量3.75亿立方米，地下水用水总量247.12万立方米，水功能区水质达标率达85.4%，完成市科学跨越发展指标任务。加强水功能区和入河排污口监管，加强二河、古黄河饮用水源地巡查保护，完成《淮沭河饮用水源地达标建设方案》编制；严格地下水双控制管理，完成12眼地下水井封存工作，超采区得到有效控制；强化省水资源管理信息系统维护巡查工作，取用退水数据录入率、系统在线率达95.2%以上。

【节约用水】　开展节水型社会建设及节水型城市创建，实施节水“三同时”制度，落实计划用水管理制度，强化节水载体建设，完成10家省级节水载体复检，对淮阴师范学院、江苏嘉源元明粉等6家企事业单位开展水平衡测试，创成省级节水型企业（单位）1家、省级节水型学校2所，完成年初下达的工作任务。

【水环境整治】　牵头开展水生态文明城市建设，完成国家级生态区和低碳城市创建工作年度目标任务；完成水文化建设相关目标任务。开展孙大泓、崔大泓沿线的河道管护保洁，保持河内水面清洁，为城乡居民打造良好的用水环境、生态环境和居住环境。

【水行政执法】 坚持政务公开,有重点、有步骤地开展法治建设。开展"六五"普法活动,组织世界水日、中国水周、国家宪法日等宣传教育活动。进一步完善行政许可、行政服务相关制度、流程等,做好上级下放行政权力的承接工作。建立健全各项依法行政配套制度,规范水行政执法与监督;严厉打击河道非法采砂;加强执法巡查,及时发现、制止水事违法行为,依法查处水事违法案件,结案率达95%以上。全年组织开展执法巡查1467次,共5894人次,出动车辆1467台次,船艇254航次,及时发现并当场制止违法行为15起,驱离非法采砂船285船次,摧毁采砂机具40船次。

【活动坝水利管理所】 淮阴区活动坝水利工程管理所(由2012年原淮阴区活动坝水力发电站更名而来)位于江苏省杨庄闸北首350米处废黄河旧河床上,与江苏省杨庄闸平行,上游与淮河流域的二河、淮沭河、大运河、盐河五河相连。管理所始建于1976年10月,1980年2月并网发电。担负防汛、抗旱、排涝、灌溉等任务于一体,并利用过水流量创造效益,特别是在干旱、洪涝的特殊年份,发挥重大作用,为周边地区的工农业生产、人民的生活做出巨大贡献,取得显著地社会效益和经济效益。该所2012年成为淮安市三级水利工程管理单位,2015年通过江苏省三星级档案管理测评、江苏省三级水利工程管理单位测评。2016年,发电上网量达788万度,上网收入为298万元,综合经营收入为58万元。

【盐河闸水利管理所】 淮阴区盐河闸水利管理所为原盐河水力发电站,位于京杭大运河、淮沭河、盐河及废黄河的交汇处,距五河口大桥300米,利用洪泽湖和骆马湖水,在盐河引水渠首兴建而成。它利用灌溉、航运、泄洪和连云港的工业用水发电,是平原地区水能综合利用、梯级工程开发之一。该站占地面积8903.27平方米,建筑面积7.71万平方米。

【河湖管理处】 河湖管理处负责淮阴区境内流域性河道堤防工程及水利配套设施的管理和维护工作,强化对堤防植被及护堤林木的管理,防止水土流失。根据地区汛情、旱情,做好汛期查险和防汛值班工作,协助区防指组织当地群众参加抗洪抢险和抗旱减灾。负责区境内流域性河道堤防(湖泊)水政管理工作,协助水行政执法部门依法查处水利工程管理范围内的水事违法行为。2016年,利用"3·22"世界水日等宣传契机,开展丰富多彩的宣传活动,通过发放宣传手册、湖泊联合巡查等宣传手段,激发沿湖群众自觉维护湖泊生态健康的意识;在流域性河道要道口、水利工程保护等重要位置设置固定宣传牌数十块,向沿堤群众宣传加强河道管理的重要性。实施网格化管理,将境内洪泽湖划分陆域网格4个、水域网格14个,组织人员每天对陆域网格巡查1次、每周对水域网格巡查不少于2次,通过严防死守,全年境内无一例非法影响圩堤安全的事件发生。

城市规划

【概况】 2016年,全区规划工作以规划编制为抓手,精心谋划,着力提升城乡形象。配合做好城市总体规划修编工作,高起点谋划淮阴区未来发展空间布局;在上位规划基础上,委托清华同衡规划设计研究院有限公司编制淮阴区空间发展战略与总体城市设计;完成《淮阴经济开发区新渡片区(淮阴工业园单元HY09)局部地区控规》《淮安市新渡单元HY10局部控制性详细规划》控规修编;配合市规划局做好地下管线综合、轨道交通线路、停车设施布局、快速路一期等规划方案编制设计。组织完成棉丁、赵集、码头等片区规划;组织完成国家级重点镇渔沟镇、徐溜镇总体规划;组织完成码头历史文化名镇保护规划;组织完成码头镇等8个乡镇镇村布局规划;组织完成20个乡镇集镇控规的编制、完善工作。

【城乡规划管理】 2016年,规划分局以依法管理为途径,严把程序关、审批关,切实维护规划严肃性。在规划实施过程中,凡涉及城乡规划重大协调、决策和技术咨询的规划项目,一律提请市规划委员会和规划咨询委员会审议,全年提请审议事项6项。建设项目规划设计方案经论证、审查通过后,严格按程序上报批准,全年批准规划设计方案87份。规范做好规划条件核发和"一书两证"许可,全年核发规划条件47份;核发《建设项目选址意见书》12份;核发《建设用地规划许可证》27份,许可建设用地面积约134.71万平方米;核发《建设工程规划许可证》191份,许可建筑面积约91.13万平方米。强化规划批后管理,严格做好规划核实工作,全年规划核实50次,核实建筑面积约161.49万平方米。加强地下管线规划建设管理，引导区城市地下管线规划建设管理工作逐步走上规范化轨道。

【规划公示及舆情应对】 规划分局为确保社会公众的知情权，做好规划公示工作，确保规范、准确、及时。要求经审批的建设项目在建设工地按统一格式悬挂建设工程规划许可公示牌；对经营性和市民关切的项目一律予以批前公示和批后公布；对涉及人民群众切身利益的项目，做到在项目现场、新闻媒介及规划网站进行公示，充分听取群众的意见。及时应对舆情、信访，完成"阳光纪检""政风热线""12345""美丽淮安""局长信箱"等舆情信访平台回复答复50次。对到访人员接待热情、解释到位，全年接待到访10次。

【规划宣传教育】 规划分局通过各种途径和手段，精心组织城乡规划法律法规的学习宣传活动，全面提高规划意识。先后在黄河广场、大润发门前、渔沟、徐溜等国家级重点镇开展《中华人民共和国城乡规划法》及淮安城乡规划宣传、咨询，现场解答市民提出的规划疑难问题；在重要地段及重点乡镇悬挂城乡规划宣传横幅，发放宣传资料400份。在多个地点树立规划宣传牌，积极展示规划成果。组织城建、交通、各乡镇主要负责人参加上海交通大学举行的城乡规划培训班，组织本单位工作人员外出学习培训20人次。

城乡建设

【概况】 2016年，淮阴区建筑工程质量验收合格率达100%，全年累计下发安全隐患整改通知515份，整改率100%。全年实施市政项目17个（含2015年结转项目），开工建设项目15个，完成投资4.5亿元，完成西安路改造、银川路北延、北京西路西延、长江东路东延等7个项目；淮海北路延伸过铁路、双和村铁路道口改造及接线、承德路盐河桥、淮沭河水厂二期、增加泵站等7个工程在建，古淮河纪念桥项目完成施工招标。城市化率达51.1%。全年实施绿化项目19个，工程总投资约1.3亿元，新增绿化面积40.05万平方米，绿化覆盖率达40.36%。渔沟镇、徐溜镇完成投资6.17亿元，"十个一"基础设施配套项目基本完成。实施285户农村危房改造，安排危房改造补助资金396.38万元。

【住房保障】 区住建局对146户困难家庭发放补贴款44.83万元。新开工保障房1013套，分别为政府购买棚户区安置住房金润城项目594套和棚户区改造货币化安置419户；基本建成保障性住房1767套，分别为政府购买棚户区安置住房金润城项目594套、棚户区改造货币化安置419户、2015年棚户区改造安置住房奥体星城项目634套，以及江苏中立方实业有限公司职工宿舍楼公租房120套。实施颐和花园、桃李北苑等民生工程建设，颐和花园一标段主体结构验收全部完成，二、三标段地下室结构完成70%，桃李北苑交付使用。

【老旧小区改造】 完成国税公寓、星光苑小区、富豪花园、天一小区、二建公司宿舍楼等20个老旧小区改造，总投入资金1400万元，改造面积32.18万平方米，惠及居民3346户、1.2万人。其中国税公寓小区被纳入到2016年度省城市环境综合整治项目。

【房屋征收】 坚持公开、公平、公正原则，严格按照市"十公开"标准要求，主动亮底，人性化征收，和谐征收，阳光征收。全年启动实施原计生委、老汽车北站、成大宿舍楼及周边等18个房屋征收项目，涉及被征收户2238户、面积42.91万平方米。原计生委、香港路西C地块、成大宿舍楼及周边等13个项目全部完成，老汽车北站、淮阴师院东等5个项目正在推进，累计签约1837户，征收面积34.85万平方米。

【村庄环境整治】 1月，淮阴区通过省级正式验收，全区村庄环境实行常态化长效管护。创成市级美丽乡村（康居村庄）6个：码头镇泰山村武庄、码头镇码头村圩闸门、刘老庄乡郑河村绿色家园、古寨乡九房村集中居住点、丁集镇劳动村周庄、棉花庄镇大福村大福居住点。

【行业管理】 组织企业对照新资质标准，做好建造师、技术工人、现场管理人员、职称人员录入工作；开展建筑产业现代化基地申报工作，在2015年成功申报远翔系统化窗生产基地的基础上，2016年组织苏淮装饰门窗申报生产基地；推进特级企业创建，邀请市局领导，深入翔森公司，召开现场办公会，牵头开展甲级设计院合作洽商，带领企业到南京大地建设集团学习特级资质创建成功经验。

全年实现建筑业总产值252.67亿元，外出施工产值142.21亿元，组建规模市场7个，获得国家级专利7个,国优工程5个,省市标化示范项目16个,QC成果奖26个,各项指标保持全市前列。

【市政建设】　围绕"完善城市功能,改善城市形象,提高城市品位"工作目标,做好城市长效管理巡查、维护,及时完成交办任务。先后维修长江东西路、黄河东西路、北京东西路、沈阳路等主次干道5.37万平方米;南昌路、北京路、沈阳路等道板砖1.62万平方米;新栽承德路、北京路、银川路等路缘石8550米;完成北京东西路、长江东西路、珠江路、银川路等标线出新4.2万平方米;安装维修珠江路、黄河路、淮海路等护栏6806米。共完成长效管理交办单674张,合计1800余件;完成淮河路大修工程。抓好市政设施养护管理,全年清掏下水道雨污水管312公里,维护管理道路总面积达393万平方米,全年维修道路1.85万平方米、人行道2115.5平方米,维修路牙190米,维修窨336座、雨水井316座,更换窨井盖706只、雨水井盖836只。

【江苏同力建设工程有限公司】　该公司是原淮阴区一建公司经改制、重组、兼并后成立的大型综合性建筑企业,是江苏省淮安市淮阴区唯一双一级大型建筑企业。拥有房屋建筑工程施工总承包一级、市政公用工程施工总承包一级资质,具有境外工程承包经营资格。公司为中国建筑施工管理协会会员单位、江苏省"AAA"级资信企业,公司通过GB/T 19001-2000idt、ISO 9001:2000质量管理体系认证、GB/T 28001-2001职业健康安全管理体系、GB/T 24001-2004-ISO 14001:2004环境管理体系的三位一体管理体系认证。对外投资业务涉及市政、住宅、商业工程建设、房地产开发、酒店业、建筑建材生产销售等多个行业。

【江苏翔森建设工程有限公司】　该公司是原淮阴区二建公司被南京雨润食品有限公司购买兼并后更名的企业,是一家以建筑安装为主,集市政道路、钢结构、消防、装饰装璜、建筑幕墙、智能化设计施工、地基基础施工等多种产业相结合的综合性施工企业。公司具有国家房屋建筑工程施工总承包一级,建筑装饰装修工程设计与施工一级资质,建筑幕墙工程设计与施工二级资质,市政公用工程总承包二级,钢结构专业承包二级,建筑智能化工程专业承包三级、消防设施工程专业承包三级、地基与基础工程专业承包三级资质。公司注册资本3亿元,下设10个职能部门(含1个省级企业技术中心),9家土建总承包分(子)公司,1个甲级设计院,5家专业承包公司和5个项目管理公司。有员工1200人,其中工程技术人员1000人,超过90%具备大专以上学历;拥有高级职称35人,中级职称94人,初级职称146人,一级建造师52人,二级建造师56人。企业资产总额为56亿元,拥有各类大型施工机械设备。

房产管理

【概况】　2016年,淮阴区执行房地产调控政策不动摇,促进房价合理回归,加快商品房去库存工作,满足住房供应需求,推动全区房地产市场健康有序发展。全区在建开发项目35个,全年完成房地产开发投资55.11亿元,比上年增长43.1%;商品房新开工面积47.88万平方米,比上年增长5.1%;商品房竣工面积61.39万平方米,比上年下降14.4%。

【房地产销售】　全区销售商品房1.01万套,销售面积99.93万平方米,分别比上年增长34.8%和45.6%;其中销售商品住房7992套,销售面积88.71万平方米,分别比上年增长64.6%和62.5%;商品房销售均价4842元/平方米,其中商品住房4582元/平方米,分别比上年增长1.7%和2.3%。

【房地产预售许可】　全年新批商品房预售许可面积83.74万平方米,比上年上升14.9%。其中住宅预售许可面积69.46万平方米,比上年上升51.6%;商业预售许可面积9.74万平方米,比上年下降41.5%。

【产权登记管理】　2016年,上半年共办理所有权登记9833起,核准面积124万平方米;抵押权登记6187起,核准面积240万平方米;预告登记5241起,核准面积56万平方米;其他登记818起,核准面积35万平方米。从6月16日起实行不动产登记,至12月31日共办理不动产转移登记4983件,信息利用查询24576件,抵押权登记7525件,首次登记5552件,查封登记1164件,其他登记1149件,预告登记7779件,注销登记87件,更正登记47件,变更登记9件。

城市管理

【概况】　2016年,全区城市管理工作以制度建设为基础,以强化队伍建设为手段,以打造"铁人、铁军、铁手腕”“三铁”队伍为目标,依法行政、文明执法,开展市容环境秩序综合整治,积极推行精品化、精细化、规范化、制度化建设,市容市貌得到明显改善,城市管理水平不断提高,队伍规范化建设不断迈向新台阶,营造整洁有序的城市环境。区城管局在全市城市长效管理综合考核、防违治违考核中保持零扣分;环卫工作十次获得全市第一、一次第二。获得省文明单位、市廉政文化示范点、区“五一”巾帼标兵岗等荣誉称号,队伍建设和制度建设相继被中央电视台、江苏电视台报道。

【市容整治】 *春季市容卫生环境综合整治* 3月~4月,该局对辖区内主次干道、主要商业区等重点区域流动摊点、违规广告、超出门窗经营等开展整治。以问题为导向,全面排查问题,细化责任清单,制订详实的整治方案,明确整治目标、整治步骤、整治任务和工作措施。市容环境卫生整治工作取得明显成果,显著改善和提升城区市容环境卫生质量。共处罚流动摊点和超出门窗经营145起,清理杂物1000处,清除违规广告牌160块,清理破损及不规范广告、乱张贴2000处。

取缔小营广场马路市场 小营广场马路早市市场形成20年,有200个摊点,每天凌晨三点左右摊点陆续占道叫卖,既带来交通安全隐患,又严重影响市容环境卫生质量,周边居民多年来反映强烈。此次整治从前期宣传到强制取缔,用时不到十天,成功根治,取缔市场,还路于民。

整治香港路铁道以北路段 3月,区城管局针对香港路延伸段店外经营、堆放杂物、乱搭乱建、流动摊点、积存垃圾等现象大量存在,市容环境卫生状况非常差等情况,开展整治行动。共取缔流动摊点60个,拆除乱搭乱建60处、违规破损户外广告(店招店牌)90处;清理杂物、积存垃圾70车,清除乱张贴1200处、乱拉乱挂340处。整治后的香港路延伸段,秩序井然,卫生整洁,市容面貌焕然一新。

整治住宅小区 区政府出台《淮阴区住宅小区和生活大院管理实施意见》,将属地住宅小区和生活大院纳入社区社会管理,明确村居、社区管理小区的责任。通过整治,城区230个住宅小区和生活大院清理各类垃圾、杂物600吨,清理乱堆乱放、乱拉乱挂、乱停乱放等6500处,整改毁绿种菜500处,补植绿化1500平方米,规范广告牌210块,维修公用设施350处。

“931”整治 淮阴区“九整治”项目18个,“三规范”项目35处全部完成;新建1座、改造4座公厕,新建停车位300个。①城郊结合部、棚户区整治工程。营西村城、三朱村城郊结合部改善全部完成;府升小区三期230户,淮阴医院东地块126户,母爱公园北地块350户,均拆除完毕。②老旧小区、背街小巷2类整治工程。全部完成项目整治内容排查及方案制订工作,其中国税公寓老旧小区改造,共维修墙面550平方米,屋面3000平方米,铺设下水道170米,安装路灯和监控、粉刷楼道、更换和维修落水管道、实施自来水改造分户,整治工作基本完成;10条背街小巷整治全部完成。③低洼易淹易涝片区和在建工地整治。曙光路片区和珠江路片区两片低洼区域全部完成整治;4个在建工地全部完成整治。④城市设施改造项目。完成休闲服务设施10处、环卫服务设施220处、信息服务设施20处以及美化亮化设施20个以及新建交通服务设施100个。在城区新建1座、改造2座公厕,新建公厕选址火车站广场东入口处,全部投入使用。⑤婚纱城停车场建设。位于婚纱城顶楼,新增停车泊位320个,完工并投入使用,有效改善停车难问题。

【长效管理】 ①开展示范精品创建活动。每月开展示范路段、星级路段、示范小吃城、文明科室、六好中队“双十佳”等创建评比活动,以创建评比促先进,在局内形成“比、学、赶、帮、超”的氛围,并实行当月考核,当月兑现奖惩,切实提高市容精细化管理水平,调动工作人员积极性。每月示范路创建率达85%以上,示范单位创建率达93%以上。②实行重点区域与重点时段相结合。对学校、医院周边等重点区域加大管控力度,抓好国庆、元旦、春节等法定节假日和城区重大活动期间的市容环境秩序工作。在日常管理上,坚持时间和空间两个全覆盖,时间上执法大队实行早中晚班制,早上6:00至晚上9:30不间断巡查执法管理。渣土管理实行24小时三班制,全天候管理;空间上管理范围无死角。对流动摊点、占道经营、抛洒滴漏、非机动车停放等市容管理难点,通过处罚率考核着力破解管理难题,落实长效管理举措,提升市容环境整体管理水平。③完善考核奖惩制度。实行年度目标考核和日常考核相结合,进行周点评、月评比、季总结、年考核,环环相扣,推进城管工作。④创新渣土管理。渣土处置引入第三方审计,不准人为丈量规定,有效杜绝费用的跑、冒、滴、漏。搭建供需平台,对建筑装潢垃圾实行零收费管理。督促施工场地安装摄像装置,对带泥上路、偷运现象等违章行为进行有效监督。共处罚带泥上路等违章行为为24起。⑤创新防违工作机制。实行3分钟上报、48小时拆除制,即在查处到违章后,要求在3分钟内上报,48小时内拆除,有效避免工作人员弄虚作假。全年共拆除违章建筑7797平方米。

【爱心城管】 *爱心助学* 每年从淮州中学和淮海中学遴选出十名品学兼优的贫困学生,跟踪资助3年,直到他们完成高中学业。该项活动自2012年开展,累计捐款35万元,资助50名学生。

无偿献血 在环卫工人节、世界志愿者日两次开展职工义务献血活动,为社会公益事业尽一份力量,也让爱心城管的理念得到更深、更广的践行。

帮扶困难家庭 开展"党员干部帮扶困难家庭"活动,逢年过节,党员干部走访慰问王营镇东街社区、老张集乡郑湾村、张集村、孙圩村等村(居)17户困难家庭,给予他们物质上及生活上的帮助。

关爱弱势群体 针对流动摊点多、管理难且经营者大多是弱势群体等特点,有效实行疏堵结合。建设西坝小吃城、洛阳路小吃城两个疏导点,有修车点、苏食早餐、周三包子等便民点260处。通过疏导的方法,既维护市容秩序,又充分考虑民生问题。

国土资源管理

【概况】 2016年,全区国土资源管理工作围绕"十三五"工作目标要求,以"保护资源、保障发展、维护权益、改革创新、优化作风"为抓手,建立健全保护、保障和调控新机制,建设"能力强、素质高、形象好"的干部队伍,塑造"为民、务实、高效、清廉"的良好形象,为全区经济社会发展作贡献。区国土局被市国土局表彰为"国土资源管理工作先进集体";被区委、区政府表彰为"行风暨软环境建设优胜单位""部门差别化考核优秀单位";王营、西宋集中心所分别被市总工会授予"模范职工小家""工人先锋号"称号,行政审批科被市总工会评为"巾帼示范岗",被市政府法制办抽查的一宗案卷评为"十佳案卷";在淮安市优秀测绘工程评选中,赵集矿区采输卤管线数据库建设工程、淮安城乡建设用地增减挂钩建新区2016年度第4批次(15挂)土地勘测定界,分别被评为二、三等奖。

【国土资源保护】 实施土地整治及高标准基本农田建设项目6个,项目总规模7.1万亩,总投资1.5亿元,新增耕地面积427亩;实施城乡挂钩项目33个,面积为3995.8亩,新增耕地面积3930.8亩;启动实施耕地占补平衡项目25个,建设规模为1426.83亩,实现新增耕地面积1415.86亩;开展土地动态巡查83次,确保土地利用总体规划确定的耕地和基本农田数量不减少、质量有提高。

【保障经济发展】 争取下达全区用地指标4907亩,向上争取资金4615万元,协调国家级高新区创建获得国务院批复;5个建新实施方案获得省国土资源厅批复,共1997亩;完成国家级省级预审项目2个,面积345亩,完成市级项目初审52个,计3937亩;供地28宗计1762.8亩,收取土地出让金40665万元;处置已出让未开发地块9宗;会同区农委对温氏畜牧等34宗设施农业项目用地进行备案,为全区经济社会发展提供充足的用地保障。

【维护群众权益】 依法转、征用农民集体土地8批次、面积2570.7亩,落实征地预存款23744.8万元,拨付区财政被征地农民社会保障资金和一次性生活补助1.64亿元;办理来信138件、来访62件、阳光信访平台30件、来电21件;接待不动产登记办事群众3万多人次,受理各类审批事项2.34万件,颁发不动产权证书6372本、不动产权登记证明6076本,全国首本铁路不动产权证12月12日在淮阴区颁发;先后3次赴企业进行调研,到王营镇、三树镇、古寨乡、棉花庄镇、西宋集5个乡镇进行帮扶和慰问贫困户;开辟"绿色通道",建设"慧眼守土"工程和"四全"服务模式建设,招标开展农村集体建设用地大调查,有效维护人民群众的涉土权益。

【改革创新】 编制完成的《江苏淮安国家农业科技园功能片区土地利用规划(2014—2020年)》获省厅批复;提请区政府办印发工业用地先租后让和弹性出让实施意见,采用先租后让方式挂牌的高新区和渔沟镇2宗185.57亩工业用地顺利成交;第一批同一乡镇布局调整老张集乡试点及第二批徐溜、渔沟试点工作,均在全省率先完成拆旧复垦工作,一次性通过市局验收,确认新增耕地1346.3亩。

环境保护

【生态建设】 完善区级政策方案 贯彻落实《中共江苏省委、江苏省人民政府关于加快推进生态文明建设的实施意见》和全市生态文明建设大会精神，制定《淮阴区生态文明建设行动计划》。同时，根据《淮安市环境保护网格化划分及监管实施方案（试行）》要求和有关省、市文件精神，结合淮阴区实际，制定印发《淮阴区环境保护网格化划分及监管实施方案（试行）》，组织开展二级网格巡查员业务培训活动，进一步完善全区环境监管体系，切实改善环境质量，保障全区生态环境安全。

国家生态区创建 创建国家生态区后，淮阴区投入大量人力物力，建设乡镇污水处理厂、垃圾中转站等环境基础设施，完善"组保洁、村收集、镇转运"垃圾收集处理体系，持续推进镇村环境整治。2016年，通过国家级验收，并得到环保部技术考核专家组的高度评价，在苏北创建工作中起到"一个标杆、四个引领"作用。

生态红线区域保护 淮阴区生态红线保护区域面积284.49方公里，占全区国土总面积的22.5%，高于省级平均水平。根据《淮阴区生态红线保护规划》和《淮阴区生态红线资金使用管理办法》，积极开展生态红线保护项目实施工作，年初区政府常务会研究确定4大类14个生态红线保护项目，安排项目资金1970万元，其中污水处理设施9座，安排资金310万元；配套污水管网29公里，安排资金1250万元；饮用水源保护及环境整治生态修复项目安排260万元；环保能力建设安排150万元。全年生态红线区域没有发生重大环境污染、生态破坏事件。

生态环保推进会

农村环境综合整治 持续提高农村环境质量，改善村民住居环境，区环保局把覆盖拉网式农村环境整治工作作为为民办实事工程来抓，全年共向上级申请整治资金2080万元，用于26个村污水处理和垃圾收集系统建设，共实施完成污水主管网67.098公里、垃圾收集站45座、配套建设垃圾房1504个、农村村民集中居住点污水微动力处理设施14座。

【污染防治】 认真落实省、市大气污染防治会议精神，制定《淮阴区2016年度大气污染防治工作计划》，重点抓好工业企业污染防治、燃煤锅炉整治、挥发性有机物治理、城市扬尘污染治理等工作。全年共拆除燃煤锅炉43台，完成华能淮阴电厂3号、5号发电机组超低排放改造；水泥搅拌站等企业物料堆场粉尘治理、城区施工工地扬尘管控、黄标车淘汰等工作有序进行。召开全区夏、秋两季秸秆"两禁一用"动员大会，印发实施方案、加强现场督查巡查，全年无上级通报和环境卫星拍摄火点。2016年，全区环境空气重污染天数下降5天，PM2.5浓度比上年下降7.8%。加大对全区饮用水源地的日常督查巡查，发现问题及时交办处理。加强部门协调配合，加快青园污水处理厂配套管网建设进度，推进周边企业尽快接管。同时，加大对城区和乡镇污水处理厂的监管力度，确保正常运行。针对盐河水质问题，提请区政府尽快启动城区生活污水调输干管建设。全年全区饮用水源水质达标率100%，淮沭新河杨庄省考断面水质达标率100%，盐河等重要水体水质得到进一步改善。

【环境执法监管】 环境执法 认真落实《中华人民共和国环保法》及其配套政策相关规定，严格环境执法，加大对各类环境违法行为处罚和跟踪整改力度。组织开展对重点污染源和一般污染源的"双随机"抽查执法活动和环境执法大练兵活动。全年共进行现场监察2800多厂次，出动人员6000人次，依法立案查处环境违法案件38件，责令停产整治2件，按日计罚2件，涉嫌犯罪移送司法机关案件2件，申请法院强制执行案件4件，联合公安机关，依法控制非法倾倒危险固废涉案人员10人。行政处罚金额166.75万元。挖掘潜力，加大征收力度，完成排污费征收1400余万元。开展环保违法违规建设项目清理工作，全区有346个违法违规项目列入清理名单,并严格按照“三个一批”要求全部清理结束。

中央环保督察　7月,中央环保督察组进驻江苏省开展环保督查,区委区政府成立以区委书记、区长为组长的领导小组,同时成立以区分管领导为组长的协调联络组,下设6个工作组(综合联络组、材料组、信访组、督查组、宣传组、后勤组),推进各项工作迅速落实。区委书记刘泽宇牵头召开全区迎检工作动员会,对中央环保督察迎检工作进行具体动员和部署,并印发迎检工作方案和环境问题整治任务分解方案,对各项工作进行分解和细化,明确牵头单位、责任单位和具体的责任领导,限时限期完成任务。针对淮阴存在的突出环境问题和梳理出的违法违规建设项目等,组织相关部门对全区进行分片督查,落实整改措施。特别是对督察组交办的9件重点环境问题,组织人员重点督查推进整改,并向上级交办部门及时汇报办理情况。

解决群众关心的环境问题　畅通环保投诉信访渠道,开展矛盾纠纷化解行动。建立环境信访受理、交办、督查工作机制和突发环境事件应急处置机制,坚持24小时值班制度,畅通12369投诉热线。共接处环境信访565件,其中12369电话举报210件、12345政府公共服务任务单301件、上级环保部门等交办54件,全部按要求及时办结。做到事事有落实,件件有回复。

市政公用

·供　电·

【概况】　2016年,淮阴区全社会用电量16.28亿,比上年增长9.33%。工业用电量8.33亿,比上年增长2.7%。全区供电最高负荷39.6万千瓦,比上年增长14.5%。

【售电用电】　售电量14.38亿千瓦时,比上年增长12.12%;电网最高负荷39.6万千瓦,比上年增长14.5%;工业用电量8.33亿千瓦时,比上年增长2.7%;农业用电量0.19亿千瓦时,比上年增长23.42%;居民生活用电量4.39亿千瓦时,比上年增长7.44%,其中城镇居民用电量1.32亿千瓦时,比上年增长19.11%;乡村居民用电量3.08亿千瓦时,比上年增长16.74%。

【供电网络】　年末,淮阴电网有35千伏以上变电站23座(包括220千伏2座、110千伏10座、35千伏11座),变电容量172万千伏安。全区共有35千伏及以上线路37条,总长度406公里。共有10千伏配变4797台、容量136万千伏安,线路152条,线路长度2716公里。全区有各类用电客户34万户,装接容量达341万千伏安,其中大工业用户194户。

【电网建设】　加快全区主配网建设,110千伏新渡变建成投运,220千伏朱集变开工,110千伏果林变启动前期工作,为淮阴发展提升坚强的电力支撑。创新实施农配网施工大会战,完成3.5亿元农配网项目建设任务,共新建和改造10千线路477公里,新增和更换配电变压器660台,新建和改造低压线路1458公里,配电网结构更加优化,计划停电次数比上年减少51.2%,提升供电能力和供电质量。

【电网运行维护】　开展电力隐患集中整治,整改重超载配变55台,查处隐患848处,改造绝缘化线路390公里,10千伏线路跳闸比上年下降56.8%,供电环境得到改善。召开全区电力工作会议推进电力通道树木清理,清理树木12万余棵。全省平安电力创建在淮阴区召开现场验收会。夏季应对两次强对流天气,积极开展应急抢修,及时恢复供电能力,主动协助皇达花卉抢修内部受损配电设施。不断完善保供电机制,高水平完成各级各类保电31次。

【供电服务】　主动对接市政建设,配合高铁、快速路建设开展杆线迁移。服务新能源发展,为风电、光伏、生物质发电等新能源发电项目提供电网接入服务,建成投运充电站4座,配合6户企业建成港口岸电系统。服务用户节能减排,协助淮州中学等用户开展电能替代。主动承担水电气三表采集推广责任,实现1600户水、电表集中采集。主动围绕大项目、大产业、大企业和大载体,制订个性化的服务方案,提供101%的服务。动态完善全区重点工业项目库,靠前服务重大项目落户,深化业扩直通车工程和“绿色通道”建设,取消或降低报装方面的启动方案编制费、临时用电保证金、高可靠性费用及负控费等多项费用。落实首问负责制,大用户接电时间缩短35%,完成圆源光电、好运来机电等27户大企业的报装,满足企业的用电需求。

·供　水·

淮阴区有淮阴水厂和淮沭河水厂两座地面水厂，日供水能力为10万吨，其中淮阴水厂设计规模为5万立方米/日、淮沭河水厂一、二期设计规模5万立方米/日。淮阴水厂水源地为古黄河，淮沭河水厂水源地为淮沭河东偏泓，城区供水由两座水厂同时供给。淮阴水厂为常规处理工艺，淮沭河水厂为臭氧活性炭深度处理工艺。城区供水主管网280公里，2016年最高日供水量9.3万吨。全年城区供水量1293万吨，售水量1047万吨，其中主要供水范围：生活用水637.3万吨，工业用水345.8万吨，特种用水58.8万吨。2016年，老小区改造任务完成，共计对国税公寓、烟草公司宿舍等10个老旧小区完成自来水改造工作。自来水厂按上级要求，配合上级部门进行市区快速路黄河路段的前期勘察工作，按时完成该路段管道迁移的施工方案及预算；为高铁施工需要，对渔沟、丁集的供水主干管进行迁移。完成总长1289米的盐河生态园管道安装项目、银川路延伸工程。完成帝景蓝湾、承德公馆、德邦云鼎等十多个小区的工程供水管网施工及小区泵房建设，以及佟洼、淮涟两个安置小区的给水安装，让城区住宅小区的供水管网、二次供水设备顺利完成安装。在区域供水建设中，公司工程部在码头、三树、渔沟等乡镇，为当地的机关、企事业单位安装自来水，刘老庄绿色家园、古寨九房小区、王兴兴达小区，全部完成自来水安装，使两千多户居民告别地下水。针对少数城中村用户反映的水压低等情况，公司按制定计划，对营东开发区、星光村、长安村等地段进行改造，解决100余户居民用水问题。

·供　气·

2016年，全区拥有瓶装液化石油气储配站6座，储气能力1200立方米，年销售瓶装液化石油气1.1万吨。淮阴区管道天然气为新奥燃气有限公司独家特许经营，全区有中压管道73.4公里，低压管道85.7公里。城区管道燃气大部分为PE管，其中只有两段为钢管（一段是沈阳路黄河桥至黄河东路，另一段是北京路黄河桥至北京西路），钢管管径为300毫米，PE管管径为65毫米~320毫米。中压管道约2.8公斤压力。城市燃气普及率为主城区98%、乡镇65%。中低压燃气调压站每个住宅小区都有1~2个。无天然气门站，无高中压调压站，只有一座CNG、LNG汽车加气站，位于葡萄路（义务商贸城西侧），占地4亩，日供气量为1.8万立方。

母爱公园

教育·体育·卫生

教 育

【概况】 2016年,淮阴区有各级各类学校63所,其中普通高中3所、职业学校2所、初级中学20所、九年制学校9所、小学28所、特殊教育学校1所。有登记注册幼儿园65所,其中公办成型园43所,办园点18个,民办成型园4所;省优质园38所,市优质园12所。教职工5760人,其中在编教职工5533人,合同、一年一聘等编外财政供养人员227人,教师5450人,教辅、后勤310人。在校中小学生近10万人,在园幼儿3.6万人。2016年,区教育局被表彰为市"教育工作目标考评优胜单位"、市"教育现代化建设工作进步显著单位"、市"创新创优项目一等奖"、市"关心下一代工作优胜单位"、市教育宣传一等奖第一名,学前教育单位被评为全市先进集体。

【教育优先】 全年国家财政性教育经费投入12.6亿元,其中"改薄"(改善义务教育薄弱学校)9476万元、装备950万元。为2.5万名困难学生发放助学金近1500万元。严控义务教育校际均衡系数,小学、初中分别为0.22、0.38。城乡学前三年幼儿入园率98.6%,义务教育巩固率100%,初中毕业生升学率96%,残疾儿童入学率100%,随迁子女入学率100%,高中、初中学业合格率分别达81.95%、64%。校站结合助推教育公平,承办全市"校站结合"工作推进会,11所学校被表彰为"校站共建"工作先进单位、48名教干教师被表彰为优秀校外辅导员,区教育局被教育部表彰为"第19届全国青少年五好小公民主题教育先进集体",14所学校被表彰为"主题教育示范校",15人被表彰为"优秀工作者"。

【优质资源】 东城开明中学、银川路实验小学、长征小学幼儿园、徐溜镇第二幼儿园投入使用,渔沟实验学校、淮安碧桂园天山双语学校、清华国际中小学、东方双语小学部在建。由市直名校领办帮扶的淮北路小学、长江西路小学发展迅速,社会效益显著。教育现代化监测得分80.22分,增幅全市第一,并在全市教育工作会议上作经验交流。两次承办淮安市"移动学习在课堂教学中应用"观摩现场会。投资1400万元,建设1000个云桌面、12个云录播和区级教育云平台。创建智慧校园6所、省优质园5所、市优质园2所。启动省级社区教育示范区建设,申报市居民学校220所,比例达98%。建立职称评定与农村支教挂钩联系机制,推进教师交流工作,交流比例达15%。

【教育品牌】 学前教育 依据幼儿身心发展特点,开展游戏教学,袁集小学幼儿足球游戏课程受省、市肯定。

小学教育 建立集团办学机制,市区合作办学,资源共享、管理共振、效果共研。区内集团办学,捆绑考核,利益共享,风险共担。区实小、二附小、北京路小学多次举办校长论坛、教师讲坛,开设实境课堂。刘老庄小学被评为省级"国防科技教育优秀基地",市教育局给予10万元奖励。

初中教育 以"小组学习、交流展示"为基本模式,推进课堂改革,多所学校开展"翻转课堂""智慧课堂""苏派课堂"模式试验,"鲶鱼效应"初显,9名教师参加全市兼职音体美评优课大赛,7人获一等奖,2人获二等奖。"一师一优课"26节获评部优好课。

高中教育 坚持实施"生本课堂",与人大、北航、北体等名牌高校建立合作关系,淮州中学获市素质教育提升奖,淮海中学获市高考质量优秀奖,阳光中学及南陈集中学体艺达线414人。

职业教育与特殊教育 淮阴中专对口高考本科达线24人，全市第一。省职业技能大赛获2金2银5铜，市内同类学校领先。特殊学校《三字经》和《隐形的翅膀》两个节目双获2016年全国特校排舞公开赛一等奖。

【体艺特色】 *"四球联赛"风靡全区* 新增全国青少年校园足球特色校9所，目前已达19所。江苏省足球大课间评比获1个一等奖、2个二等奖。袁集中心小学在省校园足球颁奖典礼上荣获三个奖项，全省唯一。市中小学足球精英赛获3个冠军、2个亚军。市教职工足球比赛，区教育局代表队获冠军。市中小学生乒乓球比赛，获A、B组团体冠军。市第八届学生运动会获团体总冠军。袁集中学、王营实验学校、韩桥小学等学校足球，汤集九年制、南陈集小学等学校篮球，徐溜中学、淮阴小学羽毛球，实验小学乒乓球，吴城小学排球都取得不俗成绩。

艺术教育特色鲜明 教师进修学校学生获央视少儿电视才艺大赛钢琴类表演特等奖。刘老庄小学《血色黄昏》登上市庆六一儿童文艺演出舞台，并受邀赴外地巡演。市第三届中小学生体艺文化节单项比赛获10项一等奖、20名教师获优秀指导奖、7名教师被评为优秀教练员。此外，淮阴实小淮海戏、二附小幼儿体操、淮海高中舞蹈、南陈集小学合唱、韩桥小学京剧、王兴小学剪纸、开明中学和南陈集中学民乐、赵集小学扬琴、银川路实验小学竹笛都取得很好成绩。

【教师队伍建设】 *教师素质有提升* 选调教师107名，新聘教师49名，新教师入职宣誓被省电视台头条报道。民盟助培36批次，6000人次从中受益。教师健康知识网络竞赛4299人优秀，全省第一，区教育局获优秀组织奖。实施"幼儿园园长考核办法""校长三年任期看我行""中小学师德考核暂行办法"，激发教干教师队伍活力。韩桥中学朱昌儒老师《关注农村教师生活，巩固义务教育成果》建言获国家"十三五"规划问计求策一等奖。

教研能力有突破 加强与区外教研合作，壮大名师工作室团队，充分发挥教研员示范引领作用。全年14项教研课题结题，区教研室被省教科院评为先进集体。淮海中学被评为省级交互式英语课程优良基地，市教育局给予8万元资金支持。

优秀典型引领新形象 以"两学一做"学习教育为契机，评选最美教师、先进基层党组织、优秀党务工作者，开辟教育专刊，大力宣传典型事迹。发动"四好教育"内涵大讨论，树立好学校、好校长、好教师、好学生典型。

【学校选介】 *江苏省淮州中学* 江苏省淮州中学始建于1943年，1980年被省政府确立为重点中学，1993年被评定为江苏省重点高中，2005年1月晋升为江苏省四星级普通高中。2009年8月，学校整体搬迁新校区。2015年6月，学校与江苏省淮阴中学结为战略合作学校，迎来新的发展机遇。学校确立"让每一个淮州人都学会创造幸福生活"的办学理念，以"培养素质优秀的现代中国人，建设学高身正的教师队伍，创建现代示范性的高级中学"为办学目标，全体师生铭记"明德·笃行"之校训，并逐步形成"宏志·敏学·卓越"的优良校风。学校有学生数3566人（含新疆籍学生320人），73个教学班（含新疆内高班）。学校现有专任教师357人，其中特级教师、教授级高级教师1人，高级教师194人，全国优秀教师2人，省优秀教师、优秀班主任7人，市级学科带头人22人；区级优秀教师、先进教育工作者、学科带头人、学科标兵、骨干教师219人；有研究生学历的教师43人。学校是淮安市老八所重点中学之一，在本地区有着良好的社会形象和较高的社会声誉，为国家和社会培养一大批优秀的建设者，也先后培养外交部发言人华春莹等一批有一定影响的知名校友。

淮海中学 淮海中学分东西校区，有教职工644人，其中高级职称教师232人。高中部为江苏省四星级普通高中，教职工362人，其中全日制硕士研究生30余人，市学科带头人27人。高中部73班，学生4300多人；初中部62班，学生近3500人。淮海中学在成长与发展过程中，积淀较为丰厚的历史文化底蕴，形成"崛起"的办学精神，明确"文化引校、质量立校、科研兴校、名师强校"的办学思路，确立"办学质量高、特色鲜明、全省一流、全市领先"的办学目标，逐步形成学校的"一训三风"，即"求真、崇善、尚美"的校训，"厚德、博学、纳新"的校风，"立德、立言、立行"的教风，"好学、会学、乐学"的学风。以"崛起"为核心的办学精神渗透于学校教育教学的方方面面，营造一种积极向上、奋发有为的校园文化氛围。实行实行级部负责制。充分发挥级部领导的管理主动性，创新

性,实现学校教育教学管理的高效化。2016年,该校全面启动省英语学科基地建设工作,并通过省级验收。大力推进和落实"语数外增十分工程"。针对高考模式和生源状况,该校将语数外三门学科放在突出的位置来抓。开展"课堂教学活动月"活动。每学期学校都开展"以课促研,以研磨课"课堂教学主题系列活动,通过开设老骥献艺课、行政领导示范课、青蓝工程评优课、青年教师汇报课、信息技术与学科整合的全市公开课等形式促进教师开展教学研究,提升教师的专业素养。6月,该校被教育部授予"全国青少年校园足球特色学校"称号,被省教育厅评为"省教育工作先进集体"。在"六个一"团建工作中,学校考评成绩优异,9月,被共青团省委评为"六个一团建项目示范校"。根据市教育局统计,2016年高考该校二本录取共324人,超过4所四星级高中。本届考生当年中考前8000名本科录取率达66.67%,名列全市第六名;另该校8000名后提优数为196,名列全市第一名。获得"2016年度市高中教育优秀质量奖";中考700分以上2人,达四星级高中录取线415人。7月,学校被市教育局评为"先进基层党组织"。在市教育系统组织的活动中,该校获得"市运动会体育道德风尚奖""国防知识竞赛一等奖""啦啦操比赛一等奖"。舞蹈《巾帼英雄》在市第三届中小学体艺节艺术表演中获得中学组一等奖。在区教育系统举行的活动中,该校获得"庆五一小合唱比赛特等奖""教职工乒乓球赛团体冠军"。在区教育系统年度创新创优项目评比中,该校获得"2016年度创新创优一等奖"。

淮阴区开明中学　淮阴区开明中学系淮安市示范性初级中学,校址位于淮安市淮阴区王营镇北京西路15号。学校前身是创建于1943年的淮阴县中学。1998年,实施高初中分离,初中部成为由淮阴县中学与中国民主促进会淮安市委员会合办的一所国有民营初级中学。2002年,原淮阴县政府迁址,淮阴县中学初中部迁入,形成独立校园。2005年,改造为股份制学校,2006年,经省教育厅验收,成为省首批合格改制学校。2009年,搬入原淮州中学老校区办学。2011年1月,恢复公办性质。现有56个教学班,3055名学生。学校秉承"明德笃行"的校训,坚持德育为首、教学为主、全面育人的办学思路,明确把建成"市内一流的热点学校、特色学校、品牌学校"作为办学目标,牢固树立质量意识,把教学过程管理精细化、教学环节精致规范化作为教学工作的中心,把习惯养成教育作为德育工作的突破口,精致管理,着力于学校教育的内涵发展和质量提升,努力提高办学水平。学校占地83004平方米,绿化面积22464平方米,校舍面积56604平方米。教学设施现代化,每班都有视频展台、多媒体投影仪等现代化教学设备。天文观测台、网络教室、艺术教育教室、电子阅览室、微机室、实验室设备设施齐全,配置先进;图书馆藏书丰富,阅览室报刊杂志种类齐全;体育活动室、健身房、塑胶跑道运动场能满足学生运动之需。学校师资力量雄厚,214名教师中,全部为本科以上学历(其中研究生12人),高级职称96人,江苏省中考优秀指导教师2人,淮安市中考优秀指导教师25人,首届"淮安市优秀青年教师"5人,市、区级名师、学科带头人、骨干教师30名,区级以上优课获奖150人次,其中省一等奖6人,市一等奖以上26人。享受市政府特殊津贴教师1人,市基础学科专家组成员1人。王修忠、刘清、戴国成、史艳萍、徐峰、赵艳玲等六位老师被评为淮安市第三批学科带头人;在全国"一师一优课,一课一名师"活动中,安田田、吴长兵、张海浪、杨中林获部级优课,江海洋、李晓静、许杨获省级优课,顾春莲、黄敏、孙鹏昌、张翠翠、赵燕玲、王玲、李路春、王慧萍、仲晓婷获市级优课;张双老师在全市地理学科青年教师基本功大赛中获一等奖,代表淮安市参加省地理学科青年教师基本功大赛荣获二等奖。2016年中考,在全市700分以上人数大幅减少的情况下,该校高分段人数仍保持上升趋势,700分以上44人,680人以上180人,702名考生达四星级高中录取线,达线率65.9%,张梦云同学以721分夺得全区桂冠。该年先后被评为"淮阴区目标管理优胜单位""区教育系统先进基层党组织""区'一师一优课,一课一名师'活动先进单位""区法治工作先进集体""区中学生法律知识竞赛优秀组织奖""淮安市'周恩来班'创建工作先进集体"。

淮阴中等专业学校　学校始建于1986年,是江苏省四星级中等职业学校、江苏省高水平现代化中等职业学校。近年来,学校办学规模日益扩大,办学设施不断改善,办学水平不断提高,社会影响力不断提升。2012年,异地建设新校区,投资3.5亿元,占地面积212亩,建筑面积9.34万平方米,2014 年投入使用。学校有教职员工 310 人,其中教师 266 人,高级职称教师 65 人,中级职称 111 人,“双师型”教师比例 80.6%。2016 年,学校以创建省高水平现代化职业学校为目标,坚持“以服务为宗旨,以就业为导向”的办学方针,以更大的手笔塑形象,以更优的机制激活力,以更实的举措提质量,推动学校各项事业发展。2016 年,学校中职招生 1294 人,中专在校生 3600 多人,开放大学招生一直稳定在年招生 500 人以上水平,学校还承担着区高技能人才培训等社会培训任务,各类社会培训共计 3800 多人次。2016 届毕业生人数为 1047 人,其中就业 881 人,对口升学 166 人,就业率平均达 98.8%,对口就业率平均达 88.9%。办学条件不断改善,基地建设成效显著。2016 年,学校顺利通过“江苏省高水平现代化职业学校”评估验收。校园文化建设稳步推进,智慧校园建设初见成效,综合楼成功封顶,体艺馆正式开工建设。学校在原有电子、农业、农业机械化 3 个省级实训基地基础上,建成现代加工制造省高水平示范性实训基地。队伍建设不断强化,师资素质日益提升。2016 年,学校在国家和省、市组织的各项大赛中取得丰硕的成果,多次摘金夺银,周露露获得第二十届全国教育教学信息化交流展示活动中职教育组微课一等奖;教师在省技能大赛中有 7 人获奖;教师在省教学大赛中有 2 人获奖;结题 1 个省级课题,申报立项 1 个省级课题,8 个市级课题开题,申报立项 2 个市级课题,15 个校级课题在研;教师受区级以上综合表彰 18 人次。教学质量持续提升,学生素质显著提高。专业技能考核中级工合格率平均达 96.3%,双证率达 54.2%。有 24 人考取本科院校,本科达线位列全市同类学校第一。技能大赛摘金夺银,学生在 2016 年省技能大赛中有 4 人获奖。在省创新大赛上,刘瑞同学获得省第七届创新大赛一等奖。

城北开明中学　淮安市城北开明中学位于丁集镇,是一所公办现代化初中。学校占地 90 余亩,建筑面积 3 万平方米,绿化面积 2 万多平方米。学校教学设施现代化、智能化,每班都有交互式智能平板等现代化教学设备,每生都有平板电脑,实验室、云机房、录播室等设施齐全,配置先进;新建的塑胶跑道、足球场、篮球场等运动场所能满足师生运动需要。区教育局引进专家对学校进行高位引领,选拔全区优秀老师,借力成功办学经验,优化教育教学资源配置,为学校的优质、跨越发展注入动力。学校秉承“为每一个学生提供适合的教育”的办学理念,铭记“培育阳光智慧生命,创办特色品牌学校”的办学目标,质量立校,科研强校,文化润校。学校的文化核心是“大爱”、“大智”。校训:梦想从这里起航。激发学生的学习兴趣,培养学生良好的思维和行为习惯,养成健康快乐的道德品行,这蕴含城北开明人的育人情怀。校风:尚善、尚知、尚美。即崇尚善良、崇尚知识、崇尚美好。教风:爱业、爱生、爱学。心中有爱,才能爱岗敬业;目中有人,才能因材施教;热爱学习,才能引生学习。学风:乐学、乐群、乐进。学校致力于培养学生乐于学习,乐于合作,乐于创新,不断进步,追求卓越!学校推行小班化教学,安排老师志愿者加强对留守儿童的辅导,同时还为贫困学生提供伙食补助。学校通过丰富多彩的德育活动培养学生感恩惜时、自主学习、文明卫生等良好习惯,塑造师生美好品格。学校积极探索“校本课程精品化,特色课程品牌化”的发展之路,以“浸润书香,幸福成长”的书香校园建设为切入点,以特色课程、社团活动为载体,开发教学课程群,搭建绽放个性的舞台。学校积极推行课堂教学改革,“为每一个学生都提供适合的教育”。2016 年,学校获得多项荣誉:全区教育工作考评“优胜单位”,全区中小学创新创优项目评比一等奖,首届“全国青少年学生法制知识网络大赛”初级中学组组织奖;淮安市“科学教育特色学校”,淮阴区教育系统“先进基层党组织”,淮安市校园足球精英赛(初中女子组)第二名,淮安市“智慧校园”,第五届“中国体育彩票·韩信杯”象棋比赛中学组团体第四名。

淮阴特殊教育学校　学校占地面积 13 亩,建筑面积 5263 平方米。2016 年,在校生包括听障生 17 名,脑瘫、自闭症、智障、言语障碍、多重障碍等各类残疾学生 126 名,共计 143 名。其中学前康复班 8 名,小学 111 名,初中 24 名。将全区 105 名重度残疾孩子纳入学校学籍,开展送教上门服务。学校有教职员工 24 名,其中获教育部、残联“特教园丁奖”1 名、市劳模 1 名、市感动淮安教育十大人物 1 名、区最美教师 3 名、区市骨干教师 5 名。被省教育厅确定为 2016 年特殊教育发展工程项目学校,奖补 50 万元,加上区局支持,总计投入 75 万元。新建多感官训练室和室外悬浮地板操场,购置室外多媒体显示屏、室内一体化电脑、多功能室音响等设施设备，进一步满足教育教学及残疾儿童的康训需要。3月22日，在省民盟牵头下，学校与无锡特校结对，利用无锡特校文化底蕴优势、品牌优势、理念先进优势、教学优势、教师资源优势，寻求全方位支持，有效开展各种教学研讨、参观交流、跟岗学习等活动。4月19日，组织9名教师到无锡特校参加为期三天的以“放飞梦想、畅想未来”为主题的心理健康教育活动；6月15日，邀请无锡特校15名党员骨干教师到校开展“学习伟人周恩来，争做优秀共产党员”的主题党日活动，无锡特校的党员教师送书、送教、送讲座、送培训，并与全体党员一起到周总理故居举行集体宣誓活动；11月18日，学校组织13名教干教师分别到无锡特殊教育学校、无锡崇安区辅读学校进行为期一周的跟岗学习交流活动，该活动被评为2016年度区创新创优项目一等奖。2016年，全区残疾儿童入学率达99%，形成以随班就读为主体，特殊教育学校为骨干，送教上门为补充的特殊教育网络。翟其峰获得国家教育部、残联颁发的“特教园丁奖”；刘星星被评为区最美体艺老师；沈海燕被评为区最美教学能手；陈平被评为区最美班主任。学校获全国首届特殊教育学校排舞公开赛一等奖。11月18日，在国家体育总局体操运动管理中心举办的2016年全国首届特殊教育学校排舞公开赛中，学校师生合作组和学生组分别获得一等奖。张洁、韩晓飞、毛晶晶、周晏、陈平在省特殊教育协会举办的微课比赛中分别获得二、三等奖；沈海燕、陈雷、陈平、张洁、彭维红在市电教馆举办的课件比赛中分别获得一等奖。李依霖等同学被评为美德少年，学生李依霖被市文明办评为美德少年。

徐溜中学　淮安市徐溜镇初级中学位于淮安市最北部。学校最早创办于1954年，其前身是淮阴县文科中学，是为纪念抗日名士周文科而命名。学校占地面积23976平方米，建筑面积5353平方米。有10个教学班，在校学生478人，在职教工37人，其中专任教师34人，高级教师6人，区级以上骨干教师5人，教师学历达标率为100%。该校围绕“创建江苏省教育现代化学校”目标，牢固树立“建文化校园、塑智慧教师、育创新人才、办精品学校”的办学目标；坚持“快乐学习、幸福成长”的办学理念，逐步完善“以德为先、以人为本”的校训；“文明团结、求实进取”的校风，“勤学善思、实践创新”的学风，“敬业爱生、严谨博学”的教风，制定符合学校实际发展的总体三年规划，提出“建特色学校、创平安校园”的短、中期发展目标。学校规范办学行为，推进素质教育，深化课堂教学改革，提高教师自身修养，学校重视安全、法制教育和卫生防疫工作，充分调动学校内外办学资源，引领学校各项工作健康有序、良性运转。学校虽地处偏远、师资薄弱、设施落后，但各项工作井然有序，各项成绩提升较快，受到上级主管部门、学生、家长及社会各界的一致好评。2016年，学校先后获得淮阴区教育局目标考核优胜单位奖、淮阴区先进党组织、淮阴区创新创优项目二等奖、淮阴区中小学合唱比赛三等奖、一师一优课优秀组织奖、淮阴区红领巾征文优秀组织奖等。

淮阴实验小学　2016年，淮阴实验小学以《国家中长期教育改革和发展规划纲要》为指导，以办人民满意学校为主旨，从学校实际出发，进一步践行生命化教育理念，以“滋天性润童心”为校训，突出师生双主体地位，推进学校内涵发展，彰显学校办学特色。学校核心课题《核心素养导向下的“行知课程”的实践研究》被评为省十三五重点规划课题。成功承办市小学、幼儿园智慧校园现场会与行知课程研究现场会。学校被挂牌为全国足球特色学校、全国智慧教育实验学校、全国青少年计算机科技创新实践教育示范基地，被评为青少年网络安全教育工程示范学校、省乒乓球项目传统学校、省书香校园、省语言文字规范化示范学校、省幼儿基本体操特等奖、市女童保护先进集体、市八运会最佳参赛奖、市优秀家长学校、市安全管理先进学校等。树立新理念，谋划新思路，办一所“规范+特色”的好学校。在与南师的合作办学中，淮阴实小确立“生命化教育”理念和“双主体”办学思想。坚持在教育管理中，教师为主体，坚持教师第一；在教育教学中，学生为主体，学生第一。探索“小岗位”建设、用好德育“口袋书”，培养学生自主管理、自我教育的能力，使人人成为小绅士、小淑女，新华网、光明网、《江苏教育》等主流媒体广泛报道。常态砺团队，定期研教学，培一批“敬业+专业”的好老师。实小一手抓师德、一手抓专业。通过开展各类师德教育活动与考核提升师德水平，广大老师争做有道德、有思想、有精神、有奉献、有品质的好老师。专业发展上，实小广搭平台,与南师教科院合作,邀请省内外特级教师到学校同课异构,邀请专家进行课题、论文辅导。积极承办市信息技术观摩课。加强校本教研,成立书友会和名师团,定期开展“青蓝工程”,每周分学科开展组内教研。2016年,在市级以上各级各类教学评优中,有50节优课获奖,40余篇论文发表、获奖,20个课题立项。努力提质量,创新培素养,育一代“合格+特长”的好学生。实小大力改革课堂教学,举办“必成杯”教学大比武,全员参与,打造生命课堂。在2016年省学业水平测试中,成绩位居全市前列。注重探索国家课程本校化,为有发展需求的学生提供有选择的个性化课程,培养学生核心素养。创建“儿童行知田园”课程实践基地,申报省级特色项目,取得市评第一,省内领先。

淮阴师范学院第二附属小学　淮阴师范学院第二附属小学成立于2007年,学校位于古黄河北岸,占地4.7万平方米,建筑面积1.9万平方米,有78个小学教学班与34个幼儿教学班。在校学生6400余人。有省特级教师1人,市级以上骨干教师46人。校园环境优雅,文化特色鲜明,是一所品味高雅、内涵丰富的窗口学校。学校以“自主向上”为校训,以“聚焦学生核心素养、提升儿童综合素质”为办学宗旨,按照“全面推进——重点突破——打造品牌”的运作思路,力求让学生人人参与。同时精选内容,整合资源,致力于魅力学生社团的创建,润德行、显风华,努力实现“全面普及、持续提升”这两个目标,逐步形成“天天阳光、拔节向上”的学校精神。坚持开放办学,与苏南及市区16所学校联盟,提升教师教育智慧与教学水平;与菲瑞特健身会所开展合作,开设游泳课,为羽毛球社团提供专业训练场地;与德国宝狮莱培训集团合作,组建淮阴区第一家校园轮滑社团;与青少年宫毗邻,借助少年宫在艺术培训方面的丰富经验和设施齐全的场地优势,开办舞蹈、古筝、二胡等艺术社团;与淮阴师范学院教育科学学院协作办学,学校科研水平不断提高。在帮扶乡镇学校创建及送教薄弱学校方面取得良好社会影响。学校先后获得全国青少年五好小公民教育活动示范学校、首批省国防教育示范学校、省棋类奥林匹克俱乐部、省科学教育特色学校、省科技先进学校、省少先队先进集体、省青年文明号、省心理健康教育优秀学校以及市心理健康教育学科基地、文明单位、常规管理示范学校等36项荣誉称号。心理健康教育、象棋特色教学及科技教育等方面省内知名,领跑全市。

淮安市北京路小学　淮安市北京路小学始建于1946年,校名由建校时的北京路小学,先后更名为卫红小学、淮阴县王营镇北京路中心小学、淮阴区王营镇第一中心小学、淮安市王营镇中心小学。2009年8月,学校合并王营镇小学后,搬迁至淮阴区北京西路11号原淮阴区开明中学校区,2015年8月,经淮安市人民政府、淮安市编委办批复,还名为淮安市北京路小学。学校占地面积16500平方米,建筑面积11500平方米,有62个教学班,在校学生3200余名,教职工200余人。其中区级以上骨干教师33人,本科学历占教师数92%,具有中级及以上职称占教师数85%。学校坚持以“环境优美的儿童乐园,校风优良的文明窗口,质量较高的示范中心,素质教育的实施基地”为办学目标,认真落实“1+3”安全防控体系,积极构建以“爱心、开心、信心”为主题的学校文化,发挥“党员示范班”的带头引领作用,深入开展“读经典书、写规范字、做文明人”主题教育活动,创造性地开展以“播种良好习惯、收获幸福人生”为主题的“养成教育”系列活动,年年举办校园体艺节、校园科技节。2016年,学校先后被教育部关工委表彰为“五好小公民”主题教育示范学校,被省教育厅表彰为“节水型示范学校”,被淮安市教育局表彰为“智慧校园”“关爱女童公益行动先进单位”,被淮安市总工会评为“工人先锋号”,获区教育系统综合考评一等奖、创新创优项目一等奖等。

韩桥乡中心小学　淮安市韩桥乡中心小学下辖1所中心幼儿园和张圩、沙河2个教学点。学校占地3.9万多平方米,在校学生2067名,教职工179名,中级以上职称59人。建校以来,学校先后被评为全国校园足球特色学校、全国五好小公民主题教育活动示范校、江苏省平安校园、江苏省书法教育特色学校、江苏省节水型示范校、淮安市绿色学校、淮安市师德建设先进校、淮安市廉洁文化进校园示范校等。2016年,承办全区精细化管理现场会、互助模式推进会、“银淮之星”展示会、民盟助培行动等。学生获得江苏省“未来之星”少儿才艺大赛二等奖,并作为特邀代表,参加省电视总台的颁奖晚会;学校京剧社团在市体艺节的颁奖晚会上表演,极具韵味的唱腔独树一帜。11月,该校受邀到泰州参加江苏省书法教育特色学校研讨会,并在会上作经验介绍。该校“四球”6个项目全部进入全区前三,书法、绘画、演讲等比赛成绩名列前茅。

体 育

【概况】 2016年,淮阴区体育事业以构建全民健身体系为目标,以增强全区人民体质为基本任务,以坚持体育为经济建设和社会发展服务为宗旨,贯彻实施《全民健身计划纲要》,落实省、市局“十三五”体育规划要求,注重全民健身服务体系建设,加快全民健身设施建设步伐,提升公共体育服务综合水平;加强竞技体育人才的培养,着力打造拳击等特色运动项目,做大做强品牌项目;加大体彩销售的宣传力度,全年体彩销量额超过8000万元,认真寻求体育产业发展的新途径。2016年,淮阴区全面完成年初市政府目标责任状所定的各项工作指标,实现区委区政府年终考核优秀、市局年终考核全市第一、省局年终考核苏北前八名的工作目标。淮阴区第二次被中国象棋协会授予“全国象棋之乡”称号,中国象棋协会授予淮阴区“2016中国体育彩票全国象棋业余棋王赛全国‘十佳分站赛区’单位”,区体校被命名为“2016—2017江苏省青少年拳击高水平训练基地”,区实验小学被命名为“2017—2020乒乓球传统项目学校”,区王营实验学校、袁集乡中心小学被命名为“2017—2020足球传统项目学校”。在国家级、省级比赛中,淮阴运动员共获得金牌10枚、银牌5枚、铜牌11枚,其中国家级比赛获得金牌1枚、银牌1枚、铜牌2枚,王文军、丁睿、张黎明、刘昇、梁波、丁礼珍、薛传发、吴宝林、李爱民、司芙蓉、孙宝权、林振权等同志被中国象棋协会评为“优秀工作者”,运动员吴越入选国家拳击集训队,备战东京奥运会和第二届青奥会。

【城区体育设施】 维修损坏的城区健身步道,完善、升级陈旧的健身器材,新建盐河南北两岸(北京北路—承德北路)健身步道6.2公里、自行车公园(飞耀路—淮涟一级公路)健身步道4公里,新建健身点7个。至12月底,城区建成32公里长的健身步道,每一条健身步道都安装健身指示标志、引导牌、健康知识宣传栏和体育健身设施,城区居民,以正常速度大约步行10分钟即有一个健身场地。

【乡村体育设施】 对乡镇已有的小运动场、行政村体育设施进行升级改造,新建凌桥乡凌桥村、南陈集乔庄村、王兴镇两淮村、吴集镇后荡村、新渡乡佟洼村、王营镇杨庄社区、徐溜镇吴江村7个乡镇多功能运动场,各多功能运动场都配有灯光篮球场1个、乒乓球台2张、一条装有20件器材的健身路径和一个健身广场。同时,对全区30个行政村的篮球场地升级改造。至12月,全区21个街道(乡镇)全部建成三室一场一路径,247个行政村(社区、居委会)完成两室一场一路经的设施建设,全部完成城市社区“10分钟体育健身圈”建设,建成、完善、升级200多个健身点。

【国民体质监测站】 投资40多万元建成省级国民体质测试与运动健身指导站,淮阴区为全市唯一建成县区。健身指导站自建成后,每天正常对外免费体测、指导。全年完成国民体质监测3200个样本任务。

【群众体育】 全民健身活动 全民健身活动发展为系列化、常态化。春节前结合送温暖活动,先后到丁集镇、韩桥乡、吴集镇开展“送温暖·三下乡”活动,区老年大学、空竹协会、武术等协会在各乡镇现场进行健身展示,为广大农民朋友送去健身知识、送去健身技能培训、送去实用的健身器材。组织社会体育指导员开展“三进三送”活动,进乡镇(社区)、进机关、进企业,给群众送健身知识、送健身技能、送健身器材。迎新春象棋大赛等传统象棋系列赛事、淮安市篮球邀请赛、全区职工男子篮球赛等活动吸引众多爱好者踊跃参加。举办老年人体育节开幕式和闭幕式活动。8月初组织开展“全民健身日”活动启动仪式,王营镇等多个乡镇组织广场舞、乒乓球、篮球、象棋等丰富多彩的乡镇全民健身活动。

体育社团组织 出台多项激励扶持措施,支持、引导、规范各类体育协会发展。区老年体协、社会体育指导员协会、武术协会、健美协会等24个体育协会,太极拳、乒乓球、散打等12个体育俱乐部不断加强自身建设,发展吸收成员,拓展活动空间,开展多种形式的健身活动。全区有各级社会体育指导员2000余人,活跃在基层的二级以上社会体育指导员近800人。

业余体育比赛 1月1日,举办庆元旦淮安市青少年俱乐部足球比赛;1月21日,举办第五届“中国体育彩票·韩信杯”中小学生象棋赛比赛;1

月25日,举办2016年“农行杯”迎新春老年人掼蛋比赛;2月15日~16日,举办第五届“中国体育彩票·韩信杯”象棋比赛;3月12日,淮阴区体育总会、淮阴区社会体育指导员协会主办,淮阴区铭煜乒乓球俱乐部承办“木林森杯”首届乒乓球邀请赛;5月1日,淮阴区体育总会主办,淮阴区跆拳道协会和淮阴区江辉跆拳道馆承办2016全国青少年跆拳道邀请赛;5月6日~9日,淮阴区总工会、淮阴区体育局主办,区篮球协会承办淮阴区庆“五·一”全区职工男子篮球比赛;5月8日~9日,举办淮阴区老年人乒乓球比赛;5月下旬至6月中旬,16个乡镇相继举办“江阴周庄”2016中国体育彩票全国象棋业余棋王赛“乐在棋中”乡镇选拔赛;7月9日~10日,在淮阴区开明中学举办“江阴周庄”2016中国体育彩票全国象棋业余棋王赛“乐在棋中”江苏赛区淮阴分站赛;7月20日,区委老干局、区老年体协、区体育总会在区老干部活动中心联合举办2016年淮阴区离退休老干部掼蛋比赛;9月23日~25日,淮阴区体育局、淮阴区总工会举办,淮阴区篮球协会承办2016“广城·尚书房杯”市北五市县区篮球精英联谊赛;10月18日,淮安市服务离退休干部示范社区联席会主办,淮阴区老干部活动中心、淮阴韩侯棋院等单位协办,淮阴区王营镇机关社区承办淮安市服务离退休干部示范社区联席会离退休干部象棋比赛。

体育场馆免费开放 体育健身中心各场馆每周六上午8:30~11:30向广大市民免费开放;体育公园塑胶跑道及建设路径24小时免费开放;其他各场所每周免费开放时间超过30小时。

农民体协工作 4月25日至26日,组织农民运动员代表淮安市参加全省第八届农运会拔河比赛,获得最佳道德风尚奖。10月21日,组织3支队伍共43人参加全市第八届运动会(农民部)的健身腰鼓、广场舞、健身秧歌三个比赛项目,获银奖。

【竞技体育队伍建设】 教练员队伍 区体育局有专职教练7人,一级教练2人,助理教练5人;其中拳击教练2人,田径教练3人,乒乓球教练1人,足球教练1人。

运动员队伍 淮阴区在训项目有拳击、乒乓、田径、足球等,有在训运动员247人,其中2016年新注册运动员拳击队有男子17人、女子14人,散手一队有男子32人、女子4人,散手二队有男子19人、女子1人,乒乓球队有男子26人、女子8人,足球队有男子60人、女子65人,田径队有男子12人、女子8人。

裁判员队伍 2016年,新增国家一级裁判员6名。即象棋国家一级裁判员朱成云、鲍正祥、贾超,国际象棋国家一级裁判员程璞,足球国家一级裁判员谷智、张志戬。

【竞技比赛成绩】 在省级以上比赛中,淮阴区运动员共获奖牌28枚,其中省级比赛金牌10枚、银牌4枚、铜牌8枚,国家级比赛获金牌2枚、银牌2枚、铜牌2枚。

4月7日~10日,在市工业园区实验学校举办的淮安市第八届运动会学生部中小学生足球赛暨第四届“市长杯”校园足球总决赛,我区袁集小学获得女子(04-05组)第一名,男子(04-05组)第二名;王营实验学校获得小学女子(06-07组)第一名,男子(06-07组)第四名,初中女子(01-02组)第一名,男子(01-02组)第一名;淮阴中等专业学校获得男子组第十四名。

4月17日~22日,在河北省迁安市九江体育中心举办的全国女子拳击锦标赛,陈思敏获得女子组75公斤级银牌。

5月12日,在山东淄博市体育中心举办的“2016全国男子拳击锦标赛暨中国拳王争霸赛总决赛,淮阴区训练输送的运动员郭晋代表江苏参赛,获男子组91公斤冠军,获拳王称号。

5月27日~31日,省青少年田径锦标赛暨县组田径比赛(第二赛区)在建湖县举行,丛谢获得16~18岁组100米冠军,王成留获得16~18岁组110米栏第三名。

6月6日,在秦皇岛举办的2016年全国青年女子拳击锦标赛,袁慧平获女子组64公斤级第三名。

7月4日~8日,在淮安市淮阴区举办的2016年江苏省青少年拳击锦标赛中,淮阴区运动员夺得5金1银4铜:王康志获得男子乙组50公斤冠军;马超获得男子乙组55公斤冠军;袁慧平获得女子甲组66~75公斤冠军;吴越获得女子乙组56~60公斤冠军;赵梦玥获得女子乙组+68公斤冠军;毛露瑶获得女子乙组64~68公斤亚军;金媛媛获得女子乙组46~51公斤季军;吴仪得女子乙组52~55公斤季军;戚儒威获得男子甲组+81公斤季军;刘子源获得男子乙组61公斤季军。

7月16日~20日,在镇江市丹徒区举办的2016年江苏省青少年武术(散打)锦标赛,区武术(散打)队夺得3金2银2铜:范扬扬获得男子甲组65公斤冠军;王梦成获得男子甲组60公斤冠军;徐雨婷获得女子乙组65公斤冠军;施家豪获得男子甲组65公斤亚军;葛丹丹获得女子甲组60公斤亚军;汪士豪获得男子乙组65公斤季军;袁传豪获得男子乙组56公斤季军。

7月16日~22日,在内蒙古乌兰察布市举办的2016年全国拳击锦标赛(19~23岁组),蒋园获得女子组75公斤级亚军。

7月23日~26日,在盐城市举办的2016年江苏省青少年象棋锦标赛,淮阴韩侯棋院棋手吕亮舟获幼儿组冠军。

7月25日~31日,在浙江省嘉兴市举办的2016年全国象棋少年锦标赛,淮阴韩侯棋院选手李长治获得男子丙组第六名。

8月3日~9日,在淮安市举办的2016年江苏省青少年足球锦标赛(男子丙组),区袁集小学、王营实验学校组队代表淮安市参赛,获得第三名。

8月24日~31日,在葫芦岛举办的2016年全国少年拳击锦标赛,吴越获女子组60公斤级第三名。

11月11日~14日,2016年"九江杯"全国女子拳击冠军赛暨拳王争霸赛在迁安市九江体育中心落幕,陈思敏获拳击冠军赛女子组75公斤级冠军。

2016年江苏省青少年足球锦标赛,淮阴区少年足球队(代表市参赛)获第二名。

【承办赛事】 主动主办、承办各级各类比赛,特别是举办国家级、省级重大比赛,做精做强象棋品牌赛事,以此来宣传淮阴、展示形象、扩大影响。

象棋之乡影响巨大 策应中国象棋协会推出的2016中国体育彩票全国象棋业余棋王赛,拓展"淮阴·韩信杯"象棋国际名人赛赛事内涵,彰显淮阴"人人是棋手、处处有象棋"文化体育风貌,打造全民健身活动和象棋文化的特色,5月28日,在全国率先启动乡镇象棋棋王赛——王营镇和高新区棋王选拔赛,随后全区21个乡镇有16个乡镇举办棋王选拔赛,全区有1000多名棋手参赛,成为全国唯一将此项比赛深入到各乡镇的县区。中国象棋协会授予淮阴区为2016中国体育彩票全国象棋业余棋王赛全国"十佳分站赛"单位。

品牌赛事 继第六届、第七届淮阴·韩信杯象棋国际名人赛在海外成功举办后,11月8日~15日,第八届淮阴·韩信杯象棋国际名人赛在澳大利亚悉尼紫薇孔子课堂举办。该届赛事特别注重象棋文化的交流,来自7个国家的12位中外象棋大师在新西兰的奥克兰孔子学院及澳大利亚的悉尼紫薇孔子课堂,与老师们展开《韩信与象棋文化》《象棋在世界范围的推广及普及》《象棋让人聪明、聪明让人下好棋》的座谈,举行韩信典故残局有奖征答、特级大师与棋迷的车轮战等交流活动。赛后,他们还举办棋谱评论征文活动。《人民日报》、中央电视台、香港卫视、《中国体育报》、《澳洲新快报》、新西兰第33频道电视台、澳洲中文台、人民网等媒体和网站分别进行报道,中国智力运动网记者现场全程跟踪报道。对该届赛事,新西兰有关人士赞誉:"淮阴·韩信杯"的淮安(淮阴)——奥克兰象棋文化交流活动是一次发现大洋洲象棋"新大陆"的"破冰"之旅。

承办省级比赛 7月4日~8日,承办江苏省青少年拳击锦标赛。该次省拳击赛参赛人数多,比赛场次多,驻地分散,接待和比赛安排难度大,通过认真策划、精心准备、合理安排,比赛的各项工作井然有序,取得圆满成功,受到来自全省各大市的200多名教练员、运动员的一致好评。

卫 生

【概况】 2016年,淮阴区卫生系统有在岗职工4557人。其中,在编1663人,人事代理420人,劳务用工1799人,乡村医生675人;具有正高职称30人,副高职称113人,中级职称773人,初级职称及其他3641人;研究生学历56人,本科学历988人,大专学历1314人,中专及以下2199人。淮阴区卫生和计划生育委员会下辖淮阴人民医院、淮安市口腔医院、淮阴区妇幼保健院、淮阴区疾控中心、淮阴区卫生监督所5个区直单位,王营、营中、果林、杨庄4个城市社区卫生服务中心以及渔沟、南陈集、棉花庄、徐溜、刘老庄、丁集6个中心卫生院和韩桥、赵集、吴城、码头、凌桥、三树、吴集、袁集、西宋集、古寨、五里、老张集、王兴、新渡14个乡镇卫生院以及22个乡镇计生站。

【疾病预防与控制】 承办中国健康教育中心、中华医学会糖尿病学分会、省卫生计生委主办的第

10个“联合国糖尿病日”主题宣传活动。承办江苏省第9个“全国疟疾日”宣传启动仪式。培育大学生村官健康生活指导员队伍制度在全国健康生活方式大会上作经验交流。上消化道癌早诊早治项目工作连续两年获国家癌症基金会“优秀项目奖”。淮阴区达到消除疟疾标准。获江苏省免疫规划(预防接种)工作先进集体,江苏省疾病预防控制工作先进集体称号、江苏省重点职业病监测与职业健康风险评估工作先进单位。淮阴区在全市人感染H7N9禽流感防控桌面推演竞赛中荣获一等奖。淮阴区选手在江苏省基层医生高血压、糖尿病规范用药比赛中获团体一等奖,并代表江苏省一队出征江苏、浙江、上海举办的长三角社区医生高血压、糖尿病规范用药知识竞赛,获得团体二等奖。适龄儿童常规接种一类疫苗210793人次,脊灰强化服苗1157人次,4岁以下儿童建卡率、发证率100%。落实传染病防控措施,法定传染病总发病率314.28/10万,无甲类传染病和暴发疫情发生。建立城乡居民电子健康档案69.65万份,动态管理人数41.31万人次,建档率89.24%以上,动态管理率59.32%。规范管理高血压病人8.3万人、糖尿病病人2.19万人、重性精神病人2754人。

【卫生应急】 制订2016年淮阴区卫生应急工作要点。组织区级应急知识培训2次,受训人次300余人。参与市政府组织的地震应急演练;组织区级中东呼吸综合征疫情防控桌面演练,参演人员100人。在全区开展卫生应急志愿者招募工作,共招募120名,修订《淮阴区卫生应急志愿者队伍管理办法》。结合12320,在全区开展卫生应急知识“进社区、进企业、进机关、进学校、进农村、进家庭”六进活动。修订《淮安市淮阴区突发公共卫生事件应急预案》《淮阴区突发公共事件医疗卫生救援应急预案》。完成大型活动医疗保障9次,其中国家级1次、省级2次、市级1次、区级5次。上报12320卫生应急宣传信息4篇。

【爱国卫生】 南陈集镇、渔沟镇、韩桥乡完成农村改厕2032座。渔沟镇、凌桥乡分别通过省、市级卫生镇考核验收;老张集乡通过省级卫生镇复审,徐溜镇、新渡乡通过市级卫生乡镇复审;渔沟镇渔沟村、淮河村;凌桥乡李庵村、三堡村创建成省级卫生村;王营镇双和村,老张集乡郑湾村、洪涯村、玉尧村通过省级卫生村复审。在春季、秋冬季灭鼠活动中,共投放鼠药1.6吨,有效遏制老鼠繁殖高峰。在夏季灭蚊蝇工作中,投放1.5吨灭蚊蝇药物,城区蚊蝇的密度得到有效控制。组织开展全国第28个爱国卫生月和江苏省第20个健康教育宣传月,在社区、学校、医院企事业单位以及城区各公共场所等组织开展为期35天的“倡导健康方式,提高居民健康素养”为主题的系列健康知识巡展活动。开展“淮阴健康文化乡村行”公益活动启动仪式,邀请省疾控中心控烟专家举办全区公共场所与工作场所控烟培训班。在《淮阴报》上刊登无烟生活主题活动知识竞赛,共收到全区各单位和乡镇2000余份答题卡。区、镇(乡)、村共组织健康素养巡讲980余场次,发放宣传资料50万份,接受健康咨询3.6万人次;及时更换健康教育宣传栏220块。分别对全区174个农村水厂和1个城市水厂枯水期、丰水期水质进行全面检测,共采集744份水质;枯水期采样348份水,合格330份,合格率为94.83%;丰水期采样348份水,合格334份,合格率为95.98%;城市生活饮用水采样48份,监测36份,合格36份,合格率为100%。

【卫生监督】 开展取缔非法诊所、规范公立医院依法执业行为、游泳场所整治、疫苗接种、抗菌药物临床应用、放射诊疗场所专项检查、学校卫生以及传染病分类监督综合评价等10次专项行动。日常监督3500户次,监督覆盖率100%,取缔无证行医48户,立案查处各类违法行为案件103起,案件查处率100%,其中医疗卫生案件68起,公共场所卫生案件18起,生活饮用水16起,职业卫生1起。申请法院强制执行23起,移送公安机关8起,未发生一起行政诉讼败诉案件,群众满意率100%。获得国家卫生行政执法微课大赛表彰,获

省卫生监督所检查口腔医院

省卫生监督工作先进单位、省卫生监督执法全过程记录试点单位、省卫生行政执法微课大赛一等奖、市依法行政规范化示范点、市目标考核一等奖、市卫生行政执法微课大赛特等奖、市行政处罚和行政许可案卷一等奖等。

【基层卫生】 创成全国“群众满意的乡镇卫生院”7个、全国示范社区卫生服务中心1个、省示范社区卫生服务中心2个,省示范乡镇卫生院17个,省示范村卫生室19个,基层医疗卫生机构省级以上示范化率83.3%,居全省前列。丁集疼痛科、棉花肛肠科创成省特色科室,全区基层医疗机构建设特色科室11个,其中省特色科室9个。2016年,全区基层医疗卫生机构门急诊人次319.5万人次,占全区各级医疗机构总诊疗量的81.3%,区乡两级新农合住院总人次9.7万人次,基层住院人次占比达到60.3%,提前实现“九成人看病不出区,六成人住院在乡镇”。规范实施12类46项基本公共卫生服务项目,全面实施个性化签约服务工作,全科(乡村)医生签约服务乡镇覆盖率100%,个性化签约率31.95%。王营、营中、果林社区卫生服务中心被评为江苏省“家庭医生服务模式创新建设单位”,家庭医生服务模式创新被市委、市政府列为2016年度创新项目。

【新型农村合作医疗】 新型农村合作医疗统筹水平不断提高,人均筹资标准从565元提高到650元。居民医疗保障水平稳步提高,在全面执行市补偿意见的基础上,将门诊支付限额从300元提高到600元,血透费用支付比例维持在90%,计划生育特别扶助家庭住院可报医疗费用扣除门槛费用后全部报销,“五保”对象门诊医疗费用补偿不设封顶线。

【妇幼保健】 母婴保健技术服务机构和人员持证率100%。新生儿死亡率和出生缺陷发生率分别为1.85‰和4.5‰。婴儿死亡率3.5‰,5岁以下儿童死亡率4.96‰,孕产妇死亡率9.73/10万。重大妇幼卫生服务项目推进有力,农村孕产妇住院分娩获得补助5111人,农村孕早期妇女补服叶酸7174人,孕产妇艾滋病、乙肝、梅毒免费检测12702人。切实加强婚前、孕前健康检查,全年免费婚前检查报表上报12072对,检查率100%;免费孕前检查任务数5297对,实际检查5658对,完成率106.82%;妇女病普查率89.3%;宫颈癌检查2.5万人,乳腺癌检查2.67万人,宫颈癌检查完成率100.02%,乳腺癌检查106.96%。

【医政医管】 始终以医疗质量安全为中心,完善“月督导、季检查”监管制度,强化落实每月医疗质量管理点评、每季度病案文书点评、每季度检查问题点评等三项点评制度,加强医院感染管理,严格落实临床各项诊疗规范和医疗核心制度。开展“‘三基’理论知识竞赛、医护临床操作竞赛、急诊急救技能竞赛”“‘十二五’期间医疗救治十大优秀案例”等系列评比竞赛活动。全年举办各级各类学术讲座、培训68场次,参与培训医技人员3180人次,全年开展各项医疗质量检查20余次、召开医疗质量管理会议10次。全年基层医疗机构发生医疗纠纷9例,均有效化解。全年基层医疗单位发生呼吸心跳骤停20例,成功复苏15例,复苏成功率75%。医政医管工作在淮安市卫生计生委2016年度目标考核中获得第一名。

【中医药管理】 加强中医药服务体系建设,全区各乡镇卫生院(社区卫生服务中心)均设置规范化的中医科、中药房,配备中医诊疗设备,全区226个村卫生室(社区卫生服务站)均设立中医诊室。全区现有18家基层医疗机构建成各具特色的“中医馆”,其中王营、棉花、丁集、吴城、码头、果林、五里、刘老庄、韩桥创建的基层医疗卫生机构中医诊疗区(中医馆)服务能力建设项目均通过省级验收。码头、棉花、徐溜、赵集先后被评为江苏省乡镇卫生院示范中医科并通过省级验收。开展“第六届中医药就在你身边”中医药文化科普巡讲活动,开展中医药文化科普巡讲共62场次,向群众免费发放宣传材料4518份,设置宣传展板84块,现场参与群众累计约2944余人次,媒体报道12篇。

【药政管理】 区、乡、村三级医疗卫生机构规范实施国家基本药物制度,2016年度基本药物网上集中采购、配送7290.55万元,配送率97.2%,平均采购成本下降近40%,直接减轻患者负担4860余万元。强化各级医疗卫生机构抗菌药物临床应用管理,落实使用报备和分级使用制度,门诊、住院抗菌药物使用率分别下降至20%和56%。

【医学科技与教育】 选派6名基层医院管理人员参加省城乡基层卫生机构干礼人员培训班,安排两批、50名基层卫计人员赴市一院跟班进修,住院医师规范化培训19人,307名乡村医生参加全市农村医生初级急救知识与合理用药培训,举办各类培训讲座45次,受训2680人次。组织47名基层管理人员赴中山大学学习进修。

【规划财建】 财政补偿机制日趋完善,全年获得各级各类补助资金4.73亿元,其中区级配套2.12亿元,基层单位债务清理化解工作有序推进。积极推进基础设施建设,全年区卫计系统基本建设项目27个、建设总面积24000平方米、总投资4678万元。其中,淮阴人民医院异地新建项目完成投入500万元,进行桩基检测;新建渔沟医养融合及附属急诊中心项目完成总投资3000万元,建筑面积12000平方米;棉花中心卫生院投资230万元建筑面积为1450平方米的中医馆改扩建项目投入使用;果林社区卫生服务中心投资510万元建筑面积为2950平方米的门诊楼改扩建及病房楼装修项目投入使用;投入438万元对7家卫生院的14个项目进行零星改造装修。省卫生厅补助项目12个,共计295万元,其中基层卫生院2个、补助金额200万元;社区卫生服务中心1个、补助金额50万元;村卫生室9个、补助资金45万元。全年新购进磁共振、CT等大型设备12台,合计5000余万元,分别在王营、渔沟、码头、南陈集、新渡等单位投入运行。全年向上争取27类项目,争取上级补助资金实际到账5274.64万元。

【医疗机构选介】 淮安市淮阴医院　该院前身是1941年成立的淮阴县抗日民主政府卫生室,1946年更名为淮阴县人民政府卫生院,1951年更名为淮阴县人民卫生院,1976年更名为淮阴县人民医院,2001年1月更名为淮安市淮阴医院。医院是集医疗、预防、保健、康复、教学为一体的二级甲等综合性医院,是江苏职业技术学校附属医院、江苏省人民医院技术支持医院、南通大学医学院教学医院,是市区医保及城镇居民医保定点医院,是区内医院集团化建设的龙头医院。医院占地面积11.6万平方米,建筑面积7.3万平方米,核编床位800张,实际开放床位持续在1300张到1400张,设置20个职能科室、24个临床医技科室,年门、急诊量54万人次,年出院量4.8万人次。普外科、泌尿外科、介入科为市级临床重点专科,骨科、妇产科、胸外科、心内科、呼吸内科等优秀学科群体逐渐兴起。医院有职工1306名,其中卫技人员1150名,中高级职称400名,硕博研究生43名,本科生659名。医院现拥有菲利浦1.5T磁共振、双源CT、菲利浦64排螺旋CT、飞利浦DR、西门子大平板数字胃肠机、DSA、碎石机、史塞克腹腔镜、关节镜、电子胃镜、肠镜、全自动生化分析仪、西门子S－2000彩超、奥林巴斯十二指肠镜、口腔CT机、等离子内窥镜系统等先进仪器设备300多台次,仪器设备总价值1亿元。全院联网的电子信息系统和电子图书馆的建立,使医院的数字化、信息化、现代化建设初具规模。2016年,投资6亿元扩建建筑面积10万平方米的医院新建综合病房楼,预计2018年底竣工,届时开放床位1500张。

淮阴区妇幼保健院　该院始建于1958年,是淮阴区唯一集妇幼保健、基本医疗、健康教育、基层业务指导等为一体的专业医疗保健机构,承担全区妇女儿童的医疗保健等基本公共卫生服务。医院有职工227人,卫技人员210人,高级职称27人,中级职称52人。研究生4人,本科学历120人,大专学历85人。设有床位150张。医院设有妇女健康中心、儿童健康中心、围产保健中心,下设妇女保健科、儿童保健科、生殖健康科、计划生育科、妇产科、儿科等9个一级科室及16个二级业务科室。开展阴道镜手术、宫颈微波治疗、乳腺疾病及妇科肿瘤手术、产后康复治疗、新生儿游泳接触、儿童耳鼻咽喉保健、儿童心理卫生、儿童营养、儿童康复、智力测试开发、儿童口腔保健、眼保健等专科业务及无痛分娩、四维产筛、腹腔镜等新技术、新项目。医院先后被授予“省级巾帼示范岗”“省价格诚信单位”“市级文明单位”“市妇女儿童工作先进集体”“市质量诚信单位”“计量诚信单位”“市明码标价先进单位”“妇幼保健工作先进单位”“和谐劳动关系,履行社会责任”星级单位等荣誉称号。

淮安市口腔医院　该院为淮安市公立二级口腔专科医院,是淮安市政府2014年十大民生工程。医院按照三级口腔专科医院建设标准进行规划建设,着眼江苏前三、苏北第一、公立惠民、专业领先的发展定位。2015年7月16日,医院由老院(原淮阴口腔医院)整体搬迁至新院,升格为淮安市口腔医院,新大楼建筑面积1.2万平米。医院与江苏省口腔医院建立技术协作关系,成为江苏省口腔医院淮安分院、南京医科大学教学医院;2016年2月,医院被授予“淮安市口腔卫生指导中心”,承担着淮安市及邻近县(区)广大群众的口腔疾病临床诊疗和预防保健业务;7月,被授予“江苏省舒适化口腔治疗技术培训中心”;9月,淮安市选举该院一人为中华口腔医学会第五届全国会员代表;12月,医院两人分别被聘为江苏省口腔医学会口腔正畸专业委员会、口腔种植专业委员会委员。医院科室设置齐全,设有正畸科、颌面外科、牙体牙髓病科、牙周黏膜科、修复科、种植科、儿童口腔科,另外还设置13个VIP诊室、口腔预防保健科、医学影像科、医学检验科、辅诊科、消毒供应室等临床和医技科室。全院设置口腔综合治疗台84张,病床50张。专业设备齐全,拥有Planmeca OY全景X射线系统、口腔内成像X射线机、数字化成像及3D打印系统,徕卡显微镜、激光治疗仪、LED光固化机、喷砂洁牙机等国际先进医疗设备。医院积极开展口腔各项新技术新业务,开展舒适化口腔治疗、心电监护拔牙、镇静无痛微创拔牙、显微根管治疗、即刻种植牙、微整形、美容及功能重建等业务。

王营社区卫生服务中心　该中心是淮安市职工医保、淮阴区新农合和医保定点医疗机构,承担城区常住人口和流动人口的基本医疗、基本公共卫生服务。中心业务用房5300平方米。中心设有内科、外科、妇产科、口腔科、中医科、康复科、检验科、医学影像科、公共卫生管理所等科室。拥有床位112张,人员158人。配备MRI、CT、DR、彩色超声诊断仪、奥林巴斯电子内镜、全自动生化分析仪、五分类全自动血球计数仪、微量元素分析仪、尿分析仪、心电监护仪、呼吸机、麻醉机、心电图机、微电脑牵引治疗仪等专用设备。常规开展胃肠、肝胆、甲状腺、口腔、耳鼻喉、乳房、骨科、剖宫产、妇科及下腹部手术。2012年,中心组建家庭医生团队,在苏北率先实施家庭医生制度,开展辖区居民健康档案工作并实行电子化动态管理,经常性开展健康教育工作,规范做好计划免疫和传染病防控工作,定期为老人、妇女、儿童和慢性病患者提供免费体检和疾病监测,有家庭医生团队10支,家庭医生119名。创新慢病管理模式,在大润发超市设立“健康驿站”,社区居民可随时自测血压、血糖等常规体检项目,实现健康管理模式的转变。2016年6月,淮阴区卫计委、人社局、财政局、物价局联合下发《淮阴区家庭医生签约服务实施管理办法》,制定全区统一的签约服务包及收费标准,个性化签约3315人,重点人群签约率达20.2%。中心积极开展智能医院建设,新增输液系统,实现从患者取号、医生叫号、问诊、检查、诊断、收费、取药到治疗的全程信息化管理,全科诊室的医生工作站与居民健康档案系统全面对接,病人的就诊信息能适时计入个人的健康档案,提高工作效率和工作质量。在病房有数字智能医疗自助系统病房服务终端,病员可以自助查询住院费用、点餐、服务评价、医院及医护人员介绍和惠民政策宣传等,医护人员可以刷卡查询在院病人信息,对查房、巡视、输液治疗情况进行实时记录。中心以“医生进家庭,幸福洒淮阴”为旗帜,以“服务好、质量好”为指南,以“群众满意”为标准,以“如果您需要,我就在您身边”为理念,认真落实家庭医生制度,全面深化社区卫生服务内涵,先后获全国示范社区卫生服务中心、江苏省中医特色社区卫生服务中心、江苏省群众满意的社区卫生服务机构、江苏省爱婴社区卫生服务中心、淮安市文明单位、“爱敬诚善淮阴人”先进集体、江苏省优秀社区卫生服务中心、江苏省文明单位等称号。中央电视台、《人民日报》、《光明日报》、江苏卫视、新华社等国家及省级媒体多次宣传报道中心的家庭医生服务工作。

刘老庄中心卫生院　该院始建于1958年,是一所集医疗、预防、保健等为主的公立性全科医疗服务单位,下设10个村卫生室。辖区人口2.4万人,服务范围辐射周边约7~8万人口。用房面积12000余平方米,其中门诊面积1300平方米,防保所600平方米、中医馆300平方米、综合病房楼8000平方米。有职工125人,其中卫技人员116人;开展的诊疗专科有:儿科、内科、外科、骨科、妇科、产科、肾内科、中医科、康复科、口腔科等专科。设有彩超、心电图、DR、CT、检验、胃镜等辅助检查科室。检查设备有:日立螺旋CT、西门子DR、中科美伦DR、西门子彩色超声机、奥林巴斯腹腔镜、电子胃肠镜、全自动生化分析仪、血气分析仪、全自动血球计数仪、新生儿黄胆仪、骨密度分析仪、微量元素测定仪、自动化学发光免疫测定仪、眼科检查等设备、中药熏蒸舱、C13红外光谱仪等。2016年,该院投入400余万元建成近500平米的苏北首家乡镇卫生院血透中心,并新配置15台瑞典进口GAMBRO血液净化机、1台血滤机以及其他配套设备,10月透过市卫计委评估验收后投入使用,固定透析病员近40名左右;投入10余万元建成视频远程会诊中心,具备与上级医疗机构视频通讯、信息共享的功能,可以实现实时视频会诊功能;投入10余万元建成眼科视力矫正中心;在输液大厅建成雾化室;投入20余万元装修郑河卫生室,并获得省示范卫生室称号。该院开放床位99张。总收入3100万元,比上年增长52%;其中业务收入2089万元,比上年增长22%;完成门急诊84815余人次,比上年增长14%;收治病人6612人次,比上年增长12%。2011年,刘老庄中心卫生院成为淮阴区首家"江苏省示范乡镇卫生院";2014年,成为淮安市首批、淮阴区首家市级"绿色医院";2015年,被淮阴区人民政府评为"淮阴区十佳健康管理团队";2016年,被评为"全国群众满意乡镇卫生院"称号。

渔沟中心卫生院　该院是一所集医疗、预防、康复、保健、计划生育技术服务、健康教育及养老为一体的综合性医院,医院下设韩圩分院1所。医院有职工160人,其中中级以上职称40人,医院设有内科、外科、妇产科、儿科等常规临床科室,微创外科、骨科、神经内科为特色专科,其中神经内科是江苏省卫计委首批验收通过的特色科室。配置GE16排CT、西门子S2000彩超、DR、全自动生化分析仪、血球计数仪、电子胃镜等仪器设备100余台,1.5T超导磁共振配置完成招标,将于门诊楼装修后投入使用。医院实际开放床位200张,年门诊量16万人次,年住院病人0.9万人次。医院向西扩建1.5倍,占地45亩。2013年,建病房楼6层(框架结构)6500平方米,总投资2500万元。病房采用地源热泵系统(中央空调),病房内独立卫生间、24小时热水(淋浴),2部电梯、3个现代化标配手术间、中央供氧(吸引),极大地改善住院环境。医院先后被评为首批国家级"群众满意的乡镇卫生院"、江苏省"示范乡镇卫生院"、淮安市"惠民医院"。2016年,根据社会老龄化的现状以及医院发展需要,在院内新建"淮阴区医养融合服务中心"大楼7层(含地下一层),建筑面积17143平方米,总投资8000万元,同时新建现代化门诊楼5层,建筑面积5653平方米,总投资3000万元。医院在加强基础设施建设的基础上,加快设备投入、科室建设、人才培养等措施,并按照"国家级重点中心镇"建设要求,卫计委总体规划,争创"二级综合性医院"。

南陈集中心卫生院　该院始建于1958年,是淮阴区运南区域的诊疗中心,医疗辐射半径15公里,辐射人口20余万人。是区医保及合作医疗定点医院。医院占地面积21698平方米,建筑面积12345平方米,净资产4664.03万元,有职工196名,其中医技人员172名,中、高级职称70余人。核编床位150张,实际开放床位260张,设置15个职能科室、21个临床医技科室,年门、急诊量16万余人次,年出院量1.3万人次。医院设有内科、外科、妇产科、儿科、中医科、口腔科、皮肤科、病理科等;同时开设骨科、泌尿外科、呼吸内科、消化内科、心血管内科等专科。骨科为市级特色专科,儿科为省级特色专科。医院现有核磁共振、原装日立螺旋CT、奥林巴斯电子胃镜、岛津-DR、AU480全自动生化分析仪,美国利普刀、四维彩超、C臂机、宫腔镜、腹腔镜等先进仪器设备100多台次;医院呼吸内科、消化内科、骨科、泌尿外科、妇科、产科、中医科、口腔科等诊疗技术处于先进水平,儿科特色尤为显著,基本实现医疗设备现代化,诊疗方法多样化。医院先后被评为"青年文明号""爱婴医院""淮安市公共机构节能示范单位""淮安市绿色医院""淮阴区十佳健康管理团队""淮安市文明单位""省特色儿科""江苏省示范乡镇卫生院""群众满意的乡镇卫生院""二级综合医院"。

丁集中心卫生院　该院成立于1958年,是一所综合医院。1983年,经省市卫生部门批准成立淮阴乳糜尿专科医院;1993年,经主管部门批准增设糖尿病研究所;2011年,挂牌为南京儿童医院技术支持医院;2014年,被确认为江苏省示范乡镇卫生院、绿色医院,同年特色科室乳糜尿专科、疼痛专科被评为淮安市乡镇卫生院首批特色科室。2016年,被确认为全国群众满意的乡镇卫生院,同年特色科室疼痛科被评为江苏省特色科室。医院占地13800平方米,门诊楼1200平方米;病房楼6000平方米;防保综合楼1200平方米。医院有职工134人,其中卫技人员115人,具有中、高级职称45人。设有内、外、妇、儿及乳糜尿、糖尿病专科、疼痛专科、肛肠科、病理科等20多个临床及医技科室。配备有16排螺旋CT、DR数字摄影系统、数字胃肠系统、日本丁德全自动电子胃镜、德国西门子彩超、骨质增生治疗仪、全自动生化分析仪、血球计数仪、牙科综合治疗仪、全自动洗胃机、胎儿监护仪、射频、医用臭氧发生器、射频控温热凝器、颈腰椎牵引床、骨质疏松治疗床、中药熏蒸机、电脑骨伤治疗仪、超激光疼痛治疗仪等先进医疗仪器设备。能够常规开展普外、肿瘤、骨科、泌尿、肛肠、射频超氧治疗椎间盘突出症及各类妇科、产科手术。曾多次接受省、市、区领导的视察,有着“名传中华各省市、院在苏北一乡村”的美誉。在人才引进和培养上,该院抓住卫生厅“卫生支农”政策,积极争取到南京儿童医院对口支农;先后选送外科、内科、妇产科、影像科人员赴省、市级医院进修深造。乳糜尿、糖尿病专科由主任郭佳堂主诊,他治乳糜尿、糖尿病近20年,有丰富的临床经验,收治病员遍及全国各地。该专科有医护人员15人,其中中级以上职称5人。疼痛专科由郁立飞主诊,先后被选派到南京鼓楼医院、江苏省人民医院等上级医院学习,并取得长期的技术指导,在CT定位下常规开展经皮椎间盘射频消融术、胶原酶融盘术、脊神经后支射频术配合选择性神经根阻滞、骶管滴注、小针刀治疗、颈腰椎牵引等方法治疗腰椎间盘突出疗效确切。

棉花中心卫生院　该院(淮阴区肛肠专科医院)下辖大兴分院及10个村卫生室。医院占地约15亩,建筑面积9500平方米,业务用房8600平方米。医疗服务辐射半径15公里,服务人口约5.8万余人。医院创建于1958年,是以肛肠专科为特色,集医疗、预防、保健、计划生育、健康教育、康复为一体的综合性基层卫生服务机构。其主要职能有:为群众身体健康提供医疗与预防保健服务、常见病多发病诊治、院前急救、巡回医疗、常见病多发病护理、恢复期病人康复治疗与护理、卫生防疫、妇幼保健、健康教育、计划免疫、乡村医生业务培训与技术指导、初级卫生保健规划实施、合作医疗组织与管理、卫生监督等。2011年,创建成为“江苏省示范乡镇卫生院”;2015年,创建成市级“卫生应急规范化乡镇”和全国“群众满意乡镇卫生院”。医院有职工126人(卫技人员112人),其中中级以上职称30人,大专以上学历70人。实际开放床位120张。设有预防保健科、内科、儿科、外科、肛肠科、妇产科、中医科、麻醉科、医学检验科、医学影像科、口腔科、小针刀科等临床科室。其中肛肠科和小针刀科被省卫计委确认为特色科室。医院医疗设备较为齐全,拥有CT、DR、CR－X光机、双探头彩色B超机、全自动血液生化仪、进口富士通EG－99WR胃镜等大小型医疗设备40余台。

徐溜中心卫生院　该院成立于1958年,是一所集医疗、预防、保健、康复、计划生育指导、健康教育于一体的现代化一级甲等卫生院。是淮安市中医院技术支持医院、淮安市中医院医疗联合医院。是“江苏省示范化乡镇卫生院”、全国首批“群众满意的乡镇卫生院”,是二级综合性医院创建单位。该院有业务用房9339平方米,开放床位120张,职工107人,中级职称13人,初级职称56人,其中医师37人、护理人员34人,服务周边乡镇人口10余万人。该院投入2000余万元添置进口16排螺旋CT、数字化X线摄影系统(DR)、进口彩超、全自动血球计数仪、全自动生化分析仪、电子胃镜等,为临床诊断提供有力保障。中医针灸科为江苏省特色专科,开放床位20张,拥有针灸理疗、康复治疗、疼痛治疗等诊室,增加激光、微波、颈腰椎牵引床等专科设备。中医科擅长诊治乳糜尿、糖尿病、不孕不育、老年病、男性病等疑难杂症。外科能进行腹腔镜微创手术、四肢和关节骨折、前列腺切除、痔疮和肛瘘、食道癌、肺癌等手术。妇产科正常开展剖宫产、子宫切除、卵巢囊肿、宫外孕和子宫肌瘤手术治疗等。

红十字会

【概况】 区红十字会注重推进应急救护培训、募捐救助、献血捐髓、宣传传播、志愿服务等核心业务,为构建文明和谐社会做出贡献。

【宣传工作】 结合文明城区创建开展红十字公益宣传。落实创建全国文明城区创建任务,广泛开展造血干细胞捐献、遗体捐献、器官捐献宣传工作。多次举办群众体验参与互动活动。以纪念“5·8”红十字日为契机,多次举办红十字开放日活动,向群众展示红十字会服务核心区建设、开展创建全国文明城区工作的情况,宣传避险逃生、自救互救知识,征求群众代表对红十字会工作的意见和建议,拉近和百姓距离。加强红十字工作宣传和舆论引导。在江苏文明网站、省红十字会网站、省红十字报、淮安新闻、直击淮安以及市级报纸、区级报纸、电视新闻等多家单位和媒体采用区红十字会信息47篇次。

【募捐救助活动】 打造“博爱在淮安”募捐品牌　广泛发动各医院、学校、乡镇、机关单位开展“博爱在淮安”募捐活动。共募集“博爱在淮安”善款

60.86万元,比上年增长43%。

“盐城阜宁龙卷风”专项募捐 区委组织部联合区红十字会第一时间召开会议研究部署募捐行动,起草“盐城阜宁龙卷风”募捐通知,在网站和淮阴区电视台上刊登和播出募捐呼吁书。共募集“盐城阜宁龙卷”善款26.66万元,物资10.11万元。募集金额居全市各区县首位。

红十字系列救助活动 开展“博爱进万家、红会送温暖”活动,集中对困难群体实施人道救助。采取“即报即救”的方式,随时对困难人员及家庭给予必要的救助和关怀。2016年,区红十字会共计投入救助款10.35万元,救助困难家庭150户。

【应急救护培训】 ①落实防灾应急体系规划任务。在学校、机关、企事业单位、重点行业普及防灾应急、心肺复苏、创伤包扎和避险逃生等知识技能。全年应急救护知识普及人数7489人,培训初级急救员936人。②开展应急救护培训进社区活动。为了使应急救护培训更加贴近地气,在各社区全面开展应急救护培训进社区活动,提高群众应对自然灾害、突发公共事件应急能力。全年在4个社区举办培训班,普及人数1360人。③提高应急培训工作质量。组织5人次师资参加省红十字会继续教育培训班。选拔具有医疗卫生专业背景人员充实师资队伍。④加强区红十字会救援队建设。与区地震局合作,选派骨干志愿者组建淮阴区应急辅助救援队,并组织救援队成员参加区红十字会应急骨干志愿者专业强化培训、处突维稳急救日展示活动。

【开展三献工作】 在5·8纪念日期间在区农工商超市门前组织开展主题为“架起大爱桥梁 重燃生命之光”的造血干细胞志愿者血样采集活动,活动当日共采集血样30多份。并利用此次采集活动向广大市民宣传有关无偿献血、捐献造血干细胞、应急救护等方面的知识,发放宣传小册子200余份。在6月的公务员献血活动中,派发有关无偿献血、捐献造血干细胞、应急救护等方面的知识宣传册,动员大家参与捐献造血干细胞的活动。当天有60余名公务员志愿捐献造血干细胞,合格采集40多例。9月13日,进企业宣传捐献造血干细胞的相关知识,当天采集血样27人份。全年共完成再动员30人,高分辨14人,其中进入体检2人,实现捐献1人。11月25日,淮阴区第三例造血干细胞捐献者沈洁在南京成功捐献。

【创新项目】 争取省红十字基金会的“无悔青春防治艾滋”项目,援助资金到账4万元,针对此项目的组织与实施,区红十字会联合淮安市红十字会、区疾病控制中心约请省疾病预防控制中心性病艾滋病防治主治医生李建军,为淮阴师范学院大一新生讲解艾滋病流行形势及综合防治知识。每季度开展一次防艾志愿者培训及同伴教育,使学员全面认识艾滋病并掌握预防技巧,正视自己的心灵,用心关爱善待艾滋病人。青年同伴教育培训活动通过学生讲授、学生聆听、学生参与等方式,以学生为中心,互相教育,互相培训。

科技·文化

科学技术

【概况】 2016年,全区科技工作坚持以促进发展方式转变、产业转型升级为主线,重点实施创新主体提升、产业创新发展、园区提档升级、科技服务推进、科技创新惠民和知识产权示范等六大工程,强化制度创新和管理创新,营造“大众创业、万众创新”的良性生态。全社会研发投入占GDP比重达到2.2%。每万名劳动力中有研发人员26人。全年累计建成国家高新技术企业37家,高新技术产业产值占规模以上工业产值比重达20%。星创天地建成国家级众创空间,振达钢管获批省级院士工作站,大中型工业企业研发机构建有率100%,规模以上工业企业研发机构建有率达40%,新增市级以上企业“两站三中心”14家。市级以上科技企业孵化器在孵企业数102家。高新区获批一家市级创业创新公共服务平台。科技型中小企业累计建成65家。获批农村科技服务超市分店1家、便利店2家。为科技支行推荐15家备选企业。100%落实科技税收优惠政策,没有发现相关科技税收优惠政策未兑现的现象。专利授权1324件,有效发明专利拥有200件,完成专利行政执法案件办理26件。企业有效专利拥有量占比达60%。纳入市督导考核体系的新竣工工业项目,统计代码在省高新技术产业产值统计范围内的项目占总项目比重达到30%。

【特色服务】 邀请国家知识产权局专家指导全区专利工作。5月31日至6月3日,国家知识产权局初审及流程管理部专家一行8人到淮阴区调研纽泰格、万邦香料两家高新技术企业,当场答疑,指导专利工作,并到淮阴工学院、淮阴师范学院两所高校开展知识产权进高校活动。开展“科技助理挂钩科技企业”特色服务品牌创建活动。全区科技骨干作为企业科技政策辅导员每人挂靠3~5家科技型企业,促进企业科技创新,帮助企业在解决政策、研发新产品、改进新工艺、税收加计扣除、知识产权创造与应用等方面系统规划。企业科技政策辅导员在“区领导挂钩全区重点企业”和宣传省“40条政策”方面产生积极作用,通过对挂钩企业上门服务,赠送书籍等形式深化“40条政策”宣传的广度和深度,在全区上下掀起学习省“40条政策”的热潮。

防震减灾

【概况】 2016年,淮阴区围绕创建防震减灾安全示范区要求和建设“实力强、城乡美、群众富的幸福淮阴”奋斗目标,扎实学习,团结奋进,创新实干,获得全市防震减灾工作先进单位。

【监测预报】 做好与市地震局共建的果林地震台的管理工作,在道路两侧安装警示牌,对周边环境进行整理,保证地震台监测设施的正常运行和观测环境的安全。在全省市县监测预报效能考核

课题研究

中，区地震局获评为优秀单位。在丁集、西宋集、凌桥、赵集四个乡镇和淮阴小学分别建设地震预警台。聘请25名义务宏观观测员，遍布21个乡镇的25个观测点。观测员及时记录观测结果，及时汇报异常现象，为预研分析地震提供第一手资料。

【例会制度】 建立助理员例会制度，明确每季度首月的第一周周三下午为助理员例会，全年共召开例会4次。将防震减灾助理员打造成防震减灾知识的“宣传员”、防震演练工作的“教练员”、热心公益事业服务的“勤务员”、自救互救的“指导员”。

【防震减灾综合演练】 5月12日，市政府统一组织地震应急综合演练，淮阴区承担主会场实兵实战演练任务。在市应急指挥中心统一指挥下，淮阴区启动Ⅲ级应急响应。在区指挥长的指挥下，医院、交通、民政、消防、部队、公安等单位协调有序，演练取得成功。王营镇西坝社区、淮阴小学、淮安万邦香料有限公司、供电营业部、自来水公司等单位和部门也分别开展地震应急救援、疏散演练。

【应急救援】 成立由45名预备役人员组成的淮阴区地震应急救援队、由80名家庭医生组成的淮阴区地震应急医疗救援队。5月，区委常委、常务副区长陈张为两支队伍授旗。

【课题研究】 6月，区地震局局长张军提出课题《悬湖——2000万人民生命财产安全隐患》，得到国家地震局原副局长何永年教授的肯定和支持，并且得到河海大学王锦国、南京师范大学陈锁忠教授的参与。《洪泽湖区域地震活动背景预研究》获得省地震局24万元经费资助。11月，市地震局专门邀请有关领域的领导、专家进行研究，确定五点共识，为进一步推动该项目的研究提供支持。由左绪正执笔撰写的《纳湖入城战略下，洪泽湖产业结构重塑路径研究》获得市社科联正式立项并经市专家组审核通过，完成结项。

气　象

【概况】 2016年，淮阴区平均气温为15.2℃，比历年平均气温高0.4℃，年极端最高气温为36.6℃，年极端最低气温为－13.0℃。年总降水量为1006.7毫米，比历年平均多61.2毫米。年日照总时数为1850.4小时，比历年平均少230.2小时，年日照百分率为42%。年平均气温较常年略高，降水略多，日照不足。灾害性天气较多，主要灾害性天气有暴雨洪涝、强对流、连阴雨、高温、干旱、雾和霾、低温冻害等灾害性天气。区气象局获淮阴区2016年部门差别化考核先进单位、淮安市气象局2016年目标考核优秀单位，并获得2013—2015年省级文明单位称号。刘老庄为农服务示范点被评为省级标准化气象灾害防御乡(镇)。

【重点项目】 淮阴气象灾害预警中心被列为市重点工程项目，建设进展顺利，各项工作有序推进，区财政统筹资金全部落实到位，内部装修设计方案完成，内部装修和各项货物采购招标工作基本完成。智能化同时进场施工，水电和室内吊顶完成，项目正常开展。

【优质服务】 认真做好台风、暴雨、高温等重大天气的服务工作。

信息服务　通过多种渠道发布服务信息。全年共发布书面气象服务材料193期，手机短信约15万人次，农用天气预报11期，春耕春播气象服务5期，夏收夏种气象服务6期，秋收秋种专题气象服务7期，农业气象月报12期，农业气象旬报35期，重要天气报告46期(7次被领导批示)，发布预警信号60期，应急响应7次、媒体采访4次。与农业、民政、水利、国土、林业、移动、联通等部门签署合作协议14家，与农委开展联合调查、联合会商、联合制作并发布产品5期。

开展气象防灾减灾宣传活动

气象"三农"服务　在总结上年工作经验基础上,搞好为农服务体系建设。开展农业气象科普宣传及服务工作。加强区域自动站建设,安装并投入使用的刘老庄、娘庄村美阳农园小气候站和五里土壤自动站运行工作正常,气象区域自动站遍布全区。编制2016年"三农"专项建设方案,完成为农服务示范建设点建设工作,刘老庄为农服务示范点被评为省级标准化气象灾害防御乡(镇)。

【气象服务】　公众气象服务　利用手机短信、电子显示屏、预警大喇叭、网络、QQ群、电话、电视、广播、传真、邮件、"96121"声讯电话、微博、微信、气象信息员等,并通过淮阴兴农网、淮阴政务网和淮阴区电视台等媒体,发布农业、气象、政务等各类信息。建立气象网络应用平台、专用服务器和省市县气象视频会商系统,为气象信息的采集、传输处理、分发应用、会商分析提供支持。每逢元旦、春节、五一、国庆等重大节日和人大政协"两会"及春播、夏收、高考、秋种、汛期等特殊时段,提供气象服务保障。

决策气象服务　利用"天气公报""重要天气报告""重大灾害性、突发性、转折性天气预警信息"和"汛期(6~8月)天气形势分析"等决策服务产品,及时预报灾害天气过程,及时向党委、政府和有关部门提供决策服务。

农业气象服务　通过"96121"、淮阴电视台播报方式等向社会发布天气实况、天气变化趋势以及极端天气态势等,指导农业生产,促进增产增收。围绕构建农村新型气象工作体系,推进现代气象业务体系、气象应急管理体系、公共气象服务向农村延伸,为农服务等,强化气象灾害防御社会化管理职能。加强区域自动站建设,安装并投入使用的刘老庄、娘庄村美阳农园小气候站和五里土壤自动站运行工作正常。

气象科普宣传　利用"3·23"世界气象日、"5·12"防灾减灾日、"5·18"行政执法服务集中宣传日、送科技下乡等大力宣传气象科普知识,让气象科普入村,入企,入校,入社区。

文　化

【概况】　全区文化广播新闻出版工作将社区文化活动中心提升与区图书馆分馆建设两项工作综合考虑、统筹谋划,确定42个图书通借通还点,投入52万元,为点上配送书架155个、电脑桌椅40套、电脑10台,图书1.6万册,完成各点软件安装工作,实现通借通还功能。投入20余万元,重点对袁集乡袁北村、丁集镇七一村等5个社区文化活动中心进行提升。在区文化馆内新增区级非遗展示厅,开通淮阴文化公众微信号,在免费开展少儿钢琴培训的基础上,又增设儿童画、合唱、摄影等多个艺术门类。区文化馆晋级为国家一级馆,区博物馆一期工程张纯如纪念馆全面完成布展工作。

【群众文化活动】　城乡业余文艺团队联动　统筹整合区镇两级文艺资源,全年组织开展各类文艺演出687场。送戏121场,送电影2980场,送图书2.98万册,送展览15场。先后邀请17个戏曲团体到淮共计演出近40场,演出剧种包含京剧、淮剧、淮海戏等。演员阵容包括"梅花奖"得主2名、"白玉兰"奖得主1名、国家一级演员30名、国家二级演员35名,吸引观众近万人次。以开展2016年淮阴区全民阅读·春风行动——十进书屋系列活动为契机,以学龄前儿童、留守儿童等特殊群体为重点,与区教育局、区妇联等单位联合开展阅读关爱和阅读推广活动。

农村文化活动　21个乡镇每个乡镇一场戏;251个行政村每个村一场电影。开展"两学一做"专题情境教学党课走进基层文艺巡演,与高新区及21个乡镇联动开展22场"两学一做"主题巡演活动。

城市社区文化活动　春节、国庆期间,在黄河广场举办"庆新春百姓广场娱乐周"和"庆国庆百姓广场娱乐周"文艺演出。元旦、五一期间,组织民间文艺演出团体开展文艺进社区活动。开展2016年淮阴区"全民阅读·春风行动——十进书屋"系列活动。以开展全民阅读活动为契机,以学龄前儿童、留守儿童等特殊群体为重点,与区教育局、区妇联等相关单位联合开展阅读关爱和阅读推广活动。围绕文明城市创建、纪念中国共产党成立90周年和红军长征胜利80周年,开展专题文艺进社区活动。暑假期间,区文化馆在免费开展少儿钢琴培训的基础上,又增设儿童画、合唱、摄影等多个艺术门类。7月,在区文化馆内举办淮阴、滨海书画联展,展出两地100多名著名书画家带来的160多幅书画作品,促进两地传统文化的发展与繁荣。9月、10月,举办“颂歌唱给党 共筑中国梦”淮阴区百姓歌手大赛,吸引118名选手报名参赛,其中16名选手脱颖而出。

【民间文化艺术活动】 2月8日在黄河广场举办2016年春节非物质文化遗产项目记忆展。4月、5月开展两次非遗传承人传习活动。其中“宋集跑驴”进校园传承活动,邀请市文化馆舞蹈老师配合跑驴传承人走进宋集中心小学,对“宋集跑驴”这个民间非遗项目进行系统讲解、演示,手把手对小学生进行传授;省级非遗项目“渔沟花鼓会”传承人传习活动,邀请已退休的专家汤中元老师,对参加传习培训的40多人进行系统的讲解、传授,学员均领会并掌握“渔沟花鼓会”的基本动作要领。6月13日组织瓷刻、布艺、剪纸、淮海琴书、渔沟花鼓会等5个项目参加2016年淮安市非物质文化遗产展示展演活动。

【文化交流】 围绕弘扬母爱文化主题,开展文化走出去活动,不断扩大和提升淮阴文化影响力和知名度。①应邀出访韩国国际民俗音乐大祝祭。5月20日,中国淮阴民俗文化交流团应邀参加在韩国庆尚南道固城郡举办的大韩民国国际民俗音乐大祝祭,演出淮安古典舞《秀色》和市级非遗舞蹈《情系莲湘》两个节目。②赴澳大利亚参加“母爱”主题系列文化经贸活动。省非遗节目《马灯舞》参加2016澳大利亚·中国淮阴“漂母杯”母爱·爱母主题散文诗歌大赛颁奖典礼演出。③举办“中国·淮阴大世界吉尼斯之最华人旗袍走秀”,并获两项“大世界吉尼斯之最”,即华人旗袍走秀规模最大,华人旗袍演艺参与人数最多。活动期间,还展示淮阴剪纸、布艺、淮扬菜等非物质文化遗产项目。④举办第五届海峡两岸“漂母杯”母爱·爱母主题散文诗歌大赛颁奖典礼。共收到参赛作品621件,评出获奖作品37件。为拓展参与度,大赛分别设立成人组、初中组征文比赛。

【文化遗产保护】 *落实文保单位修缮* 累计投入42万元,修复文保单位淮海二中旧址和王营清真寺。

加大非遗保护传承 坚持非遗传承从娃娃抓起的理念,开展“非遗文化进校园”系列活动,二附小编排的《马灯舞》登上央视11套2016年戏曲晚会舞台;由淮阴实验小学排练的淮海戏《赶集》入选2016年“娃娃戏曲闹新春”春节联欢晚会。在宋集中心小学举办市级非遗项目“宋集跑驴”传承人传习活动。梳理新增“十八翻”等5个项目申报市级非遗名录。

加强非遗文化宣传 6月14日,举办主题为“让文化遗产融入现代生活”的全国第十一个“文化遗产日”非物质文化遗产展演比赛活动,此次比赛活动包括《渔沟花鼓会》《马灯舞》《淮海琴书》《打莲湘》等多项优秀传统节目,还展示码头汤羊肉烹饪技艺、庞玉超剪纸等静态非遗项目。

【文化产业】 *强化组织保障* 为切实做好对全区文化产业工作的指导、协调、服务工作,区文广新局设立文化产业科,明确专人负责文化产业工作,并以两办名义出台《淮阴区文化产业考核办法》,文化产业工作取得实质性突破。全年新增淮安市古堰文化传播、古清口休闲旅游生态园等“三上”文化企业7个,文化产业增加值占GDP比重增幅20%以上。

助推文化企业发展 抢抓研究各级产业扶持政策,组织申报省级以上文化产业引导资金项目7个,申报数量全市第一。参加各级各类文化产业招商推介会,新增龙凤婚纱摄影城、淮安薰衣草庄园等投资规模3000万以上文化产业项目4个。

探索实施文化创意+相关产业发展模式 对区内文化及相关产业进行排查调研,坚持分类指导的原则,分别帮助软件园创建市级文化产业园,美嘉印刷基地创建市级文化产业基地,创建江苏正诚文化产业有限公司文化与相关产业融合发展的示范企业,淮安市农业科技产业园创建文化创意+特色园区基地。

【文化市场监管】 全区共有依法从事文化活动的单位346家,其中网吧66家,印刷42家,歌舞娱乐场所3家,打字复印37家,出版物发行197家,影院1个。

以创建全国文明城市工作为契机,加强对文化市场的监管与服务,保障全区文化市场平稳有序。①加大文化市场监管力度。以“扫黄打非”“固边”“清源”“护苗”等5个专项行动为主线,联合公安、工商、消防等部门,先后对出版物市场、网吧、印刷企业及人员密集场所进行专项检查,共出动人员220人次,检查书刊44家、印刷厂12家。“淮海印务非法印刷教辅案件”被全国扫黄办列为全国“护苗2016”八起重大案件,中央电视台6月6日的“朝闻天下”节目对此进行报道,同时,人民网、新闻网等网站也通过公布该信息。该案件卷宗在全省第十一届文化行政执法案卷评查中获优秀案卷。②形成工作合力。根据全市扫黄打非进基层工作要求,区扫黄办结合实际,制订印发工作方案,并组织人员对各乡镇扫黄打非工作进行指导,全区21个乡镇251个行政村(社区)全部制度上墙,并配备专职扫黄打非联络员。③为平安文化市场保驾护航。年初,与全区所有文化娱乐场所签订安全生产责任状,层层落实安全生产责任。6月17日,联合消防大队联合在淮阴区"达人网吧"开展消防安全现场演练,增强网吧经营户的消防安全防范意识和应急处置能力。

【新闻出版广电事业】 全年自筹资金670余万元,新建区乡数字电视、宽带双向网络干线近300公里,为农村数字平移和智慧村镇发展打下基础。全年完成高清互动电视发展指标2523户、宽带发展指标1565户。加大宣传,继续实施低保家庭免费收看电视政策。突出抓好节假日等重点时段,做好广播电视安全播出监管工作。另外,针对人手不足的问题,发动社会力量,设立作品著作权登记站,全年共完成作品著作权登记5800件。

【文学艺术】 中篇纪实散文《消逝的中共秘史电波》在《中国作家》杂志上发表;《从上古流淌而来的河》在《红豆》2016年1月号上发表;《逆向评判与文化担当》在《江苏作家》2016年1期上发表;《一个状元的乌托邦》在《雨花》2016年7期上发表;《好死场》在《江苏散文》2016年第1期上发表;《一个王朝的挽幛》在《北京文学》2016年3期上发表,《散文海外版》2016年3期、《读者》2016年14期、《悦读》2016年10期转载;《血芦花》在《散文百家》2016年2月头条发表;诗歌《坐化》在《延河》2016年6期上发表。散文《那年大雪》获江苏省第三届大众文学奖二等奖。篆刻作品《韦编三绝"万印楼"》入展当代国际篆刻精英收藏工程;《金以刚折》组印入展第二届全国篆书书法大展;《云行雨施》组印入展江苏"群星"美术书法摄影作品提名展;《变,变则生 不变则死—甲骨文印用字创作谈》(论文)获淮安市第十三届哲学社会科学优秀成果三等奖。《回顾与反思 探索与展望——淮阴区非物质文化遗产保护现状及对策》在全市非物质文化遗产理论征文评比中获三等奖。调研文章《淮阴马灯舞的起源及其地域特色》在全市非物质文化遗产理论征文评比中获优秀奖。在全市"双名工程"项目申报中,淮阴区获批名作扶持3人、名家奖励1人。区文化馆在淮安市"百姓文化艺术节"大赛中获优秀组织奖;在淮阴区"文化艺术节歌手大赛"中获优秀组织奖。

广播电视

【概况】 淮阴区广播电视台实现非税收入701.1万元;引进项目4个、竣工项目2个,其中在建10亿元项目1个、2亿元项目1个、5000万元项目1个、3000万元金融项目1个。全年累计播发广播、电视新闻节目730档,电视专栏节目累计播出135档,外宣工作位居全市第二。提升装备水平,多方筹措资金300多万元,更换超期服役10多年的硬盘播出系统,为制作部更换矩阵切换台等设备,对播出机房进行升级改造,广播电视整体播出效果提升。提升职工待遇,推进"同工同酬"进程,克服资金压力,参照全额拨款人员兑现自收自支人员调资标准,为合同制人员每人普调工资500元,调动和保护广大职工的积极性,全年增加支出80多万元。在提升办公条件方面,调研广电中心建设的可行性方案。

【宣传服务】 *内宣方面* 抽调多名精干力量充实到一线采访队伍,在《淮阴新闻》中开设《标杆再提高 纪律挺在前》《深化"两为"整治》《纪律大家谈》《抓党建 促发展》等专栏,累计播发各类稿件2221篇。

外宣方面 区委、区政府加大外宣奖励力度,全年完成外宣稿件249篇,其中市台160篇、省台87篇、央视2篇,外宣排名跃至全市第二。

区广播电视台和区文明办联合举办"荧光夜跑"活动

自办栏目 《法在身边》《直击现场》《教育时空》3个栏目分别提升全民法制意识，关注民生焦点，展示教育风采，全年累计播出近135期、稿件920多篇。

【经营增收】 巩固广告创收 加强与长期合作的房地产企业和药品经销商沟通交流，鼓励其树立信心、增加投入，为他们做好服务，解决难题，鼓励企业加快发展，走出困境，全年完成广告收入458万元。

区广播电视台召开总结表彰大会

拓展各类展会创收 在房展会基础上开拓汽车展会、婚博展会。2016年，两届展会共销售房屋370套、汽车482辆，销售额2.33亿元。

引导栏目做好创收 3个栏目以做强品牌为支撑点，以做好服务为切入点、以联办节目为增长点，主动对接机关、企事业单位，引导他们学中干，干中学，全年共计创收近70万元，超额完成创收任务。

推行门面房公开招标 为提高门面房的资产收益，招标前，在各类媒体发布公告，吸引商家参与；招标中，实行价高者得原则，保证收益最大化；招标后，完善档案资料，确保手续规范完备。通过推行公开招标，一楼大厅增收50万元/年，其他门面房增收20万元/年。

报　纸

【概况】 全区新闻宣传工作坚持党性和人民性的统一，加快创新步伐，深耕主业，扎根本土，推进融合，提升队伍，各项工作取得较好成绩。在庆祝建党95周年大会上，新闻中心被区委表彰为“先进基层党组织”，被区委、区政府表彰为“法治宣传工作先进单位”，年底大目标考核“优秀单位”，社会事业、宣传思想文化、食品药品安全等单项工作先进集体。

【新闻宣传】 宣传策划 年初，根据全区六大发展战略制定全年新闻宣传策划方案，制定十项重点宣传工作，精心设置各版面栏目，坚持贴近生活、贴近基层、贴近群众的原则，提升报刊影响力。共编印《淮阴报》200期，派出记者跟随区领导采访2000余人次，刊登政务活动稿件1600余篇。成功报道区“两会”、“十二次党代会”等重大活动。围绕中心，开设“我和我的身边人”“走进重大项目现场”“抓党建 促发展”“春季市容环境整治”“抓好换届选举 确保风清气正”“深入开展‘两学一做’推动全面从严治党”等专栏，开展系列宣传报道，取得良好宣传效果。

向上发稿 全年采编人员在市级以上媒体发表稿件100篇，其中《新华日报》1篇、《中国组织人事报》4篇、《党的生活》1篇、《科技展望》1篇。16人次在省好新闻竞赛中获奖，其中刘绪年的摄影作品《带着奶奶去上学》在省县市新闻中心系统好新闻评比中获一等奖。

电子媒体 及时准确、图文并茂上传区委、区政府政务活动到“中国淮阴”政府网、江苏淮阴新闻网。共上传更新政府网站新闻8000条；《淮阴报》数字报网站、《淮阴报》手机版做到及时更新、维护，上传数字报200期。

报刊发行 强化对《淮阴报》《今日淮阴》报刊的发行管理。及时更新投递对象，定期了解投递情况，4月，组织全体人员对城区范围内报刊投递情况的进行督查，提高报刊覆盖面、知晓率和影响力。

编读互动 3月28日，召开通讯员座谈会，对新闻中心宣传重点、规划以及此后一段时间的宣传报道工作提建议。加强部门联动，和淮阴公安分局联合开展第二届“淮警印象”征文摄影大赛，淮阴十大“最美警察”评选活动，提高部门工作的知名度、影响力、美誉度。

【多媒融合拓展舆论阵地】 ①创办和推广《淮阴报》数字报手机版。5月16日，《淮阴报》数字报手机版正式上线。通过多种途经多种方法宣传推广，把报纸放入口袋，开启阅读新时代，提高报纸的覆盖面和影响力。②推进“江苏淮阴网”改版。精简栏目，突出文化教育特色，突出淮阴网的新闻性、本土性和时效性。加强网上专题策划,使策划引领下的网上专题成为报纸新闻专题的“蓄水池”,把专题打造成淮阴网的品牌栏目、原创栏目,以品牌专栏的推广带动网站影响力的提升。③加大“幸福淮阴”微信公众号宣传推介力度。精心选编内容,扩大“幸福淮阴”微信公众号受众面和影响力。在建党95周年书画、摄影、微故事大赛微信投票活动中,共增加关注数3.14万人,累计访问数189.14万次,累计投票次数9.08万次。区两会进行直播,参与人数达5000多人。④加大LCD阅报屏的宣传力度。丰富宣传内容,提高使用效率。使用全媒体采编流程软件,实行投稿、编稿、改稿、发稿、稿费统计的科学化,透明化。

江苏有线

【概况】 江苏有线淮阴分公司针对盘子小、用户日趋减少、智慧业务无突破的情况,抓好生产经营,公司效益取得较大提高,利润、营收均比上年增长10%以上。公众客户部在费用收取、安装维护、用户发展上下功夫,收费率达94%,维护率达100%,用户发展完成省、市下达的任务。集团客户部在配套费征收上对全区开发商进行排查摸底,逐个洽谈、签约,做到应收尽收,在频道落地费洽谈、集团维系发展、费用征收、农网管理上做出较大贡献,不到半年时间全面完成年初下达的营收目标任务。全年实现营业收入1904万元,利润总额73万元,高清互动电视终端达0.53万台,宽带用户数达0.57万户;数字电视用户保持净增长,完成省、市下达各项经营发展指标。服务质量快速提升,公司被区委、区政府表彰为“十大群众满意公共服务单位”。

【抓用户转型谋求创新发展】 ①发展高清互动和广电宽带用户。截至年底,高清用户达5310户,同比增长1610户;广电宽带用户达5746户,同比增长2146户。公司正式运营网格化和标准化营业厅管理制度,公众客户部和领导班子科学研判,适时调整考核办法。在考核办法上充分体现一线员工多劳多得、少劳少得的分配体制,有效调动员工的工作积极性,提高工作效率。②培育新业务。网格人员主动电话预约上门进行维护、收费、宣传等服务。集团人员主动维系集团用户,主动联系购物频道代理商,主动思考农村有线发展新增长点,对接房地产开发商,做好各项费用征收登记和服务工作。打通96296平台与运维人员的联系通道,公司为每位运维人员配备一部手机,使运维人员缩短服务时间,贴近用户服务,提升广电服务质量和水平。③提高队伍素质。公司要求统一服装,统一文明用语,对待客户实行首问负责制,不推诿扯皮,对用户投拆事件及时联系处理,及时反馈至用户和上级部门,直到用户满意为止。④开源节流严控支出。在办公用品及公务接待上严格按规定办理审批秩序,在车辆管理上严控加油维修手续,在管理工作中发现问题,及时提出,加以改进。全年精减机动车2辆,节省支出近五万元。

【工程项目建设】 农村环网建设纳入区委、区政府为民办实事项目,截至7月全面竣工。工程技术部克服困难确保模拟、数字、宽带信号传输到各乡镇,提高原农村有线信号的质量,为发展智慧农村项目奠定基础。王兴、新渡双向网改造和数字电视整转工作基本完成,提高两个乡镇的模拟用户的信号质量,同时在两镇发展近3000户数字和宽带用户,为公司完成数字电视和宽带用户净增长指标做出贡献。

【安全生产】 做好重要节日的安全播放工作,如元旦、春节、两会、五一等安全播出重要保障期,安排领导专门带班,确保安全播出无事故。按照市公司的要求,在每个月规定时间内组织实施测试各项数据,如实上报网络安全、运维播控方面的各种报表。加强对值班人员的培训,通过培训,所有值班人员都可以在市干线路发生中断时,在15分钟内独立操作OTDR定位故障点,在市公司电话明确指导下独立完成调纤操作,保证市干网线路能够及时开展抢修。

档案管理

【概况】 区档案馆接收到期档案单位有区农工部、民政局等12家,接收档案1.61万卷、1.21万件,馆藏量突破至26.04万卷、7.22万件,排架长度1300米。馆藏图书资料1.25万册。接待各类查档利用2180人次,提供案卷3225卷,复印4125页。

【强化档案工作组织领导】 面向全区各单位档案工作人员提供业务指导,鼓励各单位档案工作人员到馆进行现场学习。多次指导民政局档案室工作人员了解档案管理工作，深入学习细节，规范档案的整理归档、目录录入与安全保管。同时，帮助民政局和财政局安装学习数字化软件，推动全区档案信息化建设。

【档案资源建设】 档案移交进馆　深入贯彻国家档案局8、9号令及《淮阴区档案馆收集档案范围实施细则》，对各乡镇、区直部分机关事业单位应当移交的到期文书档案和自行保管档案目录进行监督引导，有序开展到期档案移交进馆工作。

民生档案整合　全年共接收婚姻登记档案1.53万卷，复原退伍军人档案进馆348卷。及时完成整理归档、编目和目录输入工作，更新目录数据库，为群众提供更加方便快捷的查档服务。

拓宽档案征集范围　全年征集整理刘老庄八十二烈士陵园、无产阶级革命战士部殿华和老淮阴区古镇码头、苏北市场及制糖厂的相关档案资料，这些资料是了解淮阴地方特色，反映老淮阴风土人情的重要历史资料。

【档案信息化建设】 在上年全面启动档案数字化扫描工作的基础上，按照“分步实施、逐步完善”的原则，主要对劳动局和人事局的文书档案进行数字化扫描，共计扫描81.10万页，挂接成功并开始查档利用，年初制订的80万页目标全部完成。截至年底，共完成210万页全文数字化扫描量。

【依法治档】 健全组织机构　加强对档案普法工作的领导，将普法工作列入重要议事日程，及时解决普法工作中碰到的各种难题，制定“六五”普法宣传教育规划，制定工作计划，成立普法领导小组，保证普法工作健康有序开展

档案执法检查　着重对21个乡镇开展档案执法检查，巩固上年各乡镇的档案归档成果，督促指导档案整理工作规范上水平，并督促推进各乡镇档案目录电子化的进度，加快进馆步伐。

档案业务指导　在完成4个单位档案工作创成3星级的基础上，根据年初计划，确定区财政局4星级、民政局4星级、水利局3星级、六塘河管理处2星级等单位档案星级达标创建工作，安排专门人员帮助创建单位解决创建工作中的问题，基本完成创建验收工作。

【档案宣传】 组织开展“6·9”国际档案日宣传工作。围绕主题开展系列宣传活动，联合民政局、公安局、交通局等多家单位共同开展系列宣传活动，走上马路、走进社区，通过展板、宣传语等多种宣传形式，提高全区档案意识，为更好地开展档案工作营造社会氛围。开展“档案中的里运河”专版素材征集工作。按照市局安排，围绕“档案中的里运河”素材征集工作，邀请相关文史专家进行座谈，组织文史专家到码头镇进行实地调研，经过认真筛选，确定区域内张福河等8个素材点素材征集工作，并在《淮海晚报》周一版进行连载。

地方志

【概况】 全区地方志工作进一步加大国务院《地方志工作条例》和省、市志办相关文件精神的学习、宣传和贯彻力度，强化淮阴区各乡镇、部门依法修志编鉴意识，创新工作路径和方式方法，加大跟踪指导和推进力度，扎实推进二轮修志和年鉴编纂工作。按照二轮志编纂工作计划，召开《淮阴区志》终审会，通过市志办和各县区专家的研讨、点评，提出1000条修改意见，并对修改意见进行有序修善；首次举办《淮阴年鉴》组稿培训会，全区参加学习200人，10月交稿印刷，并通过正式出版渠道出版，不断提升志鉴整体质量。

【《淮阴年鉴》编纂出版工作】 4月7日下午，淮阴区召开《淮阴年鉴》组稿培训会，邀请省志办专家对《淮阴年鉴》组稿人员进行培训，全区参训人数达200人。区委常委万旭东出席培训会。万旭东就做好《淮阴年鉴》组稿工作，进一步提高年鉴编纂的质量提出具体要求，要求各乡镇、各部门要高度重视，充分认识年鉴的重要作用；要强化质量，扎实做好年鉴的编纂工作；要相互配合、精心组织，认真开展年鉴的编纂工作，按时保质地完成好年鉴文稿的撰写任务。省志办副主任、《江苏年鉴》主编牟国义就年鉴选材与记述要求方面作细致论述。省志办年鉴处处长陈华进行现场指导。同时，区志办发布《关于〈淮阴年鉴(2016)〉组稿工作的通知》，正式启动《淮阴年鉴(2016)》编纂工作。会后，区志办将年鉴组稿任务明确到人，要求每位编辑人员在收集资料的同时，迅速开展编辑工作，保证材料收集和编辑的力度、速度。5月底完成资料的征集，6月初进入全面编校阶段，7月底第一轮校对全面完成，10月完成三次校改任务。12月，《淮阴年鉴(2016)》由中

国文史出版社出版,整体框架设计沿袭上年度,设30个部类,总字数40万字。

【《淮阴区志》终审会】 1月28日下午,淮阴区组织相关专家对《淮阴区志(1978～2008)》进行终审,市志办及全市各县、区志办主任出席会议,区委常委万旭东出席终审会。万旭东建议:增强质量意识,严格把关,确保志书不出偏差;把握时间节点,一手抓志书的修改完善,一手抓志书的出版对接,做好出版前的各项准备工作,抓紧出版;挖掘历史价值,有效利用,使区志对淮阴经济及社会发展的贡献最大化;加强宣传,增强用志主观需求,形成重志、修志、用志的良好社会氛围。终审中,专家们认为,该志书框架结构合理,资料详实丰富,语言生动流畅,可读性强,并就《淮阴区志》中涉及的表格、篇幅、行文规范等方面问题提出修改意见和建议。

【《淮阴区志》编纂工作】 2月,区志办组织抽调3人成立工作班子,对10位专家所提的1000条修改意见和建议进行分类、梳理,逐一落实,同时全面把握志稿内容,看是否有遗漏,看语句是否通顺,看标点是否正确,做到全面完善。下半年,针对修志工作中面临队伍不稳、人手不足、质量不高等问题,及时调整人员,改进方法,提高质效,特别是11月人事变动以后,为做好过渡,减少影响,重新组建修志班子,重温专家组成员修改意见,逐篇过堂,明确目标,二轮修志工作得到有效推进。

丁集薰衣草庄园

军事·法治

法治综述

【概况】 2016年,淮阴区推进社会治安综合治理(简称综治)与平安建设,突出抓好矛盾纠纷化解、重点人群稳控、防范打击犯罪、社会治理创新、维护社会稳定、社会治安综合保险、发展壮大平安志愿者队伍等工作,构建和谐稳定的发展环境。淮阴区连续10年被省综治委命名为"平安县(区)",连续9年被省综治委表彰为"全省社会管理综合治理先进县(区)",连续2年被省委、省政府表彰为"全省社会治安综合治理先进集体"。铁路护路工作连续5年被省委综治委铁路护路联防工作领导小组表彰为"铁路护路联防先进集体"。

开展首个国家安全日宣传活动

【组织领导】 健全领导责任机制 加强对全区综治与平安建设的组织领导,与区直单位、各乡镇签订目标责任状,对任务目标、工作责任、考核奖惩等作出具体规定,并明确各乡镇、各部门主要领导、分管领导、具体承办人的岗位责任。坚持综治"一票否决"制度,干部提拔任用前均征求综治部门意见,形成主要领导亲自抓、分管领导具体抓、全体人员合力抓的局面。

落实经费保障 区委、区政府将综治与平安建设各项经费全额列入财政预算,并全部足额拨付到位。区政府多次召开常务会议,专题研究综治工作及乡镇社会管理服务中心经费问题。区级综治中心拟投资800万元,对淮安国际汽车城东楼1~6楼进行装修改造,打造全市一流综治中心。

强化督查考核 将综治与平安建设列入乡镇和区直部门综合目标考核,占总分的10%。实行季度考核与年度考核相结合的方式,每季度对全区乡镇、区直部门的综治与平安建设工作进行考核,年底综合评定。全年共组织综治5部门参与联合检查3次,召开点评会3次,累计下发整改通知书31份。

【平安淮阴创建】 社会矛盾排查化解 抓住影响社会和谐稳定的源头性问题,以区"矛调信访联合接访中心"为平台,推进矛盾调解组织网络化、排查预警网格化、调解队伍专业化;建立区级大调解中心、乡镇调解中心、村调委会、组十户一名信息员四级调解组织,建立企业调委会、劳动纠纷调委会、交通事故调委会等专业性调解机构,实现调解网络纵向到底、横向到边的全覆盖。推行在公安派出所派驻式调解室,实现"公调对接",解决基层警力不足的问题。把社会矛盾调处成功率纳入全区目标考核内容。按照省市要求,执行协调会议纪要月报、"零报告"、直报、分析研判等制度。全区共受理并调处各类矛盾纠纷1805件,调解成功1780件,调解成功率98.61%。

专项行动 开展打黑除恶,打击盗抢骗、黄赌毒等犯罪,打击侵权假冒犯罪,打击治理通讯网络新型违法犯罪等专项斗争,坚持深入摸排线索、广泛走访群众,加强研判分析,共摸排涉恶线索39条、涉黑线索1条,形成战果26条,立案侦查11条。以开展“五整一打”(整治突出治安问题,整治公共隐患,整顿交通秩序,整治导控敏感舆情,整顿队伍纪律作风,打击突出违法犯罪)“双百”会战为契机,坚持打击违法犯罪活动斗争常态化。全年共清查中小旅馆1965家次,新列管2家,安装系统2家,当场处罚未实名制登记旅馆9家10人;开展打击“盗抢骗”犯罪专项行动,破获的25串137起跨区域案件中,外省案件65起、省内市外案件39件、市内区外案件33起,通过省市区三级联动,破案50起,侵财案件316起,抓获侵财类犯罪嫌疑人255名,移送起诉208人,公诉157人。

排查整治　年初,五里镇老郑村、刘老庄乡刘老庄村作为区级挂牌社会治安整治重点地区,挂牌后,淮阴分局认真分析研究案件高发原因,通过加强人防、物防、技防,加强巡逻守候力度,五里镇老郑村盗抢案件发案率大幅下降,群众的公共安全满意度提高,社会治安情况好转,刘老庄乡刘老庄村实现零发案,达到预期的整治效果。

宣传发动　通过电视字幕、广播、手机信息、有奖征文、图片展、宣传标语、文化长廊、法治公园、悬挂标语横幅、宣传车、黑板报、讲座等形式强化平安法治宣传活动,提升公众安全感。利用移动信息平台不定期发送“平安寄语”“警方提示”等短信。利用电视字幕每天定期滚动播放“共建平安法治淮阴,共享和谐幸福家园”“平安淮阴人人参与,淮阴平安家家共享”等宣传标语,每个乡镇在主要出入口树立2牌以上关于平安法治建设的宣传牌,每个村刷写10条以上关于平安法治建设的墙体宣传标语或横幅。认真组织“综治宣传月”活动,召开综治宣传月安排部署会,综治办牵头组织公检法司、交通、教育、卫计等27个综治成员单位和6个行政执法单位,在大润发超市门前开展以“共同见证”为主题的大型公益活动,开展业务咨询和免费服务。

综治保险推广　与人保财险淮阴支公司共同推出一款保费低、保障广、非盈利的治安综合险,建立防与补一体化的社会治理新模式,保证居民出险后获得补偿,解决百姓因灾致困、因灾致贫的后顾之忧,维护社会和谐稳定。该保险在全区21个乡镇及高新区进行普遍推广,承保5万户,接到各乡镇的报案数1300起,有效报案1000起,理赔870起,赔款金额97万元。

平安志愿者协会　推进平安志愿者注册工作,全区注册成立淮安市淮阴区平安法治志愿者协会1个,下属挂靠分会23个,下设259个工作站,做到协会有组织、有计划、有安排、有经费、有办公场所,分会、工作站达到全区全覆盖。城区总人口为19.53万人,注册人数1.01万人,城区注册人数占城区人口约为5.2%,农村人口为73.78万人,注册人数2.6万人,农村注册人数占农村人口约为3.5%,超过市下达注册平安志愿者人数达到实有人口总数3%标准,全区累计壮大发展平安法治志愿者队伍达到3.61万人。

【基础工作】　组织建设　①社会管理服务中心建设。按照便民高效的总体思路,因地制宜,全面强化区三级社会管理服务中心建设。加强硬件基础建设,重点推进乡级平台达标升级,对照综治中心建设标准,对全区21个乡镇综治中心进行改造,提升硬件设施标准,扩大服务范围,提高服务能力,着力打造便民、为民、利民、惠民平台,提升村级综治中心建设水平,按照先试点后推广的原则,全力推动村级平台达标升级。②网格化建设。全区划分695个网格,每个网格至少配备一名网格员,落实日常巡查等制度,网格化服务管理实现全覆盖。③综治信息化建设。围绕全面形成实战应用这个目标,加强矛盾纠纷排查调处、社会稳定和社会治安形势分析研判,重点对象服务管理,基础信息采集和数据更新维护等,累计上传和处置矛盾纠纷6500条,新增服务管理记录等动态信息11000条,坚持区每月、乡镇每半月一次集中分析研判。

平安行业(单位)创建　①平安金融创建工作。开展防范非法集资宣传教育活动,全年在黄河广场、大润发超市、乐天玛特超市、人民广场及乡镇街道等人群集中地点共组织大型集中教育宣讲活动6场,收发转发宣传短信超过10万条,在城区及乡镇街道挂横幅标语100条,召开大小宣讲会30场,打宣传广告50次,发放各种宣传手册、宣传画报及其他宣传资料1000份。②平安电力创建工作。“严禁在电力设施保护区300米范围内放风筝。”4月9日下午,由区经信委、综治办、住建局、公安局、安监局、电视台和供电公司等单位联合举办电力设施保护宣传活动在东方母爱公园举行,通过现场宣传讲解,共发放各类宣传小册子500多本和给广大居民一封信、居民节约用电指南等宣传资料1000多份,安全用电扑克和电力绿色布袋200多只。破获盗窃破坏电力设施违法犯罪案件26起,同比下降10%,涉案金额达20万余元,抓获犯罪嫌疑人5名;区政府组织电力清障工作2次。③平安市场创建工作。开展肉及肉制品专项检查,出动检查157人次,共检查辖区22个乡镇686户肉及肉制品经营户(含农贸市场摊位),督促无照经营户办证7起,整改未履行进货查验记录的行为39起。开展食品安全扫雷行动,共检查各类市场主体560家,发现问题7家,当场纠正4家,发放整改通知书3份。扎实开展平安寄递创建工作,对收寄的包裹类邮件进行100%收寄验视,邮件验视如遇多件物品捆扎在一起,要打开捆扎绳(或包装物),对内件物品逐件加以验视,防止夹寄违禁物品,营业网点负责人每日要检查邮件验视制度执行情况,并将检查情况及时填写到营业信息系统中的电子管理簿册中,确保营业质量管控体系科学、实时、高效,对所有检查的邮件,都要在邮件封面和详情单上加盖验视戳记及验视人、检查人名章。④平安家庭创建工作。举办"争创最美家庭·共建幸福淮安"文艺巡演启动仪式暨大型广场宣传活动,开展寻找最美家庭文艺巡演,举办基层妇联干部培训班,开展"迎新春·关爱女性健康"大型公益惠民活动,开展维权宣传活动。3月15日上午,区妇联和区工商、卫生、联通等单位在大润发超市门前开展"3·15"消费者权益日宣传活动,向市民宣传《未成年人保护法》《妇女权益保障法》《婚姻法》等保护妇女儿童合法权益的法律、法规,增强妇女儿童依法维权的意识和能力。接受群众咨询20人次,免费发放宣传资料2000份。

公 安

【维护政治稳定】 全年报送情报信息2001条,超前预警并化解涉稳事件73批次132人,涉稳事件预警率达94.4%。建立路地公安联合管控机制,及时劝阻企图乘火车进京人员。妥善处置特殊群体及阻挠区重点工程建设事件162起。搜集涉及G20峰会信息30条,交办各类线索16条;全区25个派出所配备专兼职调解员167名,共排查社会矛盾纠纷969起,调处化解951起,调处率达98.1%;列管刑事前科人员2508人,肇事肇祸精神病人62人。8月20日起,对长途客运站3个进杭班次全面启动源头安检工作,检查车辆45辆次,检查旅客1638人次。

【合成协同作战】 推进合成侦查警务提档升级,合成侦查警务被评为全省科技强警三等奖、全市科技强警二等奖。2016年,共立刑事案件3611起,破案1262起,破案率35%,高于全市6个百分点,挽回经济损失900余万元;公诉总数和侵财公诉数,同比分别上升15%、4.9%;破获公安部督办案件2起、省厅督办案件4起,发生的2起命案全部告破;抓获各类刑事案件嫌疑人1231人,其中网上逃犯126人;移送起诉903人,公诉810人,摧毁各类犯罪团伙59个223人。"2014·6·17"黑社会组织犯罪团伙于11月份判决,是全市2016年唯一判决的黑社会组织案件。

【构建防控新格局】 在火车站广场建成全市首个警务工作服务站,联合武警开展武装值守。建立巡处一体化机制,保持3辆警车12名警力在城区巡逻处警,运行后处置各类非案件类警情6975起,占主城区非案件类警情量的51.3%,警情自处率达到92.1%,缓解派出所处警压力。组织开展"村村通"建设,新建高清监控探头239个。全年案件类警情同比下降12.6%,刑事发案同比下降2%。部署"三比三争"(比作为争贡献、比绩效争先进、比创新争一流)兼职社区民警活动,社会治安满意度、队伍满意度、民警见警率均排名全市前列。

【打造警务新品牌】 投资700万元,集接警区、指挥调度区、领导决策区、联合指挥区、图像显示区为一体的大数据指挥服务中心已完成主体建设。推广应用"执法绩效评价系统",用信息化手段实现考评流程、考评主体、考评范围全覆盖。做强做优互联网服务民生工作,"双微"(微博、微信)警务平台被市局评为科技强警二等奖,"淮安淮阴公安微警务"微信公众号获全国公安政务新媒体创新服务奖。

【队伍管理】 开展系列教育活动,关口前移,强化对民警的思想教育、行为管理、日常监督和追责问责,全年问责22人,约谈66人,党政纪处分8人。加大从优待警力度,全年慰问178人,发放慰问金78万余元。推动解决民警待遇问题,新增班子成员3名,提拔主任科员2名,新晋副科级领导干部9名,调整股级任职28名,提拔股级干部35名。4名民警立个人二等功,34名民警立个人三等功,6个单位立集体三等功。

【治安管理】 累计办理居民身份证6.94万张,同比增长21.87%;异地办理证件1068张,“优选+自助”创新举措服务群众935名,“绿色通道”办理证件227张。“双实”(实有人口、实有房屋)会战期间,共登记暂住人口信息1.86万条、出租房屋信息5536条,办理居住证3314张。共组织义务巡防员1057人、治安信息员3422名参与治安防范。共侦办娼赌治安案件48起,侦办娼赌刑事案件32起,其中涉娼刑事案件12起、涉赌刑事案件20起,共刑事拘留40人,娼赌犯罪公诉人员数40名。开展打假“利剑”行动和打击环境污染犯罪“清水蓝天”行动,累计查破各类食品药品案件12起、破坏环境资源案件1起,抓获违法犯罪嫌疑人56人,刑事拘留38人,逮捕2人,公诉30名。2016年缉枪治爆专项行动中,侦办涉枪、涉爆刑事案件3起,抓获违法犯罪嫌疑人4人,已收缴各类枪支17支,子弹4415发,炮弹、手榴弹11发,管制刀具529把,易制爆化学品45.5公斤。

【交通管理】 组织开展春运、“三百会战”、三轮车专项整治和“五整一打”专项行动交通秩序整治等行动;淘汰报废黄标车2611辆,100%完成目标任务;对2226辆列管重点车辆及2882名列管驾驶人实行户籍化管控;对全区21辆运行校车开展“体检”排查安全隐患;组织排查道路交通隐患110处。协调推进城区道路交通标志安装工程,施划交通标线1.6万米,增设各类交通标志牌400块,维护信号灯85组,清除遮挡信号灯的树木、标志等32处;推进科技强警建设,在国、省道增设测速设备8套,在城区增设闭路电视2处,新增交通信号灯10处、电子警察7处,改造交通信号灯3处、电子警察2处。共查处各类交通违法行为46.2万起,其中酒后驾驶257起、醉酒驾驶177起、无证驾驶645起、假牌假证18起、行政拘留无证驾驶人253名;办理机动车业务4.22万项;办理驾驶证业务1.60万项。道路交通事故“四项指数”分别为79起、死38人、伤59人,直接经济损失19.85万元,同比稳中有降,分别为下降1.3%、下降2.6%、下降15.7%、上升15.8%,未发生一起群死群伤或有影响重特大道路交通事故,未发生有影响道路交通拥堵事件。

【出入境管理】 全年共受理公民出国境申请9423人次,其中护照5312人次;往来港澳通行证3310人次;大陆通行证801人次;为境外人员办理临时住宿登记440人次。录入法定不批准出境人员430名,更新录入登记备案人员683名,撤销登记备案人员22名。

【打击经济犯罪】 共立经济犯罪案件65起,抓获违法犯罪嫌疑人122名,涉案总价值达20亿元,挽回经济损失2000万元。

【首届淮阴最美警察、优秀民警评选】 7月7日,启动“淮阴最美警察”推选表彰活动,至12月8日,共有二百万人次参加投票。选出淮阴最美警察十名:李宁、丁中银、蔡云虎、李忠华、孙明尧、万松、孙美霞、尹传群、邵军、王志广;淮阴优秀民警十名:朱延亮、张海东、袁永生、吴昊、祁二帅、刘书杰、孟明、任海明、张兵、张敏。区委、区政府在区政府会议中心召开“向人民报告——淮阴最美警察”颁奖暨先进事迹报告会,向十名“淮阴最美警察”和十名“淮阴优秀民警”颁奖。

检　察

【概况】 区检察院主动融入全区经济社会发展大局,依法履行法律监督职能,维护社会和谐稳定,切实加强检察队伍建设,各项检察工作取得新的进展。先后获全国“检察宣传先进单位”、市“检察文化建设先进单位”、淮阴区“先进党组织”等称号。

【依法履行刑事检察职能】 打击刑事犯罪　以确保办案质量为核心,依法履行审查批捕、审查起诉职能,保持打击严重刑事犯罪的高压态势。共批准逮捕各类刑事犯罪115件150人,提起公诉560件820人。严厉打击盗抢骗等多发性侵财犯罪,办理相关案件247件332人;打击涉农领域犯罪、重大经济犯罪、涉及食品药品等侵害民生犯罪。依法批捕1名非法吸收140农户存粮存款达220万元的犯罪嫌疑人。对涉案金额达250万元的生产销售中药饮片案,涉案金额2亿元的虚开增值税专用发票、用于抵扣税款发票案,涉案人员达27人的生产、销售有毒、有害食品案,依法提起公诉。

从宽处理轻微刑事案件　坚持轻微刑事案件快速办理、主罪主证复核等办案制度,对初犯、偶犯、过失犯和轻微刑事犯罪，依法从宽处理。建议人民法院适用简易程序办理交通肇事、危险驾驶、故意伤害等案件455件533人。对因家庭或邻里纠纷引发的轻微刑事案件，推行刑事和解机制。因无逮捕必要依法决定不批捕30件108人，决定不起诉18件35人。以教育、感化、挽救为方针，妥善办理涉罪未成年人案件28件44人，对涉罪未成年人推行轻微刑事案件被不起诉人社会帮教机制，依托学校、社区等社会力量促进涉案人员改过自新。

控告申诉矛盾化解　全年受理举报17件，受理控告32件，受理申诉21件，司法救助7件，申请并发放救助金2.3元。妥善化解一起历时20余年的信访案件。多次运用远程视频接访系统和省、市检察院领导对接，汇报信访案件情况，开展远程视频接访，提高接访效率。

参与社会综合治理　依托王营、渔沟、南陈集、徐溜4个检察室，强化对乡镇派出所、基层法庭、乡镇司法所以及农村“两委”班子的监督，及时发现基层群众身边的执法不公和腐败现象。开展检察服务非公企业工作，院党组成员分别联系一至两个非公企业，派驻渔沟检察室建立“宏正气”微信群，服务当地60家非公企业，协调解决非公企业涉法涉诉问题，增强服务保障非公企业健康发展的主动性、针对性和实效性。

【查办和预防职务犯罪】　打击职务犯罪　把发生在领导干部、重点岗位、重要领域和损害民生民利的职务犯罪作为查办重点，先后在消防、社保、银行等领域，查办贪污贿赂案件17件17人，其中科级以上4人，县处级以上1人。反渎局通过对供销系统“新网工程”引导资金使用情况开展调查，两次在全省反渎工作会议上作典型交流发言。对民政领域“五保”资金发放问题展开专项调查，依法查处渎职犯罪一案3人。

主动预防职务犯罪　全年共受理行贿犯罪档案查询申请587件1358人次，加强对区财政局、区农委职务犯罪预防工作回访，推动区委出台涉农专项资金制度性文件。改造警示教育基地，对淮安铁路派出所、淮阴区统计局、江苏南瑞淮胜电缆有限公司等单位开展警示教育40次，受教育人员1000人次，与区邮政局着力打造具有淮阴特色的“预防邮路”。

信息化运用　对人员进行有效配制，推动检力向办案一线集聚，推行大部制、扁平化管理；提升信息化辅助办案的基础建设，建立检委会视频系统、信息化办案指挥室、非涉密网络，先后和公安局、住建局、市场监督局、国税局等18家单位签订基础信息采集或查询协作协议，接入电子取证云平台，侦查信息库已有各类数据41万余条。

严格规范办案　从严落实《最高人民检察院职务犯罪侦查工作八项禁令》，严格执行讯问犯罪嫌疑人全程同步录音录像制度；先后出台《审查职务犯罪嫌疑人“十不准”》《案件线索管理规定》等制度，规范证据的收集和固定。依法保障委托律师的会见权、调查权、阅卷权，增强贿赂犯罪办案透明度。坚持自侦案件犯罪嫌疑人入所前纪检谈话制度，实现对自侦案件依法文明办案的全程监督。

【诉讼监督】　立案和侦查活动监督　协调区公安分局，在渔沟派出所设立检察官办公室，着力加强对公安派出所执法监督工作，全年侦查监督部门向监督侦查机关立案1件，纠正侦查活动违法5件；突出监督重点，与区市场监督管理局、区环保局和公安局分别召开联席会议，加大“两法衔接”平台建设。全面加强非法证据排除和羁押必要性审查工作，对程序性非法证据及时予以排除，对不需要继续羁押的嫌疑人建议释放或者变更强制措施。

刑事审判和执行活动监督　规范和完善刑事审判活动监督工作机制，全面推行量刑建议，量刑建议提出率为100%，采纳率为97%。提出抗诉1件，提请抗诉2件，均得到上级院支持。开展财产刑未交付执行、刑罚未交付执行集中清理专项检查活动，针对矫正对象中存在的脱管、漏管及矫正期间再犯等问题，发出检察建议3份，均被采纳。

民事行政诉讼活动监督　构建民事抗诉、督促起诉、支持起诉、执行监督等多元化的监督格局。全年受理各类民事行政案件59件，其中提出再审检察建议4件，提出检察建议19件，支持起诉25件，督促履行职责10件，法院采纳率均为100%。

【检民交流】　创新接访　改进“点名接访”特色亮点工作，引入法律援助“第三方”帮助化解涉检信访工作。同时在4个派驻基层检察室建立“点名接访”预约机制。全年共开展“点名接访”120次，多次被《新华日报》《检察日报》专题报道，得到省、市检察院肯定。

关爱特殊群体 建立关爱“失依儿童”的未成年人青少年维权模式,先后获全市检察机关社会管理创新优秀项目奖、全市第一批优秀志愿者服务项目、全市“文明淮安”志愿服务行动优秀创新案例等荣誉;对特困家庭开展“节日送温暖”活动,组织干警捐款捐物,出钱出力;组织开展“在职党员进社区”活动,倾听群众呼声,了解群众涉检诉求,全力解决群众涉法涉诉难题。

阳光检务 加强检察工作的公开性和透明度,全年在检察为民服务中心发布案件程序性信息1000余件次。通过互联网“两微一端”(微博、微信、客户端)媒体渠道和法院网站发重大案件、即时性公开信息600余条。在互联网上依法向社会公开起诉书、不起诉决定书、抗诉书等案件文书信息450余件。

法 院

【概况】 全年受理各类案件16040件,审执结12774件,一线法官人均结案328件。全院集体或部门14次、个人38人次受到上级表彰奖励,区法院获“2013~2015江苏省文明单位”称号,组织开展的法官参与“党群议事会”活动受到社会各界好评。

【刑事审判】 全面落实宽严相济刑事政策,受理各类刑事案件600件,审结573件,判处罪犯657人,对331名被告人依法判处缓刑、管制、单处罚金、免予刑事处罚。依法严惩危害社会治安犯罪,审结并公开宣判影响较大的于某故意伤害致死案,切实增强人民群众安全感;依法严惩危害公共安全犯罪,对188名交通肇事的被告人判处刑罚,并召开危险驾驶案件专题新闻发布会;依法严惩职务犯罪,审结“区农委贪腐窝案”等贪污、贿赂、渎职案件7件9人;依法严惩破坏市场经济秩序犯罪,妥善审理非法集资等涉众型金融犯罪,坚决打击生产销售假冒伪劣商品、危害食品安全犯罪,审结此类案件10件20人。坚持疑罪从无的原则,在审理一起刑事案件中,经承办人审查,发现证据上有重大问题,与公安、检察机关多次沟通,最终检察机关撤回起诉,避免一起冤假错案的发生。刑庭被市中院记集体三等功,并获得市级“青年文明号”表彰。

【民商审判】 注重定纷止争和案结事了,受理民商事案件8859件,审结7089件,总标的额10亿元,“五子争父案”、“‘五保’老人被撞赔偿案”等一批社会关注度高、矛盾较大的案件得到有效处理。坚持关注民生民权,审结消费者权益、商品房买卖、房屋租赁、物业纠纷等案件571件,审结交通事故损害赔偿类案件860件,让人民群众在“衣食住行”各方面得到全方位的司法保障。促进和谐家庭关系,维护社会公序良俗,审结离婚、抚养、赡养、继承等婚姻家庭案件1423件。妥善审理涉农案件,审结拖欠农民工工资、农村土地承包经营权等案件259件,为农民工追回工资358万元。围绕供给侧结构性改革面临的司法新需求,应对经济转型引发的矛盾纠纷。依法审理各类经济纠纷,审结借款、保险、票据等案件915件,有效防范和化解金融风险;审结买卖、建设工程等783件,促进市场交易的规范化;审结企业借款、劳动争议等涉企案件749件,促进企业的健康发展;依法通过破产程序清理处置“僵尸企业”,妥善处理中业地产、中英文学校等破产案件3件。

【行政审判】 坚持保护行政相对人合法权益与促进行政机关依法行政相结合,受理行政诉讼案件76件、司法赔偿案件1件,审结64件。强化对行政行为合法性、合理性的审查,驳回起诉、驳回诉讼请求、维持具体行政行为22件。正确处理行政案件协调、和解以及撤诉的关系,妥善化解行政争议,调解撤诉结案35件,撤诉率55.56%。强化对依法行政的支持,审查非诉行政执行案件256件,裁定准予执行94件。全面推进行政机关负责人出庭应诉工作,全区行政机关负责人出庭应诉46人次,出庭应诉率99.6%,连续五年位居全市基层法院前列。坚持裁判与规范引导相结合,发送司法建议10件,及时发布行政审判年报和行政机关败诉案件通报,促进执法的规范化。始终将案件质量放在首位,2篇裁判文书获全市法院优秀裁判文书二等奖,一个案件庭审被推荐参加2016年度全市“百百千”(百名专家听百案庭审评千案文书)评比活动。

【执行工作】 围绕“用两到三年时间基本解决执行难”目标任务,受理执行案件6248件,执结4792件,执结标的13亿元。开展百日会战、双节突击执行、区域集中执行等专项执行活动26场次,累计出动警力1000人次,司法拘留89人,向公安机关移送、追究刑事责任4件。依托信息技术增强执行成效，加强执行指挥中心建设，实现统一指挥、线索举报快速反应和执行财产异地协控；利用全国"总对总"网络执行查控系统，查询执行信息1.6万条，冻结存款4000万元，查封房产816处、车辆620台；实行网上司法拍卖，与淘宝网签订拍卖协议，网上成功变卖车辆、房屋23件，成交金额1849万元。强化执行公开，通过法院网站、微博微信、电子显示屏等曝光"老赖"500余人次，将3850人次失信被执行人录入"黑名单"，全面压缩"老赖"的生存空间，促使100名被执行人主动履行义务。9月22日，区委政法委组织召开全区"基本解决执行难"工作推进会，对"基本解决执行难"问题进行部署安排，区委办和政府办联合下发《关于支持人民法院"基本解决执行难"工作的意见》，完善执行联席会议制度，建立健全执行联动机制，构建执行联络员机制，逐步形成党委领导、政府支持、法院主办、各部门参与、社会协同、齐抓共管的执行工作格局，合力攻坚破解执行难，切实维护司法权威和保障当事人的胜诉权益。

【司法为民】 完善诉讼服务中心功能，打造"七位一体"（诉讼服务、诉讼引导、立案登记、案件速裁、诉调对接、信访接待、司法救助）诉讼服务平台。建立庭长值班和公益律师进驻诉讼服务中心制度，进一步发挥电子叫号系统、电子阅卷等便民设施的作用，让立案、阅卷、咨询更便捷；完善网上诉讼服务功能，网上立案1932件，网上送达32件，12368诉讼热线接听处理来电1145人次，开通短信服务平台，及时向当事人发送立案、开庭、审限变更、结案等流程信息，让司法更透明。加大司法救助力度，为经济困难当事人缓减免交诉讼费251万元，为符合条件的138名申请执行人发放司法救助款29.4万元。依法解决涉诉信访群众诉求，利用远程视频接访平台，让申诉人与最高人民法院法官"面对面"表达诉讼。

【司法公开】 加大司法公开力度，加强裁判文书公开、审判流程公开、执行信息公开"三大平台"建设，裁判文书上网6115份，网上直播庭审105次，以公开促公正。调整宣传思路，主动适应新闻宣传工作的新形势，将新媒体与传统宣传有机融合。抓好重大活动、重要举措、典型案件的新闻发布，召开新闻发布会9场次，以法院好声音传递司法正能量。加强典型案例宣传，审理的追击变身"抗生素"、五子争父等15起案件，被中央电视台《今日说法》《经济与法》等栏目专题报道。不断加强官方微博微信等自媒体建设，设立《振宇法官讲故事》《执行动态》等专栏，及时向社会发布审判执行信息，让群众随时随地感受"指尖上的法治"。完善人民陪审员制度，成立人民陪审员办公室，落实"随机抽取"原则，105名人民陪审员参与审理案件1364件，陪审率达97.99%。

【司法改革】 落实立案登记制改革的要求，坚持做到有案必立、有诉必理，当场登记立案率100%，根除不立不裁、不调不立和年底不立案现象。立案登记制实施后，登记立案21519件，同比增长9.73%。推进案件速裁和繁简分流工作，选派3名法官负责速裁案件审理工作，适用小额诉讼、速裁程序快速审理民事案件，缓解办案压力。同时，推行要素式法律文书改革，在简易案件和劳动争议案件中试点，主编《要素式审判法：审判方式与审判文书的创新》一书并在全国发行，为国内第一本详细研究要素式庭审与文书的专著。司法改革的重点是司法责任制改革，"让审理者裁判、由裁判者负责"是司法责任制的应有之义。合理界定审判人员与审判组织的权限，依法让独任法官和合议庭独立行使审判权，不参与案件审理的庭长、院长不再签发法律文书，由独任法官定案签发；同时，出台《关于院庭长行使审判管理权全程留痕制度的规定》，对领导干部说情打招呼或以其他方式干预法官办案，进行书面登记。推进院、庭长及综合部门法官办案制度，院、庭长以及综合部门法官结案3368件，占结案总数的29.99%。推进审委会改革，严格工作程序和要求，健全议题过滤机制，限定个案讨论范围，召开审委会讨论案件40件，同比减少11件。落实审执分离改革政策，将裁决职能从执行局剥离，实现审判权和执行权的分离。推进人员分类管理改革，开展法官员额制改革，通过考试、考核、公示等环节，遴选产生首批45名员额法官，法官逐步走向职业化、专业化道路。全面开展书记员管理制度改革，建立书记员单独序列管理制度，推行书记员"三级九等"保障制度，实现法官与书记员1∶1的配比目标；通过培训、考核等形式，不断提升书记员的业务技能，增强保障审判工作的能力。推行执行警务化改革，7名符合条件的干警转任司法警察。

司法行政

【概况】 全区司法行政工作发挥法治宣传、法律服务、法律保障等职能,召开“六五”普法总结大会,表彰先进,部署“七五”普法规划实施工作,加大法律援助民生工程,深化公共法律服务功能。区司法局获2016年度“先进单位”、全区行风暨软环境建设“优胜单位”,法律援助中心被表彰为企业(群众)满意科室等称号。社区矫正单项工作在全市目标考核排名第一。司法行政系统涌现出一批先进典型。王咏梅爱心助学事迹入选10月“中国好人榜”,事迹先后被省司法厅厅长柳玉祥、市司法局局长邱华康肯定批示。被表彰的还有全国法治宣传教育工作先进个人朱秀梅、全省政法系统“忠诚卫士”、全市司法行政“十大模范”章波、全省最美调解员单业高等。全区共受理法律援助案件800件,办理498件。在矫社区服刑人员395人。全区共办理公证2016件。共组织开展矛盾纠纷排查调解矛盾纠纷2289件,调解成功率99%。

【法治宣传】 全区建成全国民主法治示范村1个、省级民主法治示范村(社区)92个、市级民主法治村(社区)251个。建成各级各类法治文化阵地24个,乡镇建成率85.7%。新增乡级法治文化阵地2处,分别是码头法治步行街和南陈集法治文化一条街。全区62所中小学校均配置法治副校长,配备率达100%。50所学校被省、市教育主管部门命名为“依法治校示范校”。实施“蓝天校园工程”,设立“蓝天校园工作室”,在30所学校挂牌。区广播电台设专题节目《法制纵横》,《淮阴报》辟有专版《法治淮阴》,区电视台开办大型法治宣传栏目《法在身边》。优化淮阴普法网站、普法微博、微信。

【人民调解】 区矛盾纠纷调处中心和21个乡镇矛调中心全部建成规范化调解委员会,251个村人民调解委中会规范化建设率95%。全区共配备专兼职人民调解员2036人,其中乡镇、村(居)人民调解委员会1960人,区级中心12人。全面建成区医患纠纷调解委员会、区价格争议调解委员会、区消费者协会人民调解委员会以及劳动争议、环境保护、物业管理等行业性、专业性调解委员会。

【公共法律服务】 区、乡公共中心建成率100%,村(居)司法惠民服务站建成率97%。进企业、进学校、进村居律师27人次,解决法律问题34件。7名律师参与信访接待,解决或参与解决纠纷4起。担任政府、企业、村居法律顾问。包括市直所挂扶区所辖村居的律师,法律顾问覆盖率达75%。完成公证体制改革,公证处改革成为自收自支的事业单位。

【特殊人群管理】 全区有在册社区服刑人员395人,其中缓刑359人、假释28人、暂予监外执行8人。累计接收社区服刑人员4814人,撤销缓刑26人,撤销暂予监外执行罪犯6人,发放警告28个,共对监狱刑满释放人员214人进行衔接接收。累计办理居住地变更15人、审前调查206份、假释环境评估24份。

【社会组织培育】 根据省厅、市局要求,在区民政局的配合下,建立社会组织110个,其中社会组织孵化中心1个(即弘法培育发展中心);培育基层基础型社会组织105个,其中乡级社会组织21个,村级社会组织84个;培育行业型社会组织3个,分别是人民调解协会、普法志愿者协会和社区矫正和安置帮教协会;专业型社会组织1个。

人民武装

【思想政治教育】 淮阴区人武部党委加强和改进思想政治教育方法,开展主题教育活动。落实新修订的《思想政治教育大纲》,紧扣时代要求,抓住活的思想,用好真理真情真实力量,增强教育的时代性和感召力。突出专武干部、应急和支援保障分队等重点对象,突出形势政策、职能使命、全军政治工作会议精神等重点内容,开展专题教育。利用整组、点验等时机搞好专题教育,利用遂行应急应战任务搞好随机教育,依托手机网络等媒介平台搞好经常性教育,扎实推动“学习践行强军目标、做新一代革命军人”主题教育活动健康发展。

【征兵工作】 区人武部坚持把征兵宣传放在重要位置,宣传层次做到全面覆盖与点对点相结合。区征兵办在抓好区、乡镇两级征兵宣传同时,把工作重点拓展延伸至村组,要求各乡镇征兵机构指定或派专人到各适龄青年家中进行面对面、点对点宣传,确保一户不落、一人不漏。全区各乡镇共对2672名适龄青年进行入户走访宣传,全区参加兵役登记1.17万人，其中年满18周岁青年4469人，登记率达95.3%。宣传手段做到传统与现代相结合，区人武部在加强广播、电视、报纸、横幅、标语、板报、热线等传统宣传平台同时，积极抢占网络、微信、短信阵地，开设网络征兵论坛、发送征兵宣传短信，提高宣传覆盖率。征兵期间，全区共悬挂横幅1046条，张贴标语2.75万条，发送征兵宣传短信12.77万条、网络咨询回帖2312条，形成全方位、全时空、全覆盖立体宣传攻势。宣传受众做到普遍与重点相结合。突出大专以上学历青年群体，重视应届高校毕业生受众。区征兵办开设大学征兵咨询专线，开辟大学生报名、体检和政审"绿色通道"，建立随到随报、随到随检"三优先"政策，提高和调动大学应届毕业生应征入伍参军积极性和主动性。有的放矢精准征兵动员，有效保证新征兵员质量。

【民兵整组潜力调查】 区人武部针对整组工作时间紧、任务重、标准高等实际情况，紧紧抓住退伍军人比率、经训率、专业对口率这个整组工作"牛鼻子"，组织专门力量深入高新区民营企业、社区居委会、企事业单位、村组和适龄青年家中开展整组潜力调查。要求所有调查人员，必须彻底查清：10年来退伍军人数质、量及专业种类；辖区企业中适编人员数质、量；适编公民去向及联系方式。通过"三个查清"，确保整组潜力调查质量。为提高全区各级对民兵整组工作重要性认识，争取广大群众对潜力调查工作的支持，区人武部充分利用报纸、电视、广播、政府网站等媒体，进行《中华人民共和国国防法》《中华人民共和国兵役法》《江苏省民兵预备役工作条例》等法律法规宣传，同时制作民兵整组专题墙报，张贴民兵整组宣传标语等，在全区上下营造民兵整组工作氛围。

【确保整组质量】 区人武部坚持"三查一点"（整组前期查准备、整组中期查推进、整组后期查规范，集中组织整组点验）方法，提高民兵整组质量。整组进程中，人武部部长、政委亲自带队，对基层21个乡镇和高新区民兵应急排进行督导推进。整组后期点验阶段，所有人员到位率达到100%。

【开展全民国防教育】 区人武部通过各种渠道，开展全民国防教育活动。利用网络媒体，整合利用红色资源，积极构建军民融合国防教育大平台。广泛开展国防法律法规宣传，抓好《中华人民共和国国防教育法》《江苏省国防教育条例》贯彻，突出抓好"全民国防教育日"宣传，广泛进行爱国爱军宣传教育活动。9月上旬，区人武部协调驻区淮阴师范学院，参加全市国防知识电视大奖赛。

消　防

【概况】 全年共接处警578起，出动车辆965辆次，出动警力5386人次，抢救被困人员52人，疏散被困人员126人，抢救财产价值1200万元。完成G20峰会安保任务、"4·22"泰州德桥化工火灾增援任务、"6·23"盐城阜宁龙卷风灾害处置增援任务，成功处置205国道"8.26"异辛烷泄漏事故，完成各项消防专项整治活动。区消防大队在支队举行的两次执勤岗位练兵比武竞赛活动中取得考核第一名，竞赛分别获得第一名和第二名；在支队举办的党规、党章、党史知识竞赛取得第三名，政治教员比武竞赛取得团体第四名；王营中队被总队表彰为基层建设先进中队、优秀基层党支部；大队被江苏省文明委续评表彰为"2013～2015年度江苏省文明单位"，有4名官兵记三等功。

【岗位练兵】 坚持以"能打仗、打胜仗"为标准，贴紧实战，全面提高部队战斗力。为确保岗位练兵工作取得优秀成绩，王营中队坚持干部带头训、骨干跟着训的方针，营造"干部训，骨干训，老兵带着新兵训"的良好氛围。同时向中队官兵灌输支队的"一表到底"机制，激发广大官兵的训练积极性和热情，营造"比、学、赶、帮、超"的训练氛围。同时坚持以科学组训为指导，按纲施训抓落实。

【队伍管理】 从思想意识上着手，强化政治意识、纪律意识与责任意识，进一步打牢拒腐防变思想防线，推动党风廉政建设和反腐败斗争的深入开展。按照支队《全市消防部队深化消防执法腐败问题集中整治工作方案》等相关文件精神，抓好党员的党性党纪教育和廉洁从政教育。同时结合《淮安市消防部队纪律作风教育整顿活动实施方案》的要求，聘请廉政监督员35名，设立举报专线，组织监督员填写个人有关事项报告表，观看警示教育片，深入开展"两学一做"教育，引导官兵树立正确的世界观和人生观，坚定理想信念。通过一系列有效举措，全体官兵的思想政治素质和拒腐防变能力得到进一步增强，全年没有发生任何违法违纪事件。

【监督执法】 全年共检查单位2503家,发现火灾隐患4814处,督促整改火灾隐患4645处,下发责令整改通知书1847份,下发临时查封决定书181份,责令"三停"12家,处罚金45.24万元,办理行政许可案件113份,行政拘留2人,火灾调查案件12起。多部门联合行动,确保专项活动取得实效。在活动开展中,和住建、民政、文化、教育、卫生、工商等部门密切配合,在实现行业系统消防自查自纠的基础上,对这些部门所管辖的单位多次进行联合检查、督导,对其火灾隐患进行排查整治,确保活动取得实效。

【精神文明建设】 围绕道德建设、廉政建设、法制建设、诚信建设等方面开展文明单位建设活动。消防大队注重人人参与,推动警民共建活动,并逐步建立"帮扶助困共建、学雷锋志愿者、节日文化活动、文明风尚传播、促进部队建设"的工作机制。大队定期邀请地方老师指导编排节目,参加支队组织的文艺活动。同时定期开展送温暖、送爱心慰问活动。大队官兵与营西村结成帮扶共建单位,定期看望孤寡老人,成立学雷锋志愿服务队,帮扶留守儿童、贫困学生及贫困家庭316次,尽力解决他们生活所面临的问题。春节、八一建军节等重大节日期间慰问老红军、老革命48次;清明节期间组织全体消防官兵前往刘老庄烈士陵园,缅怀革命先烈;组织官兵参加各类公益活动52次。

人民防空

【概况】 淮阴区人民防空办公室率先在全市建成集地上、地下、机动指挥所"三位一体"的区级人防指挥中心。接待来自武汉、重庆、合肥、商洛、盐城、徐州、东部战区等20家单位参观学习,提升淮阴人防的知名度和影响力。

【指挥所建设与管理】 淮阴区人防办按照人防"战时应战、平时服务、急时支援"的建设总要求,建成地上、地下、机动指挥所"三位一体"的指挥通信体系。完善战时通风、"三防"控制、屏蔽机房、内部装饰等附属设施建设,并指定专人负责指挥所的日常使用和维护管理,在严格落实每周一次定时通联要求的基础上,责令指挥通信科结合通信业务训练,每周增加一次运行测试工作,有效保证指挥所时刻处于良好的运行状态。

5·12民防知识宣传

【人防机关训练】 坚持以人防训练大纲为依据,对年度训练计划进一步修改完善,落实每周四对市局联调和周五车场日制度,全年网络、语音、视频参测率和测通率均达到100%。同时,结合信息系统施工单位巡检,广泛开展通信业务岗位练兵活动,有效保证训练内容、时间、人员、效果的四落实。5月初,根据《人民防空训练与考核大纲》要求,组织人防机动指挥所(系统)开赴某防空旅部队与其通信分队、区人武部无线报务班、区无线电爱好者协会,开展应急机动指挥通信训练。通过训练,全面检验淮阴区人防机动指挥所(系统)跨区域整体机动能力、车载各系统应急展开能力以及现有机动通信设备的机动通信保障能力。

【平战转换演练】 9月18日上午,根据淮安市民防局关于组织"9·18"防空警报试鸣暨防空袭行动演练的通知要求,淮阴区人防办同无线电爱好者协会、区广播电视台等30人,完成"淮防——2016"防空警报试鸣暨人防指挥所平战转换演练。此次演练以《人防军事训练与考核大纲》为依据,紧密结合淮阴人防指挥所实际,主要研究和探索人员集结、命令下达、口部封堵、各设施设备的启动调试、三防控制、迷彩伪装口部等内容。通过演练,使全体人员熟悉人防指挥所平战转换的流程,为做好人民防空应急准备积累经验。

【人防工程建设与管理】 全年新竣工防空地下室面积创历史新高。在民用建筑配建防空地下室方面,除加大量的积累之外,同步抓配套防护工程的建设,人员掩蔽工程、医疗救护工程、专业队工程、物资库等均能按功能需求进行配建。严格执行人防工程质量监察程序和标准，从严把好工程监督备案、工序跟进、竣工备案、工程移交等关口。在质量监督过程中，按照开工报建、分部分项验收、竣工备案的要求，重点做好基槽、底板、墙板、顶板等主要节点的质量监督工作，把好人防工程质量监督的过程控制。

【人防工程开发利用】 针对淮阴区人防工程建设实际，根据周边业态配套情况和停车率的高低，把拟开发利用的人防工程分门别类，通过使用费用分级，实行分类化管理。同时通过落实发放人防工程使用证、聘请社会监督员、人防工程巡检等制度，确保对人防工程实施及时有效的管理。全年新增加人防工程开发利用5处，共计4.29万平方米；实现人防工程平战结合收入99.8万元，是市目标任务的3.3倍；人防工程利用率达80%以上。

无线电通信演练

【人防工程普查】 区人防办严格按照普查的范围内容、质量要求和时间节点，有效保证人防工程全覆盖、资料信息全录入、各种数据全准确。全年普查完成工程101个，对各类数据进行复核、汇总，准确无误后统一上报。

【人防经费筹集】 坚持"以建为主、以收促建"的原则，正确把握导向，对于应建未建或其他条件限制不能结建人防工程的集中收取"易地建设费"，对批准缓缴人防易地建设费的项目依法进行追缴，杜绝不建或少建人防工程现象。全年共征收人防易地建设费4220万元，平战结合收入99.8万元，向上争取资金70万元。

【民防知识宣传】 配合全市"5·12""9·18"宣传周，采取现场悬挂横幅、宣传展板展示、发放宣传资料、观看科普短片、现场答疑、有奖竞猜等形式，现场为广大市民普及和推广人民防空知识、防灾减灾常识以及自救互救技能，增强防灾减灾的意识。同时协调区电视台、报社在科普栏目刊登一期"人防知识宣传"节目，唤起社会各界对人民防空工作的关注，收到良好的宣传效果。实施民防（人防）知识"五进"（进机关、进学校、进社会、进企业、进网络）教育，年初修改完善年度宣传教育方案，同时协调区教育局德育科将民防知识教育列入各学校年度教学计划，全年累计为淮师二附小、实小、淮海中学、淮州中学等学校征订人防知识课本2000册；为广大市民发放人民防空宣传单页1000份和民防应急手册、民防知识图书300册。

党政机关·人民团体

中共淮阴区委员会

·会议决策·

【确保首季“开门红”专题汇报会】 1月23日上午,区委召开确保首季“开门红”专题汇报会。区领导刘泽宇、朱晓波、葛志胜、陆益民、杨维东、张在明、孙晓燕、陈张、张爱民、万旭东等出席会议。区委书记刘泽宇深入分析形势,并就确保实现首季“开门红”提出具体要求:越是干部调整期间,大家越要知责有为;越是年底繁忙时期,大家越要扣住重点;越是工作千头万绪,大家越要统筹兼顾。会上,高新区等14家单位汇报了首季“开门红”情况。

【区委常委(扩大)会议】 2月5日,区委召开常委(扩大)会议传达省、市召开的一系列会议精神,对季度考核指标完成情况以及首季“开门红”预计完成情况进行研究。会议共有7项议程:承担市季度考核指标的责任部门、分管区领导汇报指标完成情况以及一季度“开门红”预计完成情况,五大平台分管区领导汇报平台外资到账情况以及一季度“开门红”预计完成情况;传达中央、省、市纪委全会精神;传达全国、全省组织部长会议精神;传达省“两会”精神。传达全市农业农村、扶贫开发工作会议精神;传达全市工业大会精神;传达全市中心城市建设管理工作会议精神。

【区委常委(扩大)会议】 4月18日,区委召开常委(扩大)会议。五大平台分管区领导简要回报上年承担指标完成情况、分管指标一季度完成情况、冲刺“双过半”主要举措,重点回报挂钩重点项目、承办事项、外资到账近期如何推进;区委书记刘泽宇、区长朱晓波分别作了讲话。

【区委常委(扩大)会议】 8月20日,区委召开常委(扩大)会议。会议议程:研究市科学跨越发展、季度考核相关事宜;部分常委围绕“学习讲话精神,强化四个意识”进行学习交流;研究私营小水厂处置工作。

【区委常委(扩大)会议】 9月12日,区委召开常委(扩大)会议。会议议程:传达省委书记李强在省委常委会上的讲话精神;传达市委、市政府相关文件精神;区委、区政府领导交流工作;讨论重点项目汇报会方案。

【区委常委(扩大)会议】 10月1日,区委召开常委(扩大)会议,传达市第七次党代会精神,听取高新区、农科园、商贸服务中心以及各乡镇和重点招商部门国庆外出招商打算,通报区委、区政府在区党代会上下达的目标任务分解情况等。区领导朱晓波、葛志胜、陆益民及各乡镇、相关单位负责人出席会议。

【区委常委(扩大)会议】 11月26日,区委召开常委(扩大)会议,专题传达学习省第十三次党代会精神,并就贯彻落实会议精神提出具体要求。区领导朱晓波、葛志胜、陆益民及各乡镇、相关部门负责人出席会议。会议传达省委书记李强代表中共江苏省第十二届委员会作的题为《聚力创新,聚焦富民,高水平全面建成小康社会》的报告和其在省委十三届一次全会上的讲话精神。

【全区2015年度科学跨越发展目标总结表彰大会】 2月17日上午,全区2015年度科学跨越发展目标总结表彰大会召开。区领导刘泽宇、朱晓波、葛志胜、陆益民出席会议,区长朱晓波主持会议。区委书记刘泽宇在讲话中指出,召开全区科学跨越发展总结表彰大会,就是要号召各个单位向先进看齐、向先进学习,在全区上下营造比、学、赶、超的浓厚氛围；希望全区各级干部迅速从节日的氛围中走出来，按照区委十一届八次全会和区“两会”精神，迅速投身节后各项工作，不断开创淮阴科学跨越发展新局面。会上，区委副书记杨维东宣读2015年度差别化考核表彰文件；区领导为获奖单位颁奖；丁集镇、古寨乡、王营镇、老张集乡、吴城镇、韩桥乡等分别在会上发言。

【全区领导干部警示教育大会】 2月17日下午，全区领导干部警示教育大会召开，深入贯彻落实全面从严治党要求，加强对领导干部的廉政教育，提振干事创业的精气神，为“发展走前列、全面达小康”提供有力政治和纪律保障。区领导刘泽宇、朱晓波、葛志胜、陆益民出席会议。与会人员观看《权力的不归路》警示教育片后，区委书记刘泽宇指出，前车之覆，后车之鉴，全区广大党员干部特别是领导干部一定要深刻汲取教训，进一步增强抓党风廉政建设主体责任的意识，尊崇党章，坚持理想信念高线，严守纪律规矩底线，努力做到廉洁从政、廉洁用权、廉洁修身、廉洁齐家，永葆党的先进性和纯洁性。要进一步加强党风廉政建设工作，压实责任担当，把主体责任扛在肩上；明确高线底线，把“两部法规”刻在心里；践行“三严三实”，把干净干事落到实处。

【工业、招商引资暨开放型经济会议】 2月18日，区委召开工业、招商引资暨开放型经济会议。区领导刘泽宇、朱晓波、葛志胜、陆益民等出席会议。区委书记刘泽宇指出，2015年，全区工业、招商引资和开放型经济继续保持平稳健康发展的良好态势，主要指标位居全市前列，重大项目实现突破。要实现“发展走前列、全面达小康”的奋斗目标，工业、招商引资和开放型经济必须挑大梁、做支撑，必须扛大旗、作贡献，全区上下要坚定信心不畏难，积极作为争主动，以担当尽责、干事创业、奋发实干的精气神，不断开创工作新局面。会上，相关区领导宣读通报、表彰决定和考核办法；区委常委万旭东，副区长、高新区党工委书记张健分别作工作报告；高新区等9家单位围绕工业经济、赵集镇等4家单位围绕开放型经济分别发言；高新区和各乡镇递交2016年工业经济责任状。

【区第十二次党代会】 7月28日上午，中国共产党淮安市淮阴区第十二次代表大会在行政中心开幕。大会的主要任务是总结区第十一次党代会以来的工作，研究部署此后一段时期全区经济社会发展和党的建设目标任务，选举产生中国共产党淮安市淮阴区第十二届委员会、区纪律检查委员会和出席市第七次党代会的代表，团结带领全区广大党员干部和人民群众，进一步振奋精神，抢抓机遇，创新实干，为再上新台阶、全面达小康，建设人民更加满意的幸福淮阴而努力奋斗。大会应到代表295名，实到284名，符合法定人数。区委书记刘泽宇代表中共淮阴区第十一届委员会向大会作题为《再上新台阶　全面达小康　为建设人民更加满意的幸福淮阴而努力奋斗》的工作报告。报告分为过去五年工作回顾、今后五年奋斗目标、今后五年工作重点、全面加强党的建设4个部分。朱晓波主持会议。

大会以无记名投票的方式选举产生中共淮安市淮阴区第十二届委员会委员、候补委员，以无记名投票的方式产生中共淮安市淮阴区第十二届纪律检查委员会委员以及淮阴区出席中共淮安市第七次代表大会的代表。

大会以举手表决的方式通过中共淮安市淮阴区第十二次代表大会《关于中国共产党淮安市淮阴区第十一届委员会工作报告的决议(草案)》；通过中国共产党淮安市淮阴区第十二次代表大会《关于中国共产党淮安市淮阴区纪律检查委员会工作报告的决议(草案)》。

【中共淮阴区委十二届三次全体会议】 12月30日，中共淮阴区委十二届三次全体会议在区会议中心召开。应到区委委员27名、候补委员6名，实到区委委员26名、候补委员6名。区纪委委员，非区委委员的区人大、区政府、区政协领导，法院、检察院主要负责人，省委驻淮帮扶工作队领导班子成员，高新区、农科园、商贸服务中心、工业新区、区直各部门和各乡镇副科级以上干部，各村居党组织书记，部分离退休老干部，部分副科级以上区直事业单位负责人，在淮金融机构主要负责人和部分重点企业负责人列席会议。会议听取并审议区委书记刘泽宇代表区委常委会所作的题为《全市走前列，全面上台阶，抒写淮阴更高水平小康社会新画卷》的工作报告。会议认为，报告认真贯彻落实党的十八届六中全会，省市区党代会，中央、省经济工作会议和市委七届三次全会精神，总结成绩实事求是，制定目标切实可行，推进举措科学务实，做到上级精神与淮阴实际的有机结合。

·纪检监察·

【概况】 2016年,全区纪检监察系统坚定全面从严治党定力,忠诚履行党章赋予职责,把纪律检查工作摆在全区经济社会发展大局中定位、思考、谋划,实现全面从严治党与经济社会发展的良性互动。在全市党风廉政建设责任制考核中排名第一,全市纪检监察系统"一体两翼"(领导干部是一体,思想建党、制度建党是两翼)考核中获先进单位,三类主体协同督查、扎实开展首轮巡察、"两谈一会"(提醒谈话、组织约谈,民主生活会)探索实践"第一种形态""有形化"、村级权力监督制约、加强受处理党员干部关爱监督等5项重点工作受到市委、市纪委肯定,省、市纪委专刊5次转发经验做法。

【十二届区纪委一次全体会议】 7月29日,中国共产党淮安市淮阴区第十二届纪律检查委员会第一次全体会议召开,受区第十二次党代会主席团委托,龚李萍主持大会。会议举手表决通过《中共淮安市淮阴区第十二届纪律检查委员会第一次全体会议选举办法》(草案)和区纪委常委、书记、副书记候选人名单。在稍后召开的区委十二届一次全体会议通过区纪委第一次全体会议的选举结果。选举产生的区纪委常委为龚李萍、郑凯、高志伟、张松、支立宝、蒋宏、徐毅,龚李萍当选区纪委书记,郑凯、高志伟当选副书记。

【管党治党政治责任落地落实】 协助区委常态开展主体责任季度述责,先后召开会议述责3次、书面述责1次,特别是三季度,坚持问题导向,创新开展反向述责。区委向19家单位党组织交办履行主体责任问题整改责任书,交办整改问题5大类21项。在全区明确党委(党组)副书记协助书记抓好主体责任,推动在区委办设立党建科,先后协助召开履行"一岗双责"(一个岗位承担两个方面的责任)推进会2次。在全市率先启动首轮巡察工作,4个巡察组32名巡察人员顺利完成对水利局、教育局、赵集镇和古寨乡等党组织的政治巡察。巡察期间,累计发现问题316个,涵盖党的领导弱化、党的建设缺失、全面从严治党不力等25个方面,其中问题线索125条。

【推动党风政风持续向善向上】 建立健全作风建设"一体四查"常态化监督检查机制,将中央八项规定精神问题列入执纪审查重点,查处违反中央八项规定精神问题34起,处分37人。推进"小五长"(站长、所长、校长、院长、村长(支书))不正之风和腐败问题专项整治,区纪委6个职能室和5个工作室分片区、分领域"再监督、再检查"。在全市百村审计的基础上,选取180个村进行经济责任专项审计。剖析"小五长"违纪违法案例,强化源头预防,出台村级权力监督制约管理办法。专项整治中,党政纪处分246人,纠正并规范民政、扶贫、村集体"三资"领域2000万元专项资金的管理使用。在全区探索建立区委区政府领导、区委督查室、区纪委监察局等为主体的三类主体协同督查机制,整治"不作为、慢作为",各单位累计报送"督查问题清单"93份,10位区委区政府领导移送"两为"方面问责建议26条,约谈"一把手"12人,诫勉谈话16人。

【转变执纪理念强化抓早抓小】 探索运用"两谈一会"推动"第一种形态""有形化",建立以上率下、季度述责、检查通报、责任倒查四项保障措施,为党委全面监督提供具体抓手。实行信访办结会审制度,先后开展集体会审17次,会审信访问题208个。科学把握后三种形态,全年给予党政纪处分380人,组织调整24人,其中后三种形态占比分别为82.51%、12.75%、4.74%。加强对受处理党员干部的关爱激励,将教育、管理、监督与关爱激励有机融合,引导担当作为。注重发挥执纪审查的治本功效,切实提高典型案例通报的说理性,下发纪律检查建议书、监察建议书6份。

【全力推动纪律规矩入脑入心】 深入开展"尽责明纪强党性"活动,通过"学、讲、考、唱、诺"等多种形式,强化理想信念和宗旨教育。先后组织各单位班子成员轮流讲"准则条例"专题党课698场,区纪委列席党课103场,全区1.3万人参加党纪党规知识测试。搭建"尽责明纪周周发"平台,每周向全区党员领导干部发送学习短信,解读党纪党规、剖析典型案例。强化对制度执行情况的监督检查,针对检查中发现的乡镇、部门重点权力监督制约中存在的问题,出台乡镇部门重点权力监督制约补充规定。

【推动纪检监察队伍从严从实】 扎实开展"党内法规教育年"活动,开设"淮上清风"讲坛和"每周一讲"平台,全年组织集中培训13次,22名纪检干部走上讲台交流工作。派发监督责任清单,按照每月、每季度、每半年、每年的时间节点,完善"四个一”(每月一考核,每季一通报,半年一小结,年度一奖惩)工作机制,倒逼完成监督责任“七个规定动作”(坚持一线工作,规范执法行为,厉行勤俭节约,推进政务公开,规范办事流程,公开社会承诺,提升队伍形象)。坚持靠前指挥、狠抓落实,常态开展好区纪委月底办公会、月中常委会、月初片区会和每周室务会。加强监督执纪规范化建设,出台过问、干预执纪监督工作报备的规定,强化对监督检查、线索管理、执纪审查等方面的监督和制约。加强自我监督,全年综合运用提醒谈话、诫勉谈话、停职检查等方式处理纪检干部27人次。

·组　织·

【概况】 全区有基层党(工)委52个、党总支293个、党支部1577个,基层党(工)委比2015年增加4个;党员总数3.8万名,比2015年减少95名,减少率0.25%。

【“两学一做”学习教育】 在全体党员中开展“学党章党规,学系列讲话,做合格党员”(简称“两学一做”)学习教育,围绕“基础在学、关键在做”要求,以讲党课开局启动,把上党课与推动工作相结合,推动学习教育向支部延伸、向普通党员延伸。①党员干部带头讲。在县处级党员领导干部和乡科级“一把手”中开展“一周一党课、一课一主题”党课活动,固定每周五为党课日,坚持问题导向,注重分层分类,以常委带头讲承诺促担当、区乡联动讲问题促整改、同题竞赛讲实招促实效为主要内容的领导干部上党课“三讲三促”(讲学习,讲正气,讲奉献;促和谐,促稳定,促发展)活动,有效发挥领导干部带学促学作用,推动全区学习教育向纵深发展。淮阴区党员领导干部讲党课特色做法被省市“两学一做”学习教育通报刊载,并在全市推广,市委书记姚晓东予以批示肯定。②机关党员人人讲。5月开始,在区直机关全体党员和入党积极分子中开展“党课我来上”活动,每名党员按照“人人讲党课、轮流讲党课、定期讲党课”要求,以“一个课件、一个主题、一名主讲人”的基本形式,形成“党组织书记带头讲、纪检组工宣传干部专题讲、普通党员轮流讲”的格局。③情境党课生动讲。在全区21个乡镇深入开展“学身边榜样,做合格党员”专题情境教学党课基层巡演活动,用身边人、身边事来教育身边人、激励身边人,有效克服党课空洞乏味、党员形象高大上等突出问题,取得党员形象树起来和党群关系亲起来的双赢效果。全年利用乡镇文化大院、农村固定电影放映点等场所,开展情境教学党课走进基层巡演21场次,观众5.6万人次,基层党员群众听党课“足不出户”、学榜样近在身边,相关做法在《新华日报》刊载。

【乡村党组织班子换届】 按照省市委部署,在做好区委换届工作基础上,重点做好乡村两级党组织换届选举。在乡镇党委换届工作中,探索乡镇党委把好源头关,差额确定推荐人选;组织部门把好审核关,差额确定比选人选;常委会把好任用关,差额票决拟用人选为主要内容的“三把关三差额”比选举措,选拔11名政治素质强、带富致富能力强、群众口碑好的优秀村党组织书记进乡镇领导班子,在全区引起强烈反响。相关做法在人民网、市组工信息刊登。在村级党组织换届选举工作中,创新落实“三荐三亮三比”要求,采取“三联三关”方式,重点抓好责任关、监督关和人选关,推动村级党组织圆满完成换届。“五方联系”严把责任关。建立区领导、部门、乡镇、督导组和联络员共同参与的五方联系机制,为村换届保驾护航。“三级联考”严把人选关。构建村居考德、乡镇考绩、区级考法的村干部人选三级考察体系。“五法联用”严把监督关。推行“片单卡书线”工作法,即以乡镇为单位组织观看《镜鉴》警示片;制定风气监督责任清单;严明“四个严禁、二十四个不准”换届工作纪律,制成村级党组织换届纪律明白卡发放到户;签订遵守换届纪律承诺书;开设24小时风气监督与信访问题举报热线,营造换届风清气正环境。

【整顿软弱后进基层党组织】 按照5%的比例,对照中组部列出的软弱后进10种情形,倒排出23个村纳入软弱后进村党组织整顿。采取“三联一推”方式加快整顿转化,构建以区领导、乡镇党委书记和若干区直部门、“第一书记”等帮扶主体构成的“1+1+X”挂钩帮扶体系,实施分类指导,抓好一村一策落实,明确帮扶单位每年至少为软弱后进村引进一个村集体经济增收3万元以上的发展项目,或者兴办一件投入不低于5万元的民生实事。全区23个软弱后进基层党组织全部转化。

【提升基层干部基本保障水平】 ①村干部工资提标扩面工程。区财政新增1611万元用于增加村干部基本报酬,年内村书记年基本报酬2.45万元,在上年的基础上提高145%,达到农民人均纯收入2倍标准。同时,同步提高其他干部的基本报酬,其中村委会主任提标增幅按村书记增幅的80%确定,在原有基础上提高95.76%,年平均基本报酬为1.45万元;其他定补干部(村会计和计生主任)提标增幅按村书记增幅的70%确定,在原有基础上提高71.32%,年平均基本报酬约为1.24万元;误工补干部提标增幅按村书记增幅的60%确定,在原有基础上提高46.74%,年平均基本报酬达到7544元。②村干部队伍建设。加强村书记后备队伍建设,创新落实党员"四访"活动,在春节和中秋两大节日开展"叙乡情、话团圆、谋发展"活动,摸排村书记后备人员628人,建立村书记后备人员库,积蓄"源头活水"。开展"双定双诺双评"活动,加强村书记任期管理,编印发放《淮阴区村级党组织规范化建设学习指南》,推动村书记队伍规范化。开设村书记发展服务大讲坛,邀请区内外优秀村书记现身说法,以先进带后进。

【"十百千万"活动庆七一】 ①24名区领导集体带头重温入党誓词。24名区党员领导干部集体走进周恩来纪念馆,开展"重温入党誓词、不忘入党初心,做合格党员"主题活动。②百名领导干部下基层联系点上过党日。全区110名乡科级"一把手"党员干部深入农村、社区,开展联系点上过党日活动,共召开座谈会90余场,慰问建国前老党员188个、困难党员795人,收集建议387条,解决难题243个。③发出一份做合格党员倡议书。在全区庆祝建党95周年大会上,区委向全区党员发出一千余字《做合格党员倡议书》,从加强党性修养、牢记党员身份、增强宗旨意识、坚持爱岗敬业、发扬优良传统等5个方面倡导广大共产党员以实际行动,深化"两学一做"学习教育成果,为党旗增光彩。④开展万名党员"对党说句心里话"微语征集活动。全区各行各业党员以向党述说最能表达心意的一句话形式,抒发知党、爱党、颂党的真情实感,共征集微语11290条,择优选择34条微语按照感恩、祝福、立志三大类制成视频短片,在区表彰大会上播出。

【企业党建】 全区有非公有制企业党组织463个,企业党的工作覆盖达98%,配备党建指导员430人,负责指导非公企业党建工作。在企业中以"三规范三示范"活动为抓手,强化党组织对非公企业的支持。按照"牵头党组织书记1名,党建、管理、生产顾问3名,其他非公党组织书记若干名"的"1+3+X"的模式,全区第一批共建10家非公企业党组织书记工作室。开展"结对共建活动",将全区24个企业相对集中的区域作为共建单位,63个机关部门分别与之结对共建,每单位各选派2名党员共174人、每人挂钩2户以上企业、每月至少到企业上门指导1次。培育非公企业典型,淮安华石建材有限公司、江苏翔宇电力装备制造有限公司、淮安双鹤药业有限公司被市级表彰为AAAAA党组织,商联超市等15家企业被列为市级AAAA党组织。

【党员发展】 2016年,全区共发展党员325名,其中女性党员116人,占比35.69%;35岁及以下243人,占比74.77%;高中以上学历285人,占比87.69%。同时,农村基层党组织在农、牧、渔民中发展党员88名,在非公有制单位中发展党员77名。

【党员教育管理】 创新党员发展"五个一"工作法,通过在45个党(工)委259个村居的公开栏张贴《发展党员工作程序图》、印发《发展党员工作手册》300册、召开新任组织委员业务培训会3次、举办发展党员工作"实境学习课堂"4场等方式,做好发展党员相关业务知识的宣传和普及工作,进一步规范党员发展工作程序。在持续推进村级党群学习议事例会的基础上,引导全区259个村居建立QQ群、微信群和飞信群,刘老庄、古寨等乡镇还开通党建微信公众号。在6个乡镇24个村居试点开展"五星党员户"评选活动,制定《淮阴区党员五星户评比意见》,以"五星党员户"评选和五星创建与村干部绩效考核有机结合,打造农村基层党组织、农村党员干部与普通党员全覆盖的基层党建工作机制,为全区面上推开积累经验。组织开展"结千家亲、暖万人心"等党内主题关爱活动,全年累计发放老党员生活补助59.69万元,利用温暖基金走访慰问老党员20余人次,累计发放资金0.79万元。

【区乡两级党委换届工作】 完成区乡两级党委换届工作,换届选举全程风清气正。新当选的乡镇党委委员平均年龄不到40岁,其中35岁左右年轻干部52人,约占35%,9名年轻干部担任乡镇党政正职;具有大学以上学历的有101人,约占68%,乡镇党委班子结构更加优化,整体功能得到增强。

【选拔"三类人员"进入乡镇领导班子】 落实中央和省市换届文件中关于选拔乡镇"三类人员"(乡镇事业编制人员、优秀村干部、大学生村官)的相关精神,创新实施"三把关三差额"比选举措,通过乡镇党委、组织部门、区委常委会层层把关差额,择优选拔11名村(居)党组织书记、8名乡镇事业人员和2名大学生村官,共计21名政治素质强、工作能力强、群众口碑好的"三类人员"进乡镇领导班子。

【强化"退二线"干部管理】 做好省委巡视组反馈问题整改落实工作,研究出台《关于进一步加强全区科级非领导职务干部管理的通知》,建立项目建设、党建督导、民生实事、视察调研、农业农村等8个中心工作平台,"退二线"干部根据个人意愿和特长自主择岗,原单位或中心工作平台根据岗位要求选择适岗人选,有序推动160余名科级非领导职务干部回岗履职,相关做法受到市委肯定。

【大学生村官管理】 根据全省选调大学生村官纳入选调生管理的要求,推荐20名符合条件人选参加报名,通过笔试、面试、考察等程序,6人录取为选调生,录取人数居全市第一。进一步加大大学生村官选拔培养力度,在2016年村支两委换届中,有12名大学生村官担任村党总支书记,2名大学生村官担任村委会主任;在2016年乡镇党委换届中,2名大学生村官进入乡镇党委领导班子。进一步引导大学村官创业,邀请淮阴师范学院国家职业指导师、淮安市创业指导专家志愿团专家张卫民博士为全区50多名大学生村官作创业主题讲座。选送3个大学生村官创业项目参加淮安市大学生村官创业大赛,"薰衣草概念旅游庄园"项目和"淮郡村官有机营养米"项目分别获得二等奖和三等奖,"薰衣草概念旅游庄园"项目获得江苏省大学生村官创业大赛的优胜奖。进一步加强大学生村官能力培训,选派部分大学生村官参加中组部农业部示范培训班、江苏省大学生村官新农村建设和"两学一做"专题培训班,省科协帮扶对象培训班。

【公务员招录】 全年全区共上报招录计划54个,其中编委办1名,法院10名,检察院2名,档案局2名,教育局1名,城市管理局1名,市场监督管理局2名,乡镇机关35名,涉及法律、中文、财务财会、农业、经济、计算机等13个专业大类。

【干部教育培训】 依托上海交通大学、浙江大学、中国海洋大学等干部教育培训机构,举办经济发展与小城镇建设、基层党建创新、非公企业党建专题培训班,参训学员近200人次;举办青年干部、远程教育培训班,参训学员310人次;各单位自主培训46期,培训3000人次;全区干部参加江苏省干部在线学习中心和中共淮安市委手机党校学习合格率100%,完成上级干部选调训工作任务,全面落实《干部教育培训工作条例》相关要求。新四军刘老庄连纪念园党性教学点获批全市首批党性教学点以及恩来干部学院教学基地,共接待省内外干部培训主体班60批次3000人。

【人才工作】 引进院士团队2个,省"双创计划"人才16名,省"双创团队"1个,"淮上英才计划"领军人才6人,"淮上英才计划"团队2个,引进本科毕业生780人、硕士研究生以上人才50人,培养高技能人才863人,专业技术人员知识更新5000人,对接选派省"科技镇长团"成员8人。出台《淮阴区进一步促进高层次人才创新创业实施意见》,建立科研工作绩效激励制度、科技成果转化激励制度、研发平台建设激励制度、人才税收贡献补偿制度、人才交通住房补贴制度、人才创业支持制度、人才服务保障制度等7项系列政策,综合激励释放创新力。新增国家高新技术企业13家、市级以上"两站二中心"10个,推动大学生创业孵化中心、企业研发中心、重点实验室建设。新引进清华大学、南京工程学院等2家高校在智慧谷设立技术转移机构。国家农科园"星创天地"获批国家级现代农业众创空间。组织开展高层次人才创新创业项目对接会、企业推介会等系列招才引智活动,人才创新创业活力显著增强,专利申请量、授权量增幅居全省首位,全年高新技术产业产值达288亿元。

【远教(电教)工作】 投入100万元对全区289个站点设备进行全面升级,充分运用全国党员干部现代远程教育网、共产党员网、江苏先锋网以及微信易信等中央和省市三级平台,开展"十八届五中全会"、"三严三实"、"习近平系列讲话精神"的学习以及"远教培训周"、"固定学习日"等系列活动;开展"优秀讲师"评选、"共产党员讲党课"、"结构化培训"等系列活动提升全区远教站点管理员队伍素质;将远教工作和惠民工程有机结合,打造丁集"大学生村官讲堂"、刘老庄"三色远教"、码头"二闸戏院"、老张集"群众心愿墙"等特色电教站点,切实解决服务群众的"最后一公里"问题;

拍摄制作的《花火》《守望》等党员教育专题片分别被省、市委组织部评为一等奖,同时《暖阳》《花火》在江苏卫视《时代先锋》栏目播出。

·宣　传·

【概况】 全区宣传思想文化战线围绕“幸福淮阴”建设,完成各项工作任务,多项工作获省、市表彰,综合考评全市第一。

【聚焦“两个巩固”根本任务】 深入学习贯彻习近平总书记系列重要讲话精神,用党的理论创新成果凝聚思想共识。

理论武装扎实推进　开展党委中心组学习“123”创评及“三新”读书调研等活动,创新打造“五微三信一端”宣讲平台,发放《冬训掌中宝》等各类学习资料4000余册,“三学三送”(学管理,学知识,学品质;送温暖,送健康,送文化)做法获市冬训创新奖。

“两学一做”知行合一　创新“理论+文艺”模式,先后开展“学身边榜样,做合格党员”“忆峥嵘岁月”“永远跟党走”等系列专题情境教学党课巡演27场,受教干群3万余人。

教育平台再添新彩　建成国内首家张纯如纪念馆,市委书记姚晓东多次批示并亲临现场调研指导。12月13日,张纯如纪念馆纳入国家公祭日子节目面向全国直播,得到社会广泛关注。

【抓党建促发展】 围绕“全市走前列、全面上台阶”发展目标,对内凝心聚力,对外提升形象。

立足中心唱响“四季歌”　分别在区“报台网微”开设“抓党建、促发展”“走进大项目现场”“我和我的身边人”大家谈等专题30个,推出系列报道1100篇,展示幸福淮阴建设的火热场景。

立足高端传播“好声音”　策划“中央、省、市媒体走进幸福淮阴”集中采访行动,邀请人民日报等33家高端主流媒体实地采访,全景展示淮阴形象,得到市委认可。全年在市级以上媒体累计用稿4000篇,中央级稿件30篇,省级稿件100篇,淮安日报头版头条14篇,数量全市第一。

立足防控把好“方向标”　出台《关于进一步加强和改进突发事件新闻应急工作的通知》,完善舆情“预警、处置、考核”三大机制,实行舆情隐患排查与整改半月报制度,165件舆情隐患得到有效控制。淮阴区在全市突发事件舆论引导技能大赛中获一等奖。

【文化迈上新台阶】 扩展提升淮阴爱心文化品牌,对内推进文化惠民,对外促进文化交流。

文化走出去　组团参加第31届大韩民国国际民俗音乐节,成功举办第五届海峡两岸“漂母杯”母爱·爱母主题散文诗歌大赛及大洋洲“漂母杯”“韩信杯”品牌文体赛事,开展投资说明会、“非遗”展示、旗袍秀等活动,创造三项大世界吉尼斯记录。人民日报海外版等30余家海内外主流媒体推出重点稿件120篇,有效提升淮阴文化的知名度和影响力。

文化走下去　举办“百姓广场文化周”等文化惠民活动,区文化馆晋升国家一级馆,淮安市歌舞二团更名为淮安市文工团,并获省“双服务”(服务群众,服务基层)先进集体,8个项目获得市“双名”(名家、名作)资助,获奖数量全市领先。

产业上台阶　出台区文化产业考核办法,制订文化产业发展扶持引导政策,建立文化企业名录库,新培育“三上”(规模以上文化制造业、限额以上文化批发零售业、规模以上文化服务业)文化企业13家,创成文化产业园区及基地各1个。

【文明城市创建】 以全国文明城市创建为引领,着力拓展创建领域,创新平台载体、丰富创建内涵。

文明创建　围绕“巩固提升年”工作任务,出台创建考评办法和重点行动方案,建立挂号销号、督查问责、点评推进等机制,淮阴区在全市第三方测评中位居前列,在年度综合评定中排名第一。46个基层单位获评省级文明单位。

典型推树　开展典型推选活动,6人被评为淮安好人,1人当选中国好人;王营派出所获评“践行周恩来精神模范团队”;淮阴八十二烈士李云鹏的妹妹李爱云家庭被评为“省级文明家庭”。

提升道德风尚　开展文明志愿服务,全区成立729个志愿者服务队,注册志愿者8万余人,数量位居全市前列。

·统　战·

【概况】 全区统战工作落实中央和省、市委关于统一战线系列重大决策部署,贴紧区委中心工作,发挥统战优势,扎实开展各项工作,进一步巩固全区统一战线团结和谐的良好局面,基本完成全年各项统战工作目标任务。

【服务中心工作】 开展“同心”助推幸福淮阴建设活动,通过建言献策、送服务下乡、专家工作站、村企结对、光彩事业、宗教慈善等工作，助推全区经济社会更好更快发展。

民盟"烛光行动"　民盟"烛光行动"助培淮阴教育硕果累累，全国政协副主席、民盟中央常务副主席陈晓光出席"'烛光行动'合作基地·淮阴"挂牌仪式，全区培训教师达9000人次。

党外人士"三下乡"活动　发挥由区各党派、工商联组建或参建的10个专家工作站的作用，在高效农业、医疗卫生、家具设计等方面，通过现场咨询和专向技术支持为全区发展贡献力量。

光彩事业活动　深化捐资助学工作，举办区统一战线光彩事业暨宗教慈善捐助百名大学新生活动，区非公企业家、宗教人士共捐资20万元。

扶贫送温暖活动　参与精准扶贫，推动区非公企业与12个贫困村结成帮扶新对子。为解决南陈集镇镇西村群众出行难问题，多方筹集村道建设资金5万元，并结对帮扶农户100户。

侨界服务活动　淮阴区侨企负责人、东方双语学校董事长陈红光个人出资400万元发起成立红光慈善基金会，主要用于扶贫济困、助学支教等。筹建淮阴侨胞之家，搭建侨界联络联谊平台，发挥侨界人士作用，为全区经济社会发展献计出力，同时协助做好张纯如纪念馆建设工作。

【强化党外人士工作】　协助区委开展好政党协商活动，以"凝心聚力精准扶贫"为题，组织区各民主党派、工商联等开展专题协商，并定期召开党派负责人会议，为党外人士搭建知情明政、参政议政和民主监督的平台。开展特约参政，向区检察院新推荐5名由区民主党派、工商联成员构成的特约检察员。推进党外干部工作，初步建立党外干部人才库，新推荐的2名党外乡科级后备干部得到安排。做好换届工作，区民建、民进完成换届，农工党区支部完成换届改选；在区人大、政协换届中，开展党外人士的酝酿推荐提名，严格组织资格审查和全面考察工作，充分征求各民主党派意见，提高人选的质量与代表性。

【助推非公有制经济发展】　破解非公企业融资难问题，建立区中小企业融资平台，区恒通担保公司与50多家非公企业建立长期担保合作关系，每年提供融资金额3亿元以上。多次举办政企对接会，通过区市场监管、税务、经信等部门和相关非公企业负责人面对面交流，先后帮助多个企业解决土地、融资、用工等难题。推动非公企业抱团发展，加强商会建设，成立新生代企业家行业商会，创成五星级乡镇商会2所、四星级3所，其余均为三星级，全区星级商会覆盖率达到90%以上。依托乡镇商会，先后组织会员企业开展"文化市场法律法规和安全生产知识培训""劳动密集型企业消防安全培训"等活动。为加强和非公企业家的联系，建立统战干部与非公企业的联系点制度，全区统战干部每人有重点地联系2户以上的非公经济规模以上企业及其代表人士，每月定期深入企业开展调研并做好服务。

【推进民族宗教工作】　新立项少数民族发展项目4个，投入扶持资金165万元(其中码头少数民族文化广场90万元、民族特色村寨项目50万元)，码头镇张庄镇民族村被省民委选为少数民族特色村镇建设培训班现场教学观摩点。从民族团结的高度办好淮州中学新疆内高班，将其纳入学校整体规划、融入学校管理的方方面面。淮州中学文化艺术中心被省民委命名全省首批民族团结进步主题教育馆。落实宗教教职人员登记备案、持证上岗制度，在坚持区乡村三级管理网络基础上，推动宗教团体与各教会点负责人签订责任状，深化"和谐寺观教堂"创建活动，宗教场所制度逐步健全、宗教活动规范有序。引导宗教与社会主义相适应，区宗教界先后开展扶贫助困、捐资助学等活动，累计捐资捐物50多万元。王营清真寺举办"伊斯兰教家风家教建设座谈会暨首届和谐穆斯林家庭颁奖仪式"活动，在回民群众中倡导和谐文明的社会风尚，激发伊斯兰教界群众的爱国爱教热情。改善王营清真寺周边环境，谋划制定周边环境整治工作方案。加强宗教队伍建设，举办爱国主义教育培训班2期，对170名宗教教职人员进行为期半个月的全脱产业务培训，20名教职人员到井冈山革命老区开展学习教育活动。

·机构编制·

【概况】　年内，淮阴区成立正科级行政机构6个，即政协淮阴区委员会港澳台侨和外事委员会、中共淮阴区委巡察工作办公室、中共淮阴区委第一巡察组、中共淮阴区委第二巡察组、中共淮阴区委第三巡察组、中共淮阴区委第四巡察组；在区委办公室增挂"中共淮安市淮阴区委全面深化改革领导小组办公室"牌子；成立副科级事业机构2个,即江苏淮安国家农业科技园区创新创业服务中心、江苏淮安国家农业科技园区国有资产管理服务中心;成立股级事业机构11个,即淮阴区不动产登记中心、淮阴区人民法院审判保障服务中心、淮阴区关心下一代工作委员会办公室、淮安市东城开明中学、淮安市银川路实验小学、淮安市淮阴区水利工程质量安全监督站、江苏省淮安市淮阴公证处、淮阴区城乡建设规划编制服务中心、淮阴区城市地下管线建设营运管理中心、淮阴区房屋交易中心、淮阴区停车设施管理服务中心。

【权力清单标准化建设】 推进全区权力清单标准化建设和行政权力办事指南编制工作,全区42个部门(含部分垂管部门)根据自身承担的职责,从《省权力清单》认领编制本部门权力事项,全区各部门共认领权力事项5975项,其中行政许可204项、行政处罚4819项、行政强制305项、行政征收41项、行政给付48项、行政奖励118项、行政确认118项、行政裁决11项、行政征用2项、其他权力309项,初步实现行政权力名称、依据、数量、编码标准省市县三级同权。

【推动公共资源交易规范运行】 根据全市统一要求,在原区公共资源交易中心基础上整合组建市公共资源交易中心淮阴分中心,将区直各部门各自监管、分散开展的工程建设项目招投标、政府采购、农村产权交流等公共资源交易活动统一集中,全部纳入市公共资源交易中心淮阴分中心,并按要求对分中心的进行法人登记,促进全区公共资源交易工作阳光规范有序开展。

【行政审批工作】 对接行政审批事项　梳理国务院、省市政府下放审批事项清单内容,结合淮阴实际对国务院和省市政府下放行政审批事项的承接情况进行一次“回头看”,重点梳理国务院和省政府已取消事项是否对应取消,国务院和省、市政府已下放至县区事项是否承接到位,是否存在接不住、管不好的情况。经过梳理与排查,国务院下放审批事项中,涉及到区级的有12项;省政府下放的审批事项,涉及到区级的有61项,均没有接不住管不好的情况。

规范行政审批中介服务　对行政审批前置环节的有偿中介服务进行全面清理,进一步清理涉审强制中介服务事项,凡无法律依据的或行政机关自行设定的一律取消,有法律依据但有明确范围限定的一律不得扩大范围,着力解决中介评估环节多、耗时长、收费乱、走过场、垄断性强等突出问题。清理后,全区仅保留9个部门36项涉审中介服务事项,正式出台《淮阴区政府部门行政许可中介服务事项清单》。

加强分类监管　6月起,开展市场主体分类监管责任事项、双随机抽查事项以及公共服务事项的梳理统计工作,共梳理23个部门65类市场主体分类监管责任、12个部门66项随机抽查事项、24个部门180项公共服务事项。经过集中审核、反复研究、法制部门把关、反馈确认等环节后,形成《淮阴区政府部门市场主体分类监管责任清单》《淮阴区区级部门随机抽查事项清单(首批)》和《淮阴区政府部门公共服务事项清单》3个清单。

【优化机构编制资源配置】 按照“严控总量、盘活存量、优化结构、有增有减”的原则,科学统筹配置机构编制资源,保证全区重点工作重大决策的机构编制需求,实现减员减支降低行政运行成本的效果。

编制总量控制　截至12月底,全区财政供养人员2.23万人,扣除区市场监管部门下划324人因素后,2016年财政供养人数相比2012年底实际减少260人;区行政编制、事业单位编制总体双双不超编,且均在中央编办核定的限额内。年末,区行政编制2304名,实有人员2075人,结余待使用编制231名。事业单位核定编制1.19万名,实有在编人员9625人,结余待使用编制2312名。

规范编制资源管理　坚持瘦身健身相结合,切实把握各单位的职能定位,以单位职能定位决定机构设置和编制配备规模,侧重向区安监、城管、公安、农科园等职能增强、民生领域和重点行业部门予以编制倾斜。行政编制总数比上年减少2名(调剂到市级),事业编制总数比上年减少30名(调剂30名区中小学教职工编制到市实验小学长征校区)。在计划用编审核时,遵循从严从紧的原则,综合考虑各单位岗位需求、人员结构及全区经济长远发展等因素,优先保证重点部门及领域的人员补充,切实提高编制使用效率。2016年,全区事业单位申请用编437名,同意招聘144人,用编核减率达68%左右;2017年度区公务员招录上报用编使用计划112名,仅占区行政编制总数4.8%。

合理调配机构编制资源　坚持站在全区经济社会发展的大局去定位和谋划机构编制工作，相继成立区港澳台侨和外事委员会、区不动产登记管理中心、区人民法院审判保障服务中心、农科园创新创业服务中心、区城市地下管线建设营运管理中心及国有资产管理服务中心等一批涉及社会管理、经济建设、民生保障和维护稳定等领域的机构编制事项，将有限的机构编制资源优先用于区重点行业和关键领域，充分发挥机构编制在保障发展中的作用。

【机构编制管理】　规范科级领导职数　以2014年科级领导职数为底数，建立完善全区机构编制领导职数预审制度。2016年，凡是新撤并和新成立的机构，均重新核定领导职数把好监督关，杜绝职数不明确、不全面、不规范等现象，并按规定程序向市级编制部门报批，为干部选配提供准确的制度遵循。8月，区编办与区委组织部门联合开展机构编制及领导职数执行情况专项督查，全面了解区党政机关和事业单位的“三定”规定及机构编制管理执行情况，并对各部门督查反馈的问题提出限期整改意见，督查结果纳入各部门的机关绩效考核评价中。

机关事业单位信用体系建设　推进社会信用体系建设，1月份启动事业单位“四证合一”工作，377家事业单位完成换证工作；5月份启动区机关群团的统一信用赋码工作，43家行政机关及编办管理的群团完成赋码工作；9月份完成全区484家机关事业单位政务和公益中文域名续费工作，注册率达100%。

机构编制监督管理　严格办事程序，规定各单位有人员入编、出编、变更职务职级等机构编制事项变化时，必须及时到编办办理相关手续。定期联合组织、人社、财政等部门开展数据审核与比对，完善数据统计，确保系统信息客观、真实、准确。利用系统的统计功能，整理分析全区面上的人员结构、专业结构、年龄结构、编制余缺、职数配备等情况，为领导决策提供第一手数据。

机关绩效管理　根据省市机关绩效管理要求，年初及时制订2016年度绩效考核办法和考核评分细则，将全区党群、经济管理和执法、公共服务等47家单位全部纳入机关绩效考核管理范围，实现区委、政府重点工作和部门职能的全覆盖。区编办牵头开展绩效评价工作，根据各单位平时履职、机构编制管理执行及创新创优体制建设等情况进行综合考核打分，打分结果全部纳入区大目标考核体系，分值在大目标中占6分。

·机关党建·

【概况】　区直机关党建工作学习贯彻党的十八大、十八届五中全会、十八届六中全会精神和习近平总书记系列重要讲话精神，以全面从严治党为主线，全力服务区委中心工作，服务机关党的建设，服务党员发展需求，提高服务中心、建设队伍水平，为建设实力强、城乡美、群众富的幸福淮阴作出贡献。

【履行治党管党职责】　在责任主体上，落实班子集体责任，一把手第一责任人责任和班子成员“一岗双责”；人员配备上，明确一名副书记分管；工作内容上，利用书记办公会、“三会一课”、每周四的“周周学”等形式做好“三严三实”“两为”整治等党风廉政建设方面精神的传达学习和贯彻落实工作。将党风廉政建设工作分解纳入机关党建工作考核清单。加强制度建设，班子成员带头执行“八项规定”等制度，坚持集体领导，严守财经纪律。

【强化政治教育】　深入开展“两学一做”学习教育，按照“尽责明纪强党性”学、讲、考、唱的要求，强化组织领导和责任落实，与区委组织部联合下发《关于在机关党员中开展“党课我来上”活动的通知》和《关于在“两学一做”学习教育中做好“七个一”工作的通知》，全体机关党员增强核心意识、看齐意识，增强党章党规党纪意识，切实将学习教育的实际成效转化为对党绝对忠诚的思想自觉和行动自觉，推动全面从严治党向基层延伸。

【创新创优活动】　以“凝心聚力求突破，争创发展新优势”为主题，在全区广泛开展创新创优项目评选工作。全区各单位共完成“公共管理”“经济建设”“党建和精神文明”三大类69个项目的立项申报，形成机关比服务、干部比实绩、党员比贡献的创新创优氛围。经反复筛选，“家庭医生团队建设”“抓党建　促发展”等5个项目作为区级立项项目向市创新创优领导小组申报。根据入选项目实施单位的不同情况，在延续上年分阶段提醒推进做法的基础上，采取邀请市里专家面对面辅导、年中项目跟踪指导、年底包装横向联合、平时服务有求必应的方法，加强对入选项目的跟踪服务。

2016年,在市级创新创优项目评选中,淮阴区获一等奖1个(家庭医生签约服务模式创新)、二等奖1个("三讲三促"打造党课教育新品牌)。

【机关作风建设】 贯彻党风廉政建设"两个责任"(党委负主体责任,纪委负监督责任),把党风廉政建设与业务工作同部署、同实施、同检查,支持纪委(纪检组)履行监督责任。全年协助区纪委查处违纪违规事件6起。组织全体党员铭记并严守区委提出"八个严禁"的政治纪律。推行"党建考评清单",明确机关党建工作内容和党组织负责人职责,突出过程考核。督查汇总机关基层党组织活动日开展情况。组织开展纪念建党95周年活动,向区委组织部遴选推报先进基层党组织、优秀党员和优秀党务工作者6名。着力推进机关党务干部履职能力建设。继续做好人武群团工作,激发机关群团组织活力。持续抓好放开二孩后的区级机关计划生育管理服务工作。

【预备党员培训】 根据《中国共产党发展党员工作细则》的规定,以"学党章党规,学系类讲话,做合格党员"为主题和主要内容,举办一期培训班,350名预备党员和入党积极分子参加培训并按期结业。建立入党积极分子电子档案,改进入党积极分子和发展对象培训考评方式。各级党组织按照《中国共产党发展党员工作细则》,坚持标准、严格程序、严肃纪律,对要求入党的积极分子主动关心培养,帮助他们端正入党动机,确立为共产主义事业奋斗终身的信念。

【党性专题教育】 根据区委"尽责明纪强党性"系列活动的要求,组织区妇联、区委统战部等28家区直单位集中上党课,邀请市委党校耿庆彪教授授课,并组织闭卷考试,达到扎实推动全面从严治党向基层延伸,确保责任层层传递,不断增强党员干部的党章党规党纪意识的教育目的。

·老干部管理与服务·

【离休干部概况】 截至2016年底,全区离休干部共有175人。其中享受副地市级待遇3人,部分享受副地市级待遇6人,享受县处级待遇56人(正处3人,副处53人),享受科级待遇110人;中共党员113人,其他人员62人;抗战前期参加革命工作的6人,抗战后期参加革命工作的30人,解放战争参加革命工作的139人;男146人,女29人。

【落实老干部政治生活待遇】 把学习贯彻党的十八届五中、六中全会精神和习近平总书记系列重要讲话作为首要政治任务,学习贯彻落实中共中央办公厅、国务院办公厅《关于进一步加强和改进离退休干部工作的意见》和省委办公厅、省政府办公厅《关于进一步加强和改进离退休干部工作的实施意见》,落实全国、省、市老干部"双先"表彰大会精神,加强老干部思想政治建设和党支部建设,健全和落实向老干部通报情况、组织老干部参观、考察制度,引导老干部坚定党的理想信念,始终与党中央保持高度一致。通过文艺演出、诗词朗诵、书画摄影展等形式多样的主题活动,组织离退休老干部继续发挥政治优势、经验优势和威望优势,在弘扬优良传统和作风、支持经济社会发展、关心教育下一代方面贡献智慧。

【走访慰问】 春节、"老人节"等重大节日,各单位都走访慰问老干部,主要领导亲自参加慰问活动,带头尊老敬老。老干部因病住院或家中发生特殊事情,所在单位及时派人前往看望,送去组织的关怀和温暖。区财政每年安排专项经费为离休干部进行一次体格检查。

【文体活动】 以老年大学、关工委、扶贫开发协会、老区促进会、老年体育协会、象棋协会等涉老组织为平台,围绕区委区政府工作重心,组织开展各种有益身心的文化活动,提升淮阴的知名度。与区人社局、民政局、体育局、农行、老年体协、象棋协会、王营镇机关社区、双河社区等,联合举办江苏省老年人体育节淮阴区启动仪式暨老年人乒乓球比赛、江苏省老年人体育节闭幕式、"白玫杯"象棋锦标赛、"韩信杯"老年人象棋比赛、"淮阴区棋王赛"、农行杯"迎新春"老年人掼蛋比赛、离退休干部健康知识讲座等。全面展示老干部良好形象,以纪念建党95周年、红军长征胜利80周年为契机,与浙江金圆淮安置业有限公司联合举办"金圆·幸福城杯"老干部书画展、歌舞活动,承办全市离退休干部示范社区联席会组织的离退休干部象棋比赛。

【示范社区创建】 进一步加强新形势下的离退休干部服务管理工作,按照"一方隶属,多方管理"的要求,指导王营镇双和社区做好省级服务老干部党建示范社区创建工作。

·台湾事务·

【概况】 区对台工作以“增进淮台交流合作，服务台资高地建设”为切入点，有计划地邀请台湾工商界、科技界、文化教育界等“四有”人士到淮阴考察交流，同时有重点地组织领导干部赴台湾招商考察，不断壮大有利于持续深化淮(阴)台(湾)经贸交流合作的人脉资源和工作基础，确保在项目引进、技术合作方面取得新突破。

【赴台湾招商考察】 淮阴区组团数十批次赴台湾开展各种类型的招商考察活动，考察、学习、借鉴台湾先进的经济发展理念、企业服务模式、科技园区运作模式、企业经营管理方法、行业协会运作模式等，培养一批台资集聚新高地需要的各类管理服务人才，洽谈、签约、落户一批有技术含量、有投资规模、有市场前景的台资项目。

【打造高层次交流平台】 围绕台资集聚新高地建设，组织“淮安台湾周”、台商论坛、爱心淮阴、码头旅游、美食文化等富有淮阴特点的交流推介活动，提升淮阴区与台湾交流互动的层次。同时邀请台湾四有人士到淮阴考察投资，交流推介台湾的农产品、妈祖文化。让更多的淮阴人通过淮(阴)台(湾)交流活动了解台湾，让更多的台湾人通过淮(阴)台(湾)交流活动了解淮阴。12月，淮阴区举办台湾新北市新庄区里长“母爱之都淮阴行”交流活动。由台湾新庄区交流团团长、中华里里长陈敬波率队的新北市新庄区30余名里长参访团应邀到淮阴区交流智慧美丽村里建设经验。淮阴区与中华两岸经贸文教交流发展促进会签订缔结友好单位交流合作协议书。

【打造台资集聚新高地品牌】 区台办按照区委要求，对台企进行调研，强化101%服务理念。制订支持台资企业转型升级的意见，引导台资企业在节能环保、新材料、新能源等重点领域发展。邀请岛内或台资密集区台商与淮阴区台湾农民产业园开展对口交流。依法保护台商合法权益，打造台资集聚新高地的优质品牌。完善工作机制，淮阴区台办牵头成立涉台投诉保障协调委员会，提高解决台商投诉纠纷的办结案率；台创园针对台商生产、生活实际，建立完善的服务台企台商长效机制。

【为台胞台属办实事】 以台资高地建设为契机，做好对台事务，履行对台工作职责，接待台胞台属，为台胞台属服务。主动做好来淮阴台胞的接待工作，深入台属家中走访，建立健全台胞网络；深入台资企业了解情况，做好台资企业的权益保障和服务工作；对全区重点台属进行走访、慰问，并通过他们及时了解台胞情况，加强联络，吸引台胞、台商来淮阴投资兴业，为台商、台属、台资企业提供服务。帮助台属解决房屋拆迁补偿、子女就读等实际困难和问题，落实拆迁补偿优惠政策，资助困难群众急需的物资，帮助困难群众协调应当享有的权益或惠民政策，介绍1份适合从事的工作，帮扶1个致富项目等等。

·党史资料征编与研究·

【概况】 全区党史资料征编与研究工作以“资政育人”“服务发展”为切入点，以地方党史编研工作为工作中心、聚焦主业，全力推进党史工作有效开展，激发党史工作新活力。年内，被市党史办评为党史宣传工作先进单位，被区委、区政府表彰为科学跨越发展优秀单位。

【编辑《红色征程——淮阴区革命斗争史画册》】 该画册收录1919年至1949年间，淮阴革命斗争史上的重大事件、活动、人物的历史照片、遗址、文献、文物等资料，是一部淮阴人民革命斗争风云录，是进行爱国主义教育、革命传统教育和淮阴党史教育的珍贵材料。组织工作人员赴山东临沂、枣庄以及安徽等地搜集相关资料和图片，通过分块编写及党史专家指导、把关、汇总、统稿相结合的方式推进专题征编进度。画册的编纂工作基本完成并推进付印出版工作。

【征集淮阴区改革开放重要历程和经验】 根据中央和省、市、区委关于完成淮阴区改革开放后的发展历程重要成就及宝贵经验资料征编工作的统一部署，区党史办开展相关研究和编撰工作。制订科学、严密的计划，开展改革开放新时期档案、图书、报刊、音像、照片等资料的收集、征集工作，同时做好相关资料的整理、归类、存档等工作。重点采访党史事件的决策者、亲历者或当事人，主要采访其任职期间参与制定的重大决策、亲身经历的重大事件和亲自参加的重大活动等情况，以及分管领域取得的重要成就和经验教训等。通过采访和征集，力求把改革开放进程的经验和典型事例反映出来。

【《中国共产党淮安市淮阴区历史(第三卷)》资料收集和调研】 集中力量开展《中国共产党淮安市淮阴区历史(第三卷)》资料收集和调研工作。收集资料,编修纲目,翻查档案,收集图片、文字资料,多方考证,力求做到严谨、真实。围绕专题开展调研,根据编写需要确定若干专题,赴山东等地的红色基地开展调研,逐个研究、逐个击破,解决编纂过程中的重点、难点问题。组织精干力量,潜心编写史稿。

【建党95周年党史宣传活动】 区党史办以建党95周年为切入点,创新宣传模式,丰富党史宣传载体,不断扩大党史的宣传教育面。利用宣传媒介,广泛宣传党的历史,通过专刊、报刊和史志信息等媒介,丰富党史宣传教育的形式,组织党史工作人员发表史志文章,向社会展示党史部门的日常工作。结合特殊重大活动,重温党的历史。为编辑出版的《红色征程——淮阴区革命斗争史画册》举办首发式,宣传、弘扬淮阴革命精神,扩大影响力,激发群众爱党、爱国、爱家乡的热情。利用党史书籍及时宣传有关党史知识,向各基层党支部、乡镇小学支部赠送《红色征程——淮阴区革命斗争史画册》,把党史信息、史志优秀成果推向社会,方便社会各界对地方党史资源的了解和查阅利用。

【组织筹办"淮河大队专题研讨会"】 4月22日,为纪念淮河大队归建新四军75周年,由市新四军研究会和市委党史工办主办,淮阴区新四军历史研究会及淮阴区委党史工办承办的淮河大队专题研讨会召开。市人大常委会原副主任、市新四军历史研究会会长范学恕、各县区党史办主任共计40余位代表出席会议。会议收到有关论文数十篇,有近十位研究者作专题发言交流。淮河大队是一支抗战初期在中国共产党领导之下创建的地方民众武装,通过艰苦的军事斗争,为中共苏北敌后战场的开辟作出重要贡献。

·党校工作·

【概况】 2016年,区委党校与江苏省管理干部学院联合开办的农业经济管理大专班25名学员顺利毕业。区委党校获"全区差别化目标考核优秀单位""全区基层党员冬训工作先进集体"等表彰。

【干部培训】 区委党校注重探索干部培训新形式新途径,扩大培训规模,提高培训的针对性和实效性。

主体班次　配合区委组织部落实干部教育培训计划,突出党的理论教育和党性教育这一重点,科学设置培训班次和教学内容。2016年,举办各类主体班11期,分别为淮阴医院十八届五中全会培训班、淮阴区水利系统干部培训班、全区妇联干部培训班、"尽责明纪强党性"培训班、预备党员和入党积子培训班、新疆伊犁州县处班走进淮安国家农业科技园区实境课堂、大学生村官岗前培训班、全区宣传思想文化工作培训班、防震减灾知识培训班、新疆伊犁州村级少数民族党支部书记班走进淮安国家农业科技园区实境课堂、新疆伊犁州乡镇主要领导赴江苏轮训班示范班走进淮安国家农业科技园区实境课堂等,累计培训轮训各级各类干部1485人次。

送教上门　转变作风,服务基层,利用党校理论高地和人才优势,实施送教工程。送教内容丰富,涉及党的十八届五中、六中全会精神、两学一做、党章、党史、党纪等。深入吴城镇、新渡乡、徐溜镇等8个乡镇,人社局等10个区直部门及2个重点企业,开展送教上门活动30场次,参训学员达5630人次。

【科调研工作】 始终坚持科研兴校,重视科调研工作,鼓励全体教职工理论联系实际,开展调查研究,撰写调研报告及理论文章,为区委区政府决策提供参考,充分发挥党校作为地方党委政府"思想库"和"智囊团"作用。2016年,形成调研报告和理论文章15篇,公开发表10篇,其中省级6篇,市级4篇。

淮阴区人民代表大会

【概况】 区人大常委会深入贯彻落实中央和省市区委关于加强县乡人大工作和建设的文件精神,围绕发展目标,突出工作重点,依法行使职权,助推幸福淮阴建设。全年共召开全体会议8次,听取和审议"一府两院"专项工作报告16项,作出决定决议4项,依法任免"一府两院"工作人员63人次,开展专题视察工作25项、执法检查工作3项、专题调研工作5项、专题询问工作1项,组织各类代表活动29次。2月,筹备召开区十六届人大五次会议。

【区十六届人大常委会第二十六次会议】 1月12日，区十六届人大常委会召开第二十六次全体会议。接受花开功辞去淮安市第七届人民代表大会代表职务的请求。

【区十六届人大常委会第二十七次会议】 1月25日，区十六届人大常委会召开第二十七次全体会议。会议接受吴玉华、姜华逞、范锦涛辞去淮阴区第十六届人民代表大会代表职务的请求。会议讨论通过《淮阴区人大常委会关于召开淮阴区第十六届人民代表大会第五次会议时间的决定和建议会议议程（草案）》。

【区十六届人大常委会第二十八次会议】 1月31日，区十六届人大常委会召开第二十八次全体会议。听取和审议区政府提请关于授予2014～2015年度省委驻淮帮扶工作队员“淮阴区荣誉市民”称号的议案、区政府关于2016年办实事项目计划的报告、关于提请设立淮阴区第十六届人民代表大会财政经济委员会和法制委员会的议案、区政府关于2015年财政预算调整情况的报告、区政府关于脱贫工作情况的报告。会议讨论通区十六届人大五次会议有关建议名单。会议经过审议，决定任命周舜为区安全生产监督管理局局长，任命吉荣飞为区人大财政经济工作委员会主任。

【区十六届人大五次会议】 淮阴区第十六届人民代表大会第五次会议于2016年2月2～5日召开。中共淮阴区委和区人大常委会的领导以及12个代表团共283名代表出席会议。区政府副区长、区政协副主席、区政协全体委员、区直各部门主要负责人、部分离退休老干部列席会议。会议听取和审议区人大常委会党组书记、常务副主任陆益民所作的《淮阴区人大常委会工作报告》、区长朱晓波所作的《政府工作报告》、区人民法院院长尤铁梅所作的《淮阴区人民法院工作报告》以及区人民检察院检察长张洪斌所作的《淮阴区人民检察院工作报告》，审查和批准决定批准《淮阴区国民经济和社会发展第十三个五年规划纲要》《关于淮阴区2015年国民经济和社会发展计划执行情况与2016年国民经济和社会发展计划（草案）的报告》和《关于淮阴区2015年财政预算执行情况和2016年财政预算（草案）的报告》。会议以举手表决的方式通过关于《政府工作报告》《人大常委会工作报告》等六项报告决议。大会接受刘泽宇辞去区第十六届人大常委会主任职务的请求，接受张焱和谈效艳辞去淮阴区人民政府副区长职务的请求，选举陆益民为本届人大常委会主任，吉荣飞、张树宝为本届人大常委会委员。通过吉荣飞为本届人大财政经济委员会主任委员，汤晓惠为本届人大财政经济委员会副主任委员；李赟昆、时海柏、韩操（以姓氏笔画为序）为本届人大财政经济委员会委员。通过周晖为本届人大法制委员会主任委员，王广龙为本届人大法制委员会副主任委员，王宝春、王晓峰、张强（以姓氏笔画为序）为本届人大法制委员会委员。

【区十六届人大常委会第二十九次会议】 3月30日，区十六届人大常委会第二十九次会议召开。区人大常委会主任陆益民主持会议，区人大领导刘翠花、穆文清、韩国虎、李娟等出席会议。会议听取并审议通过人民法院2015年以来执行工作情况的报告；听取区文广新局、统计局主要负责人履职情况报告，并现场进行满意度测评。会议经过审议，免去岳朝友区人民法院民事审判第二庭庭长职务，陈国君区人民法院审判监督庭庭长职务，包文斌区人民法院行政审判庭庭长职务，王海燕区人民法院民事审判第一庭副庭长职务，颜从年区人民法院徐溜人民法庭副庭长职务，李继先区人民法院渔沟人民法庭副庭长职务。任命陈国君为区人民法院审判委员会委员、行政审判庭庭长，郭云红为区人民法院审判委员会委员，包文斌为区人民法院民事审判第一庭庭长，王海燕为区人民法院审判监督庭庭长，钱晓晖为区人民法院民事审判第二庭庭长，崔建坤为区人民法院刑事审判庭庭长，夏明为区人民法院南陈集人民法庭庭长，颜从年为区人民法院渔沟人民法庭庭长，李继先为区人民法院徐溜人民法庭副庭长，邵海州为区人民法院民事审判第二庭副庭长。

【区十六届人大常委会第三十次会议】 5月30日上午，区十六届人大常委会第三十次会议召开，区长朱晓波到会并宣读有关人事提名文件。区人大常委会主任陆益民主持会议，区人大领导刘翠花、穆文清、韩国虎、李娟等出席会议。副区长张春荣以及相关部门负责人列席会议。会议听取并审议通过区政府关于国家级重点中心镇建设情况的报告;听取并审议通过区政府关于提请将老汽车北站等5个地块旧城改造项目纳入全区2016年国民经济和社会发展年度计划的议案;听取并审议通过区人大常委会执法检查组关于《中华人民共和国税收征收管理法》执法检查情况的汇报。会议还听取区审计局、交通局主要负责人履职情况的报告,并现场进行满意度测评。会议经过审议,决定免去谢鹏区人民政府副区长职务,王爱荣区公安分局局长职务;免去李长江区人民法院刑事审判庭副庭长、审判员职务;决定任命乐翔为区人民政府副区长、区公安分局局长,王俊超为区人民政府副区长(挂职2年)。

【区十六届人大常委会第三十一次会议】 7月25日上午,区十六届人大常委会第三十一次会议召开,区长朱晓波应邀出席会议,区人大常委会主任陆益民主持会议,区人大领导刘翠花、穆文清、韩国虎、李娟等参加会议。区委常委、常务副区长陈张代表区政府列席会议。会议听取并审议通过区政府关于2016年国民经济社会和发展计划以及财政预算上半年执行情况的报告以及区政府关于2015年区级财政决算及财政收支审计情况的报告;听取区住建局、市场监管局主要负责人履职情况的报告,并现场进行满意度测评。会议还听取区人大常委会调研组关于脱贫工作和法院执行工作跟踪问效情况的报告。会议经过审议,接受张春荣、张健辞去区人民政府副区长职务的请求。决定免去朱士东区教育局局长职务;决定任命蔡昀为区人民政府副区长,时伟众为区教育局局长;任命郑冰为区人民检察院副检察长,费光明为区人民法院审判员。

【区十六届人大常委会第三十二次会议】 9月28日上午,区十六届人大常委会举行第三十二次全体会议,区长朱晓波应邀出席会议,区人大常委会主任陆益民主持会议,区人大领导刘翠花、穆文清、韩国虎、李娟等参加会议。副区长殷俊代表区政府列席会议。会议讨论通过全区区乡两级人大换届选举工作有关事项;听取和审议通过区政府关于省级电子商务示范园区创建工作情况的报告;讨论并通过区政府《关于提请将淮安园兴投资有限公司出资纳入政府债务管理的议案》和《关于提请将高新区融资纳入区政府财政年度预算的议案》;听取和审议通过区人大常委会执法检查组关于《中华人民共和国渔业法》执法检查情况的报告;听取区人大常委会调研组关于国家重点中心镇建设工作跟踪问效情况的报告。会议经过审议,决定任命黄克涛为区人民政府副区长。

【区十六届人大常委会第三十三次会议】 11月29日上午,区十六届人大常委会举行第三十三次全体会议。区人大常委会主任陆益民主持会议,区人大领导刘翠花、穆文清、韩国虎等参加会议。区委常委、常务副区长陈张,副区长殷俊列席会议。区人大党组成员王胜贤、唐业勤列席会议。会议听取和审议通过区政府关于2016年财政预算调整和2015年区本级财政预算执行及其他财政收支审计存在问题整改情况的报告;听取和审议通过区政府关于统筹城乡就业工作情况的报告;听取和审议通过区人大常委会执法检查组关于《中华人民共和国环境保护法》执法检查情况的报告。会议经过审议,决定任命李纬坤为淮阴区人民政府副区长;任命周飞为淮阴区人民检察院副检察长、代理检察长,刘冬梅为淮阴区人大常委会办公室副主任。

【区十六届人大常委会第三十四次会议】 12月28日上午,区十六届人大常委会举行第三十四次全体会议。区人大常委会主任陆益民主持会议,区人大领导刘翠花、穆文清、韩国虎等参加会议。区委常委、常务副区长陈张,副区长黄克涛列席会议。区人大党组成员王胜贤、唐业勤列席会议。对区十七届人大一次会议时间和建议议程作出决定;审议通过区十七届人大一次会议有关建议名单;听取和审议十七届人大代表资格审查情况的报告;听取并审议通过区政府关于提请将淮阴师范学院第二附属小学西等10个棚户区改造项目纳入全区2017年国民经济和社会发展年度计划的议案;听取和审议区法院落实常委会本年度作出的关于执行工作审议意见情况的报告,并进行满意度测评;听取和审议区政府关于代表建议办理、办实事项目建设情况和2017年办实事项目计划的报告;听取和审议区政府落实常委会本年度作出的关于脱贫、国家级重点中心镇建设、省级电子商务示范园创建、统筹城乡就业等4项工作审议意见情况的报告,并进行满意度测评;会议还对省级电子商务示范园区创建工作进行跟踪问效。会议经过审议,免去杨华淮阴区人民法院小营人民法庭副庭长、审判员职务;任命周飞为淮阴区人民检察院检察委员会委员，李金亮、孙明珠、谢静、王丽静、刘海燕为淮阴区人民法院审判员。

【专项视察】 年内，先后对安全生产、残疾人康复、商品流通市场监管、基层医疗卫生服务机构能力建设、宗教场所管理、国家农业科技园区创建、非物质文化遗产保护、供电、社会治安防控体系建设、城建重点项目建设、现代农业、社会事业民生项目建设工作等12项工作进行专项视察。

【执法检查】 全年安排3次执法检查工作，分别对《中华人民共和国税收征收管理法》《中华人民共和国渔业法》《中华人民共和国环境保护法》在全区贯彻实施情况进行检查。

【专题询问】 4月29日，区人大常委会就城市规划建设管理工作进行专题询问。会上，区委常委、常务副区长陈张汇报区城市规划建设管理工作情况，14名委员和代表结合自身体会和淮阴实际进行询问，住建、规划、城管等部门结合自身工作职责进行详细解答。陈张表示，将认真研究提出的问题，找准措施，尽快落实；将进一步推进政府工作，尽职尽责，奋发有为，确保此次专题询问问出动力，问出成绩，为幸福淮阴建设做出应有贡献。区人大常委会主任、党组书记陆益民指出，此次专题询问目的是进一步督促相关职能部门查找自身不足，更加充分履职，最终彰显出幸福淮阴城乡美。陆益民对区城市规划管理工作取得的成绩表示肯定，同时指出还存在城市建设档次不高、商业服务短板、城区绿化缺少层次、道路交通和秩序不完善以及小区管理不到位等问题。对下一步工作，陆益民要求，围绕新型城镇化、城乡一体化战略，进一步突出城市规划引领；围绕城乡美的总体要求，进一步彰显城市内涵；围绕"城市让生活更美好"的愿景，进一步完善城市功能；围绕"苦干三五年、面貌大改变"的任务，进一步凝聚城市合力。希望各部门齐心协力，共同将淮阴建设的更美丽，让居民生活的更幸福。

【代表活动】 常委会坚持从创新机制入手，采取切实有效措施，夯实代表履职基础，让代表在人大工作中唱好"主角"，发挥好作用。制定出台《关于开展闭会期间代表小组活动的意见》，对全区人大代表进行编组，指导各代表小组开展好专题调研、专项视察等活动。建立常委会组成人员每人联系3名基层人大代表制度，定期交流走访联系代表征集民意情况，提高对基层群众诉求了解的准确性，增强常委会工作开展的针对性。为代表订阅《人民与权力》等期刊杂志，通过手机微信等平台及时向代表通报常委会工作动态，邀请代表参加常委会组织的座谈调研、视察、执法检查、专题询问等活动，促进全区各级人大代表履职能力不断提升。根据市人大统一部署，组织开展"万名代表回选区见选民"活动，为代表履职搭建平台，引导代表为民履职、为民服务。先后围绕工业提质增效、教育现代化、医疗惠民、增加农民收入等主题组织开展代表专题活动，强化代表依法履职意识，激发代表在本职工作和区委中心工作中建功立业的履职热情。

【代表建议督办】 区十六届人大五次会议和闭会期间，共收到代表建议95件，其中涉及工业经济4件、农业农村18件、财税服务业6件、城建交通30件、社会事业22件、社会管理9件、其他6件。3月28日，区人大、区政府联合召开区人大代表建议交办会，29家承办单位负责人参加会议，全面对接95件代表建议。各承办单位接到代表建议承办任务后，及时召开专题会议，建立"主要负责人负总责，分管负责人亲自抓，业务科室具体办"的工作机制，明确任务、责任和办结时限，使办理工作做到有章可循，确保办理工作顺利进行。按照"分级负责，归口办理"原则，这些代表建议在规定时间内全部办结，代表们对建议的答复和办理情况均表示满意率或基本满意率确保达到100%。

【加强区乡人大建设】 区人大常委会召开全区乡镇人大工作规范化建设推进会，贯彻落实全市乡镇人大工作规范化建设推进会精神，推动全区乡镇人大工作规范开展。推进会分两个阶段进行，首先对王营镇、凌桥乡、码头镇3个建设情况较好的乡镇人大办公室和人大代表之家进行现场观摩；随后进行座谈，围绕乡镇人大工作规范化建设下发相关指导性文件和资料汇编，王营镇、古寨乡、渔沟镇3个乡镇分别作交流发言。区人大常委会主任、党组书记陆益民要求，各乡镇要充分认识乡镇人大工作规范化建设的重要意义，认真落实全市乡镇人大工作规范化建设现场会精神，切实把握乡镇人大工作规范化建设的内容和要求，按照"硬件标准化、软件规范化、履职制度化、活动经常化”的要求,抓住薄弱环节,夯实工作基础,不断提升乡镇人大工作规范化建设水平。区人大常委会于7月底对各乡镇贯彻落实市、区人大工作规范化建设推进会精神情况进行检查。

淮阴区人民政府

·会议决策·

【区十六届人民政府第二十三次常务会】 1月25日下午,区长朱晓波主持召开区十六届人民政府第二十三次常务会议。会议听取区安监局关于安全生产工作的情况汇报,听取区政府办关于2016年为民办实事项目编排工作的情况汇报,听取区政府办关于政府工作报告起草工作的情况汇报,听取区政府办关于表彰省委驻淮帮扶工作队有关人员的情况汇报。

【区十六届人民政府第二十四次常务会】 5月4日下午,区长朱晓波主持召开区十六届人民政府第二十四次常务会议。会议听取区安监局关于全区安全生产工作的情况汇报,听取区商务局关于外贸稳增长实施意见的情况汇报,听取区水利局关于给予戴兴中等3人记个人三等功的情况汇报。

【区十六届人民政府第二十五次常务会】 7月26日下午,区长朱晓波主持召开区十六届人民政府第二十五次常务会议。会议集中学习《中华人民共和国环境保护法》,听取区安监局关于全区安全生产工作的情况汇报,听取区交通局关于高速路建设房屋征收和管线杆线迁移工作的情况汇报,听取区审计局关于进一步做好审计整改工作实施意见的情况汇报。会议传达学习李克强总理4月11日和13日关于做好当前经济工作的讲话精神、5月6日在就业工作座谈会上的讲话精神、5月30日在全国科技创新大会、两院院士大会、中国科协第九次全国代表大会上的讲话精神。

【区十六届人民政府第二十六次常务会】 8月16日下午,区长朱晓波主持召开区十六届人民政府第二十六次常务会议。会议听取区安监局关于安全生产工作的情况汇报,听取区人才办关于给予张军、杨捷等三等功奖励和聘请张军、杨捷等为区科技顾问和金融顾问的情况汇报,听取区人社局关于全区参公单位人员登记的情况汇报,听取区住建局关于调整城市低收入、中低收入家庭收入线的情况汇报,听取区住建局关于进一步扩大共有产权经济适用房货币化补贴的情况汇报。

【区十六届人民政府第二十七次常务会】 9月28日下午,区长朱晓波主持召开区十六届人民政府第二十七次常务会议。会议听取区安监局关于全区安全生产工作的情况汇报,听取机关事务管理办关于区机关食堂工作餐餐补运行机制有关问题的情况汇报,听取区住建局关于淮阴区城区棚户区改造房屋征收补偿实施细则有关问题的情况汇报,听取高新区管委会关于淮安园兴投资有限公司出资德淮半导体产业投资基金有关问题的情况汇报,听取高新区管委会关于德淮半导体产业投资基金和江淮工业园融资方案的情况汇报,听取区水利局关于淮阴区2016~2017年度冬春农田水利基本建设实施方案有关问题的情况汇报,听取区水利局关于报批淮阴区河湖和水利工程管理范围划定实施方案有关问题的情况汇报,听取区城市资产经营公司关于淮安城市名人酒店人防工程建设有关问题的情况汇报,听取区纪委关于给予裘靖宁行政降级处分有关问题的情况汇报。会议要求全区各部门、各乡镇,将科学跨越发展目标紧紧抓在手上,不能因个别优势指标而忽视劣势指标,要坚持大中小指标齐抓,一刻不得松懈;加快推进在手的工业、城建、农业、社会事业项目,坚持又好又快原则,抓紧开工、实施一批项目;提早谋划明年工作和项目,强化工作主动权;认真抓好国庆期间安全生产、节日廉政工作,各级领导干部要管好自己身边人、亲属,净化朋友圈,并组织做好节日期间应急值守工作。

【区十六届人民政府第二十八次常务会】 11月24日上午,区长朱晓波主持召开区十六届人民政府第二十八次常务会议。会议传达学习《中华人民共和国促进科技成果转化法》,听取区安监局关于全区安全生产工作的情况汇报,听取高新区管委会国土规划建设局关于授权高新区管委会非房地产开发建设项目绿化审核、验收工作问题的情况汇报,听取高新区管委会国土规划建设局关于免除华科环保等3家企业未批先建工程行政处罚问题的情况汇报,听取区物价局关于2015年度教育收费检查处理问题的情况汇报,听取区城市资产经营公司关于渔沟、徐溜同一乡镇范围内村庄建设用地布局调整工程项目贷款问题的情况汇报，听取区政府办关于区政府党组议事规则的情况汇报。

【区十六届人民政府第二十九次常务会】 12月7日上午，区长朱晓波主持召开区十六届人民政府第二十九次常务会议。会议集中学习《中华人民共和国信息公开条例》《中华人民共和国征收拆迁补偿条例》，听取区安监局关于全区安全生产工作的情况汇报，听取区环保局关于全区环保工作的情况汇报，听取区交通局关于调整淮阴港区城东作业区至237省道、宁连一级路连线工程路线的情况汇报，听取区体育局关于区体育健身中心场馆管理经营权的情况汇报，听取区公安分局关于给予李宁等10人记个人三等功的情况汇报。

【区十六届人民政府第三十次常务会】 12月27日下午，区长朱晓波主持召开区十六届人民政府第三十次常务会议。会议听取区安监局关于全区安全生产工作的情况汇报，听取区发改委关于2017年重点项目投资计划和政府投资项目计划的情况汇报，听取区政府关于2017年为民办实事项目编排工作的情况汇报，听取区政府办关于政府工作报告起草工作的情况汇报，听取区卫计委关于李海丽记个人三等功的情况汇报。会上，区长朱晓波对政府重点工作进行部署安排。要抓好安全生产工作，保障人民群众生命财产安全；要维护社会稳定，确保节前社会总体稳定；要加强市场秩序监管，守护人民群众“舌尖上的安全”；要做好年底考核准备工作，确保各项目标任务顺利完成；要开展“送温暖”慰问活动，保障困难群众基本生活；要加强廉洁自律，落实廉洁从政各项规定，严防“两节”期间四风问题反弹；要加强应急值守工作，有效应对和处置各类突发公共事件。

·重要活动·

【淮阴区碘缺乏病防治工作获国家表彰】 淮阴区采取食用碘盐、开展健康教育、进行儿童等重点人群监测等综合性防控措施，完成“十二五”规划地方病防治目标任务，于9月通过江苏省消除碘缺乏病防治工作考核，并被国家碘缺乏病参照实验室评为“先进单位”。

【比利时海智专家与淮阴区签署现代农业技术合作协议】 3月24日下午，比利时海智专家罗兰·凡高汶拜尔赫，中国科协海智专家、比利时金海公司总裁、安徽大浦现代农业研究院院长高继明一行到淮阴区考察指导，并与淮阴区签署现代农业技术合作协议。市科协主席李顺英，区委常委、宣传部长孙晓燕等出席签约仪式，市、区相关部门负责人参加仪式。比利时在农业发展方面有很多好的经验，双方合作后，会经常到淮阴给予农业技术上的指导，帮助淮阴推动农业发展。签约前，比利时海智专家还实地考察古清口休闲文化旅游生态园、江苏宝祥生态农业。

【淮阴区加快推进签约拟开工重大项目】 4月6日上午，淮阴区召开全区签约拟开工重大项目推进会，会办解决问题，确保项目按序时进度推进。区领导刘泽宇、朱晓波、葛志胜、陆益民等出席会议。区委书记刘泽宇就做好签约拟开工项目推进，强调：增强行动自觉，强化大局意识，把思想和行动统一到区委的决策部署上来，把精力和时间用到推进项目建设上来，以一流的帮办服务助推签约项目早日开工建设，为全区经济发展注入强劲的动力；坚持问题导向，对项目推进过程中存在的问题要清清楚楚、明明白白，切实予以解决到位；强化督查考核，把项目推进成果与领导班子、干部个人的考核挂钩，以项目论政绩。签约拟开工重大项目引资单位依次汇报项目进展情况以及下一步工作措施、存在的问题。

【赵集镇高堰村文化广场项目正式签约】 4月18日下午，南京市江宁区体育局到淮阴区赵集镇调研高堰村文化广场项目，并参加当天的项目签约仪式。区委副书记、省委驻淮帮扶工作队队长李爱国，副区长殷俊等出席仪式。赵集镇高堰村文化广场项目由驻淮帮扶工作队牵头联系，得到南京市江宁区体育局的支持。该项目是集娱乐、健身、体育、休闲为一体的多功能综合文化体育休闲活动中心，占地面积20亩，预计总投资200万元，规划建设群众文化表演舞台、5000平方米休闲广场、多功能放映厅、篮球场等配套设施，建成后将丰富当地群众的业余文化体育生活。

【淮阴区开出首张“营改增”生活服务业发票】 5月1日零点23分，全区“营改增”首张增值税发票在格林豪泰宾馆（凤凰台店）开出。这是一张号码为3200154320、受票方为上海智握网络科技有限公司、项目为住宿服务、税率为6%、价税合计为144.00元的三联式增值税普通发票。区委常委吴国飞,区国税局、地税局、财政局主要负责人及第三方技术服务单位相关人员等在现场共同见证这一时刻。这张住宿服务费发票的成功开具,标志着淮阴区全面推行"营改增"试点工作取得阶段性成果,标志着全面推开营业税改征增值税试点在淮阴区正式实施。

【江苏省老年人体育节淮阴区启动仪式暨淮阴区老年人乒乓球比赛】 5月8日,由淮阴区老干部局、体育总会、老年体协联合举办的江苏省老年人体育节淮阴区启动仪式暨淮阴区老年人乒乓球比赛在训练中心二楼举行。区委常委、组织部长李尚武出席活动并致辞。他要求区老干部局、区体育总会、老年体协等相关单位,要围绕"自觉参与健身,共享健康快乐"的活动主题,把老年人体育节系列活动组织好吸引更多的老年朋友参与到这项活动中来,让更多的老年朋友从体育节活动中收获健康和欢乐,掀起老年人积极参与全民健身的新热潮。

【全市军民共建现场会】 5月13日上午,由市双拥办组织的全市军民共建现场会在淮阴区举行,区领导刘军洲、乐翔及全市各县区双拥工作负责人参加活动。与会人员首先参观军民共建少年军校示范点淮阴师范学院第二附属小学,二附小师生开展应急疏散演练,达到预期效果。随后,大家还到军民共建示范点防空旅副食品基地、军民融合信息共享示范点防空旅及社会化拥军活动示范点市武警中队进行参观,王营镇音乐舞蹈协会为市武警中队送去文艺表演。

【淮阴区争取4千余万元推进农业综合项目建设】 淮阴区加强与省市业务主管部门的联系,以事实为依据,争取国家和省级农业综合开发财政资金4436.25万元,为全区农业综合开发项目建设提供资金保障,促进农业增效和农业增收。2016年,淮阴区农业综合开发土地治理及省级黄河故道项目涉及7个乡镇,重点建设高标准农田4.6万亩;产业化项目重点扶持畜牧业及葡萄基地等农业产业。项目建成后项目区农业生产条件得到改善,农业生产能力提高,项目区农民年人均增加纯收入300元以上。

【淮阴师范学院与淮安国家农业科技园区签约合作项目】 6月30日下午,淮阴师范学院与淮安国家农业科技园区合作的现代农业技术与服务实践创新基地举行签约仪式。市委副书记练月琴、淮阴师范学院党委书记朱汉清,区领导刘泽宇、谢鹏等出席签约仪式。该次合作,将在园区内建设现代农业技术与服务实践创新基地。基地下设特色农产品开发与深加工实训中心、农业废弃物综合利用与分析检测中心、农业物联网智能监控平台、淮安新农村电子商务服务平台、大学生创新创业中心等功能区。基地的建设将有利于整合淮安农业资源优势,盘活多种资源,充分发挥协同创新中心的人才和技术优势,助推科研成果转化为现实生产力,从而促使共建成果不断深化、品牌不断放大、效应不断彰显。

【淮阴区投入444万元支持大气污染整治工作】 淮阴区组织申报大气污染整治专项资金,支持大气污染整治工作,提升大气质量,该次申报主要对2014年度和2015年度完成整治任务的燃煤锅炉和挥发性有机物治理项目予以补助,预计财政投入444万元。

【淮阴区召开重点项目会办会】 9月30日上午,淮阴区召开重点项目会办会,区领导朱晓波、杨维东、陈张、李尚武及相关单位和企业负责人参加会议。在听取时代芯存、德科码半导体和宝岛母爱医院三项重点项目需推进事项后,区委副书记、区长朱晓波要求:讲责任,三项重点项目落户到淮阴区是淮阴区的光荣,同时也是淮阴区的责任,工商、安监等涉及到的各部门、各乡镇要围绕项目,履行好相关职责;加快进度,通过细化举措,切实加快推进工程进展;勇于担当,项目推进过程中涉及到的部门尤其是牵头部门要勇于承担,细化责任,同时要加强部门之间的合作;解放思想,要为来淮投资的客商提供便利通道,做好源头统筹,遇到问题要及时提出,及时上报;做好督查,督查室要做好相关督查工作,避免责任推诿。会上,淮阴区委常委、组织部长李尚武就时代芯存变相存储器项目、德科码半导体和宝岛母爱医院需要协调事项与各责任部门进行对接。

表6 2016年淮阴区政府为民办实事项目完成情况

类别	项目名称	序号	主要内容	完成情况	责任单位	协办单位
一	提升公共出行能力	1	建成区公共交通服务中心,实现城市公交、镇村公交无缝对接;优化城区交通线路5条,力争开通2个乡镇镇村公交	已建成区公共交通服务中心;已完成301路、游5线、33路、93路、101路、111路、117路城区公交线路的优化与延伸;老张集、南陈集镇村公交已开通	交通运输局	发改委 国土分局 规划分局 住建局 财政局 相关乡镇
		2	实施城乡畅通工程,提升改造双和村铁路道口,开工建设北京北路和淮海北路延伸(过铁路)工程,建成通车银川路北延、北京西路西延和运南第二通道	银川路北延、北京西路西延、运南第二通道已建成通车;双和村铁路道口正在进行主体施工;北京北路延伸(过铁路)主体完成;淮海北路延伸(过铁路)工程工在进行桩基施工	住建局 交通运输局	规划分局 国土分局 相关乡镇
		3	新改建农村公路50公里、公路桥梁10座、小型桥梁100座	新改建农村公路95公里,公路桥梁建成27座;小型桥梁已开工120座,完成105座	交通运输局 水利局	财政局 相关乡镇
二	加快实施“两水”工程	4	开工建设淮沭河水厂二期;推进农村饮水安全工程,让9万农村居民用上优质自来水	淮沭河水厂二期已开工建设;凌桥乡、吴城镇、码头镇9.14万农村居民用上优质自来水	住建局 水利局	财政局 相关乡镇
		5	开工建设东城污水处理厂,新建污水管网15公里	东城污水处理厂开工建设,新建城区污水管网15.135公里	住建局	国土分局 规划分局 环保局 高新区 财政局
三	整治提升城区环境	6	对10个30万平方米老旧小区按基本型、改善型、提升型进行分类改造	对20个老旧小区实施综合整治,改造面积30万平方米	住建局	城管局 规划分局 公安分局 环保局 财政局 消防大队
		7	新建2个“绿色小客厅”,新增城市绿化面积40万平方米	新建金润城东侧小游园和淮海北路盐河桥小游园,实施古淮河自行车文化运动公园、宁连路绿化提升改造、盐河风光带绿化提升改造、淮河东路美化绿化提升改造等项目,全区新增城市绿化面积45万平方米	住建局	规划分局 国土分局 高新区 王营镇
		8	实施淮阴师范学院东地块等棚户区(危旧房)改造项目;当年开工建设或公开采购安置房50万平方米以上,竣工交付50万平方米以上	启动实施原计生委地块、淮阴卫校地块、老汽车北站地块、香港路西C地块、成大公司宿舍及周边地块、农机局地块、淮阴师范学院东地块等旧城改造项目,总户数655户,已签约586户;当年开工建设和公开采购安置房110.1万平方米,已交付安置房53.4万平方米,超额完成任务	住建局 安置办 高新区 现代商贸流通管理服务中心 资产公司	征收办 规划分局 国土分局 供电营业部

续表

类别	项目名称	序号	主 要 内 容	完成情况	责任单位	协办单位
三	整治提升城区环境	9	整治改善10条后街背巷	已完成	城管局	住建局 高新区 王营镇
四	全力打造美丽乡村	10	实施乡镇全民健身工程,在6个乡镇分别建立面积2000平方米以上,含1片标准灯光篮球场、2个室外乒乓球台、1条20件器材的健身路径以及其它场地的多功能运动场	分别在王营镇、南陈集镇、王兴镇、吴集镇、新渡乡、凌桥乡建设多功能运动场,健身器材全部安装到位。	体育局	财政局 规划分局 住建局
		11	实施村庄环境改善提升活动,重点开展26个行政村覆盖拉网式农村环境综合整治	26个行政村新建污水管网67.1公里、垃圾房1480座、垃圾转运站45个、微动力污水处理设施14座	环保局	住建局 城管局 财政局 相关乡镇
		12	启动建设燃气“镇镇通”工程,年内完成5个乡镇进村入户	棉花庄、新渡、袁集、老张集已管输通气,徐溜临时气化站已建成	住建局	相关乡镇
		13	疏浚整治区乡河道45条、村庄河塘191个	已全部完成,并通过市级验收	水利局	财政局 相关乡镇
五	完善便民服务体系	14	开工建设淮阴人民医院	淮阴人民医院已开工建设,试桩结束	卫计委	规划分局 国土分局 发改委等
		15	新增城区公共停车泊位300个以上	新增婚纱城楼顶公共停车泊位320个,提档升级淮海路盐河桥停车场,增设栏杆、岗亭、监控等相关设备	城管局	财政局 公安分局 规划分局 住建局 国土分局
		16	建成4个电梯应急救援网格,覆盖全区乘用梯范围	开通以承德路和长江路十字相交相成的4个电梯应急救援平台,覆盖全区乘用梯范围,全年处置应急事件146起	市场监督管理局	财政局 住建局 王营镇
		17	进一步扩大家庭医生签约服务团队覆盖率,以户为单位签约服务率达到50%;推进城乡基本公共卫生服务均等化,规范实施12类45项基本公共卫生服务项目	已建立109个家庭医生团队,签约率55.75%;推进城乡基本公共卫生服务均等化,规范实施12类45项基本公共卫生服务项目	卫计委	财政局 人社局 物价局 民政局
		18	所有乡镇启动实施“村村亮”工程,农村监控实现“村村到”,改善夜间出行条件,提升群众安全感	“村村亮”工程所有乡镇已启动,农村监控“村村到”237处点位施工完成	各乡镇 公安分局	交通运输局 住建局 供电营业部

续表

类别	项目名称	序号	主 要 内 容	完成情况	责任单位	协办单位
六	丰富提升教育资源	19	建成银川路实验小学、东城开明中学、长征小学幼儿园、淮阴师范学院附属实验学校;开工建设明泽外国语学校、渔沟实验学校、东方双语小学部和清华国际中小学校;按省优质园标准,新改扩建新北城实验小学幼儿园等3所公办幼儿园	银川路实验小学、东城开明中学、长征小学幼儿园已交付使用;明泽(天山)外国语、渔沟实验学校主体即将封顶;清华国际中小学校工程桩完成90%;按省优质园标准,新建长征小学幼儿园、银川路实验小学幼儿园,改造徐溜镇第二幼儿园。东方双语小学部设计方案正在等市规委会批复,2017年开工建设;淮阴师范学院附属实验学校正在结合棚户区改造进行重新规划设计,预计2018年开工建设	教育局	财政局 高新区 王营镇 渔沟镇
		20	推动省内10所名校结对帮扶区内10所学校,实现教师教干免费培训"全覆盖"	南京市滨江幼儿园结对丁集中心幼儿园、南京市第三幼儿园结对三树中心幼儿园、南通市实验小学结对韩桥中心小学、苏州园区星海小学结对老张集中心小学、南通启秀中学结对刘老庄中学、常州湖塘实验中学结对凌桥中学、常州星辰实验学校结对码头中学、南通白蒲中学结对淮海中学高中部、常州刘国钧职业学校结对淮阴中等专业学校、无锡市特殊学校结对区特殊教育学校,共开展培训31批次,跟岗学习10批次,5000多人次教师直接受益	教育局	
七	关爱帮扶困难群体	21	提高城乡低保标准,城市低保标准由490元/月提高到520元/月,农村低保标准由370元/月提高到400元/月;推进新农合提标扩面,将新农合人均筹资标准由480元提高到565元	已按时完成	民政局 卫计委	财政局
		22	开展残疾儿童康复救助,对全区383名0~6周岁残疾儿童和63名7~14周岁脑瘫、自闭症残疾儿童给予为期11个月的康复训练救助	实施0~6岁残疾儿童康复训练393名,7~14岁脑瘫、自闭症儿童康复训练65名	残联	财政局
		23	发放扶贫小额贷款1.4亿元	已发放扶贫小额贷款1.78亿元,惠及9320余户低收入农户	扶贫办	财政局 各金融业 银行机构 相关乡镇
		24	开展"关爱百姓健康工程"活动,政府当年购买公共医疗服务4000万元,用于妇女"两癌"筛查等特殊病种和全区"五保"老人等困难群体就医补	区政府印发《淮阴区"关爱百姓健康工程"实施方案》,全年累计购买公共医疗服务约4715万元,惠民44.1万人次	卫计委	财政局 民政局 城市资产公司

续表

类别	项目名称	序号	主要内容	完成情况	责任单位	协办单位
八	尊敬呵护城乡老人	25	提高城乡居民基础养老金标准,为符合条件的城乡老人每人每月增发10元基础养老金	已按时完成	人社局	财政局 各乡镇
		26	建设养老服务体系,建设4个关爱驿站,为低保家庭中60周岁以上的失能老人、低保家庭和分散供养的特困对象中80周岁以上的老年人购买养老服务	韩桥乡、西宋集镇、古寨乡、丁集镇关爱驿站已建成投入运行,为631名低保家庭中60周岁以上的失能老人、低保家庭和分散供养的特困对象中80周岁以上的老年人购买养老服务,发放服务经费22.01万元	民政局	财政局 相关乡镇
九	优化公共文化服务	27	改造提升区文化馆,改扩建4个社区文化中心	区文化馆提升改造后被文化部评定为一级馆,高新区三朱、新渡佟洼、丁集七一、袁集袁北、渔沟淮河社区文化中心完成改扩建	文广新局	财政局
		28	开展文化“四送”活动,为城乡群众免费办展览6场(次),送文艺演出100场,送电影1946场,送图书5000册	已完成“办展览”15场、“送演出”121场、“送电影”2980场、“送图书”2.98万册	文广新局	财政局 相关乡镇
		29	建设城乡数字电视网络,提升8万户群众数字电视收看质量	已完成	江苏有线淮阴分公司	文广新局 相关乡镇
十	食品安全保障工程	30	开展省食品安全城市创建活动,建成占地2000平方米的食品安全监测中心,在全区7个室内农贸市场、4家大型商超建立检测站	食品安全城市创建活动有序推进,7个室内农贸市场、4家大型商超建成标准化快检室,完成快速检测1.83万批次;利用农科园农产品检验检测中心平台,建设食品安全监测中心	市场监督管理局	各乡镇 农委 财政局 商务局

·机关事务管理·

【概况】 区机关事务管理工作围绕区委、区政府的中心工作,按照“加强管理、优化服务、强化保障”的要求,切实转变服务理念,不断加强队伍建设,扎实推进各项后勤服务保障工作开展,取得良好成效。

【资产管理】 根据中央和省市有关精神和要求,淮阴区积极推进办公用房清理整改工作制度化、长效化、常态化。4月和6月,根据省委巡视组及市清房办对淮阴区党政机关执行办公用房各项规定及清理整改情况“回头看”的要求,重点就全区办公用房“五统一”制度进行推进落实。5月,结合办公用房2014年新标准,下发《关于进一步做好办公用房清理整改工作的通知》,要求各单位进一步报送本部门办公用房整体使用情况、领导干部办公用房使用腾退情况、办公用房租借情况等,并建立科级以上领导干部、腾退办公用房、租借办公用房等全区办公用房各种规范台账。7月、11月两次组织人员对部分机关及乡镇领导干部办公用房使用情况进行抽查,对发现的问题及时督促整改。

公车改革信息统计培训会

【公共机构节能】 ①抓好公共机构节能管理。加强节能宣传工作,以公共机构节能宣传周活动为载体,组织开展形式多样的节能宣传活动。在行政中心电子大屏幕中滚动播放公共机构节能宣传1000条、印发公共机构节能宣传画册600份;在区电视台、区政府网、淮阴报等媒介上播放公共机构节能视频、节能标语以及节能小常识等。②强化日常节能管理。督促全区各级公共机构逐步建立和完善节电、节水、节油、节气、节约办公耗材等各项管理制度,采取切实有效的节能措施,强化节能监管,落实节能责任,抓好节能工作。加强用能系统和设备设施的日常巡查、维护保养和运行管理,强化能源资源的科学使用和合理控制,降低能源资源消耗。③建立目标考核制度。提高全区各公共机构节能意识,自2016年起区公共机构节能工作纳入全区综合目标考核体系。

【公务用车管理及改革】 推进公车改革,做好取消公用车辆处置工作,按照程序组织4次公用车辆拍卖,拍卖处置公车193辆,报废处置25辆,车辆资产拍卖处置净收益300万元全部上缴财政。做好公务出行保障工作,严格按照省市各项规定做好应急机要等公务活动用车保障工作。推进公车平台建设工作,按照中央和省市车改办要求,推进公车平台建设工作,做好平台车辆调度管理,高效保障区各项公务活动。

【服务保障】 物业服务保障 做好设备设施维修保养工作,坚持社会专业公司定期维护与自己动手相结合的原则,对行政中心和审批中心空调、电梯、消防等设施定期维保60批次。做好设备设施维修改造工作,对空调、水电及办公楼门窗、墙面、地面等设施维修改造约1300次。做好保安保洁工作,加强对社会服务公司监管,规范运作,标准服务,保证机关办公场所良好工作秩序和环境。

会议服务保障 会议服务保障按照周到、细致、热情原则,认真接待服务每一场会议,全年共接待服务各类大小会议650场,实现场场无差错,保障领导和机关各项工作高效有序运转。

餐饮服务保障 加强对食堂承包人的监督管理,不定期开展承包人和食堂满意度测评工作,发现问题及时整改。加强膳食卫生和食品安全监督检查。推进食堂改革,改变餐补补贴方式,引进竞争机制,提高餐饮服务质量。

区政府食堂评测

·政务服务管理·

【概况】 政务服务管理工作按照省、市政府《关于加强政务服务体系建设的实施意见》的要求,推进行政审批制度改革,全力打通行政服务“最后一公里”,各项工作稳步推进。全年累计受理各类行政审批和便民服务事项10.94万件,其中即办件8.39万件,承诺件2.55万件,即办事项办结率保持100%,承诺件平均提前办结率95.9%。

【简政放权】 加大授权力度 以深化集中审批作为改革的载体,围绕省市“行政审批事项入驻率达到90%以上、授权行政服务中心窗口(行政审批科)既能受理又能办理的审批事项达到90%以上”的目标要求,督促各行政审批部门按照“能放尽放”“一放到底”的原则,加大对窗口授权力度,通过授权行政审批科室(窗口)直接审核办理审批事项,或各部门审批分管领导到窗口现场直接签批,提升窗口现场办理能力。

优化流程 对审批的前置条件进行再梳理。对无法律依据的一律取消,共取消各类前置条件25项。对审批中涉及到的国土、住建、消防等审批难点和重点进行专题研究,前置条件进一步压降。对行政审批事项服务流程进行再优化,在依法行政的基础上,对相关环节进行并联和优化。实行工商注册、税务、质监“三证合一”,只需要填一张表格、一套资料,而且可以通过网上扫描申报,方便办件群众。

三集中三到位 实行“三集中三到位”,推动部门科室整建制进驻。市场监管、发改、公安等涉及行政审批的科室整建制进驻中心,做到审批不出窗口。住建、消防、环保等部门的分管负责人定期到窗口开展就地即时会办审批,授权到位率在上年基础上提高18%,使得窗口真正能办事、办成事。

【创新服务】 联合服务 按照“三少一短”(盖章最少、收费最少、申报材料最少,审批流程最短)要求,修订《联合审批、勘察、验收等暂行办法》,使窗口服务更加规范高效。同时采取定期和不定期走访项目现场的办法,主动发现问题、解决问题。全年组织相关窗口上门联合服务49次。召集国土、住建窗口为投资10亿元的中业慧谷淮阴软件园联合服务2次,为其土地、房产抵押进行联合会办,一个工作日内帮助其做好一切手续的申报和审批。

重大项目服务专窗 在一楼大厅设立重大项目服务专窗,为全区所有重大项目提供“专窗受理、专有时限、专属流程”的“三专”式贵宾服务,重大项目实现一窗式受理、一车式踏勘、一站式审批。坚持每月都联系跟踪重点项目一次,了解项目审批进度、审批过程中存在的问题,将问题进行整理,通过组织多部门联合会审协调,帮助解决难题,共召开会审协调会11次,对投资130亿AMT时代芯存相变存储器、投资12.5亿元淮江科技等重大项目纳入并联审批绿色通道,特事特办。

【行政服务平台建设】 便民服务中心建设 出台《关于加强淮阴区镇(村)级便民服务中心(站)建设的实施意见》,镇级便民中心实行集中办公服务模式。全区21个乡镇全部建成便民服务中心,绝大多数村建成便民服务站,三级便民服务网络的建立,有效为基层开展便民服务。刘老庄、王营镇等便民服务中心的建设水平得到市政务办的肯定。

行政服务标准化建设 按照创建国家级行政服务标准化示范点的新要求,全力将行政服务中心建成国家行政服务标准化精品展示基地、实践验证基地、创新研究基地。建立并全面推行服务通用基础标准、服务提供标准、服务保障标准三大体系,305项标准的行政服务标准化体系,做到岗岗有标准、步步有规范。在进驻办事大厅的220项事项中,有80%的事项办理时限得到压缩。10月13日,通过国家级行政服务标准化验收。

行政权力网上运行 制定并出台《全区行政权力网上公开透明运行管理(暂行)办法》,对各部门的行政权力工作提出规范性要求。主动联系市政务服务管理办公室,对区直部门系统操作人员进行为期半天的培训。将行政权力运行监察平台连线各主要领导,行政权力平台管理部门建立每日巡查工作机制、不定时现场抽查机制,分析数据情况,要求有关行政权力部门对问题做出解释说明,限时整改;建立行政权力平台运行通报机制,每两周对全区行政权力平台运行情况进行通报,营造监督氛围。办件录入率同比增长12%。

【服务标准化管理】 办事公开化 通过印制明白卡、建《公开栏》、电子显示屏、触摸屏和网站等形式,将行政审批(服务)项目、该项目承办部门、审批依据、申报材料、办理程序、承诺时限、收费依据、办理结果、承办责任人及其联系方式等进行“九公开”。在服务窗口全面推行首问负责制、服务承诺制、即时办理制、限时办结制、全程代办制、联审联办制、一次性告知制、绩效考核制和责任追究制。同时,还制定窗口无缺位制度、考勤制度、例会制度、值日制度、安全制度、窗口工作人员行为规则和学习培训制度等一系列管理制度。

考核常态化 结合“两学一做”学习教育,强化对服务窗口的现场管理。坚持每天“四考勤、四巡视”,不断完善日检查、月考核、年总评的考核体系,在办事大厅安装指纹考勤机和相关监控设备,实时监督服务窗口的工作纪律和服务情况,及时纠正违规违纪现象,确保行政服务工作正常运转和服务窗口的良好形象。并对项目进驻大厅办理情况、窗口办件数量、业务人员进驻大厅办公情况、窗口工作人员上班考勤情况、遵守纪律情况进行督办通报。全年接受群众评议8500人次,群众满意率为98%以上。评选红旗窗口100次,服务标兵4名,服务先进个人200人次,有6个窗口收到锦旗10面。

·信　访·

【概况】 淮阴区在全国“两会”期间和十八届六中全会期间、省党代会期间实现赴京上访零登记,赴省访、赴京非访数量比上年分别下降64%和92.8%。组织开展不稳定因素排查化解工作,全年排查各类矛盾纠纷942件、化解879件。推动区领导接访下访,全年接待到访群众584批、1241人次,交办的481件信访问题全部按期办结。实行信访积案领导包案制,全年化解信访积案14件。

【法治信访】 推进法定途径分类处理信访投诉请求工作,形成环保、国土等24个领域576个信访事项类别,各单位依据信访类别解决群众合理诉求,做法获省、市信访局肯定。

政协淮阴区委员会

【全体委员会议】 2016年2月1日至3日,政协淮阴区第九届委员会第五次会议在淮阴城区举行。会议听取和讨论中共淮阴区委书记刘泽宇在区政协九届五次会议上的讲话;听取和审议政协淮安市淮阴区第九届委员会常务委员会工作报告;听取和审议政协淮安市淮阴区第九届委员会常务委员会关于九届四次会议以来提案工作情况的报告;列席淮阴区第十六届人民代表大会第五次会议,听取并讨论区政府工作报告及其他有关报告;协商通过区政协九届五次会议决议。

【常务委员会会议】 *九届二十六次常委会议* 3月29日,政协淮阴区第九届委员会常务委员会召开第二十六次会议,区政协主席葛志胜,副主席赵欣、张植林,秘书长纪家龙及政协常委出席会议,区委常委、区政府党组成员万旭东应邀出席会议,政府办、商务局的负责人参加会议。会议专题学习全国"两会"精神,听取讨论区政府关于商务工作的情况通报,协商通过政协常委参加政协2016年调研工作的计划。

九届二十七次常委会议 5月27日,政协淮阴区第九届委员会常务委员会召开第二十七次会议,区政协主席葛志胜,副主席张在明、赵欣、张植林、朱靖军、郑静,秘书长纪家龙及政协常委出席会议,副区长张春荣应邀出席会议,政府办、市场监督管理局的负责人参加会议。会议专题学习淮安市委关于加强社会主义协商民主建设的实施办法相关内容,听取讨论区政府关于市场监管工作情况通报,听取讨论区政协办关于新型城镇化建设的调研报告,协商通过有关人事任免。

九届二十八次常委会议 8月23日,政协淮阴区第九届委员会常务委员会召开第二十八次会议,区政协主席葛志胜,副主席张在明、赵欣、张植林、朱靖军、郑静,秘书长纪家龙及政协常委出席会议,区委常委、统战部部长、区政府党组成员吴国飞应邀出席会议,区政府办、发改委、财政局的负责人参加会议。会议听取讨论区政府关于上半年国民经济社会发展计划和财政预算执行情况的通报,专题学习区党代会精神,听取讨论区政协经科委关于淮安盐化新材料产业园淮阴园区项目建设情况的调研报告,听取讨论区政协学宣文史委关于加强涉农资金管理的调研报告。

九届二十九次常委会议 12月28日,政协淮阴区第九届委员会常务委员会召开第二十九次会议,区政协主席葛志胜,副主席张在明、张植林、朱靖军、郑静,党组成员李娟,秘书长纪家龙及政协常委出席会议,区委常委、常务副区长陈张应邀出席会议,区政府办、农委、环保局、商务局的负责人参加会议。会议听取讨论区政府2016年办实事项目完成情况及2017年办实事项目计划的通报,听取讨论区政协文卫法制委关于养殖业面源污染防治情况、提案委关于农村电子商务发展情况的调研报告,协商通过区政协2017年工作计划(草案),协商通过关于召开区政协十届一次会议的有关事项。

【重点调研工作】 区政协围绕新型城镇化建设、养殖业污染防治、计生工作、农村文化建设等15项群众关心的热点难点问题展开调研,15项调研全部形成书面调研材料,汇报给区委、区政府;此外,区委、区政府在一些重大事项决定、决策前,也会安排政协开展专题调研。全年开展关于教育精准扶贫、大运河遗产地的保护与开发等专题调研。由政协主席直接牵头,按调研内容分为几个专题调研组,由政协副主席带领机关全体人员参与调研,所形成的调研报告直接提交区委区政府党政联席会专题协商讨论,讨论的结果直接转化成决定执行。

【服务中心工作】 按照区委的安排,区政协通过担任片区乡镇巡查等方式,直接参与各条线和片区经济社会建设。充分发挥主观能动性,深入实际,调查研究,分类指导,各项分管工作均取得显著成效。围绕项目招引和建设,依靠项目打基础、扩体量、提质效、促转型的工作思路,政协领导投身项目招引与推进,牵头区人民医院异地新建的前期工作,带领部分乡镇、部门负责人多次赴昆山、深圳等地招引项目,并牵头做好协调会办工作。

【专题协商工作】 区政协坚持把专题协商作为履行职能的重点工作之一,有效发挥政协专委会协商平台的作用。分别听取人社局、法院、检察院等部门工作情况汇报,与商务局、环保局、住建局等部门开展联合调研等形式开展对口协商,先后围绕农村电商发展、养殖业污染面源防治等议题与相关单位和部门进行对口协商讨论,为有关单位和部门的决策提供参考意见,发挥专门协商机构和重要协商渠道作用。

【提案办理工作】 区政协通过“面对面”协商座谈、现场办理、“二次办理”、绩效评议等多种形式,加大提案办理力度,提高办理实效。内容涵盖医疗卫生、生态环境、农民增收、教育公平和社会养老等各个方面,真实反映人民群众对加快经济发展、提升生活质量的迫切愿望和要求,提出许多解决问题的真知灼见,为政府科学决策提供重要参考。政协提案已成为反映群众诉求的重要渠道,截至年底,共收到委员提案105件,委员对提案办理工作满意率和基本满意率达99.05%。

【外宣交流工作】 区政协围绕运河遗产地开发,先后赴浙江、山东等地,考察与韩信有关的历史遗迹,推进与韩信纪念地之间的文化交流。引导区文史爱好者围绕运河文化、语系方言、民俗风情等课题进行深入研究,发表大量研究成果。利用报纸、电视、互联网等媒体,在《人民政协报》《江苏政协》《淮安政协》、人民政协网等各类新闻媒体发表新闻和文章,及时报道政协工作新经验,展示委员履职风采,提升淮阴政协的影响力。

民主党派　工商联

·中国国民党革命委员会淮阴区总支部·

【概况】 简称民革淮阴区总支部。该总支围绕淮阴“走前列,上台阶”中心工作,以思想建设为主导,以组织活动为载体,积极投身地方经济社会建设,总支的整体素质得到进一步提高,参政议政作用得到充分发挥。

【思想建设】 总支组织全体党员深入开展学习中共十八大和十八届三中、四中、五中、六中全会精神,为贯彻习近平总书记系列重要讲话特别是视察江苏重要讲话精神,扎实推进新发展理念和“两个率先”宣讲,认识其丰富内涵,不断提升党员参政党意识和正确的是非观、义利观、荣辱观,增强民族自尊心、自信心和自豪感,引导党员把个人价值追求融入民族振兴、国家发展之中。

【组织建设】 保障组织活动的正常开展,总支将双月第三个星期天确定为固定学习活动时间,并坚持实施。通过学习讨论,在统一思想、明确认识的同时,增强支部党员的政治鉴别力,保持旺盛的学习热情,保证组织活动的规范化、制度化和上级精神的及时传达。充分发挥基层组织桥梁纽带作用。和兄弟党派开展联谊活动,增进互动。清明节前夕,总支组织全体党员赴浙江宁波邵力子故居和鲁迅故居参观学习,弘扬革命进步和爱国主义精神,增强党员的历史使命感和民族责任心。在发展新党员工作中,总支坚持把好入口关,协助民革市委抓好培训关。全年推荐两名新党员列入组织考察范围。

【参政议政】 年初市政协会议上,总支委员提交提案4件,在区“两会”上,提交区政协大会发言,并提出涉及地方社会经济生活热点及与群众密切相关问题的代表建议、委员提案9件,其中一件提案获得优秀提案表彰。积极参与配合区统战部组织的“季季谈”活动,在认真准备调研的基础上,坚持按照主题,深入调研,提出建设性建议。

·中国民主同盟淮阴区委员会·

【概况】 简称民盟淮阴区委。带领盟员发挥民主党派参政职能,关注民生,关心地方经济发展,撰写多篇调研文章、提案,多件被市区两级政协政府采纳或跟踪督办。多名盟员被民盟淮安市委表彰,在民盟江苏省委活力基层组织建设年活动中成绩显著,连续两年被民盟淮安市委评为先进基层组织。6月,在纪念民盟江苏省委成立60周年活动中,淮阴区基层委员会被民盟江苏省委表彰为先进集体,2名盟员被评为先进个人。

【参政议政】 增强盟员参政党意识,引导盟员关心发展大局,关注社会民生,培养盟员履行参政党成员职责的自觉性。在履行议政建言职能时,围绕淮阴区委、区政府的中心工作,整合组织内资源,务实求新。积极筹备政协会上的大会发言和提案,并进行专门部署,调研报告《关于推进淮阴区文化产业发展的建议》定为区政协九届四次会议大会发言材料。民盟政协委员积极撰写提案,在市、区的政协会议上,盟员大会发言《大力发展高效农业》获一等奖,《建议构建淮安市现代农业服务体系》被市政协表彰为优秀提案,《关于优化卫生资源配置,缓解住院难的建议》等提案获得表彰,提案质量、数量上均有所提高,参政议政工作得到社会各界认可。完成盟市委安排的《关于促进居民消费的财税政策研究》《关于建立和完善弱势群体社会救助体系》调研课题。

【社会服务】 开展社会服务工作,“六一”儿童节组织部分盟员赴儿童福利院慰问残疾儿童,并给他们带去慰问品。重阳节开展老盟员走访慰问活动。盟员在社会上开展多项公益活动,推广淮阴中专盟员教育上的好做法,开办水墨气象——冯加新作品展,开展心理咨询活动等。

【组织活动】 响应民盟江苏省委开展的“活力基层组织建设年活动”,3月,组织全体盟员参观调研淮阴区国家级农科园,让大家更多了解全区农业发展的新亮点,切实感受淮阴经济发展的新变化。6月,组织骨干盟员到盟员企业调研,为企业发展和存在的问题,提出建议和解决方案。8月,组织全体盟员到台儿庄爱国主义教育基地学习,了解抗战烈士的英勇事迹,增强大家爱国强国的使命感。重阳节期间,盟区委主要负责人一起看望退离休老同志,并向老同志们介绍全区经济社会发展情况和城乡建设发生的变化。10月,邀请市盟文化支部到淮阴开展交流活动,学习其好的工作经验和方法,参观母爱公园。参与市委统战部组织的实现淮安经济跨越式发展活动,在渔沟镇建立专家工作站,多次组织专家现场授课,解答疑难问题,帮助该镇杨庙村发展新型高效农业,帮助企业解决在生产和流通方面存在的困难和问题,为企业带来经济和社会效益。

·中国民主建国会淮阴区基层委员会·

【概况】 简称民建淮阴区委。年内,民建总支换届并成立基层委员会,全年带领广大会员认真履行参政职能,不断加强思想建设、组织建设,开展各项活动,较好地完成各项任务。被民建市委评为先进基层委员会。

【思想建设】 通过召开基层委员会专题会议、月例会等形式组织会员进行集中学习。5月,在基层委员会一届一次会议上,传达马培华常务副主席在民建全国基层组织主委培训班开班式上作的《弘扬改革创新的时代精神　扎实推进基层组织建设》的讲话精神、中央统战工作会议精神和统战工作条例;会议还邀请全国优秀支部北京朝阳区四支部主委就如何提高参政议政、社会服务能力为与会人员作培训讲座。利用每月一次的工作例会,组织会员学习党的十八大、十八届六中全会、G20峰会和民建中央相关文件精神。同时,继续完善网络沟通平台,突破开会学习的局限性,结合淮安民建微信公众号、淮阴民建微信群、QQ群等通讯平台,将党中央会议精神、政治理论学习文章,优秀社情民意、时政要闻等重要信息等即时共享并交流,以面对面交流与线对线相结合的方式提升理论政治学习的效率、效果。通过召开座谈会、征文活动等形式,丰富会务活动内容,增强思想教育效果,广大会员爱党爱会的思想境界得以提升。

【组织建设】 换届工作　年初,根据民建市委要求,全市4个支部换届完毕。换届中,一批年轻会员进入支部班子,为支部活动注入新的活力。换届后,各支部都能根据自身特点,挖掘潜力,在参政议政、社会服务中发挥作用。4月,总支换届完成并提格成立基层委员会。

制度建设　结合民建市委年度考核细则,加强基层支部制度化、规范化建设,通过交流学习和组织讨论制订关于“支部工作”“对外宣传工作”等有利于各项工作规范化运行的规章制度,使支部各项工作的开展有章可循。为加强对支部的指导,明确支部会务活动每次必须确保一名副主委以上负责人到会参加。同时,还建立班子成员与会员企业对口联系制度,以实际行动为会员企业做好服务。

组织生活　多次组织会员到江苏纽泰格、三江运输、翔和翎物流等会员企业参观考察。5月,邀请国税局负责人为会员企业举行“营改增”政策专题培训;6月,邀请政协负责人到会员企业指导工作;教师节当天,赴淮阴师范学院开展慰问教师活动。植树节期间,组织会员开展义务植树活动,清明节到八十二烈士陵园祭扫,端午节组织会员开展掼蛋比赛,通过活动加强会员的联系交流,促进会员企业的合作。鼓励各支部在本区、外区、外市乃至外省开展结对联谊交流活动,各支部都与清河区、清浦区、淮安区的支部结对挂钩,二支部与北京朝阳区四支部,三支部与大连甘井子区六支部缔结友好支部,参加北京回龙观支部、黑龙江齐齐哈尔铁锋支部、宿迁支部主委到淮安的座谈交流活动,学习经验开拓视野。

【参政议政】 民建淮阴区基层委员会有会员72名,其中市政协委员2名、区政协委员9名、区政协常委2名、区人大代表1名。发挥自身特色和优势,要求会员深入调查研究,踊跃反映社情民意,报送宣传信息。会员围绕社会管理、民生实事、城市建设等方面提交政协提案3篇,总支提交的《关于加快发展现代农业的几点建议》在区政协会议上作大会发言。全年向市委会报送社情民意数量达到43篇,其中《建议取消灌溉水费实行农业水费政府补贴》《危险品运输行业亟待改善》《通过市场化改革增强粮食市场活力》《关于明确饮用水源地二级保护区从事围网、网箱养殖执法部门的建议》等4篇社情民意被民建省委会采用。民建淮阴区委以提升知名度为己任,高度重视宣传工作,不断扩大宣传工作范围,提高宣传质量,通过各种途径宣传履职活动、经验和成果。向市委会报送基层委员会新闻稿件11篇,被省级网站采用2篇,包括民建二支部撰写的《七十年,伟大的中国梦》在内的2篇稿件被民建中央网站采用。

【社会服务】　调动会员积极性,凝聚社会服务合力,集中资源优势,全力打造"爱心助学""爱心助贫""爱心义诊"等社会服务品牌。4月,组织会员参加民建市委主办的助力自闭症儿童关爱行动。儿童节前夕,在会员中募集1.2万元组织开展"关爱贫困　梦圆六一"的爱心助学活动,为贫困学生送去节日礼物;"国家扶贫日"前夕,一支部结对一院支部赴韩桥乡3个贫困家庭为4名贫困儿童送上价值700多元的书包文具等学习用品和1500元的慰问金。重阳节当天,三支部为城区8家三无老人送温暖,挨家挨户访问,并送上油、蜂蜜等生活用品。市一院支部发挥自身优势走进社区开展专家义诊活动两场,参加活动居民达800多人次;翔和翎物流启动"物流人才培训",为大学生创业提供帮助。

·中国民主促进会淮阴区总支部·

【概况】　简称民进淮阴区总支。该总支带领会员认真履行参政职能,不断加强思想建设、组织建设,开展各项活动,较好完成各项任务,顺利完成总支换届。

【思想建设】　打造"学习——实践型"组织,组织开展多种形式的培训和研讨,通过个人自学、分组学习、撰写心得体会等形式,认真开展学习活动,提高会员的思想政治觉悟。学习中共十八届三中、四中、五中、六中全会精神及习近平总书记系列讲话精神,学习会章会史及新时期统战理论知识,还就严隽琪主席在民进全国参政议政工作会议上的讲话围绕《加强参政议政能力建设》主题,展开专题讨论,参与区委统战部组织的"季季谈"活动,为地方经济又好又快发展积极建言献策。通过学习讨论,切实提高以党为师、与党同心同行的思想自觉和行动自觉,自觉与习近平为核心的党中央保持高度一致。

【自身建设】　高度重视会员作风建设,以作风促会风,以会员个人能力素质的提高推动淮阴民进整体形象水平的提升。会员以自身的努力,塑造良好的参政党形象,受到各所在单位的赞誉。其中王营支部会员深入一线搞好教研调查,指导教师努力提高课堂教学效益与质量,为淮阴区的基础教育做出贡献;教师进修学校支部会员指导学生参加第九届"中国国际青少年文化艺术盛典"花儿风采电视才艺大赛荣获全国总决赛器乐类特等奖,其本人获"最佳指导奖"。淮州中学支部民进会员获得区师德与专业示范先进个人等荣誉;区文化馆民进会员吴自标潜心钻研书法篆刻艺术,其作品被收入"全国中青年篆刻名家邀请展"《得意之作》一书中,并在全国第十一届艺术节中展出。

【参政议政】　从贴近百姓生活、事关群众利益的细处入手建言献策;通过人大、政协会议途径进行参政议政,撰写多篇社情民意、提案、调研论文等上报市委会。其中,教师进修学校支部1名会员在国家级媒体发表理论调研宣传文章40篇,在《人民日报》发表《快递包装应出台国家标准(建议)》,《人民政协报》发表《让我们拧成一股绳》及《城市健康发展亟须物业管理规范》,《团结报》发表《大力优化非中共干部培养与成长路径》,《经济日报》发表《餐厨废弃物不能成污染源》《强制消费让旅游变了味》等;王营支部1名会员撰写的《关于加强淮阴区经济薄弱村党组织建设的建议》《关于关爱淮阴区弱势群体的建议》被九届淮阴区政协评为优秀提案。

【立足本职】　教育引导会员争做优秀民进人,敬业爱岗,无私奉献,为民进增光添彩。全体会员坚持"双岗"建功,除参加会里的各项活动,在各自的工作岗位上兢兢业业、乐于奉献。王营支部分别于5月19日、5月26日组织会员送教下基层活动两次。淮州中学支部1名会员积极参与淮安民进开明书画院、区文广新局以及区文化馆组织的文化艺术公益活动。

·中国农工民主党淮阴区支部·

【概况】　简称农工党淮阴区支部。年内召开支部工作会议,通过吸收3名新党员的决定,在及时向市委会申请报批后,获得批准。在区政协、人大换届期间积极推荐人选，有6名党员成为淮阴区新一届政协委员、2名党员成为区人大代表，另外共推荐市政协委员1名、市人大代表2名。

【思想教育】 组织支部党员开展中国特色社会主义学习实践活动。贯彻落实农工党中央提出的在全党开展坚持和发展中国特色社会主义学习实践活动的决定和要求。围绕市委会指示精神，结合支部自身实际，深入领会市委会精神，认真组织支部成员开展学习实践活动。3月，组织全体党员学习市委会关于开展坚持和发展中国特色社会主义学习实践活动精神两次。在组织党员会议讨论学习的基础上，还通过QQ网络农工民主党淮阴区支部群进行网络学习交流。6月，开展"学党章、学党史，做好农工人"系列学习活动。通过交流学习，全体支部党员基本把握坚持和发展中国特色社会主义学习实践活动内容的精神实质，坚定全体党员在中国共产党领导下坚持中国特色社会主义道路方向的思想政治意识，明确参政议政工作的方向。

【参政议政】 支部围绕3个课题进行社会调研工作，通过深入调查研究，调研形成调研报告3篇，即《关于社会保险费征缴的调研建议》《支持科技型中小企业发展》《城乡全面实施"家庭医生"制度和签约服务模式》。全年共上报新闻信息12篇，其中市委会采用10篇。向市委上报社情民意16份。

【社会服务活动】 年内组织开展健康知识讲座3次，向市民宣传糖尿病防治、幼儿保健知识等。7月，组织党员到王兴镇敬老院开展敬老健康行送温暖活动，该活动包含送健康清洁礼物、健康检查、义诊、以及健康知识讲座等，受到省电视台、市电视台、《新华日报》《淮安日报》等多家省市级媒体报道。

【党员活动】 3月，组织支部党员姚静参加市委会组织的三八户外拓展训练一次。5月，组织8名党员参加市委会组织的宣讲团活动。5月中旬，组织10名党员参加市委会组织的"健康行——大运河健步走"活动。7月，邀请市委副主委、秘书长孙悦到棉花庄乡开展"三农"调研活动。10月，参加中共淮阴区委组织的"庆国庆"荧光夜跑活动。期间组织党员参加市委会培训两次。在市委会第七次代表大会期间委派1名党员为大会提供会务服务。在市委七大召开后，专门组织党员开展学习朱爱华主委七大会议精神讨论会。

·九三学社淮阴区委员会·

【概况】 九三学社淮阴区委员会履行好政治协商、参政议政、民主监督等职能，发扬无私奉献的精神，立足岗位，为淮阴的经济社会和谐发展做出贡献。

【思想建设】 加强基层组织的思想建设，组织社员以各种方式学习中共十八大和十八届四中、五中、六中全会精神，学习邓小平理论、"三个代表"思想和科学发展观、习近平系列讲话精神，始终和以习近平为核心的中共中央保持一致。

【参政议政】 在政协淮安市七届五次会议期间，1名社员提案《关于规范我市患者外转就医的建议》《关于将市一院周边公交站台名称统一改为市一院站的建议》《关于整修延安东路(承德南路至八亭桥段)的建议》；在区政协九届五次会议期间，1名社员代表九三学社淮阴区委员会作《关于农村有线电视网络的调研建议》的大会发言；1名社员提案《建设淮安综合大市场的两点建议》获区政协优秀提案表彰。年内，向区政协会议提交的提案有：《建议解决去行政服务中心停车难问题》《缩小城区小学办学规模，还学生活动空间》《关于"漂母杯"散文诗歌大赛和"韩信杯"象棋名人赛的建议》《关于文艺团体进校园推动校园文化建设的建议》《关于在社区居民中普及急救知识的建议》《关注淮阴区一线教育工作者身心健康的建议》《关于加快构建现代职业教育体系的建议》。

【社会服务】 一季度，举行部分社员会议，听取社员意见和建议，积极准备区政协会议提案内容资料。筹备参与省课题招标工作，建议支社所属社员参加社市委举行的各种会议及活动，撰写信息。二季度，发展优秀社员，严格考察机制，动员更多的社员参与九三经济论坛活动。市一院支社举行活动，欢送1名社员率中国第12期赴圭亚那医疗队援外。三季度，填写社务资料汇编，通过社市委组织的基层组织达标验收。四季度，在国际科学和平周期间组织部分专家到渔沟卫生院义诊。召开委员会议，准备区政协换届有关材料，评选优秀社员。

【组织建设】 年内发展新社员3名。在社市委和区委统战部的领导下，做好换届工作，推选6位社员参加社市委第8次代表大会，1名社员当选为社市委委员。推荐2名社员为区人大代表候选人,协商提名5名社员为区政协委员候选人。推荐2名社员为市人大代表候选人。提名3名社员为市政协委员候选人。九三学社淮阴区委员会被九三学社江苏省委员会评为2016年度思想宣传工作先进集体。

【专家工作站工作】 按照年初工作计划,于6月22日、8月20日到渔沟卫生院活动2次,活动内容主要为义诊、查房、讲座。其中,6月22日,内科30人次、外科25人次、妇产科20人次、儿科30人次,查房10人次,培训20人次;8月20日,内科35人次、外科30人次、妇产科25人次、儿科30人次,查房12人次,培训25人次。年内不定期接受该院电话咨询及会诊。

【立足本职】 1名社员被评为政协淮阴区第9届优秀政协委员、政协淮安市第7届优秀政协委员、九三学社江苏省委员会2016年度社会服务工作先进个人。1名社员作为第12批援助圭亚那医疗队长,于6月率医疗队赴圭亚那执行为期一年的援外任务,中央电视台国际频道7次报道他们的事迹,当选为淮安市人大代表。1名社员获得公派到日本研修资格。社员共发表论文20篇,其中1名社员发表SCI论文1篇。1名社员获淮阴医院新技术新项目引进优秀奖。1名社员《一个不愿上学女孩的心理咨询案例分析》获区一等奖,获淮阴区"未成年人心理健康教育百场宣讲活动"先进个人。

·工商联·

【概况】 区工商联创新工作思路,完善工作机制,团结引导广大非公有制经济人士扎实开展工作,各项工作取得一定的成效。发展新会员102名。

【参政议政】 深入企业调研,撰写调研报告;引导工商联界别的人大代表、政协委员开展调查研究、建言献策,撰写人大代表议案和政协委员提案;组织企业和政府部门之间的沟通交流,利用政企座谈会的平台,解决企业实际问题,并为政府经济发展的决策上提供参考。

【光彩事业】 通过实施以"回报、帮扶、感恩"为主题的"光彩感恩"活动,引导非公有制经济人士致富思源、回报社会,投身光彩事业感恩行动。全区民营企业在融资难、效益下滑等诸多困难情况下,不忘社会责任、困难弱势群体,响应倡议,慷慨解囊。春节期间,开展一系列慰问帮扶活动,会员企业先后慰问三树镇张桥村、蒋集村、梨园村等20个贫困户约5万元,中苏建设有限公司捐助西宋集镇敬老院及村里部分困难户2万元,金都房地产公司捐助贫困学生3000元等。8月22日,举行"淮阴区统一战线光彩事业暨宗教慈善助学活动",22名工商联会员企业捐助34名困难大学新生计6.8万元。12月24日,工商联牵头,袁集商会与市实小对口帮扶袁集乡桂塘小学14名特困生9000余元。

【服务会员企业】 *走访调研* 区工商联先后到商联超市、中立方、红旗食品、润通食品、鑫缘丝绸、天益科技、江苏文品、华祥建筑等企业,采取走、访、看、听等形式进行调研,听取企业生产经营情况的汇报,了解企业发展的状况、存在困难及下步发展计划。对非公有制企业反映的困难和问题,及时汇总并向有关部门反映,加强协调,为非公企业排忧解难。

用工和维权服务 鼓励会员企业参加针对下岗职工、农村富余劳动力、大中专院校毕业生等重点就业人群举办的招聘活动。推动企业构建和谐劳动关系,化解矛盾,切实维护好企业和职工双方的合法权益。

培训活动 组织4次培训,约300人次参加培训。6月22日,邀请区市场监督管理局负责人分别从反不正当竞争法、广告法、商标法、消费者权益保护法及食品安全法5个方面,结合监管查处实例,对企业市场监管法律法规进行解读。6月23日,邀请区科技局负责人对企业科技项目扶持政策进行宣讲。主要从企业的哪些项目可以称得上是科技项目,项目是否符合扶持政策以及如何争取上级扶持3个方面进行实务辅导。9月9日,邀请区国税局负责人对民营企业纳税的政策及法规进行宣讲,从预防角度出发对民营企业依法纳税、守法经营提出合理建议。9月10日,邀请区检察院反贪局负责人就民营企业职务犯罪预防进行专题培训。

企业发展大家谈 通过举办"企业发展大家谈"系列活动,搭建全区民营企业家互相交流、学习和借鉴的平台,并通过邀请区领导和相关职能部门参加座谈,实现高效沟通。

【基层商会规范化建设】 按照有牌子、有办公场所、有工作制度、有年度工作计划和总结要求,强化检查指导,激发商会活力,推动商会更好地服务会员、服务非公有制经济发展。加快行业商会的组建工作,促进行业商会的跨越发展。7月18日,新生代企业家商会成立,选举产生会长1名、副会长14名、理事34名,商会会员企业68家。

【“走出去”工作】 全年组织外出考察学习3次。其中,赴延安进行红色革命实践教育;赴苏州无锡,学习苏锡两地商会先进的工作经验,推动区商会工作的健康有序发展;赴台学习当地工业园区企业先进的生产管理理念,交流企业经营发展的经验。

【换届工作】 11月20日,乡镇商会换届工作结束。12月29日,区工商联第六次会员代表大会召开,参会代表151名,大会听取五届执委会工作报告,选举产生六届执委83名、常委38名、副会长6名、副主席16名、主席1名、出席市联八大代表30名。

人民团体

·淮阴区总工会·

【概况】 全区各级工会围绕中心,服务发展、履职尽责、奋力争先,工会各项工作取得新的成绩,为推动全面小康淮阴建设作出贡献。全年新建工会组织16家,新发展会员2086人

【服务发展】 组织引导广大职工在经济发展第一线建功立业。区总工会下发《开展职工科技创新工作的意见》等文件,有针对性带领区职工参与“中国梦·劳动美”主题实际活动,开展不同类型的劳动竞赛,取得较好成绩。南陈集中心卫生院护士李海丽在全国总工会举办的“全国基层卫生岗位练兵和技能竞赛”中获社区护理一等奖。住建局、文新区等10个单位被市政府表彰为“工人先锋号”。江苏天参、白玫糖业等4个单位被市政府授予五一劳动奖状,有5人被授予五一劳动奖章。区医院5名医务人员获“市职工科技创新成果奖”。区总工会被评为“科技创新优秀组织单位”。“五一”期间,在《淮阴报》、区电视台开辟专版专栏宣传劳模先进事迹,争取和筹集资金22万元落实劳模各项待遇,组织60多名劳模进行休养,广泛开展职工文体活动。“五一”举办全区职工篮球比赛,参加市总组织的文体活动,有20多名职工获奖。开展“感受书香·幸福淮阴”——女职工素质提升工程,获全市创新奖,有3人获国家级表彰,标兵岗、“三八”期间,对25个“五一巾帼标兵岗”、59名“五一巾帼标兵”进行表彰。区法院创建“职工书屋”,组织1万名职工参加全省“十三五规划”知识竞赛。

【依法维权】 把握好工会维权和维稳的关系,关注部分区域和行业职工下岗失业情况,以及可能出现的劳动关系矛盾激化现象,到企业开展调研,掌握基层动态,根据实际情况参与企业职工持岗、安置、再就业等工作,维护职工队伍的稳定。强化工资集体协商,着力打造工资协商“363”工程,在骏业建设等10个企业做好试点工作,组织培训工资协商指导员、谈判员140名。完善工会劳动法律监督机制,健全工会劳动争议处理、劳资双方沟通协商、重大劳动争议纠纷上报、职工法律援助、职工信访接待处理等制度,完善诉调对接等机制,以此加强监测力度,及时排查化解矛盾纠纷。全区21个乡镇以及建材、机械、纺织等行业全部签订劳动合同,同时签订女职工权益专项合同,签约率100%。开展普法宣传教育活动,运用区总工会网站平台、广场咨询等方式发放普法资料2000份。先后4次送法进基层,全年调处劳动争议案件4起。推进企业建立健全职代会、厂务公开、职工董、监事会等企业民主管理制度,职代会建制率达95%,引导职工参与企业民主管理,民主监督,推动企业健康发展。开展“安康杯”竞赛活动,相关企业针对自身特点,生产实际,有的放矢开展竞赛,区总工会及时做好部署、指导、督查、考核工作,推动“安康杯”竞赛取得实效。

【服务民生】 坚持以维护职工合法权益为出发点和落脚点,出台《2016年职工服务水平平台建设意见》,推进21个乡镇、12个大产业系统和规模以上企业帮扶工作提升增效,同时重点加强乡镇企业帮扶平台建设,小企业覆盖率80%。精准帮扶效果明显,党员干部“一对一”结对帮扶活动中,有148个特困职工家庭享受156名党员干部“送观念、送政策、送技能、送信息、送资金”服务;元旦、春节期间发放慰问金30万元;出资7万元为180名“月嫂”免费培训。拨付15万元开展大病救助,为98名因病致困职工解除后顾之忧;为一线环卫工、建筑工、交通警察等送去价值10万元的防暑降温用品;在“金秋助学”活动中,资助上不起学的

困难职工子女17万元,帮助他们完成学业;12月,为70名困难农民送去温暖10万元。推进职工医疗互助保障工作,发展互济会员1.5万多名,为104位患特殊病职工发放救助金59.9万元。开展女职工关爱行动,创建"爱心母婴室""阳光心灵工作室",组织500名困难女职工免费体检和"两癌"筛查,为15名单亲困难女职工发放救助金3万多元,全年建成"爱心驿站"12个。

·中国共产主义青年团淮阴区委员会·

【概况】 团区委召开全区乡镇团委书记工作会议,部署全年工作目标和工作重点。按照团省委的统一要求和部署,推动共青团基层组织建设与发展(具体情况如下图),其中全区新建非公企业团组织13个。

表7　　2016年淮阴区共青团组织建设情况

类别＼年度	2016年	2015年	增减幅度(%)
基层团委数(个)	56	150	-62.7
基层团工委数(个)	1	1	—
团总支数(个)	62	53	17.0
团支部数(个)	457	301	51.8
团员数(人)	17612	23855	-26.2
专职团干部数(人)	41	141	-70.8
兼职团干部数(人)	216	125	72.8

【组织建设】 *成员的吸收与发展*　根据上级团委关于严格团员发展的相关规定,大量学生团员毕业,且新发展团员名额有限,因而团员数比上年减少26.2%。团员人数大幅度降低,使全区众多单位基层团委和团总支因团员人数不满足相关人数规定,下降一级为团总支和团支部;原有的部分团支部因没有新发展团员或团员人数未达规定人数(如初二年级),原有团组织灭失或建立联合团支部,导致团支部比例上升为51.8%,团总支上升17%,团委数量下降62.7%。

非公企业及社会组织的团建工作　开展团建创新活动,探索加强非公有制企业和社会组织团的建设,取得较大发展。①出台相关文件,增强非公企业和社会组织团建的可操作性。团区委与淮阴区深入学习实践科学发展观活动领导小组办公室联合下发《关于在第三批深入学习实践科学发展观活动中做好建立健全非公有制经济组织和社会组织团组织工作的通知》。②以活动带动非公企业和社会组织团建积极性。在江苏淮安双鹤药业有限责任公司和红星美凯龙淮安瑞林商场率先打造非公企业团建示范阵地,建立青年综合服务阵地,指导他们开展丰富多样的有"团味"和"青年味"的活动。③定期调研走访。不定期召开非公企业和社会组织团建工作专题研讨交流会,总结经验,分析情况,加大工作力度。符合建团条件的规模以上非公企业已建团77家,社会组织已建团16家。

【思想道德建设】 在中央全面从严治党和区委"抓党建　促发展"的背景下,在省委组织部、团省委联合下发的《关于开展基层党建带团建"三结对一创争"活动的意见》文件指引下,团区委深入开展党建带团建工作,将全体工作人员的战斗力凝聚到团的建设上来。

"三关"强党建　①抓好学习关,做到学而知行。无论是区委文件,还是区委组织部、区纪委印发的相关文件,都能做到第一时间学习,第一时间传达,第一时间掌握精髓。②抓好思想关,做到追求一致。把统一思想细化为对待工作的三项态度

要求,要求部门全体人员具有“团委形象”的个人意识、马上就办的工作作风和“一日无为,三日难安”的工作追求。③抓好制度关,做到责戒在心。制订团区委党风廉政建设主体责任、监督责任清单,并明确负责人。拟定团区委公务接待管理制度,团区委“五项重点权力”运行规范、团区委部门职责清单、团区委“八不准”等制度。从制度层面明确什么不可为,什么必须为,我要怎么为。

“三步”助发展 ①一步向前先行引领。率先开展党的理论知识与思想认识学习,带领乡级团组织围绕党的十八届三中、四中、五中、六中全会和团的十八大精神开展学习、研讨交流活动3次。开展“庆七一”联系点上过党日活动,在党旗下支部全体党员重温入党誓词。②二步向上学教双赢。以自身学习带动各团组织学习,在学习中交流,在交流中完成从学习者到言传身教者的转变。策应“两学一做“学习教育活动,在淮阴中专学生团员中开展“学团章团史,学优秀青年榜样,争当优秀团员”两学一争主题教育活动;在行政中心9楼会议室举办“青年之声·淮阴区中学中职共青团工作大讲堂”活动;开展淮阴区“勿忘国耻·青春同祭”主题教育活动和“不能忘却的记忆”主题队课观摩活动。③三步升华成长不停。在学习与引领学习的过程当中,团区委注重从基层团组织挖掘出更多的先进人物、团体典型,向他们学习,并更大范围的推广与宣传。围绕“奋斗的青春最美丽”主题,举办“让青春在奋斗中闪光”——淮阴区优秀青年事迹分享会。在主流媒体发表报道6篇,特色活动被淮安新闻综合频道播出报道3次。

【希望工程】 *“七月阳光,圆梦大学”助学工程* 7月,面向城乡低收入家庭中品学兼优并考入全日制二类本科以上高等院校的应届全日制本科大学生进行资助,助学金资助标准为每人4000~5000元。助学工程开展10年,累计筹集资金332.1万元,提供爱心助学岗位70个。帮助810名家庭贫困学生走进大学校园。此外,淮阴团区委还联手淮阴广电传媒为活动打造励志“大片”,内容根据受助学子的真人真事改编,激励青少年奋发图强。

心火之家·希望来吧 淮阴区“心火之家·希望来吧”位于吴集镇吴集村大队部、码头镇码头村村部,团员青年和青年志愿者在此为农民工子女提供经常性辅导、助困志愿服务。2016年暑期,淮阴团区委组织20名受助大学生走进希望来吧,开展为期1个月的“关爱留守儿童”助学帮扶活动,实现爱的传递。

青春扶贫活动 “青春扶贫活动”是共青团落实国家扶贫开发工作决策部署的具体举措,是共青团参与“精准扶贫”的重要载体。2016年,团区委积极参与“青春扶贫活动”,整合社会资源,在助推贫困青年就业创业、贫困中小学生成长成才方面重点发力,联合市农商行等社会爱心资源为全区贫困中小学生送去物资上的帮助和精神上的鼓励。

希望工程携手“智慧树”实现家园共育“零距离” 全区42所幼儿园获赠123台智能考勤机和2.4万张智能考勤卡,捐赠总价值206万元。“智慧树”家长客户端,使老师、园长交流沟通更便捷,把家庭教育,学校教育,社会教育结合到一起,营造全员育人的良好氛围。

“百千万”活动 响应市关工委、团市委联合启动的“百千万”留守儿童关爱行动号召,联合区关工委、淮阴师范学院团委,在全区范围内开展“百千万”活动,在各服务点陆续增设书法、舞蹈、剪纸、京剧等具特色教学课程,提供稳定的服务队伍、专业的服务力量、固定的服务阵地,为处于暑假“空档期”的留守儿童提供良好的学习、成长环境。基本实现全区乡镇全覆盖,共计惠及留守儿童近4000人次。

【服务青年就业创业】 主动联系上海红星美凯龙淮安分公司等多家公司,打通企业与青年就业“最后一公里”,制作《“万名总经理助理见习计划”岗位统计表》。编制《淮阴区青少年就业创业状况调查问卷》,开展多方面主题专项调研,探索共青团服务青年就业创业工作的有效途径。分析全区青年就业创业现状以及需要解决的问题,对症下药,举办“创业点亮生活,有你更加精彩”淮阴区青创面对面创业分享会,组织全区青年创业人才成立创业导师团并颁发聘书,为全区有志创业青年提供指导和帮扶。

【少先队工作】 6月,在淮阴小学举办三年级学生成长仪式,团市委及市、区教育局分管负责人现场观摩。联合区教育局、区广播电视台举办江苏省少儿才艺大赛淮阴地区海选赛,展现全区少年儿童多才多艺、快乐成长的良好风采。做好2016年青少年事务社工及青年社会组织基本信息统计工作;举办“践行核心价值观 争做文明淮阴人”

主题中队课、“勿忘国耻·青春同祭”主题教育活动以及“不能忘却的记忆”主题队会。开展“红领巾寻访最美淮安人”教育实践活动,韩桥小学撰写日记“撒播希望·收获幸福”——红领巾寻访最美淮安人李纯平。

【志愿者工作】 “青春志愿行·温暖回家路” 2月,举办“青春志愿行·温暖回家路”共青团服务春运集中行动,组织全区30名青年志愿者在淮安火车站、淮安汽车北站为春节返乡农民工提供志愿服务,活动被中央电视台新闻联播节目播出,淮安新闻联播进行全方位的报道。

“文明之约·荧光夜跑”活动 10月,团区委带领众多青年朋友组织夜跑活动。充分运用“青年之声”平台广泛宣传,近百人通过平台进行报名咨询。同时,利用“青年之声”平台招募活动志愿者30名,并在活动现场设有“青年之声”网络报名签到处,共有超过600名青年跑者、健身爱好者参与活动,发放近千份荧光手环、“青年之声”宣传页。

构建“1+3”模式 促进青春扶贫行动向服务留守儿童成长成才聚焦。“1”是团区委牵头主导,整合资源,统一策划。“3”是青商出资源,淮阴青年企业家出资冠名;学子出爱心,“希望工程·圆梦助学”受助学子开展寒暑假志愿辅导活动;党政出平台,各乡镇党委政府提供建设场地,乡镇团委负责平台的日常维护、运行管理。

【宣传工作】 团区委着力打造新媒体宣传阵地,以一带三,即以一支由35个人组成的淮阴网宣员发声团队引领并带动微信、微邦、微博三种手机软件共同发力,为团建代言,增强与非公企业、社会组织团建的交流、互动。组织全区团干、团员青年关注“青春淮安”“江苏共青团”“青春淮阴”微信,与“淮安共青团”官方微博互动。全年上报活动类信息148条,报送“青春志愿行·温暖回家路”、“青年之声·网络安全战车中国行”江苏站启动仪式、“青年之声·荧光夜跑”等三个典型案例,总结并报送《构建“1+3”体系,服务留守儿童成长成才》《组建服务队、兼任“四大员”,助力农村法治文明迈向最后一公里》两个创新创优项目。

·淮阴区妇女联合会·

【概况】 区妇联发挥党联系妇女群众的桥梁纽带作用,深入贯彻落实《关于加强和改进党的群团工作的意见》精神,围绕妇女儿童的需求,创新思路、务实举措,全心全意为广大妇女儿童服务。

【寻找最美家庭】 深化创建内涵 区妇联突出重点创特色,打造全市创新创优项目——寻找培育“最美家庭”,打造乡风文明高地。①评选表彰,动员号召。区妇联召开全区2015年度十佳“最美家庭”表彰暨家风家训分享会,号召广大家庭以最美家庭先进典型为榜样,做传统家庭美德的传承者和家庭文明建设的践行者。②以点带面,推广经验。2月23日,全国妇联副主席、书记处书记焦扬一行到淮阴开展家庭文明建设和最美家庭创建等工作调研,参与“婆媳一家亲”交流会,焦扬对刘老庄村最美家庭评选活动给予高度评价,市委书记姚晓东也对刘老庄村最美家庭评选活动和妇联工作给予肯定,要求在全淮安推广刘老庄村的经验做法,实现淮安全覆盖。

丰富活动内容 举办“看发展、话家风、共辉煌”主题活动,组织全区各乡镇党委书记、乡镇长及家属观摩淮阴经济社会发展成果,激发党员干部家属紧扣发展主题、深化认识、坚定信心、整合资源、凝心聚力,主动参与建设发展的热情。邀请全国知名心理专家、南京市心理危机干预中心主任张纯博士作“家风与人生”的主题讲座,号召党员领导干部及家属把良好的家风家训逐渐渗透到家庭生活中,促进事业家庭双丰收、共辉煌。开展庆国际家庭日主题活动,5月15日国际家庭日,区妇联在刘老庄村举办“树立文明家风”系列活动,引领家庭践行家庭美德、树立家庭新风,提高家庭文明建设工作的群众参与率,促进形成健康向上、文明进步的社会风气。“六一”之际,区妇联与区文明办、区教育局联合举办以“感恩老师”“母爱”“家风家训”为主题的全区第三届中小学生书法、绘画比赛,以弘扬倡导良好家风家教为重点,组织儿童开展讲家风家教故事、传承好家风等教育活动,动员孩子们参加展示家风家训、宣扬母爱文化的书画比赛,促进孩子们良好的精神和艺术素养的形成。

弘扬家风家训 通过开展百场巡讲,实现良好家风家训全覆盖。4月28日下午,启动“最美家庭讲好家训”百场巡讲活动,全区的机关分管领导、乡镇组织委员、所有妇联干部和王营镇村居支部书记共计300人参加会议,活动播放恩来干部学院制作的专题教育片《周恩来的家风家规》,让现场人员接受一次圣洁高尚的精神洗礼,并请区内的5户家庭代表分别讲述自己的家风家训故事,以身边事迹感染全区广大党员干部家庭。各乡镇、部门因地制宜,把"最美家庭"故事会、巡讲会、分享会开进机关、社区、农村,用看得见摸得着、生动鲜活的事例感染鼓舞群众,使巡讲活动丰富多彩,不拘泥于形式。

【培育先进典型】 除"三八红旗集体""巾帼文明岗""五好文明家庭"等传统品牌创建活动外,区妇联结合全区发展实际培育各类特色先进典型。"淮阴当代漂母"成为本土特色优秀女性品牌,"最美女性""优秀社会妈妈""阳光少年""阳光母亲"评选活动,着眼于鼓励奉献、鼓励自强奋斗的精神;"巾帼创业标兵"、各类致富女能手、各类创业示范基地为广大妇女求发展、创大业树立榜样。

【帮助困难妇女】 实施"救助妇科重症特困妇女"项目,联合区爱心救助协会对全区范围内的患乳腺癌、卵巢癌、宫颈癌等重症特困妇女进行救助,并对辖区内2015年3月后长期住院治疗的贫困家庭患者进行调查摸底,筛选出其中处于低保户或低保边缘户家庭进行救助,全年共救助各类患者37名,发放救助金9.33万元,发放全国妇联拨付的"贫困母亲两癌救助专项基金"2万元。

【关爱困境儿童】 帮扶困境儿童 与省儿基会、市妇联联系帮扶困难孤儿。上半年,全区"音乐种子"春蕾助学行动共捐助32名学生,发放捐资助学金1.28万元;为淮海中学贫困生争取到春蕾助学金3万元;为刘老庄2名儿童争取到慈善助学款2000元;为韩桥1名学生争取到餐补576元;为渔沟1名学生争取到社会捐资助学金1000元;为1名患病少年募集捐款1.3万元;为2014、2015届音乐种子春蕾班学生争取补助总计8.84万元;为30名学生争取慈善助孤款1.2万元;参加"e万行动",为全区107名学生征得学业补助8.6万元。

关爱留守儿童 区妇联联合区关工委,邀请淮安市一附小师生家长,在徐溜校外辅导站开展"校内校外手牵手 城乡儿童心连心"爱心联谊活动;利用农民工返乡过春节的机会,大力宣传、动员农村群众返乡创业,并联合区人社部门开展数场针对留守儿童家长的招工与技能培训。妇联党员干部深入走访乡镇留守儿童生活、学习情况,给予他们精神与物质上的关爱支持。

【服务妇女创业】 助推妇女创业就业 为发挥农村妇女在转型、转产、转业发展中的独特作用,春节期间,组织全区21个乡镇妇联开展"春风送岗"活动,现场发放"致留守儿童家长一封信",动员妇女返乡创业就业,为区内企业进行现场招工,为广大妇女送政策、送岗位、送信息、送服务。提供创业扶持服务,加大对妇女小贷的宣传、扶持力度,最大限度服务妇女创业实践,为广大妇女群众带来真正实惠,淮阴区发放妇女小额贷款总额一直位于全市前列。推动农村妇女发展观光农业,包括农家乐、合作社、家庭农场等,创建巾帼示范基地,涌现一批创业致富的先进女典型和知名品牌,带动周边妇女就业。

发挥协会联动作用 组织召开女企业家座谈会,向上申请新发展市女企协会员15名,副会长1名,理事2名。利用微信群、公众号等新媒体进一步加强区内女企业家、女创客们的互动交流。三八节期间区妇联组织女创客进行创业点观摩交流活动,选出优秀女创客代表就自己的创业和发展进行交流发言,并组织女创客联谊,加强女创客之间的相互联系,更好地为她们提供相互推广、资源共享的平台;组织部分女企业家赴徐州参加创业项目推介会,拓展创业平台。

【妇女儿童维权】 开展普法宣传 印制反家庭暴力宣传手册8000份及印有"反对家庭暴力,共建和谐家庭"的宣传购物袋2000份。3月15日,在大润发超市门口宣传《中华人民共和国反家庭暴力法》《中华人民共和国妇女权益保障法》等法律法规知识,发放宣传资料1000份。4月初,举办基层妇联干部法律知识培训,邀请南京大学法学院院长助理许利民教授就《中华人民共和国反家庭暴力法》的立法目的、意义和基本原则以及法律亮点进行深入解读,提升基层妇联干部法律知识水平。

完善维权机制 健全工作体系,开展信访维稳工作,做好信访接待、矛盾化解和禁毒、防艾、预防未成年人犯罪等工作。充分发挥妇女维权工作站作用,把住初信初访关,坚持依法治访、以情接访,加强与公安、司法等部门配合,融入社会大调解机制,随时随地为基层妇女提供服务。

儿童安全守护 开展女童保护宣传教育活动,推进儿童安全保护(特别是女童保护)知识进村庄、进学校、进校外辅导站、进社区等,在全区范围开展"女童保护"系列活动。①"安全童年　快乐六一"。"六一"前夕,区妇联组织全区中小学生安全知识宣讲,22个乡镇(园区)妇联同时行动,乡、村妇联干部深入各中小学、社区(村居)讲授儿童安全知识、发放《女童保护手册》;在此基础上,每个乡镇通过安全知识测试选拔出50名优秀中小学生担任"儿童安全宣传员",妇联为他们颁发证书并赠送儿童安全宣传衫。②"女童保护讲师培训"。区妇联与教育局联合举办三场"女童保护"讲师培训班,全区所有小学每校三名教师、所有乡镇乡妇联干部、公检法司系统工作人员及社会志愿者140人参加学习,全区共有持证讲师120名,完成小学阶段"女童保护"课堂教学家长、学生版的全覆盖。③"女童保护公益演出"。暑假期间,区妇联组织"萌娃乐翻天""博雅书院教育"等社会团体,在大润发门前广场举办女童保护公益演出,整场节目都围绕安全主题展开,为孩子们平安地度过假期打好知识基础。

【举办妇联干部培训班】 以构建学习型组织、学习型干部队伍作为工作的着眼点,丰富女干部学习培训形式与内容,联合区委组织部举办全区基层妇联干部培训班,全区共200名基层妇联干部参加,培训邀请相关专家和业内人士,分别围绕电子商务发展与机遇、反对家庭暴力法解读、家庭保健养生、新闻写作基本常识及技巧等方面内容对与会人员作专题辅导,提升全区妇联干部的综合素质和业务水平。

·淮阴区归国华侨联合会·

【概况】 区侨联围绕区委工作的总体部署,坚持服务中心、为侨服务的宗旨,团结引领归侨侨眷,开展海内外联谊,积极参政议政,发挥侨界人士作用,服务全区经济社会发展。

【充实区侨界资源信息】 把侨情调查工作作为一项长期性、经常性的工作,在开展走访、联谊及会议等工作的同时,关注各类侨界资源信息,及时对所掌握的侨情资料进行调整充实。

【参政议政】 组织区侨联委员分批参加区政协组织的有关调研视察活动,提高委员们知情面和参政议政的积极性。同时重视侨界委员政协大会发言质量,组织侨界政协委员围绕全区热点问题开展调研,撰写高质量的提案。

【公益慈善】 开展"侨爱心"活动,年初,在区侨企、侨眷中发起献爱心的倡议,引导有一定实力的侨界代表为区困难弱势群体捐资捐物。区东方双语学校董事长陈红光个人出资400万元发起设立红光慈善基金会,向困难弱势群体提供捐助。

【招商引资】 多方联系、捕捉招商信息。区侨联主要负责人招引的总投资5亿元的国华广场项目,已开工建设,并被列为市重点项目。

【维护侨益】 空巢老人关爱行动　在节日期间上门走访慰问侨界空巢老人,并给他们送慰问品;通过电话了解他们的生活情况,给他们以情感慰藉。

关注利益诉求　热情接待来信到访归侨侨眷,帮助其向有关部门反映他们的愿望和要求,不断增进侨界群众的幸福感。全年接待到访侨界群众15人次,为6户侨眷协调拆迁补偿事宜。

做好张纯如纪念馆陈列物品征集工作　经区侨联渠道征集张纯如家谱、有关张纯如和其家人的照片及张氏家族爱国爱家乡的相关史迹资料等。

【淮阴侨胞之家建设】 加强侨联机关作风建设,密切与侨界群众的联系。同时加强对涉侨方针政策和法律法规的学习,提高为侨服务水平,并开展正常的会务活动。为使侨界人士活动有场所、有阵地,开展"淮阴侨胞之家"建设工作,借用红光慈善基金会部分房屋(近30个平方米)作为侨胞之家用房,并进行内部装饰布置。

【召开全委会】 按侨联章程,每年召开一次区侨联全委会。年初,在区侨联四届四次全会上,传达区委工作会议精神,并向全体委员通报区政府工作报告的相关内容;会议对上一年工作进行总结,对该年度工作作出具体安排。

【海外联谊】 在传统节日开展与区归侨侨眷的联谊活动,温暖侨心。春节前,召开区侨界人士迎新春联谊会。在区侨联QQ群,将有关涉侨政策法规上传进行宣传,为归侨侨眷提供政策咨询服务。以"凝聚侨心"为主题,开展多形式联谊活动,增强归侨侨眷的归属感。春节期间给每位侨联委员发送贺年短信,还安排侨界代表人士参加全区新春团拜会。

·淮阴区科学技术协会·

【概况】 区科协以服务全区经济发展为中心,着力提升全民科学素质,先后被中科协命名为"2016—

2020年度全国科普示范区”,省委组织部、宣传部等9部门联合表彰为“江苏省《全民科学素质行动计划纲要》‘十二五’实施工作先进集体”。在全市科协会议上,区科协位列2016年度县区科协考核第一名,被市科协表彰为“优秀单位”。

【全民科学素质工作】 区科协以《中华人民共和国科学技术普及法》《全民科学素质行动计划纲要》为指引,以科普能力建设为重点,以提高全民科学素质为目标,以创建全国科普示范区为切入点,深入开展“提升科普能力、提高科学素质”专项行动,完成各项目标任务。1月,被省科协表彰为“县级科协创新能力提升计划先进单位”;2月,淮阴区被中国科协命名为全市首家“2016—2020年度全国科普示范区”;3月,被市科协表彰为年度工作“优秀单位”;8月,获省委组织部、省委宣传部、省科协等九部门联合表彰为江苏省《全民科学素质行动计划纲要》“十二五”实施工作先进集体。

【创新创优】 主动与区人才办、园区企业、上级科协联系,引进海外人才,服务经济发展。3月,邀请比利时海智专家罗兰·凡高汶拜尔赫,中国科协海智专家、比利时金海公司总裁、安徽大浦现代农业研究院长高继明一行到淮阴考察指导,并签署现代农业技术合作协议。市科协主席李顺英,区委常委、宣传部长孙晓燕等出席签约仪式。9月,在市科协帮助下,区科协引进日本海智专家刘震博士与淮安恒兴养老产业有限公司就该公司建设的中国淮安养老养生产业小镇项目签订技术指导合作协议。区科协申报的单项工作“借助海智工作平台、助推经济转型升级”获省科协“三服务一加强”创新案例表彰。

【向上争取】 *争取工作奖励* 借助科普示范区创建契机,区科协以社区科普场馆、淮阴科普报、淮阴科普微信等建设为重点,着力提升科普软硬件水平。1月,被省科协表彰为“县级科协创新发展能力提升工作先进单位”并获省科协奖励10万元。

争取物质帮扶 提高全区科普信息化建设水平,争取省科协免费捐赠价值80万元36台社区科普触摸屏,并投入运行。

争取科普惠农奖补资金 调研科普惠农项目,对规模大、带动效果明显的项目主动向上级科协申报,与省市科协沟通,协助项目列入上级奖补计划。吴城冬枣、富华农业分别获得省级奖补6万元、2万元。

【助推企业发展】 发挥省科协人才优势,推进企业专家对接,促进企业转型升级。与上级科协联系,引进海外人才,服务经济发展。深入区内企业调研,搜集企业发展中遇到技术难题,全年共筛选上报淮安四方保温管有限公司等29家企业30项技术难题,由省市科协安排专家到淮阴开展对接指导。9月14日,召开省农学会服务淮阴区农业企业创新发展集中对接活动专场活动,省农科院、市科协主要领导及区领导参加对接活动。7位专家深入17户对接农业企业、协会现场指导生产经营活动,其中4位专家与企业建立长期合作关系,其中省农科院蔬菜所副所长、研究员陈新通过对接活动,在丁集镇农庄村五组试建豌豆原种繁殖基地。区科协邀请市科协咨询中心专家对区内鑫力机械、澳华农贸等23家科技含量高的企业技术负责人开展专利信息培训,区科协免费为企业安装专利信息软件,引导他们利用国外同行业的专利技术促进企业转型升级。全年共为14家企业安装相关软件。

【科普宣传】 ①加强科普硬件建设。在全区36家社区配备科普触摸屏;与教育部门合作,在银川路小学新建成淮阴区流动科技馆;在王营镇新建成星光社区科普馆。②加强重点时间段宣传。围绕科普宣传周、科普日两个重要时间段,牵头配合教育、农委等部门开展“三百行动”“第六届科普知识进校园”“防震减灾知识培训”等一系列综合性科普宣传活动。③加强新媒体科普宣传。升级改造淮阴科普网站;强化淮阴科普微信推送力度,做到每周推送3次以上;全年制作并免费发放《淮阴科普》报12万份。

·淮阴区文学艺术界联合会·

【概况】 区文联按照《淮阴区推动文化建设迈上新台阶三年行动方案》要求,合理谋划,开拓创新,各项工作取得较好成效。

【群众活动】 举办新春团拜会,新春广场娱乐周,“庆七一·颂党恩”微故事诗词、书法、绘画、摄影活动,淮滨墨韵书画联展活动,民俗文艺节目展演,百姓歌手大赛,国庆广场百姓文化周等“畅享淮音·百姓舞台”淮阴区百姓艺术节活动。举办《相约古戏台》演出40场,送电影2516场,送演出

113场,送图书6206册。区歌舞团获第五届江苏省“服务农民、服务基层”文化建设先进集体荣誉称号,区城乡歌舞演出队获省首批群众文化“百千万”工程优秀群文团队,获省首批群众文化“百千万”工程优秀文艺骨干称号。

【精品创作】 以“双名”工程为切入点,以各类赛事为龙头,以书画、摄影、曲艺、文学为重点,研究适应省市赛事新规则,突出开展动态类节目制作,坚持策划、组织和生产一批文艺精品节目。市双名工程申报项目中评审出奖励类项目19个,淮阴区3个;扶持类项目61个,淮阴区5个。淮阴区奖励项目分别是文学类作品《淹没在淮剧的村庄》,2个书法类作品;扶持类的分别是区作协申报的《张纯如传》创作、《关于大运河历史讲述类读物》、《淮安方言词典》、篆刻《美好江苏,幸福久久》创作、刻瓷淮安历史名人系等。组织区内4名书画家赴新疆兵团126团开展文化交流活动,开展书画展览、考察写生、现场创作、创作交流等多项活动,为126团赠送现场创作的书画作品100幅。

【文艺联盟】 ①文艺+政策,宣讲到田头。邀请中央人民广播电台农广小分队走进渔沟、南陈集、王营镇,把党的方针政策与文艺相结合的形式,通过“三农”专家、口技演员、军旅歌唱家给全区人民送去“三顿丰盛大餐”。②文艺+理论,微观点讲故事。通过书法、美术、摄影、微故事、诗歌等形式,回顾宣讲党的光辉历程,讴歌党的丰功伟绩。文艺+网络,朋友圈忙投票。在建党95周年文艺活动评选中,通过“幸福淮阴”微信公众号对作品进行投票,8天时间,微信投票9.08万票,累计访问次数为188.54万次。③文化+文明,结对联姻共发展。按照省、市、区关于推动文化建设迈上新台阶的意见要求,围绕全面提升文化感召力、文化生命力、文化竞争力、文化创新力,深入开展区内省市级文明单位与文化团体结对共建,提升文化团体文艺服务质量,丰富文明单位文化活动,全力服务好“实力强、城乡美、群众富”的幸福淮阴建设。

【传统工作】 举办中韩文化非物质文化遗产交流展演活动;开展第五届海峡两岸“漂母杯”母爱·爱母主题散文诗歌大赛颁奖活动;召开2016澳大利亚、新西兰·中国淮阴“漂母杯”母爱·爱母主题散文诗歌大赛和投资说明会;中国·淮阴大世界吉尼斯之最华人旗袍走秀”暨第八届淮阴·韩信杯象棋国际名人赛开幕式活动在悉尼歌剧院广场举行。该次大洋洲活动获得两项“大世界吉尼斯之最”,即华人旗袍走秀规模最大,华人旗袍演艺参与人数最多。剪纸、淮扬菜、布艺绣饰品等非物质文化遗产通过实物和图片展示,吸引新西兰、澳大利亚中外嘉宾驻足观看,他们称之为文化瑰宝,蕴含着中华文化精髓。网络发布举办第八届华人华文“漂母杯”母爱·爱母主题散文诗歌大赛结果。

【文艺队伍】 不断加强和改进文联工作,提高服务大局、服务群众、服务文艺工作者的能力。3月,组织召开区文学艺术界联合会成立20年的第一次代表大会,各文艺家协会开展多种形式的文化活动,丰富城乡群众精神文化生活。全区书法国家级会员11个,省级会员26人;美术家国家级会员无,省级5个;作家协会国家1个,省级13个;摄影家国家级6,省级10个;音乐家协会国家级无,省级8个。

乡镇概览

王营镇

【概况】 王营镇位于淮安市区北部，是淮阴区城关镇。全镇有户籍人口173526人，常住人口28万人，下辖6个农村社区、14个城市社区、1个场圃和1个盐河工业园区，地域面积62.1平方公里。2016年，全镇实现一般公共预算收入8.15亿元，税收占比为88.05%，可用财力1.36亿元；实现列统工业企业开票销售19.9亿元；规模以上固定资产投资44.78亿元，其中工业完成24.84亿元；固定资产进项税完成2000万元；外贸进出口完成802万美元；城镇居民人均可支配收入和农民人均纯收入分别达到28965元、26368元，分别增长8.99%、12%。连续第四年被评为全市城镇经济首强镇，同时被评为全市重点区域发展型先进乡镇，在全区年底的乡镇差别化目标考核中获得甲组二等奖和特色工作先进单位。

【工业经济】 2016年，招引50亿元项目1个（德国小镇）、13亿元项目1个（淮安养老养生产业小镇一期阳光新城）、10亿元项目1个（鑫泰建材），全年新开工工业、农业及三产项目9个（现代物流园、鑫泰建材、华能环保技改、医用纺织品、万亩莲藕观光农业、行健再生资源、中绿食品、优森木业），置换项目1个（加实新型建材），新竣工项目5个（中绿食品、新澎管业、竣邺建设、城市名人酒店、华能环保技改）。新增规模限额以上批零住餐企业5家，规模以上服务企业7家，其中文化企业1家（力卓广告）。新增私营企业656家、个体工商户1560户。新增工业列统企业2家（优森木业、梦之润），工业列统企业累计达43家。城市名人酒店、华能环保技改、中绿食品等3个项目纳入市重点项目盘子，竣邺建设、华能技改、城市名人酒店等3个项目通过市重点办竣工验收。

【村镇建设】 坚持“五公开”征收模式，完成樱花东路、香港路西C地块、城市快速路一期、检察院西地块等9个地块、511户、13.1万平方米房屋征收任务。靓化镇村面貌，开展饮用水源与大气污染专项整治工作，改善人居环境；结合创建全国文明城市和省级村庄环境整治活动，强化基础设施建设，完善杨庄、沈渡、淮闸等10个村居的环境整治长效管护机制，组织长安、左庄、双和等3个社区环境整治提升活动，开展营北、星光、营西等3个社区10余条背街小巷路面铺设与环境整治，解决城郊结合部出行难的问题；实施“村村亮”工程，完成淮闸等10个村居146盏路灯建设。强化违法建设防控，坚持“预防为主，整治为辅”，查处并拆除各类违法建设1138起、拆除面积2.25万平方米，违建拆除率100%。做好危房改造工作，全年改造危房43户、1940平方米，维修屋面25户。

【社会事业】 全面推进城镇居民医疗保险与新型农村养老保险，让群众病有所医、老有所养，落实最低生活保障制度，556户城乡困难群众享受最低生活保障，58名“五保”户实现分散、集中供养。全年发放救济资金约100万元，用于帮扶重大疾病患者、“五保”低保困难户、孤寡老人、困境儿童等弱势群体，近100名残疾人享受免费医疗。开展关爱老人行动，96名60周岁老人办理“安康关爱”，2246名80周岁以上老人享受尊老金，投资近100万元对镇敬老院的消防工程进行改建，新建AAA级居家养老服务中心2个（营北、机关）。文化教育提档优化，五洲龙湾广场建成全区首家综合文化服务中心，淮安市北京路小学获全国青少年“五好小公民”“老师您好，我的好老师”主题教育活动示范学校。社区服务有效提升，实现177个成建制和零散小区网格化管理，双和社区创建城市管理省级示范社区并顺利通过省级初检，营东、西坝、机关、小营等4个社区创建省级和谐示范社区，同兴社区创成国家级综合减灾示范社区，营北社区创成国家级社会工作服务示范社区和省级文明社区。基础医疗全面升级，家庭医生进社区工作被评为全市县区唯一的省医改亮点项目，王营卫生服务中心建成全国示范社区卫生服务中心，创成淮安市基层卫生计生单位第一家省级文明单位等荣誉称号。全面落实独生子女奖励政策，实现由单纯的生殖健康服务向人口家庭公共服务拓展，王营镇是全区计生工作A类乡镇。扎实开展矛盾纠纷排查化解、安全生产检查整改等"五大专项行动"，全国"两会"、省市区党代会等重大活动和节假日期间维稳任务顺利完成。

表8　　2016年王营镇村居情况

村(居)名	村民小组数	户籍户数	户籍人口数	耕地面积(亩)	村书记	村主任
淮闸村	6	1004	3142	1023	刘中柱	朱连春
杨庄村	4	2040	4863	3420	汪德雨	陈玉忠
越河村	6	1568	4682	2211	唐锦强	聂元元
沈渡村	6	1629	5276	2966	王洪峰	张孝兵
崔庄村	13	1327	4611	1983	崔启春	张建国
果林村	7	1529	4715	2047	朱家瑞	钱正军
长安社区	—	3133	9317	363	高宽忠	丁　甫
营西社区	—	1320	4201	995	潘红梅	杜正平
左庄社区	—	2122	7046	1127	蔡汝河	蔡正洪
双和社区	—	6603	20467	830	李爱民	徐文箫
营东社区	—	8478	23152	—	耿守林	邵海清
小营社区	—	4264	9618	—	皮相华	皮相华
营北社区	—	3728	10089	—	徐洪波	徐　兵
星光社区	—	4176	9347	—	张　胜	殷少娟
西坝社区	—	1905	4381	—	郑晓玲	赵婷婷
机关社区	—	4167	9087	—	包建明	仲桂珍
北桥社区	—	3142	6794	—	葛宇军	漆　荣
营中社区	—	3695	8191	—	朱建国	魏天梅
东街社区	—	7906	18222	—	周红波	秦　汉
同兴社区	—	2597	6325	—	黄湘红	郑　芳

赵集镇

【概况】 赵集镇地处淮阴区最南端，与洪泽县西顺河镇接壤，与清浦区和平镇、武墩镇隔河相望，五大淡水湖之一的洪泽湖依境而过。镇域面积98平方公里，下辖12个行政村，户籍人口39257人。全镇拥有内外湖水面约5万亩，水产养殖、水产品交易成为富民的重要产业。20世纪90年代末探明赵集镇域范围内藏有大量的芒硝和岩盐资源，

赵集镇慈孝园广场

上海太平洋、山西南风、江苏白玫、江苏油田、江苏盐业总公司等多家公司投资开发,使赵集镇成为全国重要的盐化工基地。2016 年,赵集镇境内有盐化工企业 10 家,年产元明粉(无水硫酸钠)150 万吨,年输卤 170 万立方米。

【农业经济】 赵集镇完成农业招商项目 2 个,分别为投资 3680 万元的永明米业加工厂和投资 3100 万元的花海及采摘园项目。全镇建成土地耕作服务社 10 个,其中十堡村和高堰村的土地耕作服务社,分别争取到国家财政部扶持资金 200 万元和 60 万元。在农业品牌创建方面,完成"苏芋"商标注册,申报商品条形码,质量具有可追溯性,开始在淘宝网站销售。开展农村淘宝创业电子商务培训,街西村被评为全区唯一一家省级电子商务示范村,打造电商一条街,部分企业主入驻,赵集镇也是全区唯一被评为省级电子商务示范镇。全镇完成新增高效设施农业面积 4500 亩。

【工业经济】 赵集镇(含工业新区)完成规模以上工业应税开票销售收入 18.67 亿元,公共财政预算收入 4.23 亿元。新增工业列统企业 4 家,规模服务业列统企业 2 家,批零住餐列统企业 1 家。开工 3000 万元以上项目 4 个,亿元项目 3 个,外资项目 2 个。竣工 3000 万元以上项目 6 个,其中市重点项目 2 个。投资 10.8 亿元的淮安国和新能源风力发电项目、投资 40 亿元的北京新能源汽车项目完成签约。华尔润红星盐矿技改项目和瑞豪工贸塑料制品项目于 2016 年 12 月通过市重点项目竣工验收。

【第三产业】 全镇个体工商户达到 600 家,综合性购物超市 2 家。大型家具卖场 3 家,中型以上服装卖场 15 家,新增服务业营业面积 2.87 万平方米,形成以服装、家具、家电、五金及小商品为主,各具特色的服务业发展格局。注册物流企业 11 家,全年增加可用财力 600 万元。

【社会事业】 赵集镇向上争取的民生建设资金涉及扶贫开发、生态创建、基础设施等共计 2800 万元。西外环道路开通;润德广场竣工;新农贸市场竣工;东外环桥梁建好,开工建设东外环道路;全面启动美丽乡村建设,实施项目 10 个以上;污水管网涉及 5 个村建设;全面实施村村亮工程,新装路灯 1350 盏;开启村村绿建设;实施高堰、十堡道路拓宽工程;全面启动万亩高标准农田项目;张福河"五改三"及运南第二通道纳入省水利"十三五"规划。赵集镇被评为省级文明乡镇;镇卫生院、新源矿业被评为市级文明单位,庆丰村被评为市级文明村、汪场村被评为区级文明村;组织拍摄以"孝"和"善"为主题的微电影《寸草心》《希望树》,编撰《赵集乡土教材》,打造"慈孝园"广场。在全镇开展"孝心人物""积善之家"评选活动,共选出 14 名"孝心人物"和 7 户"积善之家";继续开展"爱心助学"活动;开展"党内关爱基金"发放活动,为残疾、生活困难的党员送去温暖和关怀;开展关爱家庭活动,每逢中秋、春节,联系市区两级相关部门和镇干部,进村入户送温暖。

赵集镇高家堰美丽乡村

表 9 2016 年赵集镇村级情况

村名	村民小组数	村民户数	户籍人口数	可耕地面积(亩)	村书记	村主任
赵集	16	1025	5410	2740	叶进兆	蔡维军
高堰	7	798	3213	3200	江海军	黄家国
沟北	7	625	2700	2002	纪 刚	于向阳
街西	7	601	2788	2050	张宝春	金绍兵
十堡	8	761	3323	3451	周道平	杨雨生
红星	8	856	3802	2646	周锦成	张怀东
汪场	10	758	3305	2605	蒯新民	张德军
老场	6	598	2850	2600	杨 松	
庆丰	6	576	2550	2062	王兆来	张景成
洪湖	8	825	3536	2593	徐立波	陈文学
分洪	6	685	3293	2940	乔俊宏	丁忠美
小滩	7	495	2487	1860	严 东	

韩桥乡

【概况】 2016 年,韩桥乡面积为 120.7 平方公里,可耕地面积 3.01 万亩,户籍人口 29896 人。下辖 8 个行政村,共 64 个村民小组,7818 户。全乡一般公共预算收入 5000 万元,农民人均纯收入 14080 元。

【农业经济】 全年粮食种植面积 57975 亩,比上年增加 180 亩,粮食产量 32365 吨,比上年增加 1560 吨;全年水产品产量 4355 吨,其中养殖 674 吨、捕捞 3681 吨;完成 137 亩城乡建设用地增减挂钩项目,46 亩耕地占补平衡项目,新增耕地 100 余亩;新建农桥 8 座,改造泵站 2 座,整治河塘 6 个,疏浚河道 7.32 公里;新增高效农(渔)业 1150 亩,新成立 4 个家庭农场。

【工业经济】 韩桥乡完成规模以上工业开票销售收入 8000 万元,规模以上固定资产投资 6 亿元,固定资产购置进项税完成 39.12 万元;工业用电量完成 70 万千瓦时;新培植列统企业 3 家,新发展私营企业 60 家、个体工商户 123 家。

【村镇建设】 韩桥乡投入 400 万元拓宽韩陈路,方便群众的出行以及为项目引进提供交通条件;新建乡村水泥路 8600 多米,新安装路灯 40 盏,铺设污水管网 3.8 公里,新增绿化面积 12 亩;以城乡拆挂工作为契机,搬迁农户 81 户,复垦土地 137 亩;累计投入 86.5 万元进行村庄环境整治工作,新建垃圾房 32 个、垃圾池 273 个,配备垃圾桶 1963 个,共有保洁人员 66 名,新增绿化树苗 1200 棵,做到垃圾日产日清,村容村貌焕然一新,8 个行政村全部通过省级村庄环境整治验收。

【社会事业】 全乡共有学校 9 所,其中普通中学 1 所、小学 4 所、幼儿园 4 所;韩桥中学 2016 年有 270 人参加中考,其中 97 人达市四星级高中录取分数线,位于全区首位;并获市"优秀家长学校""义务教育先进学校""义务教育学校管理示范学校"等荣誉称号;韩桥中心小学 2016 年获得"市师德示范校""市优秀家长学校""市青年文明号"等称号。全乡共有卫生机构 9 个,其中卫生院 1 个,村卫生室 8 个;乡卫生院业务用房面积 4000 平方米,开放床位 50 张。2016 年投入 300 万元对门诊楼、病房楼、治疗室、中医馆、现代化计免大厅等按标准进行装修改造。启动乡村医生签约服务工作,共签约 122 户、557 人,为每个签约家庭建立家庭档案。韩桥卫生院成功创建为江苏省示范乡镇卫生院、区文明单位。全乡参加新型农村合作医疗 2.94 万人,实现参保率 97.37%。全乡共有公共图书馆 1 个、体育场馆 2 座、文化活动中心 1 个、农家书屋 8 所,全乡 8 个村支部全部安装网络远程教育设备。在元旦、春节和国庆节等重要节日都举办各种文体艺术活动,丰富群众的文化生活。

表 10　　2016 年韩桥乡村级情况

村名	村民小组数	村民户数	户籍人口数	耕地面积(亩)	人均收入(元)	村书记	村主任
韩桥	14	1735	6687	5460	14874	王维军	孙守富
兴旺	6	616	2680	3090	11348	桂如飞	宋秀武
沙河	8	893	3604	3450	12885	施理刚	李　伟
沿湖	10	1112	4056	3645	13139	张以祥	张田友
庆华	9	1325	4785	3360	13179	狄运举	张金华
河头	7	824	3475	3600	14561	侯杭州	侯杭州
湖滨	5	545	2358	2730	13680	滑祥熙	李训学
天河	5	768	2251	4785	14737	王孝伦	王孝伦

南陈集镇

【概况】 南陈集镇是淮阴区运南片中心乡镇,位于淮阴区西南 22 公里处,东与市区紧邻,南与赵集镇、韩桥乡相连,西与吴城镇接壤,北与码头镇交界。2016 年,全镇下辖 21 个行政村,1 个社区。全镇面积为 97 平方公里,可耕地面积 60390 亩。户籍人口 63583 人。财政收入 5968 万元,农民人均纯收入 16305 元。

【农业经济】 2016 年,全镇流转土地 13650 亩,实现就地转移劳动力 600 人。先后投入资金 2000 万元,实施高标准基本农田建设等各类农田水利项目,改善农村生产条件。通过实施土地拆挂占补平衡项目,全年新增耕地 215 亩,推广水稻机插秧 3 万亩,新增投资千万元的农业龙头企业 2 个,村级集体经济收入完成 794.7 万元。

【工业经济】 南陈集镇突出抓好以张周机械产业园为首的 3 个工业园区建设,着力打造工业载体,承载市区产业转移,推进工业强镇进程。截至 2016 年底,园区集聚较大工业项目 30 余个。全年招引亿元项目 2 个,5000 万元以上项目 3 个。同时认真抓好伟丰建材、飞华纸品等规模企业的增容扩量,全力培植新的规模企业,新增规模以上工业企业 2 家,限额以上批零住餐企业 1 家,规模以上服务业企业 2 家,新增私营中小企业 105 家,新增个体工商户 198 户。

【村镇建设】 南陈集镇紧紧围绕城市次中心发展定位,集镇建设开始西延北扩进程,完成运南第二通道建设,启动镇北连接线等集镇干道改造工程。加大环境整治力度,镇村面貌明显改善。筹集并整合各类资金 300 余万元,投入到镇村环境整治中,对镇区的两个水塘进行清淤、填垫,建设社区文化广场、环塘健身步道,并对池塘周边进行绿化和亮化。各行政村都实施"村村亮"工程,当年新增路灯 630 盏。

【社会事业】 南陈集镇重点做好镇村两级道路改造、农业综合开发、教育现代化、医疗条件改善、救助保障等 18 个民生实事项目建设,深入推进农村环境综合整治,切实改善群众居住、医疗、教育环境。南陈集中学顺利创成江苏省防震减灾示范学校,是全区第一批获此荣誉的学校之一;2016 年中考成绩优秀,在全区排名靠前;中心小学成功创成篮球特色学校,有 23 名同学被区开明中学录取,获得区教学质量进位奖。完成陈集、蚕桑、小桥等村共计 4130 座改厕任务。南陈集镇中心卫生院每月开展 2 次义诊活动,对运南片符合计划生育四项手术妇女免除材料费、手术费,并提供一次免费的身体检查;对辖区内单亲特困母亲、"五保"老人、残疾人等弱势群体提供免费健康体检,全年共减免检查费 20 万元;7 支健康管理团队,每月联合大学生村官下村开展健康管理活动 3 次。投资 10 万元改造升级镇文广站,改造后的文广站功能齐全,设有排演厅、图书阅览室、老年少儿活动室、校外教育辅导站、健身室等功能室。举办马灯舞培训班,共培训学员 50 人。协同关工委培训留守儿童 200 人次。举办南陈集镇第五届广场舞大赛。

表 11　　2016 年南陈集镇村级情况

村　名	村民小组数	户籍人口数	耕地面积(亩)	人均收入(元)	村书记	村主任
陈集	7	5289	735	18175	杜永祥	纪良国
高福	6	2213	2100	16867	沈如松	郭维田
镇西	7	3034	2880	13947	李　科	王怀林
镇北	8	2744	3000	13825	王永健	杨礼军
合心	8	3356	3075	13962	陈洪生	高　兵
果林	7	2748	3345	13468	翟慈友	杨风明
学田	6	2133	2400	13529	张宝忠	周波
高成	6	1926	2250	13826	蒋其祥	陈连浮
林圩	6	2758	2700	13271	杨志文	林云超
渔塘	9	3242	2955	13730	王云峰	沈国平
蚕桑	6	2684	2190	13825	陈　龙	关锦科
梅畅	8	3627	2730	13552	刘传俊	金礼华
寿塘	5	1935	1800	17025	季国华	王亚科
竹园	8	2351	3150	13825	张洪能	张玉国
乔庄	8	3675	3345	13536	倪以新	史继淮
孙庄	6	2494	2280	13690	杨凤龙	张守春
窑厂	5	1651	2235	13566	庄永福	周代祥
双庄	10	3660	4410	13443	刘业新	王学超
小桥	8	4182	4080	12746	李　青	周祥国
淮丰	11	3570	4035	12757	胡春雨	殷永付
张周	5	2023	2700	13449	夏以甫	姜习龙
头堡	5	2288	1995	19947	付倩倩	徐锦胜

吴城镇

【概况】 2016 年,吴城镇全镇面积 51 平方公里,可耕地面积 4.10 万亩,全镇下辖 10 个行政村。全年实现地区生产总值 7.27 亿元,比上年增长 12.9%;一般公共预算收入完成 7000 万元,比上年增长 6%;可用财力完成 900 万元,比上年增长 17.6%;农民人均收入达到 15653 元,比上年增长 13%;完成固定资产投资 10.15 亿元,财政收入、工业经济、项目建设、农业农村工作等各项经济指标在小组考核排名中位列前茅。

【农业经济】 全年新建种养殖及休闲项目 7 个,其中 3000 万元项目 4 个,5000 万元项目 3 个,涉及瓜蒌立体循环种殖、设施化葡萄种植、有机稻米基地套养龙虾种养殖项目等。重点推进省级“菜篮子”工程蔬菜生产基地项目和省级园艺标准园区的建设项目,新增 3000 亩无公害农产品基地 1 个、无公害农产品 7 个、申报 1 个绿色农产品项目,新增高效设施农业面积 2160 亩,新培育家庭

中国共产党吴城镇第三次代表大会

农场3个，新增市级农民专业合作社1个。

【工业经济】　全年工业开票销售收入完成1.2亿元；工业用电量完成370.36万千瓦时；进项税完成450万元，达全年任务的90%；外资到账完成100万美元；外贸完成42.4万美元；新发展私营企业80家，个体工商户新增155家。按照区委“招商引资任务一下三年，三年完成三个亿元项目”总体要求，共引进亿元以上项目4个，分别是投资5000万元的坤玖源、国森工贸，投资亿元的京旺达、万源生物以及通阳农业项目。

【村镇建设】　大力开展全域村庄环境整治，建立健全镇村两级环境整治网格化管理体系，采取人员、资金包干，实现10个村全面覆盖。打造美丽乡村，疏浚两条乡级河道，前惠民河、后惠民河共5.4公里，整治利民村河塘8个。全年投入“村村通”建设资金80万元，完成“一事一议”水泥路8公里，投入60万元新改建农桥5座。加快推进水厂改制，回购镇内7个私营水厂，二三级管网铺设结束，正在开展小水厂收购谈判和入户安装等工作。

【社会事业】　全镇新农保参保人数达到9777人，参保率95%；农村新型合作医疗覆盖率达96%。全镇全年发放救灾救济款20万元，发放城市和农村低保金172.42万元。危房改造10户，补助资金12万元。完成全镇1360户、4507人低收入户登记和资料录入工作，全镇社会保障水平进一步提高。继续实施校安工程，对中学、小学、幼儿园教学楼、实验楼进行加固改造，设立护学岗。新建乡镇文化活动中心，开展送电影、送戏下乡10余场次。加大投入力度完善农村监控“村村到”，每个村都安装摄像头，提升群众安全感。

表12　　2016年吴城镇村级情况

村名	村民小组数	村民户数	户籍人口数	耕地面积(亩)	人均收入(元)	村书记	村主任
吴城	10	1582	5286	4920	16233	侯继峰	侯继峰
城南	11	1185	4691	6855	15921	王月胜	徐士平
城西	6	946	3557	2655	15838	乔凤金	魏鹏飞
淮泗	6	573	2304	2970	15791	王　淼	姚克才
堡工	6	627	2390	2685	15641	朱亚芳	高学兵
黄河	5	596	2218	3045	15593	陈卫军	徐　军
河滩	6	802	3111	4800	15653	袁　宏	汤书国
头庄	6	847	2791	3645	15648	罗玉田	周其怀
利民	9	1083	4226	4875	15090	葛建海	葛建海
三园	8	1056	3979	4575	14762	王洪先	陶学桂

码头镇

【概况】　码头镇地处淮安市区西南郊10公里，全镇总面积33平方公里，可耕地面积23781亩，户籍人口28264人。码头镇自秦时置淮阴县有2300多年历史，长期为县治所在地，人文荟萃，名胜古迹众多，主要有韩信故里、漂母祠、枚乘故里、官巷、惠济祠等。“码头牛羊肉”是淮扬名菜，其制作技艺为省级非物质文化遗产。码头镇先后获批江苏最美乡村、江苏省历史文化名镇、全国特色景观名镇、全国美丽乡村试点镇等称号。

码头镇新镇区福兴家园

【农业经济】　2016年，以码头镇为核心区的国家农业科技园区创建工作获得科技部批准，并成为全国13个一类国家农业科技园之一。围绕制种业、农产品精深加工、生物农业等重点产业，持续强化招商引资力度，在皇达花卉、天丰种业、瑞福来科技、台生源菌业等项目基础上，进一步集聚各类产业，支持农业园区做大做强。建设亚洲最大单体蝴蝶兰生产基地，皇达花卉项目二期2万平方米智能温室和1500平方米兰花园项目全面建成投产，进一步打响农业园区和码头镇的现代农业品牌。大力推广现代农业示范，打造体现全新种植观念、工厂化生产、占地4608平方米的“菜趣园”，进一步增强园区产业集聚效应，吸收农民就近就业，带动农民致富。全镇市以上农业龙头企业达到8家，家庭农场18家，农民专业合作社达到70多家。

【工业经济】 2016年，实现注册外资到账363.4万美元、外贸进出口468.66万美元，两项指标位居全区前列；新增佳一粉体、盖特建材等规模以上工业企业，工业列统企业达14家；新增润鹏进出口、天丰种业等规模以上批零住餐企业13家；新增贸易列统企业达8家；列统企业累计达35家。2016年实现规模以上固定资产投资13亿元，比“十一五”末(2.79亿元)增长3.67倍；三年来，码头镇累计纳入市重点的招商引资项目达9个(含合引项目3个)，其中通过验收的亿元工业项目1个、亿元服务业项目1个，3000万元农业项目4个。投资2.5亿元的港口项目、投资1.2亿元天丰种业项目在建设中。

【村镇建设】 福兴家园二期建设稳步推进；卫生院完成搬迁运营；完成兽医站建设和公安派出所规划选址；新建码头社会管理服务中心、村级档案室，新镇区功能日益完善。农村“饮用水安全工程”完成一、二级管网铺设，三级管网完成90%以上，个体私营小水厂回收达90%；“村村亮”工程全部完成；为民族村张庄镇村争取各类民族扶持资金90万元，努力把该村打造成民族融合示范村；开工在建污水处理、环境整治提升项目5个，新批落实村庄环境整治、生态保护、农业开发、土地治理等项目8个。

全面推进泰山村“古运河畔最美乡村”建设，游客服务中心封顶，运河湾滑雪滑草乐园吸引各方来客。占地3600平方米的停车场建成使用；投入1200多万元，建设村庄道路、铺设污水管网，对环境进行整治和绿化，村庄配套功能日趋完备，产业融合度越来越高。码头村、张庄镇村“美丽乡村项目”开工建设。

2016年，争取到重点级特色镇发展项目资金300万元。码头村获批江苏最美乡村、省康居示范村、全省最具魅力休闲乡村、全国最美乡村试点村；码头村圩闸自然村列入2016年全省美丽乡村建设试点村庄，获建设资金250万元；张庄镇村获2016年省级美丽乡村试点；泰山村西王庄获批江苏省传统村落，泰山村朱庄获批江苏省康居乡村。

【社会事业】 建立和完善农村环境综合整治长效管理机制。土地确权完成90%，农民合法权益得到保障；举办各类文化活动70次，丰富群众文化生活；充分利用南京玄武区帮扶资金，投入300万元拓宽玉坝村主干道，并实施亮化美化工程以及太平小区配套、村部改造项目，进一步加快整村脱贫工作的推进；投入80万元对江宁路、爱心路等镇区主干道，对各村居进行亮化；开工建设仲弓村健身广场，亮化中心村道路；整合各类资金30万元，慰问困难群众、老党员、老退伍伤残军人400人次；结合玄武助学计划，实施教育公益项目，扶持中、小学各5万元。投入160万元对码头敬老院进行提档升级，改善老人们的生活环境，提升老人们的生活质量。

码头镇新镇区福兴家园二期快速推进

【党的建设】 码头村培育为省级“远教”示范点。挖掘历史文化资源，打造码头宣传高地，制作完成《千秋码头》MTV、《传奇码头》宣传片和微电影《古运河之恋》，不仅赠送落户码头的客商，而且上传互联网，借助现代媒体，把码头充满时代感的靓丽色彩和大爱正能量的动听声音，传送到世界的角角落落。

【码头蝴蝶兰产业】 码头镇蝴蝶兰种植产业有多年历史，是亚洲最大单体蝴蝶兰生产基地、全国最大蝴蝶兰出口基地。拥有高标准智能温室10万平方米，国内先进的组培育苗车间3000平方米，培育蝴蝶兰品种达30多种。举办江苏淮安花卉暨兰科植物科技与产业发展高端峰会和江苏淮安首届蝴蝶兰博览会，吸引游客30余万人，在国内成功塑造蝴蝶兰品牌效应和市场效应。

表13　　2016年码头镇村级情况

村名	村民小组数	村民户数	户籍人口数	耕地面积(亩)	人均收入(元)	村书记	村主任
张庄镇	3	357	1839	904	17295	沙海华	马超
旧县	5	502	2335	3786	16498	田林友	邓春林
仲弓	4	455	1788	2587	16479	吴　伟	陈如飞
新河	7	670	3075	3878	16350	夏继军	卜怀江
码头	6	571	3150	1399	16555	谢成贵	王　刚
陶闸	7	803	3521	2668	16959	高哨兵	谭世银
泰山	5	560	2230	2380	16578	董　波	赵正中
玉坝	7	769	3695	2847	16325	董建林	张玉成
郑台	10	854	4021	3332	16435	张红军	李加富
居委会	5	216	2610	0	16472	吕建军	余　猛

袁集乡

【概况】 袁集乡位于淮阴区西侧，宿淮高速、宁淮高速、京沪连接线穿境而过，新长铁路、淮二公路、韩侯大道穿插其中，盐河、淮沭河、淮涟三干渠穿境而过。全乡总面积44平方公里，下辖10个行政村、76个村民小组，户籍人口28430人，是一个以高效种植业为基础、工业经济快速发展的城郊乡镇。

【农业经济】 2016年，袁集乡为全乡农户购买水稻、玉米及大棚农业保险，发放“耕地保护补贴”“农机补贴”等强农惠农补贴380万元。完善辖区内1800户贫困家庭建档立卡，全年完成340万元小额扶贫贷款。加强农民创业政策扶持，培育新型职业农民300人。培育“一村一品”特色村，加快李庄村辣椒交易市场建设。以古清口二期采摘园建设为引领，发展特色观光旅游生态农业，实现更大附加值。推进农业规模化经营，实现土地流转面积5000亩。新增1个市级以上专业合作示范社，新建成11个家庭农场，村集体经济收入达934万元，农民人均纯收入16601元。完成“农科村部扩建、李庄四荒地、村级固定资产出租”等交易项目30个，实现交易额达1500万元。推进农业招商，引进1个投资3000万元，占地6000亩的浅水藕种植和龙虾养殖项目，该项目水域面积涉及辣树、草庙、桂塘3个村，项目建成后将集浅水藕种植加工与农家餐饮、垂钓观光于一体，带动周围群众致富。

袁集乡华石建材

【工业经济】 全乡亿元以上项目有7个，5000万元以上项目4个，3000万元以上项目5个。2016年，全乡一般公共预算收入完成7417.3万元，实现目标任务的110.03%；实体税收收入完成3642.89万元，占目标任务的130.1%；规模工业开票销售实现25138.6万元，完成目标任务的81.09%；规模工业入库税金达812.5万元；固定资产购置进项税完成142.8万元，占目标任务的28.56%；工业用电量达1828万千瓦时，完成任务数的258.7%。将各村招引项目产生的可用财力与所在村的集体经济相挂钩,按照一定的比例和基数奖励给所在村。服务好乡内税源大户华石建材等重点企业。配合做好富强新材料项目采输卤站、热电项目和办公楼等建设服务工作;做好西城港业、载德运输、泽宇商贸等一批物流企业的帮办服务工作,努力打造由建材、物流运输等项目构成的工业、物流板块,形成具有袁集特色的盐河物流园。

【社会事业】 全面落实就业促进政策,确保社会就业率93%以上,登记失业率控制在2.2%以内。推进新型农村养老保险工作,做好全民参保登记工作,完成入户调查9100人的目标任务和6200人的参保任务。农村合作医疗工作做到应保尽保;落实低保政策,对农村困难生活救助覆盖面达100%。实施农村饮水安全工程,加快三级管网铺设进度。投入40万元完成集镇污水处理管网设施铺设,抓好集镇占道经营和街景整治工作,清理"黄标车"62辆,对乡村损坏道路进行改造升级。全乡10个村"村村亮"工程全部完成;农村监控实现"村村到",改善村民夜间出行条件,提升群众安全感。以"校园足球文化"为核心,打造特色品牌教育,稳步提升中、小学教育教学质量;持续抓好"二孩生育"计生服务工作,出生政策符合率达97.5%,孕前优生健康检查目标人群覆盖率达98%。

袁集乡西城港业码头

表14　　2016年袁集乡村级情况

村　名	村民小组数	村民户数	户籍人口数	耕地面积	人均收入(元)	村书记	村主任
桂　塘	10	1073	3624	2715	17189	干建奎(主持工作)	干建奎
干　庄	9	1150	3629	1860	16544	程培军	郑东恩
李　庄	7	807	2945	2280	16883	郑　猛	韩守涛
辣　树	9	1008	3555	3840	16431	崔绪柏	陈爱家
草　庙	8	694	2314	2850	16219	李　程	陈玉刚
双　庄	7	660	2374	3000	16780	黄国余(主持工作)	杨余生
袁　北	6	550	1917	1530	16601	杨国和	吴洪金
袁　东	6	696	2304	1695	16446	杜乃忠	郑　强
袁　集	10	1561	4458	3150	16758	杨凤兵	马成龙
农　科	4	397	1310	1305	16157	王行秦	杨凤能

丁集镇

【概况】 丁集镇全镇面积为42平方公里,可耕地面积31604亩。户籍人口32824人。财政收入1.08亿元,农民人均纯收入达22278元。下辖10个行政村。

【农业经济】 2016年,全镇高效农业种植面积达到1.39万亩,其中日光温室2400幢,钢架大棚200幢,日光温室大棚达到1680亩。优质水稻1.69万亩,小麦2.49万亩。渔业面积1095亩,达到市级标准百亩连片日光大棚片区6个。规模专业养殖场22家,有各类专业合作社120家。丁集镇连续多年被市表彰为"设施化农业十强乡镇",2016年,对成功申创的淮阴(丁集)市级现代农业产业园进行提升改造,绿化、新建防渗渠道路1.5公里,扩建大棚面积100亩,融合种植、体验、休闲等多种形式和功能。投资4500万元的淮安福康牧业奶牛养殖、繁育及饲料加工销售项目竣工运营,并成功通过市重点项目验收;在建的农业项目3个,分别为投资1.3亿元的紫缘薰衣草项目、投资1.1亿元的恒鑫园艺项目、投资6500万元的邻华园艺项目。

【工业经济】 全镇完成规模以上工业企业开票销售收入3.5亿元,固定资产购置进项税480万元,工业用电量2400万千瓦时,新发展私营企业106家、新发展个体工商户210家,外资到账170万美元,出口外贸额160万美元。新增列统企业2家,新竣工300万元以上工业项目3个,招引超3000万元项目2个,特色工业品在线平台新增上线使用企业3家,新增批零住餐企业1家、重点服务业企业1家。新引进投资1.45亿元的淮安市吉恒工贸钢圈加工及仓储物流服务一体化项目正式运营,并通过市重点项目验收。全镇还有在建亿元工业项目3个:分别是投资1.2亿元的淮安汇旺新型建材项目、投资1.3亿元的江苏华易嘉工贸项目、投资1.2亿元的金氏丹科技项目。

【村镇建设】 投入300余万元,对全长4100米的吉顺大道进行提升改造,改造内容包括加设两侧绿化带、大理石路牙以及安装路灯120盏等。对福瑞路沿线进行升级,人行道铺设地砖并栽植银杏、法桐等,改变村镇面貌。"村村亮"工程顺利实施,架设路灯600余盏,实现集镇到各村主要道路全部亮化。推进农村饮用水安全工程,三级管网正在铺设中,小水厂处置顺利完成。全镇铺设"一事一议"道路4.5公里,新修农桥9座,拆建电站2座,疏浚中沟4条,河塘整治11个。徐宿淮盐高铁建设经过丁集,全镇涉及高铁拆迁143户。

【第三产业】 全镇中小企业和非公经济企业共有110家,从业3600人,占全部从业人员的80%。物流产业园拥有吉安、吉韩、吉迅、凯驰、骏达、杰东等物流企业35家,木材产业园拥有木材相关企业26家,两大产业园的发展为财政增收提供强有力的支撑。2016年,丁集镇持续加大休闲观光农业项目的招引力度,以紫缘薰衣草庄园为中心,建设恒鑫智能化花卉、邻华园林花卉等项目,打造10分钟车程的观光休闲高效农业集聚区。

【社会事业】 丁集镇按照"将改革的成果惠及民生"这一基准,在财政紧张的情况下,拿出资金多做民生实事。关注弱势群体,镇财政出资7万余元为全镇的低保、重残、孤儿缴纳医疗、养老保险。中秋、春节期间对贫困家庭进行慰问,发放慰问金近15万元;开展"飞鸽圆梦"捐资助学活动,将50万元捐款设立爱心基金,对全镇教育工作及中小学的困难学生、镇内病灾户、特困户进行帮扶资助,形成困难群体救助的长效机制,2016年共为44名大学生提供10万元的资助。加快推进防控体系建设和网格化管理,开展"七五"普法宣传,落实信访责任制,细化矛盾排查和调解工作;全面落实安全生产目标责任制,有序推进企业安全标准化建设,社会稳定局面不断巩固。

表15 **2016年丁集镇村级情况**

村名	村民小组数	村民户数	户籍人口数	耕地面积(亩)	人均收入(元)	村书记	村主任
丁集	7	1027	5010	4327	27498	丁桂珍	丁秀红
宗楼	9	829	3408	3361	22021	胡学尧	张载龙
农庄	7	810	3142	3464	23700	顾兆中	周宗杨
西站	8	853	3609	3283	21534	袁维杰	罗玉高
七一	9	918	4119	3401	20832	安群生	杜乃文
娘庄	8	832	3322	3261	22789	丁佩波	丁长林
胡庄	10	923	3678	4608	20160	毛进国	王志明
劳动	5	527	2794	1390	23589		周玉群
浪石	5	416	1774	2450	17013	赵绪伟	李洪军
潘谈	5	463	1968	2059	23649	杨富春	张明周

棉花庄镇

【概况】　棉花庄镇面积为62.76平方公里,可耕地面积40781亩。户籍人口43394人。全镇下辖13个行政村。2016年完成公共财政预算收入6315万元;完成地方税收1062万元;实现规模以上固定资产投资9.5亿元,比上年增长25%,其中工业投资9.1亿元,比上年增长13.8%;社会消费品零售总额增量6300万元,比上年增长26%。完成村集体经济总收入586.52万元,比上年增长15.34%,其中经营性收入575.26万元,比上年增加68.1万元,增长13.43%,村平均经营性收入44.25万元。农民人均纯收入19603元,比上年增长23.5%。

棉花庄镇房屋拆迁现场

【农业经济】　2016年,全镇新增设施化农业面积1403亩;农业综合机械化水平达86.59%;高效农业保险保费收入占比97.3%;全年新增市级以上农村专业合作社3家:淮安市淮阴区棉花庄镇武梅蔬菜种植专业合作社、淮安市丰润葡萄种植专业合作社和淮阴区悦鑫联旺水果种植专业合作社;新增市级以上家庭农场2家:淮安市金永杰苗木种植家庭农场和淮阴区棉花庄镇“幸福快乐”家庭农场;新增市级以上龙头企业2家:江苏金福科技有限公司、淮安普瑞纳饲料有限公司;新增省级以上龙头企业2家:江苏老侯珍禽食品有限公司和江苏淮安正林炒货食品有限公司;完成农业招商项目3个,分别为:投资3200万元的江苏淮安棉花每鲜加电商体验馆,该项目属农产品电商建成投产,被列为市重点推进项目;投资2800万元的中尚米业有限公司;投资1200万元的淮安金福科技有限公司。

【工业经济】　全年共招引3000万以上项目2个:投资7000万元的淮安美依科技有限公司,投资2.2亿元的江苏江淮新材料有限公司;在谈亿元以上项目1个:投资2.3亿元的邦腾环保科技。完成规模以上工业开票销售收入3.3亿元,比上年增长29.9%;工业用电量864万度,比上年增长53.5%;完成固定资产购置进项税132万元;外贸进出口额467万元,实现零的突破;规模工业企业增加2家:淮安市福德康工贸有限公司和淮安市万福迷彩帐篷厂;新增限额以上批零住餐企业1家:淮安市金盛农机有限公司,新增限额以上服务业企业1家:淮安苏裕建筑设备租赁有限公司;淮安晶荣化工有限公司于12月通过市重点竣工项目验收。

【第三产业】　全镇从事三产人数2821人,社会消费品零售总额达10776万元,实现增加值1340万元,增幅14.2%;第三产业增加值实现62792万元,增幅17.3%;新发展私营企业132家,个体工商户268家;新培植限额以上批零住餐企业1家,重点服务业企业1家;新增营业面积50平方米以上的批零销售户2家。

【村镇建设】　以大型交通工程助力镇村面貌改变,503机场路拆迁征地工作,全年共拆迁73户,徐宿淮盐高铁共拆迁69户,主体工程基本完工;在全镇范围内推进“村村亮”工程,全年新增加路

棉花庄镇村村亮工程

灯650盏，实现村村有路灯；同时，在全镇范围内进行环境全域整治，全面治理生活污水，生活垃圾，新建污水处理设施两处，新建污水管网3.11公里，生活垃圾实现日产日清，建立长效保洁机制。

【社会事业】 淮安市棉花庄镇九年制学校2016年被教育部命名为全国青少年校园足球特色学校，被教育部关工委授予“主题教育活动”示范学校。大兴九年制学校2016年为开明中学输送20名优质生源，各个学段在全区抽测中居前列，获得区教育局表彰；在中考中，为淮州中学、淮海中学输送30名优质生源。棉花中心卫生院肛肠科创建成省级特色科室，通过省、市侨办争取到香港金轮集团无偿捐赠70万元项目一个，总投入200万元实施中医馆改扩建，项目建设面积1270平方米。元旦节举办大型元旦文艺晚会，在晚会上对2015年度评选出来的“五好文明户”进行表彰和颁奖。11月，和省级卫生系统联合举办“糖尿病宣传日及健康知识有奖竞猜问答”活动，国家卫计委一位司长莅临大福村参加活动。

表16　2016年棉花庄镇村级情况

村名	村民小组数	村民户数	户籍人口数	耕地面积(亩)	人均收入(元)	村书记	村主任
鑫园	9	2273	6442	2627	20003	张大权	
十里	9	977	3437	2633	19697	张建瑞	狄开云
新河	8	881	3046	3433	19664	曾凡东	石　猛
袁庄	7	665	2351	2581	19483	刘立平	何照清
大福	7	801	2878	2556	20138	刘雪松	庄连明
顾庄	6	746	2747	3507	19726	顾同中	崔珠军
刘河	8	971	3588	3707	19320	王连伟	王凤鸣
联吐	10	926	3255	3599	17998	张善波	陈士飞
军田	8	964	3381	3980	20008	刘如军	蒋广田
大西	9	1019	3480	3998	19705	邵国文	张万余
大兴	3	861	2533	939	19723	王　聪	
团结	7	786	2784	3740	18473	谷　楠	张　晶
三河	15	1028	3472	3481	17859	石朋武	

老张集乡

【概况】 老张集乡位于淮阴区东北部，离淮阴城区不到20公里，京沪高速公路与236省道贯穿全境，京沪高速公路淮安北出口位于该乡境内，交通便利，全乡面积50.88平方公里，下辖9个行政村，92个村民小组，户籍人口29448人。2016年全乡实现财政收入1.22亿元，可用财力达1590万元；完成固定资产投资额10亿元，规模以上工业开票销售收入2.88亿元，固定资产进项税500万元，新发展个体工商户177户、私营企业93户，农民人均收入达16319元。

老张集乡党员为村级服务社服务

【农业经济】 2016年，老张集乡引进亿元农业项目中垦生态农业、植尔丰农业科技发展有限公司，引进深圳百果园项目,带动周边群众400多人实现当地就业;培育家庭农场等新型经营性主体15家,家庭农场流转土地4729亩,帮助鼓励农户进行大棚种植。全面启动农村承包土地经营权确权登记颁证工作,截至2016年底,完成全乡96%农户的土地经营权证书发放工作;稳步推进农村小型水利工程管理体制改革,与各村管护人员签订协议、明确职责;创新农村耕种经营体制,成功注册一批农村土地耕作服务社,成立郑湾村、金星村、孙圩村土地耕作服务社,流转土地1500亩,已进行实际运作;培育市级以上示范合作社1家(向阳土地耕作服务社)、新建市级示范家庭农场1家(代河村"淮阴区冯德华农作物种植家庭农场")。建成郑湾稻麦示范基地150亩,多渠道的种植养殖业促进农民收入较快增长。

【工业经济】 科智医疗通过市亿元重点项目验收,投资5000万元的慧峰聚能发电项目建成投产,推进中垦生态农业、优康消毒、斯科尔门窗、江苏晟岳程等企业建设。完善园区道路等配套设施,对围墙、厂房进行高起点规划、高标准设计、高水平建设,建设一个现代化的园林式生态工业园。实现固定资产投资13.06亿元,其中工业投资10.38亿元。新增贸易类列统企业淮安市淮阴区皇廷大酒店,新增重点服务业企业淮安市飞扬物流有限公司。

【村镇建设】 2016年,安装路灯200盏,拓宽乡村道路7.2公里,开通新桥线、代河线镇村公共汽车;投入近300万元进行生态环境全域整治,建设120余座垃圾房,配备2000只垃圾桶,100辆保洁车,100名保洁员。投入60万元,建设张集900平方米党群服务中心;在代河、新桥2个村建设村民广场,配备相应的健身器材。

【社会事业】 扎实开展计划生育工作,坚持每季度开展一次免费生殖健康检查服务和农村计生专干培训;向上争取80万元扩建镇卫生院住院楼,乡村卫生服务体系健全率达100%;信访工作连续多年位居全区信访稳定工作前列。新建代河村和孙圩村三星级居家养老服务中心惠民工程。利用上级扶贫资金为代河、郑湾两村购买经营性用房,实施哒哒牧业、东跃镜业和植尔丰农业科技等入股分红项目,提升农村的扶贫造血功能。投入44万元为代河、郑湾两村铺设水泥路共计2000米;投入130万元建设植尔丰牌楼及护坡项目;投入10万元用于购买公益性岗位,50万元直补到户;超额完成小额扶贫贷款发放工作。全力推进农村小水厂改制回收工作,完成小水厂改制6家,饮水安全管网通达代河、洪涯、玉尧、张集、郑湾等5个村,入户安装2236户,使用渔沟大水厂自来水户1509户。

老张集乡蒸蒸日上的出口企业

表17 2016年老张集乡村级情况

村名	村民小组数	村民户数	户籍人口数	耕地面积(亩)	人均收入(元)	村书记	村主任
金星	8	805	2855	4379	16277	徐利伟	卢亚宽
代河	7	689	2391	4320	16363	张淮城	孙洪美
玉尧	15	1439	4838	6015	16952	王步松	郑立鹏
郑湾	12	987	3315	5654	16583	郑海东	余　刚
健康	8	618	2004	3933	16462	刘　海	李玉成
新桥	6	551	1896	4297	16159	徐亚军	吴雪健
张集	13	1967	5179	5474	18220	刘　勤	何连洪
孙圩	12	918	3070	5320	16091	居永尚	石朋军
洪涯	10	978	3900	3976	17122	丁浩然	万士军

古寨乡

【概况】 古寨乡为淮涟苏北革命老区之一,位于城北35公里处。辖区内三干渠、六塘河、民便河纵横交错,滋润着31665亩良田。全乡面积38.96平方公里,人口21501人,下辖8个行政村,59个村民小组。2016年全乡一般公共预算收入完成4200万元。乡镇可用财力完成665万元。规模企业开票完成9700万元,比上年增长7.8%。工业入库税金完成185.5万元,比上年增长39.8%。工业用电量完成1060万千瓦时。固定资产进项税完成650万元。

【农业经济】 2016年,古寨乡坚持以农民增收、农业增效、农村发展为重点,积极发展规模种植、养殖。实施银猫村等5个村高标准农田整治项目,涉及土地整理,路桥、涵洞、防渗渠、渡槽等,总投资4100万元,改善九房、银猫、对口、新公和古寨等5个村的灌排设施和群众出行条件。全乡土地流转率达45%,新增古西村300亩冬枣、银猫村魏玉林380亩稻田养虾和220亩浅水藕养鱼虾、古寨村150亩西瓜种植等高效农业。

【工业经济】 在规模企业方面,培植淮江科技、丰厚纺织、金六塘纺织等骨干企业发展,以淮江科技为基石实现全年工业开票突破2亿元;在固定资产购置进项税方面,帮助淮江科技完成对危化品上岗人员培训,扩大企业营业执照范围;在外向型经济方面,帮助引导乡内丰厚纺织等有能力企业申请进出口自营权,鼓励金六塘纺织等有外贸业务的企业积极向外拓展业务。全年新发展私营企业77家,新发展个体工商户156家。市重点项目淮江科技一期于2016年10月8日通过市重点项目验收。

【村镇建设】 ①完善九房小区基础设施建设。九房城乡挂钩试点项目安置小区于2016年1月交付使用。小区占地面积422亩,总投资1.8亿元,有建筑面积19.5万平方米,安置居民1170户。小区基础设施完善,建设道路7.86万平方米,绿化1.08万平方米,下水道管网1.95万米。小区内便民设施齐全,设有集村支两委办公点、卫生室、集中养老中心、便民超市、健身广场、停车场、小区物业管理公司为一体的便民综合服务中心;集农产品销售、餐饮、大型超市等为一体的农业商贸城综合体;集健身广场、露天数字影院、塑胶篮球场、羽毛球场为一体的休闲广场;打造设有"两学一做"、家风家规、先进典型宣传等专栏的特色党建广场。②启动实施古寨乡城乡建设用地增减挂钩复垦项目。该项目位于古寨村后汤圩,涉及群众92户。7月13日,工作组进驻,开始测量、签约、搬迁和拆除等工作,11月底完成土地复垦工作,通过国土部门验收。项目实现净增耕地120亩,整理改良耕地400亩。

【社会事业】 投入70万元,改造五古路大寨中沟桥和古钱路民便河东边沟桥,新建农桥四座,分别为新公村2座、友谊村1座、后河村1座。投入55万元实施"村村亮"工程,安装短壁灯800盏、立杆灯200盏。投入30万元,疏浚古钱中沟,整治河塘6个。推进古寨、银猫等5个村高标准农田整治项目。上半年投入近2000万元,新建路、渠、桥、涵等农业基础配套设施,提升项目区的耕作水平。实施村庄环境改善提升行动,重点开展银猫、新公等村农村环境综合整治,完成对后河村3个鱼塘、对口窑厂鱼塘,以及友谊万柳中沟等3条沟的整治工作,改善农村环境面貌。完成小额扶贫贷款发放300万元。投入30万元,在古寨小学北侧建设关爱驿站1个,方便老人接送儿童上学。

表18 2016年古寨乡村级情况

村名	村民小组数	农业户数	户籍人口数	耕地面积(亩)	人均收入(元)	村书记	村主任
银猫	8	485	2360	2605	12000	朱兆勤	朱士良
古寨	9	758	3620	4420	16100	朱从尚	郭文付
友谊	7	568	2292	2678	14000	于湛洋	李明生
九房	8	733	2960	6950	15900	苏龙玉	朱士记
新公	4	540	2243	2250	12000	朱宗茂	祁永川
对口	7	545	2123	2797	13000	朱国华	高兵兵
古西	12	920	4218	7865	15000	赵　阳	李国林
后河	4	367	1685	2100	12000	刘　军	

刘老庄乡

【概况】 刘老庄乡位于淮安市区西北28公里处，是新四军八十二烈士殉国之地，全乡共有10个行政村，1个种猪场，户籍人口26922人，总户数7503户，总面积53.78平方公里，耕地面积51945亩。2016年全乡地区生产总值超10亿元；一般公共预算收入实现5500万元，地方税收实现1040万元，农民人均纯收入实现13685元。

【农业经济】 扩展农业规模化、产业化经营，年内有218户2900亩土地进行流转，全乡土地流转率达到65%，形成大户规模种植、农民专业合作社、家庭农场等新型土地经营模式。土地流转促进农产品品牌的形成，如草莓、葡萄、水蜜桃、蓝莓、优质大米等一批农产品的影响力正逐步扩大。

【工业经济】 2016年，先后引进星宇刷业、汉淮商贸、洪成米业、闽丰二期等项目，其中星宇刷业完成全年外资到账300万美元，洪成米业被纳入市农业重点项目，闽丰二期接受市农业重点项目的验收。

【村镇建设】 实施完成长1100米的街道两侧绿化改造工程。长860米、宽25米的迎宾大道延伸工程于9月份开始施工。推进总占地49.05亩、总建筑面积4.3万平方米的农贸城项目建设，一期1.1万平方米工程主体完工。以郑河村集中居住点建设为契机，投资5800万元用于该村的美丽乡村建设，小区房屋、绿化、亮化等配套设施均建成。全面实施“村村亮”工程，有5个村完成项目建设。

【文化旅游】 邀请专业团队对全乡旅游发展进行规划设计，并邀请旅游管理部门、中介单位等到乡进行考察，针对2016年存在的问题和不足提出专业性的意见，在加强旅游点管理的同时，加大对外宣传力度，如编撰刘老庄乡一日游手册，通过微信等网络平台推介旅游项目和旅游产品等。加大对新的旅游景点的招引开发力度，千亩休闲观光农业体验区项目正在有序实施。

【社会事业】 2016年，刘老庄乡列入年度为民办实事项目15件，完成13件，正在实施的2件。保障群众出行，新铺设农村道路6760米，新建和改造桥梁6座。完善农田基础设施建设，完成1.3万亩的优质稻米基地项目。全面完成农村小水厂的前期处置工作，为后期平稳施工奠定基础。巩固村庄环境综合整治成果，保证农村环境整洁。实施完成敬老院升级改造工程，为集中供养的老人提供一个舒适的居住环境。实施困难弱势群体关爱工程，全年共帮扶160人计4.55万元。

表19 2016年刘老庄乡村级情况

村名	村民小组数	农业户数	户籍人口数	耕地面积(亩)	人均收入(元)	村书记	村主任
刘皮	9	760	2885	3171	15978	刘亚洲	刘海国
南营	8	612	2245	5852	14335	王亚军	胡建虎
刘老庄	4	583	1789	3074	20651	朱　林	苏炳文
郑河	12	1057	3969	7175	17367	洪家银	姚建平
夹树	5	439	1644	3674	16653	洪家刚	洪家南
姜庄	5	439	1556	3518	12367	金　托	余久林
红星	11	860	3192	5673	12498	薛　峰	马成军
杨庄	8	649	2347	4635	12196	杨　波	徐大刚
双庄	7	598	2100	4889	10610	陈延龙	刘树杉
同心	9	606	2261	4874	12291	张绍权	朱从明
种猪场	9	900	2934	5410	20364	傅道斌(兼职)	

三树镇

【概况】 三树镇位于淮阴区西部，距离市区15公里，东临淮沭河与袁集乡相望，西与泗阳隔运河相望，南与凌桥乡接壤，北与渔沟镇毗邻。辖15个行政村，126个村民小组。全镇总面积78平方公里，可耕地面积56653亩。户籍人口48000人。2016年实现财政收入5495万元，农民人均纯收入1.46万元。

【农业经济】 2016年，三树镇坚持用工业化理念推进农业，着力打造基地、加工、营销、市场4个“车间”，推动农业发展方式由传统型向外向型、由粗放型向集约型、由零散低效向规模高效型、由耗能污染型向科技生态型转变，由农业大镇向农业强镇转变。完成1000万元以上农业加工项目1个，500万元以上农业加工项目2个，均占任务数的100%，完成1个省级示范合作社和1个市级示范合作社，创建1个省级家庭农场、1个市级示范家庭农场。新增高效设施农业1200亩，占全年任务数的155.8%；新增高效渔业面积220亩，占任务数183.3%；农业综合机械化水平84.76%，占全年任务数107%。高效农业保险保费收入占任务数的110%。

【工业经济】 全年完成10亿元以上项目1个；完成市级亿元农业项目1个；完成50万元以上总部经济项目1个；实现规模以上开票收入13177万元，占任务数275%；完成新增列统企业3家，占任务数150%，完成规模以上固定资产投资11065万元，占任务数117%。出台《三树镇城西工业园区优惠政策的若干规定》，优化投资环境，推进园区基础和配套设施建设，破解项目建设过程中水、电、路、讯等难题，对落户三树的项目一律实行挂牌保护，实行保姆式服务，提高服务效率和服务水平。园区建成标准化厂房8万平方米，入驻企业共13家。

【第三产业】 2016年，三树镇把返乡农民工、高校毕业生、下岗失业人员等就业创业作为工作重点，为创业者开辟绿色通道。推出“创业培训+实地参观+外出考察”拓展式培训模式，聘请市区培训专业人员进行创业培训，发挥镇、村远程教育平台的作用，对返乡农民工开展技能培训，免费发放创业政策宣传资料。加强信贷扶持，解决创业人员创业之初在项目资金上的“瓶颈”制约。全镇共发放小额贷款1241万元，新增个体工商户165户，实现创业带动就业的倍增效应。

【村镇建设】 三树镇重点实施书香花园、商务市场、南园小区、华树商贸城、三兴小区、如林超市、景观街道、垃圾中转站、污水处理厂等13个重点集镇建设项目，集镇在建商住房面积超过14.5万平方米，新建和改造集镇主干道1.89公里，下水道5公里。形成“七纵七横”的框架，镇中心人口由原来的7430人增加到目前9150人，城镇面积由1.6平方公里扩大到2.1平方公里。

【社会事业】 全镇纳入低保对象共565户，1160人；在镇敬老院集中供养“五保”对象42人，分散供养“五保”老人196人，做到应保尽保。改造危房17户，缓解低收入家庭的住房难。6380名年满60周岁以上的老人都能按时领取养老金。将集九年制学校在区教育局教育教学目标综合考核中获优胜单位；2016年中考获初中教学质量一等奖；2016年创新创优项目获二等奖。三树小学获教育部首届“全国青少年学生法治知识网络大赛”复赛阶段优秀组织奖，市“文景钢铁杯”青少年足球比赛女子组第二名。三树卫生院建有14个社区卫生服务站、1个分院。全镇15个行政村全部建成农家书屋，每个农家书屋的藏书种类达到500种以上，藏书1500册以上，音响制品50种。2016年春节举办民俗巡回演出。全年累计送戏下村演出18场、送电影下村150场。有线电视15个村全部通达，农村有线电视用户5500余户。

表20　2016年三树镇村级情况

村名	村民小组数	村民户数	户籍人口数	耕地面积（亩）	人均收入（元）	村书记	村主任
张桥	10	802	3857	4545	12994	张绪杰	韩志军
跃进	12	980	3713	5376	12983	严士林	何其烨

续表

村名	村民小组数	村民户数	户籍人口数	耕地面积(亩)	人均收入(元)	村书记	村主任
三树	22	1751	6652	3549	14339	王树楼	胡建吾
新星	10	1306	4779	5350	13349	陈际书	
树西	6	605	1852	2780	12951	王　磊	于志荣
四门闸	5	587	2795	3430	12917	高　刚	赵正江
汪洼	5	495	1988	3268	12884	丁祖洋	万孝成
联盟	9	767	2468	4721	12641	王志刚	王学勤
周集	8	810	2731	4163	13073	韩鹏先	王学飞
梨园	5	455	2301	2643	13021	孙殿波	朱发开
三岔	4	555	1902	2586	13068	卜奎宝	俞金宏
三坝	7	956	3473	3778	13054	范开高	潘从超
蒋集	10	1236	5326	4206	13554	蒋茂林	陈　实
渠北	8	694	2449	3185	13177	汤茂松	董明超
高尚	5	552	1714	3073	13262	李广林	刘开科

吴集镇

【概况】 吴集镇位于城区西北约25公里处。东临淮沭河与五里镇相望,西隔淮泗河与泗阳县八集乡接壤,南与渔沟镇相接,北与西宋集镇毗邻,淮泗河、跃进河由南向北穿过,吴八路贯穿该镇东西,是通往八集、魏圩的要道。全镇东西长约10公里,南北宽约5公里。该镇以种植旱作物为主,“将军果”牌和“吴集”牌花生是吴集镇名牌产品。镇人民政府驻吴集街。全镇户籍人口36065人。

【农业经济】 吴集镇先后引进能人大户30人,流转土地近1万亩,重点打造以花生种植基地为龙头,以高效设施农业、花卉果园、旱田水产养殖为主导产业的“1+3”特色农业。搭建电子商务网络销售平台,以大学毕业生、大学生村官、返乡创业青年和个体经营户为重点,培养农村电子商务创业带头人,鼓励群众投身于电子商务创业,实现农特产品网挂销售。新成立合作社108家,家庭农场91家,土地耕作服务社6家,农村产权交易服务中心1个。完成申报市级以上示范性家庭农场2家,市级以上示范性合作社2家。该镇因新型农业经营主体培育工作突出,2016年度被市委市政府表彰为先进乡镇。

【工业经济】 2016年引进的信和包装项目,已完成开工、竣工;引进的4亿元项目,远景公司风力发电项目进入选址阶段,并有望在2017年开工建设。先后发展个体私营企业100家,新增个体工商户500家,截至年底,全镇共有列统企业25家,其中工业列统企业15家、服务业列统企业4家,贸易业列统企业6家,全年实现规模工业开票销售3.3亿元,规模以上固定资产投资6亿元。

【村镇建设】 2016年,全镇累计投入1000万元资金,清理河塘2万立方米,杆线迁移500根,新建污水处理厂,新建污水管网2.8公里,新购置1万余只垃圾桶、36辆保洁三轮车、150件保洁服装,建造932座垃圾房(池)。做到每个农户发放一个垃圾桶、每个自然村庄建造2~3个垃圾池、每个村配套1~2台垃圾拖运车。组建一支100名保洁员,15名垃圾清运工的环卫队伍,实行全天候保洁,初步实现河道水面清洁、田间地头清洁、居住环境整洁、街道绿化亮化达标的良好局面。跃进河2014年被评为“最美乡村河流”,淮泗、民主2个行政村于2015年被省水利厅评为“最美乡村”。吴集镇2016年被评为市村庄环境整治长效管护五星级乡镇,成为淮阴区首家获此荣誉的乡镇。

【社会事业】 2016年,吴集镇先后投入2000万元,完成省基建工程渠西河治理项目、中央财政资金旱改水工程、竹洛坝灌区节水改造及续建配套六、七、八期工程、中央财政资金重点县工程，新建防渗渠道35.6千米，新建灌溉泵站4座，配套大小桥涵400座，改造农田2.15万亩，形成田成方、路成框、林成行、渠成网的生产布局。累计完成土地拆挂253户，新增耕地面积478.26亩。废弃矿复垦50亩，占补平衡土地150余亩。投入1000万元，在全镇范围内铺设近45公里水泥路，新建跃进河新园大桥，改造危桥40座，对总长度为25公里的吴八路以及包圩、后荡两村9公里四级路从3.5米扩宽到5.5米，新通镇村公共汽车，解决群众出行难问题。实现农村养老保险和新型合作医疗的全覆盖，提高低保标准，加大小额扶贫贷款发放力度。镇财政连续三年对新入学贫困大学生进行资助、成立全区首个三星级残疾人就业扶持基地。全镇涌现出一批关心留守儿童、帮助残疾人就业、做产妇“保护神”的先进典型。2016年度“太阳花”爱心社团获“江苏省‘十佳’巾帼志愿服务队”称号。中小学入学率和巩固率均达到100%，新建卫生院病房楼，改善镇村两级医疗卫生条件。开展送戏下乡活动，丰富群众精神文化生活。

表21　　2016年吴集镇村级情况

村名	村民小组数	村民户数	户籍人口数	耕地面积(亩)	人均收入(元)	村书记	村主任
吴集	5	867	2879	2115	15578	严启荣	宁作祥
兴和	11	1103	4468	4950	15152	史家才	杨启宏
包圩	5	773	3177	3930	15409	包建文	韩卫国
后荡	6	662	2558	3150	15310	朱鲁兵	杨恒飞
新园	13	1172	4645	6510	15296	何　乐	史益军
黎明	9	873	3678	4500	15218	杨　岩	陈　勇
民主	9	677	2781	3210	15295	尤宜兵	钟克勤
淮西	6	509	2221	2010	15092	周立刚	周金良
振兴	6	706	2963	3690	15262	朱广先	季正元
倪祠堂	3	302	1313	1410	15130	葛晓芹	倪前虎
三和	14	1297	5382	5850	15358	朱广先	吴建平

渔沟镇

【概况】 渔沟镇位于淮阴区西部，全镇面积99.1平方公里，户籍人口67470人，下辖18个行政村、1个居委会。其中，镇区面积2.4平方公里，常住人口2.38万人。渔沟镇距淮安市区和宿迁市的泗阳县城均10公里，325省道横贯东西，淮沭新河纵贯南北，京沪、同三、宁连、盐淮徐等4条高速公路穿境而过；205国道、新长铁路环绕左右，15分钟即可抵达淮安机场，是325省道淮安市西大门、淮阴区淮泗片经济、文化、商贸中心。2014年，先后被确定为全国重点镇、省级重点中心镇、国家级生态镇，2016年成功创成江苏省卫生镇。渔沟工业园区被列为区“一区五园”平台之一，成为淮安高新区机械装备产业园，2016年被评为市级经济园区。

【工业经济】 2016年，实现规模以上固定资产投资11亿元、工业固定资产投资10亿元、一般公共预算收入1.09亿元、规模以上工业开票销售收入5.1亿元。投入5000万元新建园区6条道路、配套管网及景观提升工程，形成“四纵三横”道路框架，实现“五通一平”，新增项目承载面积1000亩。2016年新增销售超亿元企业1家；总投资5亿元的闽泉纺织科技、5.6亿元的维福莱科技、3.2亿元的浩海工贸和1.5亿元的固基管桩项目相继落户。渔沟工业园被市政府确认为市级经济园区。处置华强木业等3宗270亩闲置土地，提高建设用地利用效率。

【集镇建设】 完成集镇总体规划修编、工业园区规划和控制性详细规划,作为集镇建设的蓝本。确立"千年古镇、工贸强镇、宜居靓镇、区域重镇"为发展定位,力争通过3~5年的努力,将渔沟建成"区域副中心,特色小城市"。抓住省级重点镇2000万元奖补资金这一机遇,撬动4000万元社会资本,实施老镇区道路改造和景观提升工程。总投资2.95亿元的渔沟镇新型城镇化建设(一期)项目被列入2016年省财政厅PPP项目库。完成800亩征地拆迁任务,其中新型城镇化建设PPP项目正在积极创建"市级廉政文化示范点"。

表22　　2016年渔沟镇村级情况

村名	村民小组数	村民户数	户籍人口数	耕地面积(亩)	村书记	村主任
陶营	6	600	2724	2567	诸海兵	李玉波
卢华	6	520	2685	2978	诸海兵	华明灿
杨庙	7	660	2761	3531	单业高	石学国
新民	8	651	2655	3776	张宏	李朝华
淮河	8	565	2658	3633	王尊国	陶士玉
西河	8	667	2925	3617	蒋宗国	丁飞
蒋桥	14	1467	6547	7385	蒋兆荣	蒋永宝
汪庄	5	601	2971	3514	胡毅	汪厚华
鹏里	6	598	2796	4863	董秀泉	吴洪明
兴渔	6	773	3346	3919	张忠元	段华正
渔沟	6	898	8913	2925	龚新连	丁海林
程圩	9	713	2972	3628	陈亮	尚兆玉
何庄	8	627	2780	1946	朱明先	姜明锦
裘庄	8	526	2738	3415	裘超	胡业明
韩圩	15	1081	6152	5026	韩绪银	朱志国
董巷	5	496	2473	2718	吴福忠	刘海礁
包河	6	457	2732	2459	王华银	崔焕文
徐赵	9	592	3121	3567	徐佳佳	张登中
居委会	—	—	3521	—	吴秀梅	

王兴镇

【概况】 王兴镇位于淮阴城区东北13公里处,镇域面积61.3平方公里,东隔盐河与涟水保滩乡相望,北与涟水县蒋庵乡接壤,西与棉花庄镇毗邻,南连新渡乡。镇政府驻王兴街。下辖12个行政村(居)、96个村民小组、9133户、户籍人口34691人,财政收入7336.56万元,农民人均纯收入16758元。

【农业经济】 2016年,实现村集体收入325.1万元,发放扶贫小额贷款670万元。总投资5000万元的鸿淮家居项目竣工投产(纳入市考核3000万元以上农业加工项目);新发展高效设施农业620亩,高效渔业面积120亩;全镇农机化水平达87.2%;完成三麦水稻保险2.1万亩,主要种植业承保面达95%,高效设施农业保险保费占比56%。新成立家庭农场9家、合作社4家。成立农村产权交易中心,全年完成交易35笔,交易额1150万元。全镇12个村土地确权登记颁证率达95.5%。

【工业经济】 总投资1亿元的瑞丰科技项目基本建成,即将全面投产;总投资1亿元的固岩建材项目建成投产;总投资5000万元的宏广礼盒二期项目竣工投产。总投资10亿美元的德国曼兹太阳能薄膜发电项目、总投资2亿元的单晶硅光伏发电项目正在紧密跟踪洽谈。规模企业实现开票约2.8亿元,工业入库税金实现增幅16%,工业用电量完成115万千瓦时,增幅实现8.2%;规模以上固定资产投资完成7.5亿元,其中工业投资完成5.4亿元,完成全年任务;新成立私营企业110个,新增加个体工商户120个,超额完成全年任务;新培植工业规模企业2个,批零企业2个,服务业企业1个,外贸完成350万美元。

【村镇建设】 全力抓好防违治违工作,加强街道秩序、卫生管理。抓实农村环境全域综合整治工作,基本形成长效管理机制,村庄环境长效管护合格率达100%,拉网式综合整治村完成4个。综合整治试点工程完成练湖村、安庄村管网建设。用8天时间完成徐宿淮盐高铁沿线62户的搬迁工作,采取货币+产权置换方式对搬迁户全部妥善安置。

【社会事业】 镇卫生院投入280余万元购置16排螺旋CT,方便群众看病。对特殊群体减免诊疗费用26.7万元。镇卫生院获得"2015—2016年度国家建设群众满意乡镇卫生院"称号。继续健全低保、医疗、养老等社会保障体系,全年核减不符合低保条件的农户37户83人,新增30户74人。有线电视实现组组通,新增数字电视入户500户。新建农桥8座,疏浚中沟2条5.2公里,整治村庄河塘12个、农沟5条。饮水安全工程三级管网铺设全部完成,管道入户5800户,小水厂回收处置率100%。信访稳定工作扎实开展,无造成不良影响的信访案件。年度考评获区综合一等奖、市先进单位。认真抓好安全生产工作,全年无安全事故发生。

表23　　2016年王兴镇村级情况

村名	村民小组数	村民户数	户籍人口数	耕地面积(亩)	人均收入(元)	村书记	村主任
王兴	5	1086	3328	1579	17085	耿树洪	李清华
新兴	7	802	3065	2881	17044	陈士飞	陈士琛
安庄	10	857	3384	3125	16515	齐振飞	袁文功
开庄	6	553	2060	3551	16520	杨根宝	顾士连
桃田	10	894	3386	3705	16958	耿树洪	金海权
高荡	6	589	2142	2280	16896	史耀东	王振操
长兴	11	667	2608	3629	16875	余长香	徐敏军
肖荡	8	741	2971	3971	16522	肖善云	肖士清
沿河	6	497	2050	2029	16449	丁敏芝	尹希元
团结	7	639	2492	3251	16410	胡金春	齐云祥
两淮	9	896	3541	3825	16892	薛　明	张万树
练湖	11	912	3664	3485	16930	王树志	胡学海

新渡乡

【概况】 新渡乡位于淮阴、清江浦、市经济开发区和涟水三区一县交界处,离城区5公里,距离淮安机场15公里,交通便捷。全乡总面积44.42平方公里,可耕地面积2.37万亩。户籍人口30982人。2016年乡财政收入约0.92亿元,人均纯收入1.8万元。

【农业经济】 2016年全乡新增高效设施农业1200亩,形成朱集、三杨、新桥和沙荡、新渡、夏圩等两个千亩连片大棚蔬菜生产基地。淮涟草莓是新渡乡农业特色产业,享誉淮安市。全乡新增家庭农场8个,新增合作经济组织2个,创建市级示范社1个。农田水利设施进一步完善,投入120余万元,改造朱集沙荡北站,沙荡东、西站等水泵站3座;投入约83万元,修建一事一议道路4条约3.35公里;投入44万元,新建农桥6座;投入20

万元新建防渗渠道2条计1.1公里,有效地改善农民生产、生活条件。

【工业经济】 2016年,竣工项目1个(与区农委共同引进的投资3000万元的凯德亚食品"二期技改"农业项目,通过市重点办验收,竣工投产);在建项目1个(淮安国际自行车城项目);开工项目2个(一是与交通局和人社局共同引进的总投资28亿元的城东港区项目;二是投资130亿元的养老养生产业小镇,于11月5日开工建设);签约项目1个(江苏新海石化有限公司的"新渡服务区"项目)。全年工业企业开票销售约2.1亿元,工业用电量达450万千瓦时;新发展私营企业33家,个体工商户26户。

【社会事业】 全乡投入近150万元用于农村环境综合整治工作,对村庄和集镇环境进行全方位保洁,实施保洁长效管理机制。加强集镇管理,对路边的经营摊点划定经营范围、规范秩序,组建专门队伍进行长效管理,有效解决多年来主要道口交通拥堵的问题。实施道路亮化工程,安装路灯139盏,方便群众晚间行路。实施解困房机制,乡政府出资装修安置房,用于特别困难群众临时过渡安置。投入近3万元,在淮河东路路灯杆上新安装110面道旗,架设移风易俗、社会主义核心价值观等内容公益广告牌7幅,在佟洼小区内安装12块固定宣传牌,在各村张贴文明城市宣传牌50个,印发宣传资料5000份。

表24　　2016年新渡乡村级情况

村名	村民小组数	村民户数	户籍人口数	耕地面积(亩)	人均收入(元)	村书记	村主任
佟洼	10	1165	4406	2379	16630	包文勇	魏建奎
朱集	12	1534	5410	2770	12187	闫国庆	
夏圩	11	1446	5324	4775	13523	夏克大	
双坝	6	796	2396	865	14671	卞永军	
淮涟	6	830	2826	2011	11707	谢明鑫	
新渡	9	1005	3188	2221	13222	陈国忠	徐大伟
沙荡	5	635	2262	2304	10549	潘　飞	
新桥	8	727	2494	2799	10654	徐　永	张绍武
三杨	6	704	2676	2695	12344	薛继光	

徐溜镇

【概况】 徐溜镇位于淮阴区西北部,距城区25公里。东邻古寨乡、刘老庄乡,西接西宋集镇,南连五里镇,北隔六塘河与沭阳县钱集镇相望。205国道穿境而过,附近有325省道、宁连一级公路、新长铁路、宿淮铁路、宁淮高速等交通要道。镇域面积89平方公里,户籍人口39563人。下辖2个居委会、9个行政村。2016年徐溜镇社会生产总值16.6亿元。2014年7月21日徐溜镇被列入全国重点中心镇。

【农业经济】 2016年,徐溜镇新增土地流转面积5000亩,新引进培育农业企业3家,为120个农民提供就业岗位,全镇的农业产业工人达到400人,增加群众收入150万元。依托镇农业产业园新建一个3500平方米的农产品加工中心,该加工中心运营后,可为50名农民提供就业岗位,为群众增收70万元。

【工业经济】 2016年,徐溜镇引进群悦工贸、利欧浦电光源两家亿元以上企业,实现工业开票销售4.5亿元,入库税金2000万元,全镇工业企业职工人数超2000人。镇工业园区一期轮廓初步形成,完成创业大道、兴盛路、科技路、发展路等道路基础设施建设,园区内形成五纵七横道路网,基本实现"五通一平"。

【村镇建设】 2016年,徐溜镇开工建成12万平方米的明珠花园小区一期工程;累计投入800万元,对前废六塘河环境进行综合整治,确保镇区污水全部进入污水处理厂,实现镇区污水处理"全覆盖";改造89户旱厕,建设公厕一座,垃圾房4座;维修旭日大道、和益大道、繁荣路等道路1.32万平方米。加大景观提档力度,在前废六塘河两岸建成占地12亩的群众游园,使前废六塘河成为徐溜镇群众休闲、亲水、观光的好去处。三级管网铺设做到全部入户，全部送水；通过"一事一议"奖补资金，对吴江村和淮北村新修三条道路；路灯"村村亮"工程全部完成。

【社会事业】 徐溜中心卫生院服务辐射到周边6个乡镇群众，辐射人口达到20余万人。徐溜镇中心小学新校区设25个教学班，并配齐先进的教学设施和教学软件，实现办公自动化、教学多媒体化。该校先后获得"江苏省德育工作先进学校""江苏省象棋奥林匹克俱乐部""市课程改革先进单位"等荣誉称号。全镇8个行政村农民健身器材全部安装到位，11个行政村农家书屋全部开放，丰富群众体育文化生活。镇里斥资兴建集文化、娱乐、绿化于一体，占地面积为12.7亩的农民文化广场，兴建一座拥有56个车位的汽车影院，均投入使用和运营。

表25　　2016年徐溜镇村级情况

村名	村民小组数	村民户数	户籍人口数	耕地面积(亩)	人均收入(元)	村书记	村主任
徐溜	20	1578	9572	5850	17900	吴家琪	赵成建
韩庄	7	496	2486	2235	17900	吴洪军	程学猛
涵洞	6	418	2068	1275	17900	纪志远	周建宇
张庄	6	423	1787	2970	17900	史绍喜	周大峰
金城	12	744	3124	6945	17900	丁长青	阙永顺
新和	9	734	3298	5985	17900	孙　震	苏　林
民主	10	708	3202	5475	17900	刘绪军	李守光
长庄	10	677	3092	4590	17900	钱济权	潘爱彦
淮北	10	796	3864	5700	17900	金建洲	
创业	11	810	3678	5865	17900	周兴举	杨保中
吴江	10	756	3392	4245	17900	吴其建	十　伟

五里镇

【概况】 2016年，五里镇镇域面积53.12平方公里，可耕地面积36548亩。下辖11个行政村，户籍人口29726人。全年一般公共预算收入完成6971万元，财政收入完成0.65亿元，农民人均纯收入1.19万元。

【农业经济】 五里镇实施投资1320万元的镇东南片区农业开发项目、投资670万元的基本农田整治项目和投资200万元的优稻基地项目，完善农业基础设施配套，为农业的高产稳产和产业结构调整奠定基础。土地确权发证工作顺利开展，全镇共完成权属调查6953户，占任务数105.96%，承包地合同面积为34365.43亩，完成审核公示户数6952户，占任务数111.52%；完成完善合同6952户，占任务数111.52%；完成登记簿6952户，占任务数111.52%。

【工业经济】 五里镇规模以上工业开票销售完成4亿元；工业用电量完成920万千瓦时；规模以上固定资产投资7.05亿元，其中工业投资5.9亿元；新

五里镇环境整治后的路面

发展私营企业115家，新发展个体工商户122家；投资1.1亿元的淮海型材二期(木塑共挤项目)、投资1.2亿元的金鑫光伏二期项目、投资3500万元的康美制药中药饮片加工项目被纳入市重点项目。招引外资项目3个：与现代商管中心共引的注册2000万美元的外资建设项目，于4月15日签订框架协议，正在进行工程招标；注册300万美元的养殖项

目,外资手续办好,待土地规划调整后开工建设;注册300万美元的中美合资高分子材料置换园区企业一个,高新区同意入园,正在草拟合同。

五里镇敬老院

【村镇建设】 五里镇加快推进"村村亮"工程,新安装路灯142盏,全镇11个村全面完工。铺设农村水泥路10公里,改造生产桥4座,泵站6座。利用城乡拆挂的契机使老郑村38户居民从交通不便的自然村搬迁到集镇居住,为工业经济发展和集镇建设提供92亩建设用地。

【社会事业】 对全镇低保、"五保"工作进行核查,确保动态管理,应保尽保,应退尽退,完成优抚对象、老人尊老金发放对象核查拍照采集工作;完成369位重度残疾人核发换证工作。投入80余万元,对镇敬老院的消防设备进行改造。启动新一轮扶贫开发建档立卡工作,全镇建档低收入农户4300人,完成扶贫小额贷款发放642万元。不断提升医疗卫生条件,卫生服务站覆盖11个行政村,解决群众看病难问题。

表26 2016年五里镇村级情况

村名	村民小组数	村民户数	户籍人口数	耕地面积(亩)	人均收入(元)	村书记	村主任
五里	5	585	3782	1572	17820	张云霄	丁祖志
镇南	10	753	2961	4264	16486	陆华明	徐涛春
老郑	11	712	2501	4150	16722	郑学峰	张长居
大树	8	484	2251	3406	15201	朱　兵	郭士伟
镇北	12	792	3246	4926	14941	金宗明	周长林
涧桥	9	602	2532	3941	15203	周文虎	曹乃科
花园	7	488	2360	3080	15749	蒋同春	蒋同雷
桃园	9	522	2100	2897	15148	王兆兵	张广庭
刘洼	5	456	1985	2815	14776	刘俊如	刘学刚
民强	9	795	3230	2900	16509	李小田	周厚喜
双农	11	691	2778	2597	15321	唐维礼	曹金双

西宋集镇

【概况】 淮阴区西宋集镇位于淮阴区西北35公里处,与宿迁市的沭阳县、泗阳县接壤,是"两市三县"的交界地带,由东向西有淮沭河、渠西河、跃进河、淮泗河和六塘河5条河流穿过,向东6公里处有205国道和新长铁路,向南16公里处有305省道,水陆交通便捷。2016年底,全镇面积为85.2平方公里,可耕地面积59006亩,下辖12个行政村、2个社区、144个村民小组,户籍人口51269人,在校中小学生3905人。镇财政收入0.6亿元,农民人均纯收入13029元。

淮阴区领导到西宋集镇观摩重点项目

【农业经济】 2016年,西宋集镇引进投资10.5亿元的沪江畜业现代生猪产业项目;投资3000万元的同玉禽业苗鸡养殖项目,通过市重点项目验收;投资1100万元的金色满园中草药种植专业合作社,年产瓜蒌10万公斤;投入1050万元的亿瑞禽业全机械化鸡棚肉鸡养殖项目,年出栏肉鸡40~50万羽;注册成立并实现规范运作的土地耕作服务社3个,培育市级专业合作社1家,区级家庭农场1家,其中土地耕作服务社工作得到市、区领导的充分肯定。

西宋集镇立足镇情实际探索村级发展新思路

【工业经济】 引进毕图新材料、嘉百惠购物中心、富源包装等5000万元以上项目3个,嘉百惠商业街项目通过市重点项目验收。规模以上工业开票销售、固定资产投资等均超额完成全年目标,净增工业列统企业2家(淮安市富源包装材料有限公司、淮安市淮扬木业有限公司),批零住餐企业1家(淮阴区嘉百惠超市),重点服务业企业1个(淮安市齐天文化服务有限公司)。

【村镇建设】 2016年,投入141.2万元,对汤集、宋集村进行全域环境整治,新建垃圾房152座,铺设污水管网4.2公里;投入资金100万元,提档升级集镇主干道2.1公里,安装路灯56盏;投入21万元,改造集镇街道,铺设人行道1400平方米、路牙石740米,美化亮化集镇。

【社会事业】 2016年,全镇累计投资286万元用于农桥、道路建设,实施农村道路提档升级工程、老西线和六支渠10公里道路拓宽、跃进河大桥扩宽、淮泗河3座危桥新建以及“　事　议”项目7个;启动农村饮水安全工程,铺设二级管网1.6万米,三级管网6.4万米;农业保险覆盖率达80%,全年累计赔付47.26万元;成立西宋集镇爱心协会,筹集爱心资金34.1万元,开展助学、助教、助困等爱心事业。

西宋集镇召开2016年上半年村级述职点评会

表27　**2016年西宋集镇村级情况**

村名	村民小组数	农业户数	户籍人口数	耕地面积(亩)	人均收入(元)	村书记	村主任
宋集	11	956	4178	3476	13495	刘绪宝	王登新
汤集	14	863	4736	5650	13436	汤如中	
洪北	6	488	2504	3320	12997	戴家贵	戴家左
三王	7	492	2571	2827	12875	孙大茂	纪德洋
兴旺	8	646	3130	3496	13126	曹正国	高言中
同丰	13	998	4245	5853	12756	陈中展	王兆开
沈圩	11	797	3690	4921	12926	杜业贤	田玉明
跨洪	11	801	3845	5598	13685	王先安	朱育祥
戴梨园	9	636	3145	3504	12956	王国柱	蒋其军
合兴	11	746	3561	3250	12783	吴洪政	陈延春

续表

村名	村民小组数	农业户数	户籍人口数	耕地面积(亩)	人均收入(元)	村书记	村主任
蒋渡	12	859	4081	5143	13012	蒋　坤	王锦豹
新园	11	956	4177	3476	12986	孙开祥	刘珍礼
朱庄	14	1090	4735	5399	12845	朱华生	汪永军
王码	7	577	2671	3093	13014	倪前奋	吴同虎

凌桥乡

【概况】 凌桥乡全乡面积为68.56平方公里,可耕地面积37005亩。全乡下辖11个行政村,户籍人口29144人。

【农业经济】 2016年,依托"凌桥大米""凌桥香瓜"等知名品牌,带动全乡现代农业的快速发展。新建打水电站1座,修建防渗水泥渠5.5公里,提高农业生产综合保障能力;规模流转土地2655亩,其中高效农业增加1500亩,设施化增加722亩,形成以豆瓣集为中心的万亩优质稻米基地和以鑫联、双闸、新堡为中心的果蔬种植区,优质稻米南粳9108生产基地面积达3000亩,香瓜种植规模10000余亩,推动凌桥大米、凌桥香瓜的产业化经营、项目化生产,为农民增收提供较强的产业支撑。

【工业经济】 凌桥乡聚全乡之力做好"三凌工业园"和"西金圩工业园"两个工业园区建设工作。"西金圩工业园"有厂房17栋,入驻企业10家。2016年新引进6个项目,分别是:投资2500万元的润淮盐业包装项目;投资5000万元的江苏昇瑞机械制造有限公司和淮安联盛生物质有限公司炭化项目;投资3000万元的淮安众泰汽车销售服务有限公司、江苏华祥仪器有限公司和淮安润淮有限公司;新签约项目1个,为投资1.7亿元的混合有机肥项目。

【村镇建设】 利用省委帮扶工作队的帮扶机会,争取帮扶资金近百万元,修建农村四级路8公里,改善新堡、毛湖、三堡等3个村11个自然村庄近万名群众的出行条件;做好"亮化"工程,在11个村安装路灯180盏,方便群众夜间出行。开展村庄环境整治工作,推进农村饮用水安全工程,使农村居民"走平坦路、喝干净水、用清洁灶、上卫生厕、住整洁房",改善老百姓的生存生活环境。

【社会事业】 多方筹资170万元对乡敬老院进行全面升级改造,使其达到省定"三有三能六达标"标准,改善集中供养"五保"老人的居住条件。认真组织"当代漂母""淮阴好人"评选活动,1人被评为淮阴"当代漂母",1人被评为"淮阴好人",并获登2016年9、10月份"淮安好人榜"。

表28　2016年凌桥乡村级情况

村　名	村民小组数	村民户数	户籍人口数	耕地面积(亩)	人均收入(元)	村书记	村主任
鑫联	24	4393	5192	5262	12521	金银迎	陈　彪
夏家湖	9	1397	1670	1997	11893	夏玉宝	夏玉宝
许渡	11	2667	2780	3040	12002	王　瑶	朱新东
双闸	9	1632	1730	2194	14034	汪厚波	汪厚波
泗河	8	2159	2169	2783	12212	王玉祥	胡春峰
凌桥	18	3875	4214	4792	13664	史以峰	谢宝飞
李庵	8	1450	1565	1700	12056	李永俊	高爱忠
豆瓣集	10	2230	2470	2230	11878	张　英	周绍广
毛湖	10	1868	1965	3225	12355	毛学余	毛从如
三堡	9	1380	1488	2800	12667	陈光涛	蔡如青
新堡	27	3460	3901	6982	13046	徐贻虎	陈正南

人　物

区级机关领导名录

区委

书　记:刘泽宇
副书记:朱晓波
　　符伟星(挂职,4月止)
　　杨维东
　　李爱国(挂职,4月起)
常　委:张在明(1月止)
　　孙晓燕(4月止)
　　陈　张
　　龚李萍(1月起)
　　张爱民
　　万旭东(4月止)
　　张抗震(挂职,2月止)
　　吴国飞
　　刘军洲
　　桑绍淮(4月起)
　　李尚武(2月起)
　　马良君(挂职,3月起)
　　谢　鹏(4月起)

区人大常委会

主　任:刘泽宇(2月止)
　　陆益民(2月起)
党组书记:陆益民
副主任:陆益民(2月止)
　　刘翠花(11月止)
　　穆文清(11月止)
　　韩国虎
　　赵　欣(11月起)
　　王胜贤(11月起)
　　唐业勤(11月起)

区政府

区　长:朱晓波
副区长:陈　张
　　乐　翔(4月起)
　　张　健(7月止)
　　张春荣(7月止)
　　于永芳
　　鲍志良(挂职,2月止)
　　王道劬(挂职,2月止)
　　钱晓斌(挂职,2月止)
　　杨洪林(挂职,2月止)
　　殷　俊
　　张　军(挂职,8月止)
　　谢　鹏(4月止)
　　盛　婧(挂职,5月止)
　　王俊超(挂职,4月起)
　　蔡　昀(7月起)
　　黄克涛(7月起)
　　李玮坤(挂职,10月起)
区长助理:杨　捷(7月起)

区政协

主　席:葛志胜(11月止)
　　张在明(11月起)
党组书记:葛志胜(11月止)
　　张在明(11月起)
副主席:张在明(1月起,11月止)
　　赵　欣(11月止)
　　张植林(11月止)
　　朱靖军
　　谢华山(1月止)
　　郑　静(2月起)
　　李　娟(11月起)
　　高　毅(11月起)

秘书长:纪家龙

纪委

书　记:张在明(1月止)

龚李萍(1月起)

副书记:郑　凯

高志伟

常　委:常金林(4月止)

张　松

支立宝

蒋　宏(7月起)

徐　毅(7月起)

监察局

局　长:郑　凯

副局长:常金林(4月止)

谢华山(5月止)

张　松

区委办公室(全面深化改革领导小组办公室)

主　任:陈晓晖(1月起)

副主任:邓运国(5月止)

林　奇(4月止)

何庆昌(4月止)

孙　佩

丁　立(4月起)

陈　明(11月起)

董　昕(11月起)

深改办副主任:胡　玲(11月起)

机要局

局　长:邓运国(5月止)

副局长:曹迎波(6月起)

保密局(办)

局长(主任):郑春玲(1月止)

陈　明(3月起,11月止)

档案局(馆)

局(馆)长:李红卫

副局(馆)长:吴海涛(11月止)

田平之(11月起)

孙小梅

台办

主　任:程　炎(1月止)

郑春玲(1月起)

副主任:刘玉早

信访局

局　长:陈　峰(11月止)

王安中(11月起)

副局长:高连全(11月止)

徐　丽(11月止)

蒋士斌

陈　伟

郝宜高(11月起)

组织部

部　长:李尚武(2月起)

副部长:贾孝武

耿庆龙

李伟伟

张　雷(7月起)

组织员办公室

主　任:贾孝武(1月起)

副主任:赵文军(4月止)

张　耀(6月起)

企业和社会组织工委

书　记:

副书记:张　雷(11月止)

殷　明(11月起)

党建工作领导小组办公室

主　任:耿庆龙(4月起)

副主任:于业军(6月起)

人才工作办公室

主　任:李伟伟(4月起)

副主任:吴中华(11月止)

苏简策(11月起)

老干部局

局　长:李　宏(5月起)

副局长:李　宏(4月止)

吴家文

王　静(4月起)

编委办

主　任:陈海云

副主任:张玉兰

宣传部

部　长:孙晓燕(4月止)

桑绍淮(4月起)

副部长:王学礼(1月止)

时伟众

刘丽丽

杨　刚(1月起)

文明办

主　任:刘丽丽(1月起)

外宣办

主　任:王　军

文联

主　席:杨　刚(1月起)

副主席:孙　蓉

社科联

主　席:陈　进(11 月起)

副主席:孙　蓉(11 月止)

孙兴利(11 月起)

统战部

部　长:张植林(7 月止)

吴国飞(7 月起)

副部长:傅新轩

吴　娟

石向洋

农工部

部　长:严祖斌(5 月止)

包政之(5 月起,11 月止)

汤　凯(11 月起)

副部长:梁　泳

王玉忠

杨恒武

郑家法

扶贫办

主　任:梁　泳

政法委

书　记:张爱民

副书记:周华明

漆光海

蒋　勇(6 月止)

综治办

主　任:周华明

副主任:任玉斌

国安办

主　任:漆光海

副主任:王昭强

依法治区办公室

副主任:方仁军

区级机关工委

书　记:杨宏宇

副书记:许　飞(11 月止)

高连全(11 月起)

周　宏

党史工办

主　任:刘　昶

副主任:龚振红

区志编纂委员会办公室

主　任:严祖斌(5 月起)

副主任:田平之(11 月止)

吴海涛(11 月起)

吴翠莲

党校

校　长:

常务副校长:吴如忠

副校长:邵国华

周　凯

校务委员:祁慧敏(4 月起)

王迎娣(4 月起)

新闻中心

总　编:王学礼

副总编:吴礼超

孙晓敏

广播电视台

台　长:时伟众(1 月止)

石耀军(1 月起)

副台长:吴　昊

徐　佩

方建明(1 月起)

人大常委会办公室

主　任:张树宝

副主任:陈　彬(11 月止)

马乃国

刘冬梅(11 月起)

人大常委会社会事业工作委员会(1 月更名为人大常委会教育科学文化卫生工作委员会)

主　任:董育光

副主任:夏雪平

人大常委会农村经济工作委员会(1 月更名为人大常委会农业农村工作委员会)

主　任:程崇宽

副主任:王玉喜

人大常委会内务司法工作委员会(1 月～12 月为人大法制委员会)

主　任:周　晖

副主任:王广龙(1 月起)

人大常委会人事代表联络工作委员会

主　任:贾孝武(1 月止)

张绍政(1 月起)

副主任:张绍政(1 月止)

刘大军(1 月起)

人大常委会财政经济工作委员会(1 月～12 月为人大财政经济委员会)

主　任:吉荣飞(11 月止)

周　密(11 月起)
副主任:汤晓惠(1 月起)

区人大常委会环境资源城乡建设工作委员会

主　任:孙琍红
副主任:

区政府办公室(法制办、金融办、人防办、外侨办)

主　任:汪厚明(1 月兼任法制办主任)
书　记:汪厚明
副主任:谷　健(1 月止)
杨　刚(1 月止)
成　杰(5 月止)
韩　军(5 月止)
石廷权(1 月止)
吴亚惠(11 月止)
丁玉国(11 月止)
张　强(11 月起)
苏　南(1 月起)
徐凯权(3 月起)
孙　勇(3 月起)
刘　浏(3 月起)
申和平(5 月起)
刘小娟(5 月起)
张意茹(11 月起)
纪检组长:仲跻军(5 月起)

机关事务管理办公室

主　任:陈　明(3 月止)
徐凯权(3 月起)

政协办公室

主　任:纪家龙
副主任:张玉琴
徐业龙(1 月止)
马金宝(4 月起)

政协学习宣传文史资料委

主　任:徐业龙(1 月起)

政协提案委

主　任:齐　宏

政协经济科技和城乡建设委

主　任:马亚威

政协文教卫体法制和人资环委

主　任:宗彪臣

政务服务管理办公室

主　任:谷中文
副主任:陆永考(11 月止)
马新宝
刘洪华(11 月起)

公共资源交易中心(11 月更名为市公共资源交易中心淮阴分中心)

主　任:徐玉泉
副主任:汤晓惠(1 月止)
朱建勇(11 月起)

发展和改革委员会(物价局、粮食局)

主　任:刘　兵
书　记:刘　兵
副书记:朱从洋
副主任:李玲莉
汤　永(1 月止)
包建文
邵卿田
刘冬梅(11 月止)
胡崇海
周文华(3 月起)
张积亮(11 月起)
纪委书记:钱志达

地震局

局　长:张　军
副局长:周文华(3 月止)
胡继香(4 月起)

经济和信息化委员会(中小企业局、乡镇企业局)

主　任:石耀军(1 月止)
罗来成(1 月起)
书　记:石耀军(1 月止)
罗来成(1 月起)
副书记:周　密(11 月止)
尚福胜(11 月起)
副主任:陈运飞(1 月止)
尚福胜(11 月止)
张　英(11 月起)
石学邦
于　高
洪　健(3 月起)
纪委书记:张海军

安全生产监督管理局

局　长:周　舜
书　记:周　舜
副局长:赵兴和
徐仲举
刘同兵(11 月止)
许　飞(11 月起)

纪检组长:郑　鑫

教育局

局　长:朱士东(7月止)
时伟众(7月起)

书　记:朱士东(7月止)

教育工委书记:时伟众(7月起)

副书记:齐国敬

副局长:丁　睿
陈　颖
金建坤
刘士乔

纪委书记:张　扬

体育局

局　长:丁　睿

科学技术局(知识产权局)

局　长:刘晓红(1月止)
谷　健(1月起)

书　记:刘晓红(1月止)
谷　健(1月起)

副局长:皇甫月东(5月止)
孙梅梅
吴正华
崔　兵(5月起)

纪检组长:吴　芳

公安分局

局　长:王爱荣(5月止)
乐　翔(5月起)

政　委:耿志军

副局长:张　盛
陶学军
陈　峰
张广清
魏建革(11月起)

副政委:王洪萍

政治处主任:王安中(11月止)
吴　卫(11月起)

纪委书记:李建军

民政局

局　长:周成海

书　记:周成海

副书记:任　勇(11月止)
张载亚(11月起)

副局长:史耀文
李文举
刘学伟(11月止)
吴寒玉
仲从彦(11月起)

纪委书记:杜文东

司法局

局　长:王咏梅

书　记:王咏梅

副局长:浦红宁
刘洪华(11月止)
吴志坚
刘云龙
袁玉兰(11月起)

纪检组长:傅道祥(1月止)
丁　锋(1月起)

财政局(国有资产监督管理办公室)

局　长:万建华(1月止)
曹正锋(1月起)

书　记:万建华(1月止)
曹正锋(1月起)

副书记:周国华

副局长:何正毓
周建民
滕　勇
韩　静

纪委书记:包　鼎(1月起)

人力资源和社会保障局

局　长:陈晓晖(1月止)
常金林(1月起)

书　记:陈晓晖(1月止)
常金林(1月起)

副书记:王天浪

副局长:袁玉兰(11月止)
张家宏
刘建中
庄　超
高　涵
张　霞(11月起)

纪委书记:孙　飞

住房和城乡建设局

局　长:张建军

书　记:张建军

副书记:顾正武

副局长:胡锦修
张淮萍

任兆江(11月止)
梁卫成(11月起)
傅祥钱(5月起)
纪委书记:顾正武(1月止)
潘 宁(1月起)
总工程师:梁卫成(11月止)

交通运输局

局 长:朱洪山
书 记:朱洪山
副书记:陈如春
副局长:唐士荣
戚良昱
徐凯权(3月止)
蔡春明
徐洪标(1月起)
纪委书记:王翠红

战备办

主 任:
副主任:刘 淮

水利局

局 长:王 斌(1月起)
书 记:王 斌(1月起)
副书记:张载亚(11月止)
任 勇(11月起)
副局长:冯丙朝
魏宝国
屠建军
陈运飞(1月起)
纪委书记:赵文宽
总工程师:何国兵(3月起)

农业委员会

主 任:裘靖宁
书 记:裘靖宁
副书记:杨长喜
副主任:沈步忠
杨庚卫
刘传俊
王铁荣(1月起)
薛 林(1月起)
纪委书记:丁 锋(1月止)
傅道祥(1月起)

农业机械管理局

局 长:裘靖宁(1月止)
汪建军(1月起)
副局长:汪献群
郑 成
包义德

农业资源开发局

局 长:孙其能
副局长:吴殿勇
王祥林
朱建东(1月起)

商务局

局 长:张 程(1月止)
程 炎(1月起)
书 记:张 程(1月止)
程 炎(1月起)
副书记:孙大义
副局长:王建国
丁其兵(1月止)
万玉明
陈德广(1月起)
纪委书记:潘大圣(1月起)

文化广电新闻出版局

局 长:裘靖媛
书 记:裘靖媛
副局长:仲从彦(11月止)
王国祥
杨舒静
刘学伟(11月起)
纪检组长:李亚军

卫生和计划生育委员会

主 任:洪 宝
书 记:洪 宝
副书记:丁忠玲(6月起)
副主任:杜希淮
丁忠玲(6月止)
陈立宝
徐 松
张曙光
谈海杰
纪委书记:纪 伟

审计局

局 长:顾学武
书 记:顾学武
副局长:支凤国
陈志坚
纪检组长:王 兵

总审计师:朱建平

环境保护局

局　长:沈正尧
书　记:沈正尧
副局长:施华龙
　　　朱长山
　　　高　标(1月止)
　　　叶绍洲
　　　王其安(1月起)
纪检组长:杨　光

统计局

局　长:张绍军
书　记:张绍军
副局长:张积亮(11月止)
　　　孙　林
　　　纪兆奎
　　　陆永考(11月起)
纪检组长:朱玲霞
总统计师:

城市管理局

局　长:冯玉春
书　记:冯玉春
副书记:张性云
副局长:洪　波(1月止)
　　　张绪国
　　　张亦武
　　　韩华国(6月起)
　　　尹文杰(12月起)
纪委书记:宁明龙

市场监督管理局

局　长:周长年
书　记:周长年
副书记:高猛成
副局长:孙开华
　　　刘智强
　　　邵大平
　　　程伟成
　　　钱生祥
　　　赵劲松
　　　何闽华(5月止)
　　　陆永龙
纪委书记:孙新亚

民族宗教事务局

局　长:石向洋
书　记:石向洋
副局长:孙　勇(3月止)
　　　丁真俊
　　　丁　洋(4月起)

供销总社

主　任:李训伟
书　记:李训伟
副主任:许　忠
　　　李照华
　　　孙士洲(1月起)
纪委书记:孙士洲(1月止)
　　　　郭　虎(6月起)

法院

院　长:尤铁梅
书　记:尤铁梅
副院长:武建国
　　　杜希荣
　　　王　洪
　　　夏海军
纪检组长:陈晓明
政治处主任:于永生

检察院

检察长:张洪斌(11月止)
　　　周　飞(11月起)
书　记:张洪斌(11月止)
　　　周　飞(11月起)
副检察长:刘　刚
　　　　秦　健
　　　　李　林
　　　　郑　冰(6月起)
纪检组长:岳　娥
政治处主任:郑　冰(6月止)
　　　　　张海芹(6月起)
党组成员:王可可

总工会

主　席:王孝夫(1月起)
书　记:王孝夫(1月起)
副主席:顾　红
　　　赵　利(1月起)
纪检组长:诸葛闯

团区委

书　记:高　晗(1月止)
　　　葛海伟(1月起)
副书记:汪　辉

葛海伟(1月止)
张　赟(11月起)

妇联

主　席:程劲风
副主席:丁红梅
张一琳

科协

主　席:刘晓红(1月起)
副主席:胡继专
殷素珍

工商联

主　席:于永芳
书　记:傅新轩
副主席:程慧珍
纪检组长:张　瀚

侨联

主　席:张植林(7月止)
副主席:金　花

残联

理事长:庄恒晋
副理事长:王霞云

红十字会

会　长:于永芳(3月止)
赵　欣(3月起)
副会长:尚莉莉
张卫红(1月起)

淮安高新技术产业开发区

书　记:张　健(7月止)
主　任:陈玉国(7月起)
副书记:陈玉国
周青松(11月起)
副主任:陈月宏
万家胜(11月起)
孙海洲
周青松(11月止)
邓运国(5月起)

党政办

主　任:石廷权(1月起)

纪工委

书　记:赵维祥(1月止)
支立宝(4月起)

工会委

主　任:孙海洲

人武部

部　长:周青松
副部长:孙海军

社会事业局

局　长:高建邦(1月止)
赵维祥(1月起)
副局长:许向栋

国土规划建设局

局　长:殷　勇(1月止)
朱永增(挂职,2月起,11月止)
任兆江(11月起)
副局长:高志斌

财经局

局　长:沙立晴(11月止)
包政之(11月起)
副局长:顾登亚(1月止)
潘红雨(6月起)

经贸发展服务局(1月更名为人才科技与经济信息局)

局　长:包政之(5月止)
副局长:左海砚
杨奇伟(1月起)

招商局(外资招商局)

局　长:于武门(11月止)
副局长:洪　健(3月止)
王　玮(11月止)
陈伏中
刘暮霞
夏际俊(1月止)
王　春(1月起)
孙云祥(4月起)
王成林(11月起)

张棉汽摩配产业园管理服务中心

副主任:姜树高(1月起)
李仁义(1月起)

淮安国家农业科技园区

书　记:丁凤珍(2月起)
主　任:周　文(4月起)
副书记:成　杰(5月起)
副主任:皇甫月东(5月起)
韩　军(5月起)
纪工委书记:张　松(5月起)

新四军刘老庄连纪念园景区管委会

主　任:陈晓晖(11月起)
副主任:时伟众(1月起,7月止)

曹国树(1月起)
胡锦修(4月起)

工业新区

书　记:周　文(5月止)
主　任:徐　建
副主任:孙　军(1月止)
卢亚军
夏际俊(1月起)
汪　峰(11月起)

现代商贸流通管理服务中心

主　任:
副书记:俞　超(1月起)
副主任:俞　超(1月起)
吴自权(1月起)
梁卫成(11月起)
纪委书记:丁其兵(1月起)

淮安综合大市场(机构撤销)

主　任:吉荣飞(1月止)
副主任:傅祥钱(5月止)
吴自权(1月止)

乡镇领导名录

赵集镇

党委书记:徐　建
人大主席:张红利(1月起)
镇　长:朱从耀(11月止)
丁玉国(11月起)
党委副书记:孙　军(1月止)
杨正广(1月起)
纪委书记:万建峰(1月止)
王岁林(1月起)
人大副主席:叶进兆(5月起)
副镇长:何海洋
杨正广(1月止)
王岁林(1月止)
张　军(5月止)
王　刚(5月起)
史后勤(1月起)
卢亚军(5月起)
组织委员:卢亚军
宣传统战委员:朱学芳
人武部长:史后勤

韩桥乡

党委书记:陈效军
人大主席:徐树成
乡　长:张　英(5月止)
姚端端(5月起)
党委副书记:李昌华(5月止)
徐正祥(5月起)
纪委书记:徐正祥(5月止)
许家胜(5月起)
人大副主席:焦玉宝(5月起)
副乡长:陈光勇(5月止)
杨洪龙
韩成章(5月起)
喻怀建
组织委员:李雪梅(1月止)
黄　杰(5月起)
宣传统战委员:龚　吉
人武部长:陈光勇(5月止)
韩成章(5月起)

吴城镇

党委书记:汤　凯(11月止)
吴军涛(11月起)
人大主席:孙兴亚(11月止)
贾学波(11月起)
镇　长:赵文军(4月起)
党委副书记:李锦亚(1月起)
纪委书记:李锦亚(1月止)
裴雪祥(1月起)
副镇长:尹国安
王　刚(5月止)
裴雪祥(1月止)
史建兵
郑　雪(1月起)
组织委员:郑　雪
宣传统战委员:卢连伟(5月止)
王　淼(5月起)
人武部长:史建兵

南陈集镇

党委书记:井晓军
人大主席:李　建(1月起)
镇　长:朱　峰(1月止)
汤　永(1月起)
党委副书记:张树国(1月止)

胡春雨(1月起)
纪委书记:张晓月(1月止)
万建峰(1月起)
人大副主席:杜永祥(5月起)
副镇长:王明春(1月止)
韩成章(5月止)
何国兵(3月止)
陈光勇(5月起)
高不矮(5月起)
卜秀梅
顾圣希(1月起)
组织委员:李红梅(5月止)
彭　程(5月起)
宣传统战委员:王　斌
人武部长:韩成章(5月止)
陈光勇(5月起)

码头镇

党委书记:丁凤珍(5月止)
吴军涛(5月起,11月止)
李晔年(11月起)
人大主席:彭晓全
镇　长:吴军涛(5月止)
李晔年(5月起,11月止)
吴亚惠(11月起)
党委副书记:王砚静(1月起)
纪委书记:王砚静(1月止)
许家胜(1月起,5月止)
章志平(5月起)
人大副主席:张恒洲(5月起)
副镇长:戚守兵(1月止)
刘　浏(3月止)
刘光焱(1月止)
徐俊伟(5月起)
左　芬(1月起)
司芙蓉(1月起)
王　蕾(1月起)
组织委员:左　芬
宣传委员:司芙蓉
统战委员:司芙蓉(5月起)
人武部长:刘光焱(1月止)
董　波(5月起)

王营镇

党委书记:王胜贤(11月止)
孙海斌(11月起)
人大主席:曹国树(1月止)
汪卫国(1月起)
镇　长:孙海斌
党委副书记:刘大风(1月起)
何闽华(5月起)
纪委书记:徐洪标(1月止)
王家林(1月起)
人大副主席:朱自忠(1月止)
李　松(5月起)
副镇长:赵　利(1月止)
周红玲(1月止)
汪卫国(1月止)
刘大风(1月止)
崔　兵(5月止)
高　杰(5月止)
孙海军(1月起)
朱自忠(1月起)
丁佩虎(1月起)
石兆洋(1月起)
刘光焱(5月起)
组织委员:丁佩虎(1月止)
吴　默(1月起)
宣传统战委员:秦永祥(5月止)
丁春荣(5月起)
人武部长:崔　兵(1月止)
刘光焱(1月起,5月止)
秦永祥(5月起)

新渡乡

党委书记:胡　垚
人大主席:董厚喜(11月止)
于武门(12月起)
乡　长:姚津龙(1月起)
党委副书记:姚津龙(1月止)
贺来宁(1月起)
纪委书记:万建如(5月止)
沈淑珍(5月起)
人大副主席:刘正伟(5月起)
副乡长:李立美(11月止)
徐俊伟(5月止)
贺来宁(1月止)
周锦春(5月起)
刘　敏

黄兆义(1月起)
组织委员:黄兆义(5月止)
关 锋(5月起)
宣传统战委员:张秀祥(5月止)
苏 荔(5月起)
人武部长:王奔奔

王兴镇

党委书记:戴兴中
人大主席:杨玉国
镇 长:吴洪高(1月止)
林 奇(4月起)
党委副书记:杨惠民(1月起)
纪委书记:杨惠民(1月止)
尹希峰(1月起)
人大副主席:王际银(5月起)
副镇长:章志平(5月止)
顾冬梅(5月止)
徐艳军(5月起)
周志明
彭华城
庄 勇(5月起)
组织委员:彭华城(5月止)
李红梅(5月起)
宣传委员:孙兴兵
统战委员:孙兴兵
人武部长:刘玉权

棉花庄镇

党委书记:王孝夫(1月止)
丁卫珍(1月起)
人大主席:王洪飞(5月止)
顾振宁(5月起)
镇 长:陈胜林(1月止)
吴洪高(1月起)
党委副书记:姚端端(5月止)
李昌华(5月起)
纪委书记:徐建军
副镇长:周锦春(5月止)
徐艳军(5月止)
陈德标
杜晓芹(1月止)
郭 昕(1月起)
袁维枫(5月起)
组织委员:杜晓芹(1月止)
严 城(5月起)
宣传委员:万宁凤(5月止)
宣传统战委员:沙立军(5月起)
人武部长:陈德标

老张集乡

党委书记:周奉来
人大主席:薛 林(1月止)
孙 军(1月起)
乡 长:胡宝林(1月止)
戚守兵(1月起)
党委副书记:张红利(1月止)
张绍平(1月起)
纪委书记:张绍平(1月止)
孙海宽(1月起)
人大副主席:陈 杰(5月起)
副乡长:孙海宽(1月止)
吴 默(1月止)
滕海峰
王 敏(1月起)
朱晓玲(5月起)
组织委员:王 敏
宣传统战委员:相 璟(5月起)
人武部长:董 波(5月止)
淤海跃(5月起)

凌桥乡

党委书记:汪建军(1月止)
胡宝林(1月起)
人大主席:周红玲(1月起)
乡 长:李晔年(5月止)
张 英(5月起,11月止)
程安江(11月起)
党委副书记:袁永忠(1月止)
张树国(1月起)
纪委书记:尹希峰(1月止)
于家春(1月起)
人大副主席:干建伟(5月起)
副乡长:朱晓玲(5月止)
周富国
蒋发兵(1月止)
许家胜(1月止)
王明春(1月起)
邵 亮(5月起)
组织委员:许家胜(1月止)

汪　余(5月起)
宣传统战委员:涂国俊(5月起)
人武部长:王一谭

袁集乡

党委书记:张明华
人大主席:王广龙(1月止)
张　飞(1月起,11月止)
吴中华(11月起)
乡　长:崔建玲
党委副书记:龚晓武(1月止)
杜晓芹(1月起)
纪委书记:张晓月(1月起)
副乡长:汤文举
郭维功(5月止)
张　林(5月止)
陈　刚(3月起)
程兆成(5月起)
周理柏(5月起)
组织委员:王亚红
宣传统战委员:周理柏(5月止)
高　勇(5月起)
人武部长:张　林(1月止)
顾正文(5月起)

丁集镇

党委书记:吴洪乐
人大主席:顾振宁(5月止)
王洪飞(5月起)
镇　长:范晓东(1月止)
高　晗(1月起)
党委副书记:李　建(1月止)
袁永忠(1月起)
纪委书记:房洪洲(1月止)
李宏友(1月起)
副镇长:夏　敏(11月止)
杨　耀
王从芳(1月止)
葛志兵
许海波(1月起)
组织委员:许海波(5月止)
严桂琴(5月起)
宣传统战委员:罗叶军
人武部长:杨　耀(5月止)
蒋必郭(5月起)

五里镇

党委书记:曹正锋(1月止)
殷　勇(1月起)
人大主席:贾学波(11月止)
陈　彬(11月起)
镇　长:万士明
党委副书记:王振花(1月起)
纪委书记:王家林(1月止)
房洪洲(1月起)
人大副主席:朱　兵(5月起)
副镇长:王振花(1月止)
徐继霖(11月止)
陈　娟
王永兵(1月起)
朱　韵(1月起)
组织委员:尹成银(5月止)
唐　阳(5月起)
宣传统战委员:王永兵(1月止)
张秀祥(5月起)
人武部长:顾正文(5月止)
吴学松(5月起)

徐溜镇

党委书记:朱崇钢
人大主席:张　飞(1月止)
丁　山(1月起)
镇　长:洪　波(1月起)
党委副书记:丁　山(1月止)
马立永(1月起)
纪委书记:黄淮东
副镇长:张报军(1月止)
尹　荣(5月止)
马立永(1月止)
杨晓飞
袁维枫(1月起,5月止)
张　军(5月起)
孙志华(1月起)
李　莺(5月起)
组织委员:马立永
宣传统战委员:袁维枫(5月止)
刘　伦(5月起)
人武部长:杨晓飞

刘老庄乡

党委书记:丁卫珍(1月止)

朱 峰(1月起)
人大主席:孙银辉
乡 长:高传荣
党委副书记:王从芳(1月起)
纪委书记:孙建飞
副乡长:吉永胜(1月止)
程兆成(5月止)
郭 昕(1月止)
郭维功(5月起)
张报军(1月起)
傅道斌(1月起)
易 倩(1月起)
组织委员:易 倩
宣传统战委员:朱 韵(1月止)
陆 昕(5月起)
人武部长:傅道斌

古寨乡

党委书记:罗来成(1月止)
陈胜林(1月起)
人大主席:石华龙
乡 长:张 强(11月止)
张 飞(11月起)
党委副书记:葛建峰(1月起)
纪委书记:景 友
副乡长:葛建峰(1月止)
程安江(1月止)
韩 艳(5月止)
周性铠
朱从洋(1月起)
王丁成(1月起)
许祥瑞(5月起)
组织委员:许祥瑞(5月止)
朱 颖(5月起)
宣传委员:朱从洋(1月止)
宣传统战委员:刘 顿(5月起)
人武部长:葛建峰

三树镇

党委书记:万家胜(11月止)
朱从耀(11月起)
人大主席:王铁荣(1月止)
金建兵(1月起)
镇 长:陈 进(11月止)
孙兴亚(11月起)
党委副书记:金建兵(1月止)
朱铁军(1月起)
纪委书记:蒋亦伟
副镇长:李宏友(1月止)
朱铁军(1月止)
丁春荣(5月止)
张 林(5月起)
蒋发兵(1月起)
李雪梅(1月起)
韩 艳(5月起)
组织委员:丁春荣(5月止)
傅兴春(5月起)
宣传统战委员:孙安红(1月止)
庄 梅(5月起)
人武部长:朱铁军

渔沟镇

党委书记:胡娟娟
人大主席:朱东建
镇 长:严 健
党委副书记:程安江(1月起,11月止)
纪委书记:蒋宗亚
副镇长:邵 亮(5月止)
李桂林(1月止)
周立明(1月起)
鲜 艳
段从伟
葛跃国(6月起)
组织委员:许庆庆
宣传统战委员:孙志华(1月止)
陈建春(5月起)
人武部长:周立明(1月止)
胡维清(5月起)

吴集镇

党委书记:俞 超(1月止)
张 程(1月起)
人大主席:张海峰(11月止)
陆从凯(11月起)
镇 长:邵华芹
党委副书记:孙海军(1月止)
李桂林(1月起)
纪委书记:陆从凯(11月止)
副镇长:胡春雨(1月止)
顾圣希(1月止)

高不矮(5月止)
孙安红(1月起)
金波明(5月起)
孙林忠(5月起)
组织委员:高不矮(5月止)
汪　浩(5月起)
宣传统战委员:徐　翔
人武部长:孙文勇(5月起)

西宋集镇

党委书记:王　斌(1月止)
范晓东(1月起)
人大主席:高　杰(5月起)
镇　长:张　霞(11月止)
董厚喜(11月起)
党委副书记:张爱泉(1月止)
吉永胜(1月起)
纪委书记:于家春(1月止)
董海龙(1月起)
人大副主席:朱春雨(5月起)
副镇长:高　山
万海亮
董海龙(1月止)
张　赟(5月起,11月止)
陆克祥(11月起)
组织委员:张　赟(11月止)
宣传统战委员:贾玉弟
人武部长:董海龙(1月止)
胡　焦(5月起)

逝世人物

解　震　男,沭阳县胡集人。生于1925年12月。1944年6月参加工作,1948年3月入党,1985年12月离休,享受部地级生活待遇。1944年6月至1960年6月,任泗沭七区新集镇财粮委员、泗沭城南区二大队战士、泗沭城南区新吉乡财粮委员、沭阳丁吉区新吉乡乡支部书记、苏北土改团二队工作组长、苏北整党团工作组长、地委合作部工作组员;1960年7月至1985年12月,任淮阴市委农工部副部长、淮阴地委农工部财务科副科长、淮阴地区"五七"干校队员、淮阴地区新华印刷厂后勤组副组长、淮阴地区食品站后勤组副组长、淮阴地区农业局科长、淮阴县民政局副局长、调研员。2016年1月逝世。

段春云　男,淮阴区新渡人。生于1926年7月。1943年8月参加工作,1946年4月入党,1988年12月离休,享受部地级生活待遇。1943年8月至1988年12月,历任新四军115师10团5连战士,营部通讯排通讯员、班长、副排长,117师350团三连排长,117师350团炮营二连副连长、连长,团部任股长、运输队队长,中国银行淮阴支行主任,棉花庄财贸指导员,棉花供销主任,小营供销社主任,武墩供销社主任,淮阴县供销总社工会主席。2016年4月逝世。

姜　华　男,沭阳县塘沟人。生于1926年2月。1940年4月参加革命工作,1948年5月加入中国共产党。1987年离休,享受副处级政治生活待遇。先后在淮海保安处警卫连、涟水县保安科、35旅103团一营一连任警卫员、排长;1946年至1948年,于淮阴军分区教一大队学习,1948年至1963年,先后于中国人民解放军一师三旅八团、涟水县城西区队、涟水县公安局、涟水县独立团三连、公放官兵第三分团文工队、睢宁县大队一连、淮阴军分区教大一队、淮阴县人武部、淮阴军分区组动科、泗阳县人武部组动科任排长、副官、所长、副指导员、队长、参谋、副科长。1963年至1966年,先后任淮阴地区生产资料二级站、淮阴烟草收购供应站副经理。文革结束恢复工作后,任淮阴县交通局副局长,1981年调任至淮阴县工商局,先后任副局长、调研员。2016年4月逝世。

朱展东　男,淮阴区古寨人。生于1926年7月。1945年2月参加工作,1982年8月离休,享受副处级政治生活待遇。1945年2月至1982年8月,历任张集中学教导主任、教师,古寨小学教师、汤集小学教师、联居小学校长、汤集小学校长、城南陈集文教助理、淮阴县教育局科员、淮阴市教育局督学、码头中学校长、淮阴县扫盲办办事员、淮阴县教育工会副主席。2016年5月逝世。

吴迎经　男,淮阴区北吴集人。生于1922年3月。1943年5月参加工作,1944年3月入党,1983年7月离休,享受部地级生活待遇。1943年5月至1983年7月,历任北吴集乡保农会长、乡长、支部书记、指导员,北撤山东在淮海联合中学学习、后任吴集区委会宣传科长、渔沟区委会宣传科长、淮阴县委宣传部教育科长、高涧区委代理区委书记、淮阴县文科区委会区委书记、淮阴县纪检委员会书记、渔沟公社书记、淮阴市委农工部副部长、高埝公社党委会第一书记、淮阴县宣传部社教团团长、淮阴县整党队负责人、宋集公社党委书记、小营公社党委书记、淮阴县贫协副主任、淮阴县农委副主任。2016年6月逝世。

吴 林 男,淮阴区徐溜人。生于1927年1月。1949年1月参加工作,1955年1月入党,1983年12月离休,享受副处级政治待遇。1949年1月至1983年12月,历任泗阳庄圩区张坝小学教师、泗阳实小教师、泗阳川城小学校长、泗阳王集中心小学、仓集中心小学校长、泗阳来安中学教导主任、八集区文教助理、泗阳实小校长、泗阳文教局教育股长、泗阳来安中学副校长、五里中学副校长。2016年6月逝世。

唐广成 男,淮阴区五里人。生于1928年5月。1942年8月参加工作,1945年5月入党,1982年9月离休,享受正处级政治生活待遇。1942年8月至1949年9月,任沈庄区队战士、县委警卫班战士、文科区塘坊乡乡长;1949年10月至1965年11月,任渔沟区镇支部书记、县公安局看守所所长。2016年8月逝世。

孙国祥 男,淮阴区徐溜人。生于1924年7月。1949年7月参加工作,1961年1月入党,1982年8月离休。1983年8月,由淮阴市委批准享受县处级政治生活待遇。1949年8月至1980年12月,历任淮阴县平河小学教师,淮阴联合初小校长,耿庄完小教导主任,沭阳县吴集区中心小学副校长、教研室主任,沭阳文教局督学,沭阳县人委监察室监察员,沭阳县检察院检察员,沭阳县文教局督学,汤集中学革委会主任,刘老庄中学副校长。2016年9月逝世。

张尔祥 男,淮阴区王兴人。生于1925年6月。1946年5月参加工作,1946年12月入党,1988年12月离休,享受副处级政治生活待遇。1946年5月至1988年12月,历任淮阴县独立营战士,独立团警卫连副班长、班长、副排长,浙江省盐井九大队24中队排长、平阳县盐务管理处人事股长、平阳县审干办公室副主任、平阳县委组织部副部长、平阳县委组织部副部长兼机关党委副书记、平阳县农机修造厂副主任、平阳县委组织部副部长兼审干办公室主任、淮阴县化肥厂党支部副书记兼副主任、淮阴县环保办公室主任。1948年战斗中立三等功一次;1951年春在浙江温州立三等功一次。2016年11月逝世。

汤 超 男,泗阳县人。生于1926年11月。1945年8月参加工作,1985年12月离休,享受副处级政治待遇。1945年8月至1985年历任穿城区署会计、泗沭县财经局会计、专署财政处审计、清江市财政局股长、地区石油分公司科长、清江市计划委科长、重工业局、物资局、合作办事处、手工业局任科长、副科长、淮阴县轻工业经理部经理。2016年11月逝世。

宋献琪 男,淮阴区三树人。生于1928年10月。1943年11月参加工作,1947年7月入党,1988年10月离休,享受部地级政治生活待遇。1943年11月至1949年9月任新四军四师九旅二十六团战士、淮北七分区卫生部一所卫生员、吉林军区第五十二医院助理军医;1949年10月至1965年5月任成都军区第五十五医院军医、河南新乡预科学校学员、上海第二军医大学军医;1965年6月至1987年8月任成都军区第三十八院陆军医院军医、内二科主治军医、副主任军医、理疗科主任军医;淮阴县医院院长兼主治医师。1947年在山东华东军区前方卫生部转运总站医疗队立三等功一次,1951年抗美援朝期间立三等功一次。2016年11月逝世。

王凤舞 男,淮阴区三树人。生于1930年4月。1948年12月参加工作,1949年11月入党。1990年8月离休,享受副处级政治生活待遇。1948年12月至1990年7月历任淮阴独立团二连战士、班长、杨州第十五步兵学校学员、南京第四步兵学校学员、6433部队任排长、连长、指导员、淮阴县化肥厂政工科副科长、淮阴县开关厂政工组长、淮阴县人事局股长。2016年12月逝世。

荣誉栏

表29　　2016年淮阴区获市级以上表彰情况(部分)

类型	单位	获奖情况
国家级(含部门)表彰	农科园	被国家科学技术部评为国家农业科技园区创新能力全国第三
	卫计委	淮阴区被国家卫计委命名为"国家级妇幼健康优质服务示范区"
		老张集卫生院被国家卫计委确认为"2015—2016年度群众满意乡镇卫生院"
		五里卫生院被国家卫计委确认为"2015—2016年度群众满意乡镇卫生院"
		赵集卫生院被国家卫计委确认为"2015—2016年度群众满意乡镇卫生院"
		丁集卫生院被国家卫计委确认为"2015—2016年度群众满意乡镇卫生院"
		刘老庄中心卫生院被国家卫计委确认为"2015—2016年度群众满意乡镇卫生院"
		南陈集中心卫生院被国家卫计委确认为"2015—2016年度群众满意乡镇卫生院"
		王兴卫生院被国家卫计委确认为"2015—2016年度群众满意乡镇卫生院"
		淮阴区被国家卫生计生委指导司命名为"2014—2016年全国计划生育优质服务先进单位"
	文广新局	区文化馆被文化部评为一级馆
	检察院	被最高人民检察院检察日报社评为"全国检察宣传先进单位"
	码头镇	太山村获住房和城乡建设部"美丽宜居村庄"称号
		淮阴现代农业星创天地进入科技部第一批"星创天地"备案名单
省级(含部门)表彰	台创园	被江苏省质量技术监督局评为"省级标准化试点示范项目第十名"
	农行	农行城北支行被中国农业银行江苏省分行评为2016年度"四好"领导班子
		农行城北支行被中国农业银行江苏省分行评为安全保卫"三化三达标"优秀一级支行
		农行城北承德路支行党支部被中共中国农业银行江苏省分行委员会评为"先进基层党组织"
		农行城北王营支行被中国农业银行江苏省分行评为信贷"三化一无"支行
		农行城北小营支行被中国农业银行江苏省分行评为2016年度营业机构运营工作"三铁"单位
		农行城北王营支行被中国农业银行江苏省分行评为安全保卫"三化三达标"优秀营业网点
		农行城北承德路支行被中国农业银行江苏省分行评为安全保卫"三化三达标"优秀营业网点
		农行城北长江路支行被中国农业银行江苏省分行评为安全保卫"三化三达标"优秀营业网点
		农行城北支行营业部被中国农业银行江苏省分行评为安全保卫"三化三达标"优秀营业网点
		农行城北支行营业部被中国农业银行江苏省分行评为2016年零售银行"春天行动"明星网点

续表

类型	单位	获奖情况
省级(含部门)表彰	烟草局	被省档案局评为省"三星级档案管理单位"
		被江苏烟草商业系统评为"2016年优秀QC小组成果发布会三等奖"
		被江苏省总工会、江苏省全民阅读办评为"2013—2015年度书香企业建设示范点"
		被省质协、总工会、科学技术学会、妇联评为"2016年度江苏省优秀QC小组成果一等奖"
		被江苏省精神文明建设指导委员会评为"江苏省文明单位"
	财政局	获江苏省财政厅2016年村级公益事业建设"一事一议"财政奖补一等奖
		获江苏省财政厅2016年农村公共服务运行维护财政奖补三等奖
	物价局	被省文明委评为"江苏省文明单位"
		被省物价局评为"省价格系统先进集体"
		被省物价局评为"省价格工作先进单位"
	地税局	被江苏省地方税务局评为"绩效管理先进单位"
		被江苏省精神文明建设指导委员会评为"2013—2015年度江苏省文明单位"
		被江苏省人民政府残疾人工作委员会评为"2015年度按比例安排残疾人就业工作先进单位"
		机关党委办公室被中国共产党淮安市委员会评为"先进基层党组织"
	国税局	被江苏省精神文明建设指导委员会评为"江苏省文明单位"
		被江苏省国家税务局党的建设工作领导小组评为"江苏省国税系统先进基层党组织"
	市场监管局	被省文明办评为"江苏省文明单位"
	水利局	淮阴区活动坝水利工程管理所被江苏省水利厅评为"江苏省三级水利工程管理单位"
		被江苏省水利厅评为"2016年度全省水利宣传工作先进单位"
		被江苏省档案局评为"江苏省档案工作三星级"
	住建局	淮阴区建筑安全监督站获"全省建筑工程质量监督机构和个人考核优秀奖"
		淮阴区测绘院获2016年度全省测绘地理信息行业"诚信单位"
		淮阴区白蚁防治所获"2016年度江苏省白蚁防治行业先进单位"
		世纪华庭小区基坑监测项目获"2016年度江苏省优秀测绘地理信息工程评比三等奖"
	卫计委	淮阴区被江苏省人口和计划生育领导小组命名为"江苏省人口和计划生育协调发展工作先进县"
		淮阴区被省卫计委确认为全省第三批"幸福家庭建设"项目县
		淮阴区卫计委被省卫计委表彰为"江苏省免疫规划(预防接种)工作先进集体"
		王营社区卫生服务中心被省卫计委确认为"江苏省首批20家优秀社区卫生服务中心"
		区疾控中心获由江苏省卫生计生委颁发的"江苏省疾病预防控制工作先进集体"称号
		码头卫生院被省卫计委授予"2016年江苏省示范乡镇卫生院"称号
		吴集卫生院被省卫计委授予"2016年江苏省示范乡镇卫生院"称号
		古寨卫生院被省卫计委授予"2016年江苏省示范乡镇卫生院"称号
		王兴乡安庄村卫生室被省卫计委授予"江苏省示范村卫生室"称号
		凌桥乡毛湖村卫生室被省卫计委授予"江苏省示范村卫生室"称号
		五里镇花园村卫生室被省卫计委授予"江苏省示范村卫生室"称号

续表

类型	单位	获奖情况
省级(含部门)表彰	卫计委	刘老庄镇郑河村卫生室被省卫计委授予“江苏省示范村卫生室”称号
		王营中心杨井社区卫生服务站被省卫计委授予“江苏省示范村卫生室”称号
		果林中心徐梅社区卫生服务站被省卫计委授予“江苏省示范村卫生室”称号
		渔沟中心卫生院神经内科被省卫计委确认为“江苏省特色科室”
		南陈集中心卫生院儿科被省卫计委确认为“江苏省特色科室”
		淮阴区吴鞠通中医研究院乳糜尿专科被省中医药局确认为“江苏省中医重点专科”
		淮阴医院被省委宣传部命名表彰为“2013—2015 年度江苏省文明单位”
		淮阴区王营社区卫生服务中心被省委宣传部命名表彰为“2013—2016 年度江苏省文明单位”
		淮阴区疾控中心被省疾控中心表彰为“江苏省重点职业病监测与职业健康风险评估先进集体”
		区疾病预防控制中心获得由江苏省预防医学会、江苏省健康教育协会、江苏省疾控中心、江苏省计划生育宣传教育所联合举办的“科学就医知识”公众竞赛活动“优秀组织奖”。
		区卫生监督所被省卫生监督局表彰为“2015 年度基层卫生监督工作先进单位”
		区监督所被省卫生监督局确定为江苏省卫生计生监督执法全过程记录试点单位
		区监督所获江苏省卫生计生综合监督行政执法微课大赛一等奖(1 部)、二等奖(5 部)、三等奖(2 部)
		淮阴区刘老庄禄隆蓝莓种植示范园生育关怀基地成功创建为“省级生育关怀项目”
		淮阴区计生协会计划生育系列保险工作被省计生协会授予“先进组织奖”
	地震局	获全省市县地震监测预报工作效能考核优秀单位
	档案局	被省档案局评为“全省档案系统先进集体”
	文广新局	区文广新局获省文化厅“全省第十一届文化行政执法案卷(行政处罚类)优秀案卷”
		淮安市歌舞二团被省委宣传部、省文化厅、省新闻出版广电局、省文联评为“第五届江苏省服务农民服务基层文化建设先进集体”
		淮阴区城乡歌舞演出队被省委宣传部、省文化厅、省新闻出版广电局、省文联评为江苏省首批群众文化“百千万”工程优秀群众文艺团队
	检察院	被省委宣传部评为江苏省文明单位
	司法局	被江苏省司法厅评为“安置帮教工作先进集体”
	新渡乡	佟洼村被江苏省依法治省领导小组表彰为“省级民主法治示范村”
	袁集乡	农科村被江苏省精神文明建设指导委员会评为“省级文明村”
	赵集镇	被省文明办评为“2016 年省级文明乡镇”
		被省商业厅评为“2016 年省级电子商务示范镇”
	码头镇	码头镇获“省特级村镇建设档案室”称号
		码头镇太山村列入“江苏省农业厅首批 2016 年江苏省休闲观光农业示范村”名单
		码头村被列为“江苏先锋网站省远教示范点”
		码头村民兵连党支部获得“先进民兵基层党组织”称号

续表

类型	单位	获奖情况
市级（含部门）表彰	农行	城北支行被中共中国农业银行淮安市分行委员会评为2016年度“四好”领导班子
	烟草局	被淮安市总工会评为淮安市“五一巾帼标兵岗”
		被淮安市总工会、安全生产监督管理局评为市“安康杯竞赛组织工作优秀单位”
		被淮安市全面推进依法行政工作领导小组评为市“行政执法规范化示范点”
		被淮安市工商行政管理局评为“淮安市守合同重信用企业”
		被市委宣传部、市法制宣传教育工作领导小组、市司法局评为“2011—2015全市普法工作先进集体”
	安监局	淮阴区被淮安市安委会评为2016年度“淮安市安全生产工作先进集体”
	地税局	机关党委办公室被中国共产党淮安市委员会评为“先进基层党组织”
		被淮安市全面推进依法行政工作领导小组评为“淮安市行政执法规范化示范点”
		获淮安市无偿献血工作领导小组“2016年无偿献血突出贡献奖”
		工会被淮安市总工会评为“淮安市工会女职工工作先进集体”
		第五税务分局被淮安市总工会评为“淮安市工人先锋号”
		稽查局被江苏省淮安地方税务局评为“2015年度全市地税系统绩效工作先进单位”
		被江苏省淮安地方税务局评为“2015年度依法行政示范单位”
		被江苏省淮安地方税务局评为“2016年全市地税系统稽查优秀案例一等奖”
		被江苏省淮安地方税务局评为“岗位大练兵业务大比武”暨岗位能手选拔考试团体信息技术类先进单位
		被江苏省淮安地方税务局评为“非上市公司自然人股权转让典型案例”三等奖获淮安市人民政府“五一”劳动奖
	国税局	获市食品药品监管局“透明安全餐饮建设”奖
	市场监管局	获市总工会“淮安市五一劳动奖”
		药械科被市总工会评为“淮安市工人先锋号”
		被市质监局评为“2016年度质量技术监督工作先进集体”
		被市国土局评为国土资源工作“先进单位”
	国土分局	王营中心所被市国土局评为国土资源工作“优秀基层单位”，被市总工会评为模范职工小家
		西宋集中心所被市总工会评为“工人先锋号”
		淮阴国土分局行政审批科被市总工会评为“巾帼示范岗”
		被市政府法制办评为“十佳”案卷
		赵集矿区采输卤管线数据库建设工程、淮安城乡建设用地增减挂钩建新区2016年度第4批次（15挂）土地勘测定界，分别被市国土局评为二、三等奖。
		丁集中心所党支部被市国土局评为“先进基层党组织”
		机关党支部被市国土局评为“先进基层党组织”
		南陈集中心所党支部被市国土局评为“先进基层党组织”
	环保局	被市委市政府表彰为“2016年度生态文明建设工作先进集体”
		获“全市扶贫工作先进单位”
		被市环保局授予“2016年度全市环保系统突出贡献奖”荣誉称号

续表

类型	单位	获奖情况
市级(含部门)表彰	水利局	淮阴区淮泗调度闸拆建工程被市水利局评为“淮安市水利优质工程”
		淮阴区中型涵闸除险加固工程建设处被市水利局评为“优秀项目法人”
		张福河船闸管理所被市公安局水上警察支队评为“全市水上内部单位安全保卫工作先进集体”
		淮阴区水利局财务科被市委宣传部2016年市级青年文明号、被市总工会评为“2016年淮安市工人先锋号”
	住建局	获“2016年度淮安市住房和城乡建设系统优秀单位”、“淮安市2015年度安全生产工作先进单位”、“2016年度淮安市防灾及应急避难场所建设工作先进集体”、“淮安市2016年度住房保障目标任务考核工作先进集体”
		淮阴区燃气管理办公室获“2016年度淮安市燃气工作先进单位”
		图审办、抗震办获“2016年度淮安市施工图审查工作先进集体”
		淮阴区市政公司养护所管道清掏组获2016年淮安市总工会“工人先锋号”荣誉称号
		淮阴园林建设工程有限公司获淮安市2016年“美国白蛾防治技术知识竞赛”团体一等奖
		古淮河自行车文化运动公园、淮阴区银川路北延获淮安市委、市政府表彰为“2016年度中心城市建设优秀建设项目”
		淮阴区淮海路、淮阴区银川路获淮安市委、市政府表彰为“2016年度中心城市建设示范路”
		老汽车北站一期棚户区改造项目获淮安市委、市政府表彰为2016年度中心城市建设优秀征收项目
		淮阴区国税公寓老旧小区整治项目、淮阴区曙光路低洼易涝片区整治项目获淮安市委、市政府表彰为“2016年度城市长效综合管理及环境整治精品亮点项目”
		淮海路盐河桥东侧小游园获淮安市2016年“城市绿色小客厅”二等奖,金润成东侧小游园获三等奖
		淮阴区市政公司实施的银川路桥及接线、长江东路获2016年度淮安市市政设施优质养护片
		淮阴区测绘院完成的光辉乾城沉降观测项目、西宋集镇测绘项目获淮安市2016年上半年优秀勘察设计评选二等奖,淮安幸福城一期竣工项目获三等奖
		淮阴区测绘院完成的孵化中心基坑监测项目获淮安市优秀测绘工程评比二等奖,奥体国际星城沉降观测项目、淮安幸福城一期竣工项目获三等奖
		北京如意国际花园获2016年度淮安市物业管理优秀住宅,中业慧谷淮阴软件园获2016年度淮安市物业管理优秀办公区,淮阴区卫生服务中心获2016年度淮安市物业管理优秀大厦
	卫计委	淮阴区被市委表彰为卫生工作先进县区(第一名)
		韩桥卫生院被市委授予“先进基层党组织”称号
		淮阴区卫计委被市委宣传部表彰为“三下乡”先进集体
		五里卫生院工会委员会被市总工会授予“淮安市模范职工之家”称号
		淮阴区卫计委在2015年度市卫计委目标考核中获一等奖
		淮阴区卫计委被表彰为“2015年度全市卫生计生系统行风软环境及效能建设先进单位”
		古寨乡被市卫计委表彰为“十二五”人口和计划生育工作示范乡镇
		老张集乡被市卫计委表彰为“十二五”人口和计划生育工作先进乡镇
		王营镇被市卫计委表彰为“十二五”人口和计划生育工作先进乡镇
		刘老庄乡被市卫计委表彰为“十二五”人口和计划生育工作先进乡镇
		淮阴区被市血地防领导小组确认为消除疟疾达标地区
		韩桥卫生院党支部被市委表彰为“先进基层党组织”
		妇幼保健院被市妇幼保健院表彰为“淮安市新生儿筛查工作先进集体”

续表

类型	单位	获奖情况
市级(含部门)表彰	地震局	获全市防震减灾综合考核先进单位
	文广新局	淮阴区文化馆获市文广新局淮安市“百姓文化艺术节”大赛优秀组织奖
	检察院	获淮安市人民检察院侦查业务技能竞赛组织奖
		《李某某盗窃案》获全市检察机关2015年度未检优秀个案
		获2016年全市检察机关“向党看齐”诗歌朗诵比赛一等奖
		获2016年全市检察机关“侦查业务技能竞赛组织奖”
		反渎局获市检察院信息化服务职务犯罪侦查优秀技战法技能竞赛二等奖
		民行科获全市检察机关创新创优项目三等奖
		案管科获集体三等功
		法警大队被市人民检察院政治部评为“警务技能竞赛先进单位”
		控申科点名接访引入法律援助获得市院创新创优项目优秀奖
	人防办	被淮安市国动委评为“淮防－2016”防空警报试鸣暨防空袭行动演练先进单位
	司法局	被中共淮安市委政法委员会评为“2015年度公正司法示范点”
		法宣办被淮安市法学会、淮安市法宣办、共青团淮安市委、淮安市关工委评为“优秀组织单位”
	妇联	获“县区妇联创新创优项目一等奖”
		获“2015年度全市妇联系统信息工作二等奖”
		被市教育局、市妇联评为“淮安市女童保护工作先进集体”
		被淮安市维护妇女儿童合法权益联席会议暨“平安家庭”创建活动领导小组评为淮安市“平安家庭”创建活动先进集体
	机关事务办	被淮安市公共机构节能工作领导小组办公室评为“2016年度公共机构节能工作先进单位”
	新渡乡	朱集村被淮安市人大常委会表彰为“优秀人大代表之家”
	袁集乡	被中共淮安市委农村工作领导小组办公室评为“2016年度全市乡镇农业农村工作农业主导型乡镇”

表30　2016年淮阴区获市级以上表彰个人名录(部分)

类型	单位	姓名	获奖情况
国家级(含部门)表彰	烟草局	汪　洋	被中国质量协会、中华全国总工会、中华全国妇女联合会、中国科学技术协会表彰为“全国质量管理小组活动优秀推进者”
	卫计委	李成菊	上消化道癌早诊早治项目工作连续两年获国家癌症基金会“优秀项目奖”
		李海丽	在国家卫生计生委“全国基层卫生岗位练兵和技能竞赛”活动中获一等奖
	司法局	王咏梅	被中国文明网评为“中国好人”
		朱秀梅	被中共中央宣传部、司法部表彰为“2011—2015全国法治宣传教育先进个人”

续表

类型	单位	姓名	获奖情况
省级(含部门)表彰	农工部	郑家法	被省农村工作领导小组办公室表彰为“2016 年全省农工办系统先进工作者”
	农行城北支行	盛　莉	被中共中国农业银行江苏省分行委员会表彰为“优秀共产党员”
		朱爱红	被中国农业银行江苏省分行表彰为“2016 年零售银行“春天之星”明星个人”
		陆成之	被金融时报社表彰为“2016 年《金融时报》优秀通讯员”
	财政局	任琳琳	被江苏省财政厅表彰为“2016 年全省财政企业财务工作先进个人”
	安监局	周　舜	被省安监局表彰为“2016 年度省职业卫生工作先进个人”
	地税局	龚玉龙	被江苏省人民政府残疾人工作委员会表彰为“2015 年度按比例安排残疾人就业工作先进个人”
		张　振	被江苏省地方税务局表彰为“2015 年度江苏省地方税务局稽查局区域稽查分局先进个人”
		卓玉华	被江苏省地方税务局表彰为“2015 年度江苏省地方税务局稽查局区域稽查分局先进个人”
		缪长昕	被江苏省地方税务局表彰为“115”工程—专业骨干
		王　健	被江苏省地方税务局表彰为“115”工程—专业骨干
		李双雷	被江苏省地方税务局表彰为“115”工程—专业骨干
		潘广军	被江苏省地方税务局表彰为“115”工程—专业骨干
	国税局	卜伟明	被江苏省国家税务局党的建设工作领导小组表彰为“全省国税系统优秀共产党员”
		刘保林	被江苏省国家税务局党的建设工作领导小组表彰为“全省国税系统优秀共产党员”
	水利局	袁雪奇	获江苏省水利厅全省水政监察发展主题摄影作品三等奖
		蒋　辉	被江苏省水利厅表彰为 2016 年度全省水利宣传工作“十佳通讯员”
	住建局	赵小明	获全省建筑工程质量监督机构和个人考核优秀奖
		王　欢	获全省建筑工程质量监督机构和个人考核优秀奖
		梁雪燕	获“亨达杯”书香淮阴读书征文江苏省总工会女职工委员会表彰三等奖
	卫计委	韩绪军	被省卫计委表彰为“江苏省免疫规划(预防接种)工作先进个人”
		罗　金	长三角地区社区医生“高血压、糖尿病”规范化用药知识竞赛个人一等奖
		王智洋	长三角地区社区医生“高血压、糖尿病”规范化用药知识竞赛个人个人二等奖
		吴晶晶	江苏省基层卫生技能竞赛主持人遴选大赛,获得第一名
		吴成豪	江苏省基层卫生技能竞赛主持人遴选大赛,获得第二名
		李海丽	2016 年江苏省基层卫生岗位练兵和技能竞赛活动社区护理组二等奖,被省卫计委、省总工会授予“2016 年江苏省基层卫生技术标兵”称号
	档案局	李余高	被江苏省人力资源和社会保障厅和江苏省档案局表彰为“全省档案系统先进工作者”
	文广新局	朱彩虹	被省委宣传部、省文化厅、省新闻出版广电局、省文联表彰为江苏省首批“百千万”工程之基层文艺骨干优秀个人;散文《那年大雪》获江苏省委宣传部、文化厅、文联等部门第三届大众文学奖二等奖
		路兴军	被省委宣传部、省文化厅、省新闻出版广电局、省文联表彰为江苏省首批“百千万”工程之基层文艺骨干优秀个人
		季云华	被省委宣传部、省文化厅、省新闻出版广电局、省文联表彰为江苏省首批“百千万”工程之基层文艺骨干优秀个人
		何　睿	被江苏省省第一次全国可移动文物普查领导小组办公室、江苏省文物局表彰为“江苏省第一次全国可移动文物普查先进个人”

续表

<table>
<tr><th>类型</th><th>单位</th><th>姓名</th><th>获奖情况</th></tr>
<tr><td rowspan="15">省级(含部门)表彰</td><td>文广新局</td><td>吴自标</td><td>入选陈介祺研究会、陈介祺故居陈列馆韦编三绝“万印楼”——当代国际篆刻精英收藏工程;《金以刚折》组印入展浙江省甲骨文学会、中国美术学院古文字书法创作研究中心第二届全国篆书书法大展;《云行雨施》组印入展江苏省文化馆江苏“群星”美术书法摄影作品提名展</td></tr>
<tr><td>新闻中心</td><td>王学礼</td><td>被江苏省新闻中心工委评为“2016年江苏名总编”</td></tr>
<tr><td rowspan="4">检察院</td><td>任　欢</td><td>被江苏省人民检察院表彰为全省“案管业务能手”</td></tr>
<tr><td>夏传惠</td><td>被江苏省人民检察院表彰为“全省检察机关民事行政检察业务竞赛优秀办案人”</td></tr>
<tr><td>董海芬</td><td>被江苏省人民检察院政治部表彰为“全省检察机关民事行政执行监督专项行动先进个人”</td></tr>
<tr><td>贾洪刚</td><td>被江苏省人民检察院记个人二等功</td></tr>
<tr><td rowspan="3">人防办</td><td>刘国军</td><td>被江苏省民防局表彰为“十二五”时期全省民防建设先进个人</td></tr>
<tr><td>赵仁宝</td><td>被淮安市国动委表彰为先进个人</td></tr>
<tr><td>王卫东</td><td>被淮安市国动委表彰为先进个人</td></tr>
<tr><td rowspan="3">司法局</td><td>李晓玲</td><td>被江苏省司法厅表彰为“2016年全省司法行政系统宣传先进个人”</td></tr>
<tr><td>葛志军</td><td>被江苏省司法厅表彰为法律援助工作先进个人</td></tr>
<tr><td>田　军</td><td>被江苏省司法厅表彰为安置帮教先进个人</td></tr>
<tr><td>团区委</td><td>葛海伟</td><td>获省级优秀团干称号</td></tr>
<tr><td>码头镇</td><td>李卫军</td><td>代表淮安市计生委参加“二孩来了”江苏省计生协会艺术作品征集评选获得优秀奖(作品:竹兰图)</td></tr>
<tr><td rowspan="15">市级(含部门)表彰</td><td>安监局</td><td>高玉龙</td><td>被淮安市安委会表彰为“2016年度淮安市安全生产工作先进个人”</td></tr>
<tr><td>公安分局</td><td>王洪萍</td><td>被淮安市安委会表彰为“2016年度淮安市安全生产工作先进个人”</td></tr>
<tr><td rowspan="13">地税局</td><td>李双雷</td><td>被淮安市妇女联合会、淮安市全民阅读活动领导小组办公室表彰为“书香家庭”,被江苏省淮安地方税务局表彰为2016年淮安市地税系统“征管评估能手”</td></tr>
<tr><td>唐　丽</td><td>被淮安市精神文明建设指导委员会办公室表彰为淮安市第四批优秀志愿者,被江苏省淮安地方税务局记三等功</td></tr>
<tr><td>何长军</td><td>被江苏省淮安地方税务局表彰为2015年度“规范执法示范岗”</td></tr>
<tr><td>黄卫东</td><td>被江苏省淮安地方税务局表彰为2015年度考评优秀等次,被江苏省淮安地方税务局绩效管理工作领导小组办公室表彰为2015年度县级局领导班子成员个人绩效考评优秀</td></tr>
<tr><td>孙新军</td><td>被江苏省淮安地方税务局表彰为2015年度考评优秀等次,被江苏省淮安地方税务局记三等功,被江苏省淮安地方税务局绩效管理工作领导小组办公室表彰为2015年度县级局领导班子成员个人绩效考评优秀</td></tr>
<tr><td>王学飞</td><td>被江苏省淮安地方税务局记三等功</td></tr>
<tr><td>张忠武</td><td>被江苏省淮安地方税务局记三等功</td></tr>
<tr><td>盛宏亮</td><td>被江苏省淮安地方税务局表彰为2016年淮安市地税系统“征管评估能手”</td></tr>
<tr><td>缪长昕</td><td>被江苏省淮安地方税务局表彰为2016年淮安市地税系统“税务稽查能手”</td></tr>
<tr><td>陈智平</td><td>被江苏省淮安地方税务局表彰为2016年淮安市地税系统“税务稽查能手”</td></tr>
<tr><td>王　健</td><td>被江苏省淮安地方税务局表彰为2016年淮安市地税系统“税务稽查能手”</td></tr>
<tr><td>潘广军</td><td>被江苏省淮安地方税务局表彰为2016年淮安市地税系统“信息技术能手”、最美党员家庭</td></tr>
<tr><td>徐　淮</td><td>被江苏省淮安地方税务局表彰为2016年淮安市地税系统“征管评估标兵”</td></tr>
<tr><td></td><td></td><td>王福军</td><td>被江苏省淮安地方税务局表彰为2016年淮安市地税系统“征管评估标兵”</td></tr>
</table>

续表

类型	单位	姓名	获奖情况
市级(含部门)表彰	地税局	卓玉华	被江苏省淮安地方税务局表彰为2016年淮安市地税系统“税务稽查标兵”
		吴文珍	被江苏省淮安地方税务局表彰为2016年淮安市地税系统“税务稽查标兵”
		胡家文	被江苏省淮安地方税务局表彰为2016年淮安市地税系统“纳税服务标兵”
		唐小进	被江苏省淮安地方税务局表彰为2016年淮安市地税系统“纳税服务标兵”
		张　振	被江苏省淮安地方税务局表彰为2016年淮安市地税系统“行政管理标兵”
		尹　峰	被江苏省淮安地方税务局表彰为2016年淮安市地税系统“行政管理标兵”
		张　勤	被江苏省淮安地方税务局表彰为2016年淮安市地税系统“信息技术标兵”
		石　浩	获2016年市局“岗位大练兵业务大比武”暨岗位能手选拔考试开卷人员表彰
		卜仕和	获2016年市局“岗位大练兵业务大比武”暨岗位能手选拔考试开卷人员表彰
		严　松	获江苏省淮安地方税务局“税收执法督察、风险应对质量检查案例二等奖”
		张保贞	被江苏省淮安地方税务局表彰为全市地税系统基础管理能手
		吴延昱	被江苏省淮安地方税务局表彰为全市地税系统基础管理能手
		秦　浩	被江苏省淮安地方税务局表彰为全市地税系统中等风险应对能手
		卢巧林	获江苏省淮安地方税务局“全市地税系统中等风险应对优秀案例”表彰,获江苏省淮安地方税务局“全市地税系统中等风险应对优秀卷宗”表彰
		袁　春	获江苏省淮安地方税务局“全市地税系统中等风险应对优秀案例”表彰
		季洪国	获江苏省淮安地方税务局“全市地税系统中等风险应对优秀卷宗”表彰
		董正军	被江苏省淮安地方税务局绩效管理工作领导小组办公室表彰为2015年度县级局领导班子成员个人绩效考评优秀
	国土分局	周建淮	被市国土局表彰为党风廉政建设和行风软环境工作“先进个人”、2016年度国土资源工作“先进个人”
		史栋梁	被市国土局表彰为2016年度考核“优秀等次”人员
		张　杰	被市国土局表彰为2016年度考核“优秀等次”人员
		陈　功	被市国土局表彰为2016年度考核“优秀等次”人员、优秀党务工作者
		朱钢琴	被市国土局表彰为2016年度国土资源工作“先进个人”
		孙成杰	被市国土局表彰为2016年度国土资源工作“先进个人”
		周　胜	被市国土局表彰为2016年度国土资源工作“先进个人”
		漆文军	被市国土局表彰为2016年度国土资源工作“先进个人”
		朱从峰	被市国土局表彰为优秀共产党员
		张　敏	被市国土局表彰为优秀共产党员
		胡新农	被市国土局表彰为优秀共产党员
		张秀叶	被市国土局表彰为优秀党务工作者
		周　杰	被市国土局表彰为优秀党务工作者
		高敏涛	被市国土局表彰为优秀党务工作者
	市场监管局	刘洪亮	获市食品药品监管局“透明安全餐饮建设”奖项
		张玲玲	被淮安市消协评为“淮安市十佳消费维权卫士”

续表

类型	单位	姓名	获奖情况
市级(含部门)表彰	市场监管局	宋庆华	获淮安市人力资源和社会保障局"淮安市2016年度军队转业干部党政培训班'公务员职业道德建设'征文比赛"二等奖,获淮安市人力资源和社会保障局"淮安市2016年度军队转业干部党政培训班优秀调研报告评选活动"一等奖
		俞德文	获市食品药品监管局"透明安全餐饮建设"奖项
		刘　念	被农工党淮安市委评为2016年度参政议政先进个人、2016年度宣传工作先进个人
		包劲松	被市质监局评为2016年度质量技术监督工作先进个人
		吴　玲	被民盟淮安市委评为淮安市优秀盟员
		徐泉薇	被市质监局评为先进个人
	环保局	刘　磊	被市生态办表彰为"淮安市环境保护优秀人物",被市委市政府表彰为2016年度生态文明建设工作先进个人
	水利局	韩志娟	被市水利局表彰为优秀安全员
		孙步涛	被市水利局表彰为优秀档案员
		孙全国	获淮安市水利系统"勘测设计杯"第五届职工体育运动会掼蛋比赛二等奖
		周海平	获淮安市水利系统"勘测设计杯"第五届职工体育运动会掼蛋比赛二等奖
		李　杨	获淮安市水利系统"勘测设计杯"第五届职工体育运动会急行跳远比赛三等奖
		丁华珍	获淮安市首届"最美水利人提名奖"
		寇建辉	被市水利局表彰为淮安市水行政执法"办案能手"
		安业闯	获全市水政监察发展主题征文三等奖
	住建局	顾正武	获淮安市委、市政府表彰为2016年度城市长效综合管理、防违治违环境整治先进个人
		梁卫成	获2016年度淮安市防灾及应急避难场所建设工作先进个人
		厉素芹	获2016年度淮安市防灾及应急避难场所建设工作先进个人
		刘　军	获淮安市委、市政府表彰为2016年度中心城市建设先进个人
		孙　毅	获2016年度全市住房和城乡建设系统先进个人
		王耀新	获2016年度全市住房和城乡建设系统先进个人
		刘恒超	获2016年度全市住房和城乡建设系统先进个人
		陈　祥	获2016年度全市住房和城乡建设系统先进个人
		周硕荣	获2016年度全市住房和城乡建设系统先进个人
		苏　鹏	获2016年度淮安市燃气工作先进个人,获淮安市2015年度安全生产工作先进个人
		朱树光	获2016年度淮安市燃气工作先进个人
		赵小明	获淮安市2015年度安全生产工作先进个人
		陶　涛	获2016年度淮安市施工图审查工作先进个人
		刘　顺	获2016年度淮安市施工图审查工作先进个人
		孙兰香	获淮安市2015年度安全生产工作先进个人,获2016年全市安全生产论文评比优秀奖
		刘红梅	获淮安市2016年"美国白蛾防治技术知识竞赛"一等奖
		沈得艳	获淮安市2016年"美国白蛾防治技术知识竞赛"三等奖
		周　蓉	获淮安市2016年"美国白蛾防治技术知识竞赛"三等奖
		马雅凤	获淮安市2016年"美国白蛾防治技术知识竞赛"三等奖
		张　艳	获淮安市2016年"美国白蛾防治技术知识竞赛"三等奖
		王　丽	获淮安市"魅力淮安"住建摄影大赛三等奖

续表

类型	单位	姓名	获奖情况
市级(含部门)表彰	卫计委	马　巍	获淮安市“魅力淮安”住建摄影大赛三等奖
		范开飞	获2016年度全市建筑业工作成绩突出个人
		洪　宝	被淮安市委表彰为优秀党务工作者
	文广新局	王　霞	被市妇幼保健院表彰为淮安市新生儿筛查工作先进个人
		滕佳慧	被市妇幼保健院表彰为淮安市新生儿筛查工作先进个人
		吴自标	《变,变则生不变则死——甲骨文印用字创作谈》(论文)获淮安市第十三届哲学社会科学优秀成果三等奖
		朱代成	调研文章《回顾与反思探索与展望——淮阴区非物质》在全市非物质文化遗产理论征文评比中获三等奖
		董志广	调研文章《淮阴马灯舞的起源及其地域特色》在全市非物质文化遗产理论征文评比中获三等奖
	检察院	赵学刚	被淮安市人民检察院表彰为“优秀检察信息员”
		徐立顺	获全市检察机关“优秀军转干部”提名奖
		颜怀俊	全市检察机关“优秀军转干部”
		韩振磊	被淮安市人民检察院记个人三等功
		任　欢	被淮安市人民检察院表彰为案管业务标兵
		郭明璐	被淮安市人民检察院表彰为侦监监督能手
		贾洪刚	获淮安市人民检察院“百百千文书”一等奖
		卓　瑞	获淮安市人民检察院“百百千文书”三等奖
		韩振磊	被淮安市人民检察院表彰为“十佳侦查员”
		张　格	被淮安市人民检察院表彰为“十佳侦查员”
		刘　军	被淮安市人民检察院表彰为最美检察官
		王　赛	获淮安市人民检察院最美检察官提名奖
		倪一鸣	获“全市检察机关警务技能竞赛第二名”
		沈振华	获“全市检察机关警务技能竞赛第五名”
		朱小华	被淮安市人民检察院表彰为“优秀检察信息员”
		沈建平	获淮安市人民检察院优秀女检察官提名奖、全市检察机关2016年清风杯乒乓球友谊赛女子单打第一名,将法律援助引入涉检信访被市院2015年度全市检察机关优秀新闻作品
		郑　冰	“将法律援助引入涉检信访”被市院2015年度全市检察机关优秀新闻作品
	司法局	章　波	被淮安市司法局表彰为淮安市首届“司法行政十大模范”
		葛志军	被农工党淮安市委员会表彰为“社会服务工作先进个人”、“党务工作先进个人”、“社情民意工作先进个人”
		罗玉芳	被市委、市政府表彰为“平安法治建设突出贡献人员”
	妇联	胡　瑜	被市关工委、市妇联表彰为“淮安市关心下一代工作先进个人”、“淮安市女童保护工作先进个人”
		张一琳	被市妇联表彰为市“平安家庭”创建活动先进个人
	机关事务办	徐凯权	被淮安市公共机构节能工作领导小组办公室表彰为“2016年度公共机构节能工作先进个人”
	新渡乡	司传权	在2016年淮安市农产品质量安全监管工作中,被淮安市农业委员会评为先进工作者

表 31　　2016 年淮阴区共青团工作获表彰情况

类型	获奖情况
省级（含部门）表彰	淮安市淮阴广电文化传媒有限公司团支部获“省级五四红旗团支部奖”
	吴集镇团委获“省级五四红旗团委奖”
	淮安市淮阴区水政监察大队、红星美凯龙淮安市瑞林商场获省级青年文明号奖
	淮阴实验小学获江苏省优秀少先队集体奖
	丁玲玲获省级优秀团干称号
	张久成获省级江苏青年五四奖章提名奖
市级（含部门）表彰	古寨乡团委、码头镇团委、新渡乡团委获市级五四红旗团委创建单位奖
	淮阴区水利局财务科、淮阴区老张集乡共青团、淮阴区刘老庄八一幼儿园获市级青年文明号奖
	方达获“市级农村致富带头人”称号
	彭亚获“市级农村致富带头人”称号
	谢波获“市级农村致富带头人”称号
	丁元珍获“市级优秀少先队辅导员”称号
	孙超获“市级优秀少先队辅导员”称号
	孙海红获“市级优秀少先队辅导员”称号
	汪东伟获“市级优秀少先队辅导员”称号
	王娟获“市级优秀少先队辅导员”称号
	崔建国获“市级优秀少先队辅导员”称号
	李海丽获“青年岗位能手”称号
	岳怡文获青年岗位能手称号
	陈昊获青年岗位能手称号
	张琳琳获青年岗位能手称号
	吴俊凤获“十佳少先队辅导员”称号
	李永军获“十佳少先队辅导员”称号

附　录

淮阴区2016年国民经济和社会发展统计公报

淮阴区统计局
国家统计局淮阴调查队

2016年,全区人民在区委、区政府的正确领导下,积极应对复杂多变的经济新常态,解放思想、奋力拼搏,努力推动经济社会健康有序发展,国民经济运行总体良好,各项社会事业取得新的进步,为全面建成小康社会奠定了良好基础。

一、综合

初步核算,全年地区生产总值435.72亿元,按可比价计算,比上年增长9.8%。分产业看,第一产业增加值69.05亿元,增长0.5%;第二产业增加值182.39亿元,增长10.4%;第三产业增加值184.28亿元,增长13%。经济结构进一步优化,三次产业增加值比例由上年的16.67∶42.31∶41.02,调整优化为15.85∶41.86∶42.29。人均地区生产总值55754元,比上年增加4466元。

图1 2012-2016年地区生产总值及其增长速度

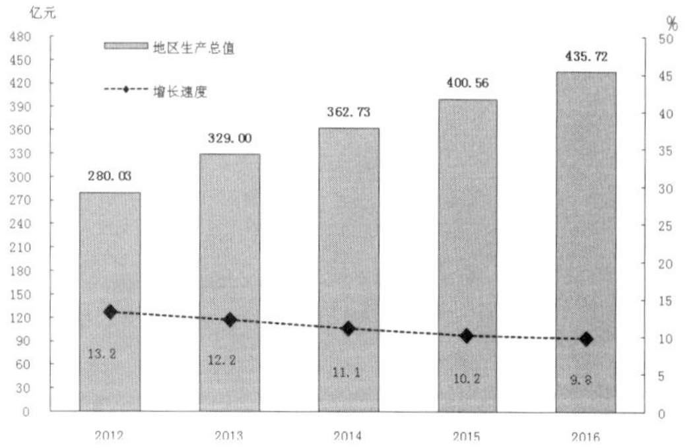

二、农业

全年粮食种植面积140.22万亩,比上年增加0.73万亩;油料种植面积8.45万亩,减少0.3万亩;蔬菜种植面积48.69万亩,比去年增加0.94万亩。

全年粮食产量63.09万吨,比上年减少1.36万吨。其中,夏粮产量26.15万吨,减产0.87万吨;秋粮产量36.93万吨,减产0.5万吨。全年油料产量1.92万吨,减产0.04万吨。

全年肉类总产量7.2万吨,比上年下降0.48%。其中,猪肉产量4.44万吨,下降3.14%;牛肉产量0.13万吨,比上年增加9.26%;羊肉产量0.21万吨,比上年下降2.06%;生猪年末存栏30.06万头,比上年下降4.82%;生猪出栏58.8万头,比上年下降3.29%;禽蛋产量2.72万吨,比上年增长4.15%。

全年水产品产量3.22万吨,增长0.3%。其中,养殖水产品产量1.95万吨,增长1.6%。

全年木材产量7.72万立方米,比上年减少1.5%。

全年新增有效灌溉面积2816公顷。

三、工业和建筑业

全年工业增加值156.51亿元,按可比价计算,比上年增长11.1%。规上工业实现利润102.06亿元,比上年增长12.77%。

图2 2012-2016年工业增加值及其增长速度

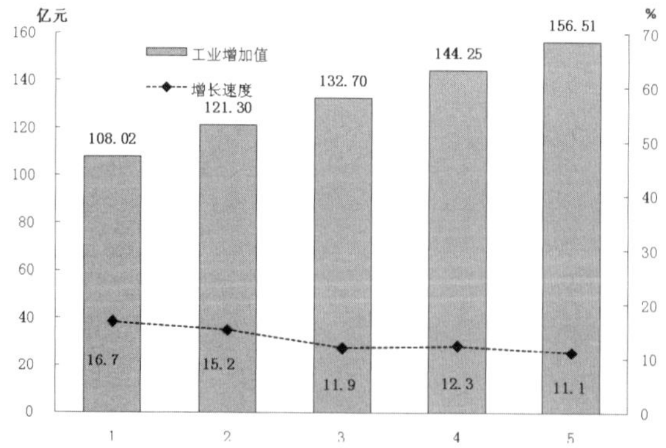

表 32　　工业产销总值及主要产品产量

主要工业产品产量	单位	2016 年	2015 年	比上年增长%
水泥	吨	1752279	1799991	-2.65
商品混凝土	立方米	2343060	1909706	22.69
钢材	吨	705922	840953	-16.06
无缝钢管	吨	483355	645529	-25.12
小麦粉	吨	232661	209806	10.89
饲料	吨	678686	613360	10.65
无纺布(无纺织物)	吨	4425	4317	2.50
人造板	立方米	306025	255542	19.76
蚕丝	吨	4423	4388	0.80
滚动轴承	万套	249	214	16.36
发电量	万千瓦小时	574043	595073	-3.53
火力发电量	万千瓦小时	565644	590199	-4.16

全年建筑业完成总产值 252.67 亿元，外出施工产值 142.21 亿元。全年全社会建筑业增加值 25.89 亿元，比上年增长 6%。全区具有资质等级的总承包和专业承包建筑业企业实现利润 10.12 亿元，增长 21.16%。

表 33　　2016 年规模以上工业企业实现利润及其增长速度

单位：亿元

指标	利润总额	增幅(%)
规模以上工业	102.06	12.77
其中：国有企业	0.18	28.57
有限责任公司	23.34	9.37
股份有限公司	3.08	16.23
私营企业	66.60	14.32
港澳台投资企业	2.36	8.76
外商投资企业	6.10	8.54
其他企业	0.40	25.00

四、固定资产投资

全年规模以上固定资产投资 3395569 万元，比上年增长 19.98%。其中：固定资产项目投资 3045450 万元，增长 22.97%；房地产投资 350119 万元，下降 0.93%。

图3 2012-2016年规模以上固定资产投资及其增长速度

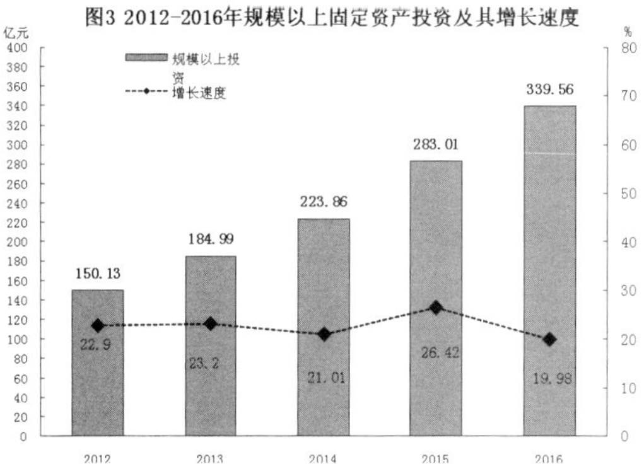

按产业划分，第一产业投资 96251 万元，增长 108.4%；第二产业投资 2567459 万元，增长 21.6%；第三产业投资 731859 万元，增长 8.82%。

在房地产开发投资中，商品住宅投资 262347 万元，增长 3.99%；商业营业用房投资 53903 万元，下降 14.83%。

表 34　　2016 年分行业固定资产项目投资　　单位:万元

指标名称	2016	2015	比上年增长(%)
一、自年初累计完成投资	**3045450**	**2476680**	**22.97**
1、按构成分			
建筑工程	1222697	1021205	19.73
安装工程	178480	168023	6.22
设备工器具购置	1346187	1123552	19.82
其他费用	298086	163900	81.87
2、按建设性质分			
新建	1980215	1417137	39.73
扩建	310504	204950	51.50
改建	747544	840251	-11.03
3、按登记注册类型分			
内资企业	2949537	2452457	20.27
港、澳、台商投资企业	87726	12482	602.82
外商投资企业	8187	2571	218.44
个体经营			
4、按产业分			
①第一产业	96251	46186	108.40
②第二产业	2567459	2111357	21.60
工业	2490722	2080067	19.74
③第三产业	381740	319137	19.62
二、项目个数(个)			
1、施工项目个数	579	417	38.85
其中:本年新开工	425	357	19.05
2、本年投产项目个数	485	285	70.18
三、本年资金来源合计	**3020321**	**2739114**	**10.27**
1. 上年末结余资金	29941	132	22582.58
2. 本年资金来源小计	2990380	2738982	9.18
(1)国家预算内资金	950	26963	-96.48
(2)国内贷款	165535	152556	8.51
(3)债券			
(4)利用外资			
(5)自筹资金	2773491	2506245	10.66
(6)其他资金来源	50404	53218	-5.29

表 35　　　　2016 年房地产开发和销售主要指标完成情况

指　　标	单　位	绝对数	比上年增长%
投资完成额	万元	350119	-0.93
其中:住宅	万元	262347	3.99
其中:90 平方米以下住宅	万元	132592	5.56
房屋施工面积	万平方米	381.72	18.53
其中:住宅	万平方米	277.52	19.52
房屋新开工面积	万平方米	89.92	28.60
其中:住宅	万平方米	61.36	32.27
房屋竣工面积	万平方米	36.39	360.63
其中:住宅	万平方米	27.81	345.67
商品房销售面积	万平方米	111.55	50.08
其中:住宅	万平方米	98.27	49.64
本年资金来源	万元	537574	4.97
其中:国内贷款	万元	34652	21.16
其中:个人按揭贷款	万元	168422	33.31
本年购置土地面积	万平方米	25.93	138.55
完成开发土地面积	万平方米	28.56	33.65
土地购置费	万元	57835	171.39

五、贸易

全年社会消费品零售总额 119.08 亿元,比上年增长 12.4%。分行业看,批发和零售业零售额 111.66 亿元,增长 11.84% 和餐饮业零售额 7.42 亿元,增长 20.6%。

图4 2012-2016年社会消费品零售总额及其增长速度

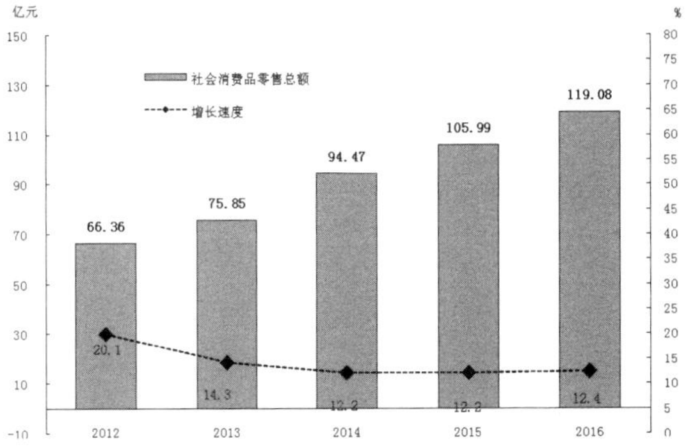

在限额以上批发和零售企业的消费品中,汽车类零售额比上年增长 9.9%,粮油类减少 5.5%,肉禽蛋类减少 6.2%,服装类增长 15.5%,日用品类增长 10.6%,文化办公用品类增长 7.8%,通讯器材类增长 6.6%,化妆品类增长 14.8%,中西药品类增长 26.1%,家具类增长 19.8%。

全年货物进出口总额 22031.6 万美元,比上年减少 22.7%。其中,出口总额 16036.5 万美元,增长 11.1%。

全年实际利用外资 15777.1 万美元,比上年增长 14.5%。

图5 2012-2016年实际利用外资及其增长速度

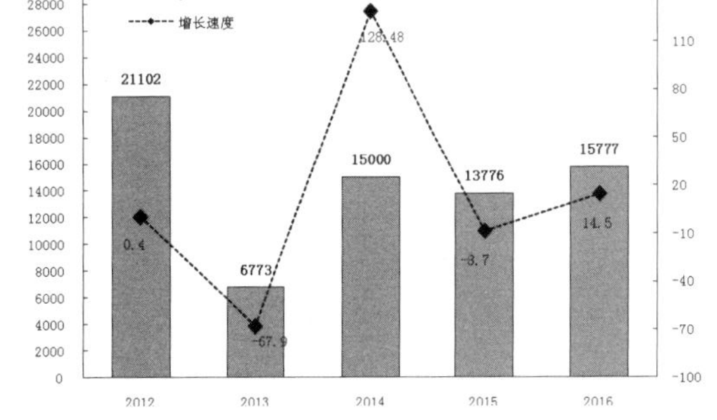

六、交通运输和邮电

全年交通运输、仓储和邮政业增加值7.56亿元,比上年增长7.1%。

交通公路总里程2131.66公里,其中等级公路1896.66公里。全年农公班车客运量550万人次,客运周转量6750万人公里。全年内河港口完成货物吞吐量1472.4万吨,比上年增长17.8%。

2016年民用汽车拥有量71514辆,其中私人汽车拥有量62991辆。

全年完成邮电业务总量42725万元,比上年增长3.7%。其中,邮政业务总量6199万元,增长13.16%;电信业务总量36526万元,增长2.2%。固定电话年末用户13万户。移动电话年末用户48.8万户,其中3G、4G移动电话用户21.3万户。互联网宽带接入用户13.98万户。

七、财政和保险

全年财政总收入488121万元,比上年减少26836万元,下降5.2%。其中地方财政公共预算收入405759万元,减少33675万元,下降7.7%;公共预算收入中各项税收收入301207万元,减少66312万元,下降18%。

表36　2016年财政收入分项情况

指标	2015年	2016年	比上年增长(%)
财政预算内总收入(万元)	514957	488121	-5.21
中央财政收入	75634	82361	8.89
增值税	50005	56928	13.84
消费税	25	25	-
企业所得税	16183	16054	-0.8
个人所得税	9421	9354	-0.71
地方财政收入	521972	506275	-3.01
公共预算收入	439435	405759	-7.66
各项税收	367519	301207	-18.04
增值税	28452	47929	68.46
营业税	129550	78758	-39.21
企业所得税	10716	10703	-0.12
个人所得税	6280	6236	-0.7

公共财政预算支出627121万元,下降5.5%。全年教育支出85438万元,增长12.94%;医疗卫生支出64868万元,增长2.6%;社会保障和就业支出87817万元,增长0.16%;城乡社区事务支出45467万元,下降59.69%;环境保护支出6583万元,下降59.59%;科学技术支出2274万元,下降88.34%;农林水事务支出181312万元,增长15.32%;文化体育与传媒支出3158万元,下降55.67%;财政对社会保障基金补助支出20804万元,下降10.67%。

全年保险公司保费收入99485万元。其中财产险业务保费收入118069万元,人寿险业务保费收入77487万元。

八、教育和科学技术

全年全区学校总数67所。其中,普通中学32所,职业高中2所(含淮阴卫生高等职业技术学校),小学31所,特殊教育学校1所。全年职业高中教育招生3319人,在校生10119人,毕业生3513人。全区普通中学招生10628人,在校生30783人,其中女生14554人,毕业生10389人。全区普通小学招生10579人,在校生62360人,其中女生28886人,毕业生9114人。幼儿园在园幼儿33524人。

全年全区专任教师总数6720人。其中,职业高中教师649人,普通中学教师2730人,小学教师3319人。

图7 2012-2016年各类教育招生人数

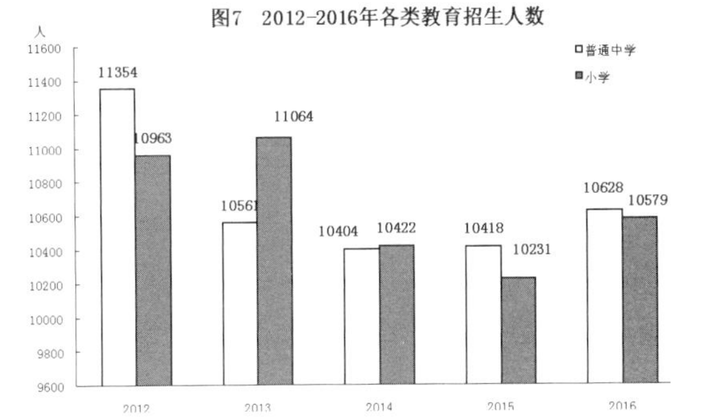

2016年,全区专利申请总量2761件,其中发明专利申请716件;专利授权1539件,其中发明专利授权24件。

九、文化、卫生和体育

年末全区共有艺术表演团体1个,文化馆1个,公共图书馆1个,全年图书总藏量12.5万册。广播电台1座,电视台1座。年末广播节目综合人口覆盖率为100%;电视节目综合人口覆盖率为100%,有线电视入户率96.6%。

年末全区共有医疗机构287个(包括保健所一个),其中医院5个、卫生院19个、社区卫生服务中心4个,疾病预防控制中心(防疫站)1个。卫生技术人员3952人,其中执业医师和执业助理医师1604人,注册护士1894人。医院和卫生院床位3758张。5岁以下儿童死亡率6.56‰,婴儿死亡率4.54‰产妇住院分娩比例100%,产妇住院分娩比例100%,新型农村合作医疗覆盖率100%。

2016年运动健儿在市以上各类比赛中共获得奖牌28枚,其中全国金牌2枚,银牌2枚,铜牌2枚,省级金牌10枚、银牌5枚、铜牌7枚。全年共向市以上运动队输送优秀体育后备人才43人。

十、环境保护、安全生产

全区主要环境指标保持较好水平。空气质量良好天数238天,达标率68%;PM2.5浓度为54.5微克/立方米,比2015年下降7.6%;古黄河饮用水源水质良好,水质达标率100%;COD和SO2净削减率分别为3.45%、8.17%;城区污水处理率达到85.15%;全区森林覆盖率达到23.77%,城市绿化覆盖率40.36%。

全年各类生产安全事故591起,死亡69人。

十一、人口、居民生活和社会保障

年末全区总人口为933603人,比上年末增加445人。全年出生人口10916人,出生率为11.69‰;死亡人口2777人,死亡率为2.97‰;自然增长率为8.72‰。

2016年全体居民可支配收入20141元,比去年增长9.8%;全年农村居民人均可支配收入13406.4元,比上年增长9.2%;城镇居民人均可支配收入28393.2元,增长8.4%。全区居民家庭食品消费支出占消费总支出的比重(恩格尔系数)为29.8%。

图8 2012-2016年农村居民人均可支配收入及其增长速度

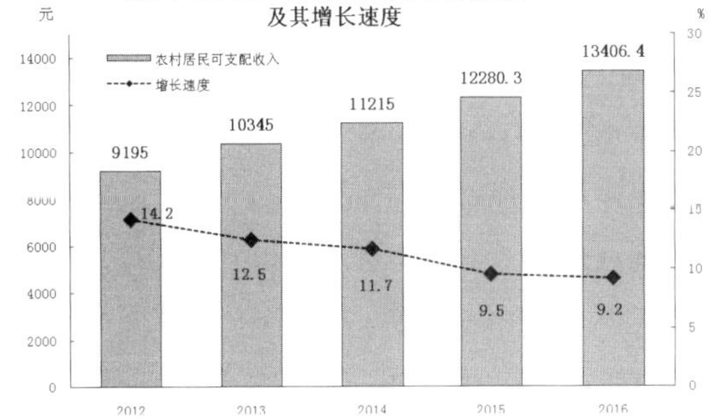

图9 2012-2016年城镇居民人均可支配收入及其增长速度

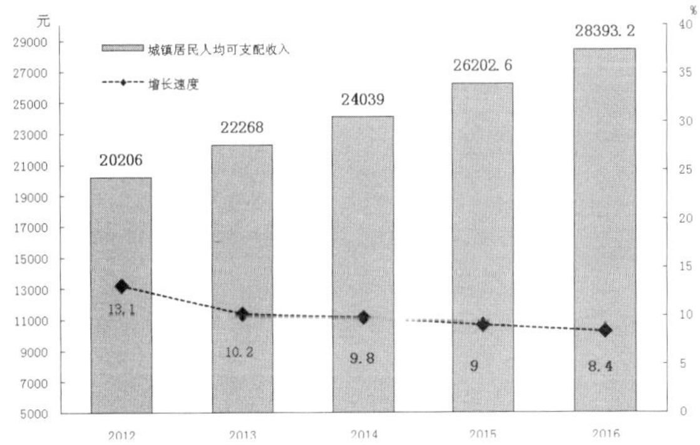

全年全区实现新增城镇就业8377人,城镇失业人员再就业4638人,城镇登记失业率控制在2.25%。

年末全区参加城镇基本养老保险人数9.23万人,增加1950人。参加城镇基本医疗保险的人数19.53万人(其中参加城镇职工医疗保险7.67万人)。参加失业保险的人数6.44万人,增加913人。2016年参加新型农村合作医疗的人数为638361(含新生儿全额款人数1788人),2015年参加人数652760人(含新生儿全额款人数1688人),比上年比减少14399人。参加城乡居民社会养老保险的人数为25.35万人,减少13472人。

年末全区共有社会福利收养性社会服务机构40个,床位3930张。全年628位城镇居民得到政府最低生活保障,比上年减少20人;16968位农村居民得到政府最低生活保障,减少994人;3765位农村居民得到政府五保救济。

统计资料

表 37　2016 年淮阴区社会经济主要指标

指标	2016 年	2015 年	2016 年为 2015 年(%)
一、人口、劳动力(万人)			
年末总人口	93.36	93.31	100.1
农业人口	45.26	44.33	102.1
非农业人口	48.10	48.98	98.2
年平均人口(户籍)	93.34	93.24	100.1
年平均人口(常住)	78.10	78.10	100.0
二、综合经济			
社会总产出(当年价格)(亿元)		1263.56	0.0
地区生产总值(当年价格)	435.72	400.56	108.8
第一产业增加值	69.05	66.76	103.4
第二产业增加值	182.39	169.47	107.6
#工业增加值	156.51	144.25	108.5
第三产业增加值	184.28	164.33	112.1
三次产业结构(%)	100.0	100.0	100.0
第一产业	15.9	16.7	95.2
第二产业	41.9	42.1	99.5
第三产业	42.3	41.0	103.2
人均生产总值(元)	55794	51407	108.5
地区生产总值(可比价格)(亿元)	439.82	336.83	130.6
第一产业增加值	67.08	46.76	143.5
第二产业增加值	187.07	179.41	104.3
#工业增加值	160.33	156.33	102.6
第三产业增加值	185.67	110.66	167.8
三次产业结构(%)	100.0	100.0	100.0
第一产业	15.3	13.9	110.1
第二产业	42.5	53.2	79.9
第三产业	42.2	32.9	128.3
人均生产总值(元)	56319	42963	131.1
三、运输、邮电、电力			
农公交客运量(万人)	550	400	137.5
公路货运量(万吨)	299.95	292.71	102.5
邮电业务总量(万元)	42725	41218	103.7

续表

指标	2016 年	2015 年	2016 年为 2015 年(%)
移动电话年末用户(万户)	48.8	48.7	100.2
全年用电量(万千瓦时)	162828	148932	109.3
#工业用电量	83302	81109	102.7
城乡居民用电量	43930	37406	117.4
四、固定资产投资			
规模上投资	339.56	283.01	120.0
项目投资额	304.55	247.67	123.0
房地产开发投资额	35.01	35.34	99.1
五、贸易			
社会消费品零售总额(亿元)	119.08	105.99	112.4
批发业	17.56	15.63	112.3
零售业	94.61	84.21	112.4
住宿业	0.97	0.86	112.8
餐饮业	5.94	5.29	112.3
进出口总额(万美元)	22032	28478	77.4
进口	5995	14038	42.7
出口	16037	14440	111.1
六、财政			
财政收入(亿元)	48.81	51.49	94.8
人均财政收入(元)	6668	6567	101.5
财政支出(亿元)	62.71	66.36	94.5
七、教育、科技、文化、卫生			
普通中学在校学生(万人)	3.08	3.07	100.3
公共图书馆(个)	1	1	100.0
卫生机构数(个)	291	294	99.0
#医院	9	8	112.5
卫生机构床位数(张)	3939	3630	108.5
#医院床位数	2665	2485	107.2
卫生技术人员数(人)	3968	3952	100.4
#医生	1732	1648	105.1
八、人民生活			
职工(在岗)年平均工资(元)	67588	67477	100.2
#国有经济单位职工	66950	66868	100.1
城镇集体经济单位职工	33200	32295	102.8
城镇居民人均可支配收入(元/人)	28393.2	26202.6	108.4

续表

指标	2016 年	2015 年	2016 年为 2015 年(%)
农民年人均纯收入(元/人)	13406.4	12280.3	109.2
九、主要农产品产量(万吨)			
粮食(包括大豆)	63.09	64.45	97.9
油料	1.92	1.96	98.0
水果	10.1	9.37	107.8
猪牛羊肉	7.2	7.23	99.6
禽蛋	2.72	2.61	104.2
水产品	3.22	3.21	100.3
十、主要工业产品产量			
人造板(万立方米)	30.6	25.6	119.5
钢材(万吨)	70.6	84.1	83.9
发电量(亿千瓦时)	57.4	59.0	97.3
水泥(万吨)	175.2	180.0	97.3
十一、土地面积(平方公里)	1264	1264	100.0
人口密度(人/平方公里)	738	738	100.0
十二、节水型社会建设指标			
单位地区生产总值取水量(m^3/万元)	81.14	84.36	96.2
单位工业增加值取水量(m^3/万元)	11.19	11.78	95.0
工业用水重复利用率(%)	81.14	90.3	89.9

表 38　2016 年淮阴区地区生产总值(可比价)

指标	2016 年	2015 年	2016 年为 2015 年(%)
地区生产总值	439.82	400.56	109.8
农、林、牧、渔业	68.25	67.88	100.5
农业	47.82	47.62	100.4
林业	0.89	0.84	106.0
畜牧业	15.87	15.85	100.1
渔业	2.50	2.45	102.0
农、林、牧、渔服务业	1.17	1.12	104.5
工业	160.33	144.25	111.1
采矿业	8.63	7.99	108.0
制造业	125.44	113.25	110.8
#金属制品、机械和设备修理业	0.01	0.01	100.0
电力、燃气及水的生产和供应业	26.26	23.01	114.1
建筑业	26.75	25.23	106.0

续表

指标	2016 年	2015 年	2016 年为 2015 年(%)
房屋建筑业	18.53	17.51	105.8
土木工程建筑业	5.55	5.22	106.3
建筑安装业	0.35	0.28	125.0
建筑装饰和其他建筑业	2.32	2.22	104.5
批发和零售业	27.24	25.41	107.2
批发业	22.11	20.70	106.8
零售业	5.13	4.71	108.9
交通运输、仓储和邮政业	7.38	7.06	104.5
道路运输业	5.23	5.01	104.4
水上运输业	0.54	0.51	105.9
装卸搬运和运输代理业	1.11	1.06	104.7
仓储业	0.45	0.43	104.7
邮政业	0.05	0.05	100.0
住宿和餐饮业	7.41	6.92	107.1
住宿业	1.81	1.71	105.8
餐饮业	5.60	5.21	107.5
信息传输、软件和信息技术服务业	1.29	1.23	104.9
电信、广播电视和卫星传输服务	0.80	0.79	101.3
互联网和相关服务	0.49	0.44	111.4
金融业	5.36	4.95	108.3
货币金融服务	4.00	3.69	108.4
保险业	1.36	1.26	107.9
房地产业	42.83	37.66	113.7
房地产开发经营业	36.67	31.84	115.2
物业管理业	0.49	0.43	114.0
房地产中介服务业	0.15	0.13	115.4
自有房地产经营活动	5.52	5.26	104.9
租赁和商务服务业	7.17	6.92	103.6
租赁业	0.76	0.69	110.1
商务服务业	6.41	6.23	102.9
科学研究和技术服务业	3.15	2.52	125.0
水利、环境和公共设施管理业	1.95	1.62	120.4
居民服务、修理和其他服务业	14.76	12.09	122.1
教育	23.81	18.50	128.7
卫生和社会工作	12.62	10.52	120.0

续表

指标	2016 年	2015 年	2016 年为 2015 年(%)
文化、体育和娱乐业	2.69	2.19	122.8
公共管理、社会保障和社会组织	26.83	25.61	104.8
第一产业	67.08	66.76	100.5
第二产业	187.07	169.47	110.4
第三产业	185.67	164.33	113.0
人均地区生产总值(元)	56319	51407	109.9

表 39

2016 年淮阴区人口情况

村(居)委会	地区码	户数	总人口			出生人口			死亡人口		
			合计	男	女	合计	男	女	合计	男	女
合计:		282842	933603	484073	449530	10916	5681	5235	2777	1772	1005
王营镇	320804100	66333	173526	88760	84766	2433	1256	1177	369	222	147
赵集镇	320804101	13325	43427	22576	20851	451	224	227	111	85	26
吴城镇	320804102	9307	34620	18131	16489	385	193	192	134	87	47
南陈集镇	320804103	17280	63130	33045	30085	791	409	382	453	242	211
码头镇	320804104	8014	25748	13376	12372	271	147	124	66	46	20
王兴镇	320804105	10868	34691	18194	16497	407	222	185	121	71	50
棉花庄镇	320804106	12842	43020	22299	20721	511	268	243	94	53	41
丁集镇	320804107	9316	33783	17330	16453	377	197	180	72	48	24
五里镇	320804108	8405	29552	15296	14256	306	159	147	98	68	30
徐溜镇	320804109	10503	39565	20700	18865	392	224	168	138	107	31
渔沟镇	320804110	15580	57828	30328	27500	553	293	260	183	110	73
吴集镇	320804111	8941	36065	18825	17240	372	195	177	112	80	32
西宋集镇	320804112	14976	50789	26859	23930	451	239	212	156	112	44
三树镇	320804113	12040	40449	21219	19230	409	185	224	105	75	30
韩桥乡	320804200	9175	34244	18145	16099	424	204	220	80	58	22
新渡乡	320804201	8862	30982	15687	15295	431	229	202	49	34	15
老张集镇	320804202	8953	28901	14913	13988	285	140	145	74	44	30
凌桥乡	320804203	9297	30336	15730	14606	346	190	156	57	48	9
袁集乡	320804204	8603	28396	14561	13835	331	184	147	83	45	38
刘老庄乡	320804205	7499	26892	13873	13019	341	179	162	62	33	29
古寨乡	320804206	5819	22654	11754	10900	319	171	148	106	69	37
高新区	320804400	6904	25005	12472	12533	330	173	157	54	35	19

表 40　2016 年淮阴区农、林、牧、渔业及其服务业增加值

指标	代码	本年度现价计算（万元）	缩减指数	按可比价计算（万元）	上年同期（万元）
一、农林牧渔业总产值	1	1281228	103.2	1241502	1252394
（一）农业	2	725495	102.37	708699	723156
（二）林业	3	14196	102	13917	13193
（三）牧业	4	472703	104.4	452781	451915
（四）渔业	5	45679	105	43504	42611
（五）农林牧渔服务业	6	23155	102.45	22601	21519
二、中间物质消耗	7	578688	—	—	
（一）农业	8	235810	—		246915
（二）林业	9	5216	—	—	4840
（三）牧业	10	307050	—	—	293395
（四）渔业	11	19459	—	—	18106
（五）农林牧渔服务业	12	11153	—	—	10355
三、农林牧渔业增加值	13	702540		682525	678783
按行业分	14	—	—	—	—
（一）农业	15	489685	102.37	478348	476241
（二）林业	16	8980	102	8804	8353
（三）牧业	17	165653	104.4	158687	158520
（四）渔业	18	26220	105	24971	24505
（五）农林牧渔服务业	19	12002	102.45	11715	11164
按支出法分	20	—	—	—	—
（一）固定资产折旧	21	19110	—	—	19105
（二）劳动者报酬	22	669692	—	—	646535
（三）生产税	23		—	—	
（四）生产补贴	24	5218	—	—	5213
（五）营业盈余	25	18956	—	—	18356

表 41　2016 年淮阴区规模以上工业企业总产值

指标名称	产值	累计增长%
工业总产值总计（现行价格）（万元）	14614670	13.51
在总计中：新产品产值	47782	-54.58
在总计中：轻工业	6825631	13.74
重工业	7789038	13.31
在总计中：国有企业	209085	28.78
股份制企业	12602449	11.72

续表

指标名称	产值	累计增长%
外商及港澳台商投资企业	1056655	15.23
其他经济类型企业	746480	44.90
在总计中:国有控股企业	681528	12.64
其中:大中型企业	209817	-7.95
在总计中:民营工业	12876486	13.42
其中:私营企业	10042040	14.32
在总计中:大中型工业企业	3569779	2.91
工业销售产值总计(现行价格)	14163417	13.50
在总计中:出口交货值	777	-18.60
在总计中:轻工业	6592771	13.08
重工业	7570646	13.86
在总计中:国有企业	208984	28.77
股份制企业	12205630	11.67
外商及港澳台商投资企业	1034108	15.11
其他经济类型企业	714696	46.38
在总计中:国有控股企业	685838	13.08
其中:大中型企业	211790	-7.16
在总计中:民营工业	12443472	13.39
其中:私营企业	9672190	14.30
在总计中:大中型工业企业	3508524	2.90

表42　2016年淮阴区规模以上固定资产投资完成情况

	2016年	2015年	2016年为2015年%
合计(万元)	3395569	2830069	120.0
一、项目投资	3045450	2476680	123.0
二、房地产投资	350119	353389	99.1

表43　2016年淮阴区固定资产项目投资完成情况

指标名称	合计数	地方数	私营个体
一、计划总投资(万元)			
1.建设项目计划总投资	5621585	5598385	3939257
其中:本年新开工项目	3935595	3912395	3223669
2.自开始建设至本年底累计完成投资	3337515	3326550	2530812

续表

指标名称	合计数	地方数	私营个体
二、自年初累计完成投资(万元)	**3045450**	**3034485**	**2347261**
其中:本月完成投资	291152	286389	233566
其中:本年新开工	2089583	2078618	1797441
其中:国有经济控股	107622	96657	
其中:住宅	5352	5352	5302
其中:基础设施投资	194907	187934	136651
其中:民间投资	2877086	2877086	2347261
其中:技改投资	954194	947221	869076
其中:高新投资	340974	340974	316331
其中:高耗能投资	572330	572330	299367
其中:城建投资	26040	26040	5347
其中:服务业投资	381740	381740	228743
1. 按构成分			
建筑工程	1222697	1219130	865719
安装工程	178480	177330	138372
设备工器具购置	1346187	1340564	1132541
其他费用	298086	297461	210629
其中:建设用地费	167327	166789	108957
2. 按建设性质分			
其中:(1)新建	1980215	1976223	1410289
其中:(2)扩建	310504	310504	263040
其中:(3)改建	747544	740571	671132
其中:(7)单纯购置	4387	4387	
3. 按登记注册类型分			
内资企业	2949537	2938572	2347261
国有企业	60750	53635	
集体企业	38110	38110	
有限责任公司	390477	386627	
国有独资公司	8130	4280	
其他有限责任公司	382347	382347	
股份有限公司	72834	72834	
私营企业	2347261	2347261	2347261
私营独资企业	340345	340345	340345
私营合伙企业	4785	4785	4785

续表

指标名称	合计数	地方数	私营个体
私营有限责任公司	1984926	1984926	1984926
私营股份有限公司	17205	17205	17205
其他企业	40105	40105	
港、澳、台商投资企业	87726	87726	
合资经营企业(港或澳、台资)	29595	29595	
合作经营企业(港或澳、台资)	58131	58131	
外商投资企业	8187	8187	
中外合资经营企业	5576	5576	
外资企业	2611	2611	
4.按产业分			
①第一产业	96251	96251	64946
②第二产业	2567459	2556494	2053572
工业	2490722	2483749	2009945
能源工业	56220	49247	37952
原材料工业	590275	590275	312512
机电工业	772264	772264	687565
轻纺工业	1010864	1010864	950550
③第三产业	381740	381740	228743
5.按国民经济行业分			
农、林、牧、渔业	146858	146858	74606
农业	46228	46228	26923
林业			
畜牧业	40523	40523	33473
渔业	9500	9500	4550
农、林、牧、渔服务业	50607	50607	9660
采矿业	58180	58180	38920
非金属矿采选业	58180	58180	38920
制造业	2376638	2376638	1933389
农副食品加工业	166352	166352	158836
食品制造业	50249	50249	50249
酒、饮料和精制茶制造业	13960	13960	12340
纺织业	130723	130723	110378
纺织服装、服饰业	200822	200822	187722
皮革、毛皮、羽毛及其制品和制鞋业	53219	53219	40816

续表

指标名称	合计数	地方数	私营个体
木材加工和木、竹、藤、棕、草制品业	126070	126070	126070
家具制造业	44435	44435	44435
造纸和纸制品业	101109	101109	97359
印刷和记录媒介复制业	14963	14963	14963
文教、工美、体育和娱乐用品制造业	15996	15996	15996
化学原料和化学制品制造业	360009	360009	100121
化学纤维制造业	3900	3900	3900
橡胶和塑料制品业	66681	66681	54959
非金属矿物制品业	173907	173907	160832
黑色金属冶炼和压延加工业	21426	21426	21426
有色金属冶炼和压延加工业	16988	16988	16988
金属制品业	188763	188763	180218
通用设备制造业	93696	93696	90786
专用设备制造业	103794	103794	103794
汽车制造业	134541	134541	70410
铁路、船舶、航空航天和其他运输设备制造业	7860	7860	3310
电气机械和器材制造业	100248	100248	95685
计算机、通信和其他电子设备制造业	130258	130258	130258
仪器仪表制造业	13104	13104	13104
其他制造业	23670	23670	13339
废弃资源综合利用业	17945	17945	13145
金属制品、机械和设备修理业	1950	1950	1950
电力、热力、燃气及水生产和供应业	57854	50881	39586
电力、热力生产和供应业	56220	49247	37952
水的生产和供应业	1634	1634	1634
建筑业	76737	72745	43627
房屋建筑业	16030	16030	16030
土木工程建筑业	33032	29040	10620
建筑安装业	14274	14274	14274
建筑装饰和其他建筑业	13401	13401	2703
批发和零售业	107922	107922	89979
批发业	56870	56870	51970
零售业	51052	51052	38009
交通运输、仓储和邮政业	99986	99986	93118

续表

指标名称	合计数	地方数	私营个体
道路运输业	64430	64430	64430
水上运输业	28688	28688	28688
仓储业	6868	6868	
信息传输、软件和信息技术服务业	4706	4706	4706
软件和信息技术服务业	4706	4706	4706
房地产业	21573	21573	
租赁和商务服务业	16518	16518	16518
商务服务业	16518	16518	16518
科学研究和技术服务业	5065	5065	5065
研究和试验发展	4365	4365	4365
专业技术服务业	700	700	700
水利、环境和公共设施管理业	43935	43935	3947
生态保护和环境治理业	19295	19295	
公共设施管理业	24640	24640	3947
教育	9968	9968	
卫生和社会工作	8010	8010	
卫生	8010	8010	
文化、体育和娱乐业	3800	3800	3800
体育	3800	3800	3800
公共管理、社会保障和社会组织	7700	7700	
国家机构	7700	7700	
三、本年新增固定资产(万元)	**2526588**	**2526588**	**2046061**
四、项目个数(个)			
1. 施工项目个数	579	574	492
其中:本年新开工	425	420	377
2. 本年投产项目个数	485	485	420
五、房屋建筑面积(平方米)			
1. 本年施工房屋面积	1164365	1164365	898465
其中:住宅	8864	8864	8244
2. 本年竣工房屋面积	329265	329265	300165
其中:住宅	3344	3344	3344
六、本年资金来源合计	**3020321**	**3010071**	**2318384**
1. 上年末结余资金	29941	29941	17458
2. 本年资金来源小计	2990380	2980130	2300926

续表

指标名称	合计数	地方数	私营个体
(1)国家预算资金	950	950	0
(2)国内贷款	165535	165535	127635
(3)自筹资金	2773491	2763241	2159511
其中:企、事业单位自有资金	1149018	1146018	935860
其中:股东投入资金	342840	342840	316251
其中:借入资金	32486	32486	31986
(4)其他资金来源	50404	50404	13780
七、各项应付款合计	**261226**	**259701**	**225179**
其中:工程款	68502	68502	63352

表 44 2016 年淮阴区财政、金融、保险基本情况

指 标	2016 年	2015 年	2016 年为 2015 年%
一、财政预算内总收入(万元)	**488121**	**514957**	**94.8**
中央财政收入	82362	75634	108.9
增值税	56928	50005	113.8
消费税	25	25	100.0
企业所得税	16055	16183	99.2
个人所得税	9354	9421	99.3
地方财政收入	521972	506275	103.1
公共预算收入	405759	439435	92.3
各项税收	301207	367519	82.0
增值税	47929	28452	168.5
营业税	78758	129550	60.8
企业所得税	10703	10716	99.9
个人所得税	6236	6280	99.3
二、财政支出(万元)	**697168**	**722964**	**96.4**
#公共预算支出	627121	663624	94.5
#一般公共服务	57521	71743	80.2
科学技术	2274	19503	11.7
教育	85438	75646	112.9
文化体育与传媒	3158	7124	44.3
社会保障和就业	87817	87679	100.2
财政对社会保障基金补助支出	20804	23288	89.3
医疗卫生	64868	63224	102.6

续表

指　标	2016 年	2015 年	2016 年为 2015 年%
环境保护	6583	16291	40.4
城乡社区事务	45467	112799	40.3
交通运输	10901	9266	117.6
农林水事务	181312	157228	115.3
三、保险机构保费金收入(万元)	**99485**	**57457**	**173.1**
财产险	118069	23066	511.9
人身险	77487	34391	225.3

表 45　　2016 年淮阴区运输、邮电、电力基本情况

指　标	2016 年	2015 年	2016 年为 2015 年(%)
一、运输			
铁路营业里程(公里)	34	34	100.0
公路里程	2131.66	2117.95	100.6
#等级公路	1896.66	1882.95	100.7
#高速公路	85	85	100.0
一级公路	94	94	100.0
农公交客运量(万人)	550	400	137.5
公路货运量(万吨)	299.95	292.71	102.5
内河港口货物吞吐量	1472.4	1250.5	117.7
水上货运量	226.4	98.21	230.5
二、邮电			
邮政局(所)数(处)	27	27	100.0
邮电业务总量(万元)	42725	41218	103.7
#邮政业务总量	6199	5478	113.2
邮政业务收入	8570.01	7526.27	113.9
电信业务收入	36526	35740	102.2
固定电话用户(万户)	13.1	13.1	100.0
移动电话年末用户	48.8	48.7	100.2
#3G、4G 移动电话用户	21.3	21.3	100.0
互联网宽带接入用户数	13.98	13.9	100.6
三、电力			
全社会用电总计(万千瓦时)	162828	148932	109.3
1. 全行业用电合计	118898	111526	106.6

续表

指 标	2016 年	2015 年	2016 年为 2015 年(%)
其中:工业合计	83302	81109	102.7
2. 城乡居民生活用电合计	43930	37406	117.4
城镇居民	13176	11062	119.1
乡村居民	30754	26344	116.7

表 46 2016 年淮阴区教育、卫生基本情况

指 标	2016 年	2015 年	2016 年为 2015(%)
一、教育			
1. 学校数(所)	67	66	101.5
普通中学	32	32	100.0
职业高中	2	2	100.0
小学	31	30	103.3
2. 专任教师数(人)	6720	6818	98.6
普通中学	2730	2710	100.7
职业高中	649	515	126.0
小学	3319	3572	92.9
3. 招生数(人)	24541	24175	101.5
普通中学	10628	10418	102.0
职业高中	3319	3390	97.9
小学	10576	10231	103.4
4. 在校学生数(人)	103504	102435	101.0
普通中学	30783	30709	100.2
#女生	14554	14742	98.7
高中	8821	9783	90.2
职业高中	10119	10078	100.4
小学	62360	61410	101.5
#女生	28886	28719	100.6
5. 毕业生数(人)	23025	23038	99.9
普通中学	10389	11137	93.3
职业高中	3513	3502	100.3
小学	9114	8387	108.7
6. 幼儿园数(所)	65	82	79.3
在园人数(人)	33524	33748	99.3
学龄儿童入学率(%)	100	100	100.0

续表

指　标	2016 年	2015 年	2016 年为 2015(%)
#女童入学率(%)	100	100	100.0
小学毕业生升学率(%)	100	100	100.0
初中毕业生升学率(%)	95.01	98.81	96.2
二、卫生			
1.卫生机构数(个)	291	294	99.0
#医院	9	8	112.5
卫生院	19	20	95.0
社区卫生服务中心	4	4	100.0
2.卫生机构床位数(张)	3939	3630	108.5
#医院	2665	2485	107.2
卫生院	1060	1145	92.6
社区卫生服务中心	214		
3.卫生技术人员(人)	3968	3952	100.4
执业(助理)医师	1732	1648	105.1
护士	1804	1685	107.1
4.5 岁以下儿童死亡率(‰)	3.56	3.58	99.4
5.婴儿死亡率	2.65	2.7	98.1
6.产妇住院分娩比例(%)	100	100	100.0

表 47　2016 年淮阴区城市居民家庭人均现金收支情况

指　标	2016	2015	2016 年为 2015 年%
一、期初手存现金(人/元)	4452.3	4598.0	96.8
二、家庭收入	35461.20	29768.94	119.1
#可支配收入	28393.2	26202.6	108.4
1.工资性收入	17196.6	15910.5	108.1
2.经营性收入	5466.7	5086.5	107.5
3.财产性收入	2738.4	2411.8	113.5
4.转移性收入	2991.5	2793.8	107.1
三、借贷收入	3018.4	3145.0	96.0
#提取储蓄存款	1503.7	1569.0	95.8
四、家庭支出	24704.7	21568.0	114.5
1.消费性支出	16185.8	15157.1	106.8
2.非消费性支出			
捐赠支出	1198.6	1268.0	94.5

续表

指 标	2016	2015	2016 年为 2015 年%
赡养支出	172.1	154.1	111.7
社会保障支出	1931.8	1895.4	101.9
五、借贷支出	**3248.2**	**3345.0**	**97.1**
#1. 存入储蓄款	3347.9	3542.0	94.5
2. 归还借款	8.2	7.3	112.3
3. 储蓄性保险支出	31.0	34.0	91.2
4. 归还住房贷款	364.0	351.0	103.7
六、期末手存现金	**915.5**	**895.0**	**102.3**

表 48 2016 年淮阴区城市居民家庭人均购买食品情况

指 标	2015	2015	2016 年为 2015 年%
食品(人/元)	5007.2	4713.9	106.2
一、粮油类	740.9	930.4	79.6
1. 粮食	474.9	805.4	59.0
(1)大米	115.0	126.0	91.3
(2)面粉	48.0	54.0	88.9
2. 淀粉及薯类	29.1	37.0	78.6
3. 干豆类及豆制品	83.1	88.0	94.4
4. 油脂类	153.8	172.2	89.3
二、肉禽蛋水产品类	1339.5	1324.0	101.2
1. 肉类	879.6	888.7	99.0
2. 禽类	158.8	160.5	98.9
3. 蛋类	91.0	118.6	76.7
4. 水产品类	210.1	203.0	103.5
三、蔬菜类	511.8	485.7	105.4
四、糖类	95.4	112.5	84.8
五、烟草类	392.5	383.7	102.3
六、酒类	500.6	358.2	139.8
七、干鲜瓜果类	299.1	291.6	102.6
八、糕点	95.4	112.5	84.8
九、奶及奶制品	262.8	257.2	102.2
#鲜乳品	195.4	185.0	105.6
十、其它食品	168.7	137.4	122.8
十一、饮食服务	600.6	578.0	103.9
#在外饮食	570.2	578.0	98.6

表49　　2016年淮阴区城市居民家庭人均主要商品(服务)消费情况

指　标	2016	2015	2016年为2015年%
一、衣着(人/元)	1555.4	1421.5	109.4
1.服装	1143.0	1073.0	106.5
2.鞋类	411.0	348.5	117.9
二、居住	3050.5	2822.8	108.1
1.住房	251.7	207.0	121.6
2.水电燃料及其它	598.6	541.3	110.6
3.居住服务费			
#物业管理费	29.7	29.1	102.0
三、家庭设备用品及服务	1055.4	998.3	105.7
#1.耐用消费品	602.5	576.8	104.5
2.家庭日用杂品	354.1	322.3	109.9
3.家庭服务	7.3	6.5	111.5
四、医疗保健	1934.6	1854.5	104.3
#1.药品费	468.7	458.0	102.3
2.医疗费	805.1	776.1	103.7
五、交通和通讯	1043.7	961.7	108.5
1.交通	711.5	687.0	103.6
2.通信	332.2	283.7	117.1
#电信费			
六、教育文化娱乐服务	2183.6	2046.2	106.7
1.文化娱乐用品	848.7	747.9	113.5
2.文化娱乐服务	121.0	113.0	107.1
3.教育	1213.9	1185.3	102.4
七、其它商品和服务	355.4	338.2	105.1

注:表中“#”号代表表中的总量指标与分组指标呈依次缩进的格式,其中,有“#”号的分组指标表示其为总量指标的一部分;无“#”号的分组指标则反映全部分组指标数据之和为总指标数据。